# 企业全面预算管理体系研究

温振龙　江　涛◎著

西南财经大学出版社

中国·成都

图书在版编目(CIP)数据

企业全面预算管理体系研究 / 温振龙,江涛著.—成都:西南财经大学出版社,2022.11

ISBN 978-7-5504-5587-0

Ⅰ.①企…　Ⅱ.①温…②江…　Ⅲ.①企业管理—预算管理—研究
Ⅳ.①F275

中国版本图书馆 CIP 数据核字(2022)第 198262 号

## 企业全面预算管理体系研究

QIYE QUANMIAN YUSUAN GUANLI TIXI YANJIU

温振龙　江涛　著

策划编辑:高小田
责任编辑:高小田
责任校对:雷　静
封面设计:墨创文化
责任印制:朱曼丽

| | |
|---|---|
| 出版发行 | 西南财经大学出版社(四川省成都市光华村街55号) |
| 网　　址 | http://cbs.swufe.edu.cn |
| 电子邮件 | bookcj@swufe.edu.cn |
| 邮政编码 | 610074 |
| 电　　话 | 028-87353785 |
| 照　　排 | 四川胜翔数码印务设计有限公司 |
| 印　　刷 | 四川煤田地质制图印务有限责任公司 |
| 成品尺寸 | 185mm×260mm |
| 印　　张 | 23 |
| 字　　数 | 493 千字 |
| 版　　次 | 2022 年 11 月第 1 版 |
| 印　　次 | 2022 年 11 月第 1 次印刷 |
| 书　　号 | ISBN 978-7-5504-5587-0 |
| 定　　价 | 98.00 元 |

# 前言

　　二十大报告指出，建设现代化产业体系，坚持把发展经济的着力点放在实体经济上，推进新型工业化，加快建设制造强国、质量强国、航天强国、交通强国、网络强国、数字中国。2022 年政府工作报告指出，完成国有企业改革三年行动任务，加快国有经济布局优化和结构调整，深化混合所有制改革，加强国有资产监管，促进国企聚焦主责主业、提升产业链供应链支撑和带动能力。

　　国有企业建设需要加强战略管理，全面预算管理与控制是现代企业一种不可或缺的重要管理模式。它主要通过资金、业务、信息等多方面的整合，通过适度分权与授权，战略驱动与业绩评价等，来实现资源合理配置并满足企业的可持续发展，进而为业务协同、战略执行、经营活动与价值增长等方面的最终决策提供支持。财务预算与控制是以企业财务预算为依据，对预算执行主体的财务收支活动进行预测、调整与监督，使之符合预算目标的一种控制形式。从实践的角度，它是全面预算管理的核心，是企业管理的重要组成部分；从学术角度，它是财务管理课程的自然延续，是理论学习和实践操作相结合的一种理想方式。

　　本书由国网四川省电力公司总会计师温振龙和西南财经大学会计学院江涛副教授共同撰写，立足国有企业实践的基础上，结合近年来会计准则、财务制度、预算管理制度的变化，将企业全面预算管理体系问题研究上升到理论的高度，做到理论与实践紧密结合。

　　本书不仅对财经工作的从业者很有参考价值，也可供相关专业本科生和研究生教学使用。作者在编写过程中参阅了大量的相关文献和研究成果，并得到西南财经大学出版社的大力支持，在此表示衷心感谢。

　　本书是西南财经大学与四川电网公司的横向课题组成部分，感谢相关部门的支持。

温振龙　　江涛

2022 年 11 月

# 目　录

# 第四篇　总预算研究

# 第五篇　实践问题研究

# 第一篇
# 全面预算管理总论

　　21世纪以来，管理会计的应用与发展更多强调价值的创造，全面预算管理作为管理会计的一种重要方法，其功能从最初的计划、协调生产经营发展到现在的兼具控制、分析与激励，从而处于企业管理控制系统的核心位置。本书的第一篇主要介绍全面预算管理的内涵、外延与基本理念。

# 第一章　全面预算管理概论

作为全书的概论，本章介绍了预算的概念与发展、内涵与外延，并研究了全面预算管理与战略管理、财务管理、内部控制的关系，确定了全面预算管理在企业管理中的重要地位。

## 第一节　预算概论

### 一、预算的相关概念

预算，从字面上理解是指在经济上预先盘算的意思，通俗地说就是对未来活动的计划与安排。在各种政府文件、研究文献、教科书和企业内部规章制度中，它有不同的称谓，如政府预算、企业预算、全面预算、财务预算等。

政府预算，亦称国家预算，是政府的基本财政收支计划，即经法定程序批准的国家年度财政收支计划。国家预算是实现财政职能的基本手段，反映国家的施政方针和社会经济政策，规定政府活动的范围和方向。

企业预算，指企业以发展战略为导向，在对未来经营环境预测的基础上，确定预算期内经营管理目标，逐层分解、下达于企业内部各个经济单位，并以价值形式反映企业生产经营和财务活动的计划安排。

全面预算，是利用财务预算对企业各类财务与非财务资源进行分配、考核、控制，以便有效地组织和协调企业的各种经济活动，完成既定的经营目标。

财务预算是指在财务预测、财务决策的基础上，围绕企业战略规划与经营目标，对一定时期内的资金取得与投放、各项收入和支出、企业经营成果及其分配等资金运动所做的具体安排。

通过概念比较可以看出，政府预算与企业预算是两个不同主体的计划安排，全面预算更多时候和企业预算是类同的概念，而财务预算是全面预算的重要组成部分，主要关注价值管理，即未来资金活动的计划与安排。

本书主要以财务预算为基础，关注企业全面预算管理体系的研究。

## 二、预算的发展史研究

### （一）政府预算的产生与发展

最早的预算是从政府预算开始萌发进而发展的，人类从奴隶制社会开始出现了国家的概念，国家与政府的有效运行需要财政收入与支出，由此产生了对财政收支合理规划的需求，政府预算也就应运而生。

现代意义的政府预算产生于 13 世纪初期英格兰金雀花王朝统治时期。连年的战争、高额的税负，引发了英格兰国王与贵族的内部战争。1215 年，约翰一世（1166—1216，1199 年即位）与贵族签订了著名的《大宪章》，并规定国王未经议会批准不能任意征税。此后，英格兰议会规定政府的各项财政支出必须事先做出计划，并经议会审查通过方可执行。从 1640 年英国三级议会失败开始，英国经历了内战、查理一世的死刑、克伦威尔专政、查理二世的复辟，最终在 1688 年进行了"光荣革命"，地主阶级与资产阶级相互妥协，玛丽二世和威廉三世作为共治国王变成名义上的君主，君主立宪得以实现。1689 年的《权利法案》规定财政权力永远属于议会，国王、王室的开支都有明确的数额规定并不得随意使用，国家机关和政府官吏在处理财政收支时，必须遵守相关的法律与规章。至此，现代政府预算最终形成。

在我国，光绪三十四年（1908 年），清王朝颁布了《清理财政章程》，宣统二年（1910 年）起，清王朝的清理财政局主持编制预算工作，这是我国数千年封建史上第一次正式编制政府预算。

总之，这种具有一定法律形式和制度保证的国家财政分配关系，就是政府预算，其具体表现形式就是财政收支计划。

### （二）企业预算的发展过程

#### 1. 国外企业预算的发展史

企业规模的扩大是预算产生的前提，现代意义的企业预算产生于 19 世纪末，在百余年的发展过程中，经历了引入期、发展期和成熟期三个阶段。

##### （1）引入期（19 世纪 90 年代—20 世纪 20 年代）

最早将预算管理应用于企业管理的是美国。19 世纪 90 年代至 20 世纪 20 年代，美国经历了两次并购浪潮从而使企业规模迅速扩张。1890 年，美国通过谢尔曼法案，禁止企业间的联合定价即卡特尔行为，但并不禁止同行业的横向兼并，由此出现了联合钢铁、美国烟草、标准石油等巨型垄断企业。1914 年，克莱顿法案的出台逐渐平息了第一次并购浪潮。一战后，美国工商业得到迅猛发展，加之股市的繁荣为美国公司提供了巨额资金，以纵向兼并为代表的第二次并购浪潮开始，但因 1929 年场地金融危机而停止。两次并购浪潮促成集团公司的大量涌现，企业规模扩大，管理的分权化成为必然。如何做到分权管理的同时又能有效控制企业，成为企业发展中的一个突出的问题，美国企业界、理论界开始了预算管理的探索。

企业界的代表是杜邦公司与通用汽车公司。

杜邦公司成立于1802年，其专门从事炸药生产并由家族控制，拥有遍布美国各地的采购、生产、销售纵向一体化网络，分厂超过40家。1899年，管理者尤金·杜邦去世，由于缺乏强有力的接班人，传统的经营管理秩序几近崩溃。1902年，三名杜邦家族兄弟以2 000万美元的天价接手了杜邦公司，并首创事业部管理体制，利用经营预算、现金预算和资本预算等手段有效地将财权和监督权集中起来，成为纵向一体化集团公司预算管理的典范。

通用汽车公司成立于1908年，创始人威廉·杜兰特尤其擅长企业并购，在公司创立两年后就通过换股等方法兼并了凯迪拉克、别克、庞蒂克、悍马、奥兹莫比尔等20多家知名的汽车制造企业，据说其曾经因为300万美元的资金缺口而丧失了收购福特公司的机会。由于杜兰特缺乏对下属公司业务的有效协调，公司陷入财务危机，最终被摩根银行接管，杜兰特也被挤出公司。之后，杜兰特与路易斯·雪佛兰共同组建雪佛兰汽车公司，并于1916年重新夺回通用汽车的控制权。但基于同样的原因，公司再次陷入财务危机，杜兰特于1920年永远离开了公司。1923年，斯隆入主通用汽车公司，针对公司产品多样化的特点，建立了多分部的组织结构，通过"分散权责、集中控制"的预算管理方法，使通用汽车摆脱了财务危机并成为横向一体化集团公司预算管理的典范。

1911年，"科学管理之父"泰勒创立"科学管理"学说，其首创的标准成本（standard cost）、预算控制（budget control）、差异分析（variance analysis）等方法成为其后预算管理中的常用方法。1922年，美国成本会计师协会展开了"预算的编制与使用"专题研究，并掀起了预算管理理论研究的浪潮。同年，美国管理会计学创始人之一麦金西出版了《预算控制论》一书，首次将预算管理理论与方法从控制论的角度进行了系统阐释。

1921年美国国会颁布了《预算与会计法》，首次从立法角度确立了国家预算制度，同时使预算管理的职能为大众所了解，引起了工商企业纷纷效法，使预算管理成为企业管理的重要工具。

在上述30年的引入期内，美国从立法、理论、实务、研究协会等层面开展了企业预算的研究与探索，建立了自上而下的预算编制与管理模式，预算管理在当时主要资本主义国家的大型企业中得到普及。

（2）发展期（20世纪40年代—20世纪70年代）

二战后，由于竞争的加剧，企业利润普遍下降，企业对内部管理的科学化和灵活的适应能力有了进一步的要求。现代科学技术的迅猛发展、跨国公司的大量涌现，加之西方社会对1929年金融危机的深入反思，都推动着企业管理当局开始重视预测与决策工作。弹性预算法、变动成本法、差额分析法、盈亏平衡点分析、现金流量分析等大量先进的管理理论与方法得到运用。各种新兴的管理学派亦纷纷出现，在这些管理思想和管理学派的影响下，预算管理的理论与实践得到快速发展。

发展期代表性的理论有四种：

20 世纪 40 年代，行为科学管理学派应用社会学和心理学的原理和方法，研究了如何调整人与人之间的关系，引导并激励人们在生产经营活动中的主观能动性。预算管理吸收该学派的思想，提出自上而下、自下而上相结合的"两下一上"的预算编制程序，形成了参与型的预算管理模式，使企业各个层次的管理者和关键岗位的员工参与预算的编制过程。

20 世纪 50 年代，数理管理学派将数理经济学和运筹学的方法引入管理学研究，预算管理吸收该学派思想，建立了数学模型以描述复杂的经济现象，并通过计算机的验算，促进了预算管理在预测、决策、编制、执行、控制等方面的定量化与科学化。

20 世纪 60 年代，系统管理学派将系统论原理引入管理学研究，认为企业是一个有一定目的、由相互联系的各个部分所组成的有机整体，企业管理应当处理好整体与局部、集体与个人、长期与短期的关系，该理论促成了预算的全过程预算管理体系的构建。

20 世纪 70 年代，灵活管理学派促成了"零基预算"（zero-base budgeting）理论的形成。德州仪器公司首次将零基预算的方法应用于企业费用预算的编制。由于石油危机引发了经济滞胀，美国政府开支捉襟见肘，时任佐治亚州州长的卡特将零基预算方法引入州预算，并于 1979 年入主白宫后将该方法引入美国联邦预算。

在上述近 40 年的发展期内，预算管理在理论层面得到完善，并在实践中得到发展，最终成为当时西方发达国家企业管理的重要工具之一。

（3）成熟期（20 世纪 80 年代至今）

20 世纪 80 年代，人类进入信息时代，预算管理的信息化标志着企业预算进入成熟期。

1990 年，美国加特纳咨询公司（Gartner Group）首次提出了企业资源计划（enterprise resource planning，ERP）。ERP 是建立在信息技术基础上，以系统化的管理思想，为企业决策层及员工提供决策运行手段的管理平台。ERP 系统支持离散型、流程型等混合制造环境，应用范围从制造业扩展到了零售业、服务业、银行业、电信业、政府机关和学校等事业部门，通过融合数据库技术、图形用户界面、第四代查询语言、客户服务器结构、计算机辅助开发工具、可移植的开放系统等对企业资源进行了有效的集成。

预算管理是 ERP 系统中财务管理模块的一个子模块。经过多年的研发，国外出现了 Oracle（Hyperion）和 SAP（BO）两大巨头企业，国内的用友、金蝶、浪潮等知名的 ERP 厂商也开发了全面预算的软件。当然这些软件的使用花费巨大，并不是中小企业能够承受的，而最为基本的信息化工具，即 Excel 软件可以应对中小企业的需要，本书也将使用 Excel 作为案例讲解的工具。

2. 国内企业预算的发展史

我国的企业预算发轫于 19 世纪 60 年代的洋务运动时期，在"中学为体、西学为用"思想的指导下，一些近代企业得以建立并引入预算思想的雏形。新中国成立前，由于民族工商业的缓慢发展，预算管理的实践也处于停滞的阶段。

新中国成立后近 30 年的计划经济时代，我国国营企业建立了计划管理模式。"一五"期间为加强企业管理，国家推行了企业经济核算制度，企业内部开展了班组经济核算；"二五"期间实行了流动资金统一计划、分口管理。当然对于这一阶段的管理是否属于预算管理，理论界存在着一定的争议，本书将在第二章中对该问题进行说明。

20 世纪 80 年代是计划经济向市场经济过渡的时期。1984 年，全国第二次企业管理现代化座谈会在总结各地经验的基础上，重点推荐了经济责任制、全面计划管理、全面质量管理、全面经济核算、统筹法（网络技术）、优选法（正交试验法）、系统工程、价值工程、市场预测、滚动计划、决策技术、ABC 管理法、全员设备管理、线性规划、成组技术、看板管理、本量利分析和微型电子计算机 18 种现代管理办法，并在企业中进行了推广与运用。

1992 年党的十四大的召开标志着我国进入社会主义市场经济时代，1993 年党的十四届三中全会提出了"产权明晰、权责明确、政企分开、管理科学"的现代企业制度的概念。1994 年，中国新兴铸管联合公司率先推行了全面预算管理。客观地说，20 世纪 90 年代我国国有企业正经历着中华人民共和国成立后最为困难的阶段，预算管理并未得到很好的实行。

1998 年，随着国有资产管理局的撤销，我国国有资产管理体制进入"五龙治水"的阶段。2000 年 9 月，国家经贸委在《国有大中型企业建立现代企业制度和加强管理的基本规范（试行）》中规定"建立全面预算管理制度"；2001 年 4 月，财政部在《企业国有资本与财务管理暂行办法》中规定"企业对年度内的资本运营与各项财务活动，应当实行财务预算管理制度"；2002 年 4 月，财政部《关于企业实行财务预算管理的指导意见》中进一步提出企业应实行包括财务预算在内的全面预算管理。这些行政规章的颁布，标志着预算管理的理念得到各界的认同，并开始进入规范和实施阶段。

2003 年国有资产监督管理委员会成立，2007 年 9 月国务院发布《关于试行国有资本经营预算的意见》，2008 年 10 月第十一届全国人大常务委员会通过《中华人民共和国企业国有资产法》，这是新一轮国有资产管理体制改革的产物。国有资本经营预算，是国家以所有者身份对国有资本实行存量调整和增量分配而发生的各项收支预算，是政府预算的重要组成部分。根据《中华人民共和国预算法实施条例》的规定，各级政府预算按照复式预算编制，分为政府公共预算、国有资产（本）经营预算、社会保障预算和其他预算。根据政府预算统一、完整的原则，国有资本经营预算的编制、审批与执行不应脱离国家财政预算部门。作为政府复式预算的重要组成部分，其编制主体仍应为国家财政部门，并纳入各级政府财政预算管理，同财政公共预算一并报请本级人民代表大会批准后执行。

21 世纪以来，我国国有企业成功渡过了改革的阵痛期，跻身世界 500 强的企业逐年增加。随着我国经济的迅速崛起，我国企业管理水平实现了飞跃，预算管理也在各类行业的大中型企业中得到了推广，全面预算在我国必将有着美好的明天。

### 三、预算的类别

预算种类繁多，可以从不同角度、按照不同的标准划分为若干的类型。本书结合财政部印发的《关于企业实行财务预算管理的指导意见》，主要从全面预算的内容和预算编制的方法两个角度分别对其加以研究。

1. 根据内容不同，全面预算可以分为经营预算、专门预算和财务预算

其中，经营预算和专门预算可以统称为具体预算，而财务预算主要是形成预算报表的过程，具体预算是财务预算的前提与基础。该分类方法也是本书章节划分的主要依据之一。

（1）经营预算，亦称业务预算，是指与企业日常经营活动直接相关的经营业务的各种预算。按照其涉及的业务内容，经营预算可以进一步细分为销售预算、生产预算、存货预算和期间费用预算四类。

①销售预算，亦称营业预算，是预算期内预算执行单位销售各种产品或者提供各种劳务可能实现的销售量或者业务量及其收入的预算，主要依据年度目标利润、预测的市场销量或劳务需求及提供的产品结构以及市场价格编制。

②生产预算是从事工业生产的预算执行单位在预算期内所要达到的生产规模及其产品结构的预算，主要是在销售预算的基础上，依据各种产品的生产能力、各项材料及人工的消耗定额及其物价水平和期末存货状况编制。为了实现有效管理，还应当进一步编制直接人工预算和直接材料预算。

③存货预算是对预算期内各类存货数量与单价的预算，由于存货种类众多，结合预算管理要求，可以分为采购环节、生产环节和销售环节三类预算。

其中，采购环节的存货包括外购商品、外购原材料、低值易耗品和包装物等；生产环节的存货包括直接材料、直接人工、制造费用三种，直接材料是生产产品所需的各种直接材料，直接人工是生产产品所需的直接人工和福利费，制造费用是为生产多种产品共同耗用的间接费用；销售环节的存货指验收入库后、对外销售前的产成品。

需要说明的是，在制造类企业中还存在辅助生产成本的核算，主要是针对预算期内辅助生产车间发生的各种费用的预算，其最终会转化为直接材料或制造费用。因此，存货预算也可以从制造费用、产品成本、营业成本等角度考虑。其中，制造费用预算是从事工业生产的预算执行单位在预算期内为完成生产预算所需各种间接费用的预算，主要在生产预算基础上，按照费用项目及其上年预算执行情况，根据预算期降低成本、费用的要求编制；产品成本预算是从事工业生产的预算执行单位在预算期内生产产品所需的生产成本、单位成本和销售成本的预算，主要依据生产

预算、直接材料预算、直接人工预算、制造费用预算等汇总编制；营业成本预算是非生产型预算执行单位对预算期内为了实现营业预算而在人力、物力、财力方面必要的直接成本预算，主要依据企业有关定额、费用标准、物价水平、上年实际执行情况等资料编制。

④期间费用预算是指对企业在预算期内组织生产经营活动所必需的管理费用、销售费用（营业费用）和财务费用的预算。企业管理中，应当区分变动费用与固定费用、可控费用与不可控费用的性质，根据上年实际费用水平和预算期内的变化因素，结合费用开支标准和企业降低成本、费用的要求，分项目、分责任单位进行编制。其中：科技开发费用以及业务招待费、会议费、宣传广告费等重要项目，应当重点列示。

（2）专门预算是指企业不经常发生的、一次性的重要决策预算，主要包括长期投资预算和筹资预算两类。

①长期投资预算亦称资本预算，是对预算期内各种资本性投资活动的预算，主要包括固定资产投资预算、权益性资本投资预算、债券投资预算、研发预算。具体而言：

固定资产投资预算是企业在预算期内购建、改建、扩建、更新固定资产进行资本投资的预算，应当根据本单位有关投资决策资料和年度固定资产投资计划编制。企业处置固定资产所引起的现金流入，也应列入资本预算。企业如有国家基本建设投资、国家财政生产性拨款，应当根据国家有关部门批准的文件、产业结构调整政策、企业技术改造方案等资料单独编制预算。

权益性资本投资预算是指企业在预算期内为了获得其他企业单位的股权及收益分配权而进行资本投资的预算，应当根据企业有关投资决策资料和年度权益性资本投资计划编制。企业转让权益性资本投资或者收取被投资单位分配的利润（股利）所引起的现金流入，也应列入资本预算。

债券投资预算是企业在预算期内为购买国债、企业债券、金融债券等所做的预算，应当根据企业有关投资决策资料和证券市场行情编制。企业转让债券收回本息所引起的现金流入，也应列入资本预算。

研发预算是对研发活动内部管理控制的一种手段和制度安排，是对研发计划以及预期经济活动的一种货币数量表现。

②筹资预算是对预算期内企业各种融资方式，如长短期借款、发行债券、发行股票、利润分配、还本付息的预算，可以细分为经营筹资预算和项目筹资预算，两者分别是对短期融资和长期融资的预算。

（3）财务预算是指企业在预算期内反映有关财务状况、经营成果和现金收支的预算，主要包括资产负债表预算、利润表预算和现金预算。财务预算是在经营预算和专门预算的基础上从价值的角度对企业预算期业务的总括反映。也就是说，业务预算和专门预算中的资料都将以货币金额反映在财务预算之中，从而使财务预算成为各项业务预算和专门预算的整体反映，所以财务预算亦称"总预算"，而其他预算可以相应地认为是辅助预算或分预算，本书称之为"具体预算"。

2. 按业务量的基础不同，预算分为固定预算和弹性预算

（1）固定预算，亦称静态预算，是指编制预算时，只将预算期内正常、可实现的某一固定业务量（如销售量、产量）水平作为唯一基础编制的预算。固定预算方法由于存在适应性差、可比性差的缺陷，一般仅适用于经营业务稳定、产品产销量稳定，能够相对准确预测产品需求与成本的企业。

（2）弹性预算，亦称动态预算，是在成本性态分析的基础上，依据业务量、成本、利润间的联动关系，按照预算期内可能的一系列业务量（如产量、销量、生产工时、机器工时等）水平编制的系列预算。理论上，该方法适用于企业预算中所有与业务量相关的预算，但实务中主要用于编制成本预算和利润预算。

3. 按与基期水平的关系，预算分为增量预算和零基预算

（1）增量预算，是以基期水平为基础，分析预算期内业务量水平及其他相关影响因素的变动情况，通过调整基期项目及数额而编制的预算。增量预算编制的有效性有两个前提，即现有业务活动是企业所必需的、原有业务是合理的。该方法主要适用于销售收入预算。

（2）零基预算是以零为基础编制的预算，预算编制时不考虑以往期间的项目和数额，而主要根据预算期内的需要和可能分析项目与数额的合理性，综合平衡编制预算。该方法主要适用于费用预算。

4. 按预算期的时间特征不同，预算分为定期预算和滚动预算

（1）定期预算是以固定不变的会计期间作为预算期间编制的预算。理论上，定期预算有长期预算与短期预算之分，其中预算期在一年以上的预算称为长期预算，预算期在一年以内（含一年）的预算称为短期预算。实践中，是不存在长期预算的。定期预算可以保证预算期间与会计期间在时期上配比，便于依据会计报告的数据与预算进行比较，评价与考核预算的执行情况。

（2）滚动预算是在上期预算完成的基础上，调整和编制下期预算，并将预算期间逐期连续向后滚动推移，使预算期保持一定的时间跨度，在具体的预算编制过程中可分为逐月滚动、逐季滚动和混合滚动。理论上，滚动预算能够保持预算的连续性，有利于考虑未来业务活动，结合企业近期和长期目标，使预算随时间的推进不断调整和修订，从而充分发挥预算的指导和控制作用。

5. 按预算的主体不同，预算分为部门预算和总预算

（1）部门预算就是以企业各职能部门或责任中心为主体编制的预算。

（2）总预算是反映企业总体情况的预算。

如商业银行总行的预算属于总预算，而各分行、支行的预算属于部门预算。

### 四、全面预算管理的环节

要做好预算管理工作，实现企业管理目标，需要掌握全面预算管理的环节。全面预算管理的环节是指全面预算管理工作的各个阶段，包括预算管理的各种业务手段。

全面预算管理的环节主要有预测、决策、计划、控制与分析。

#### （一）预测

预测是指根据企业活动的历史资料，考虑现实的要求和条件，对企业未来活动和成果做出科学的预计和测算。现代管理必须具备预测这个"望远镜"，以便把握未来、明确方向。

预测环节的作用在于：测算各项生产经营方案的经济效益，为决策提供可靠的依据；预计业务活动的发展方向，以确定经营目标；测定各项定额和标准，为编制计划、分解计划指标服务。预测环节是在前一个全面预算管理循环的基础上进行的，运用已取得的规律性的认识指导未来。它既是两个管理循环的连接点，也是决策环节的必要前提。

全面预算管理的预测环节包括以下工作步骤。

第一，明确预测对象和目的。由于预测的对象和目的不同，所以预测资料的收集、预测模型的建立、预测方法的选择、预测结果的表现方式等也有不同的要求。为了达到预期的效果，必须根据管理决策的需要，明确预测的具体对象和目的，如降低成本、增加利润、加速资金周转、安排设备投资等，从而规定预测的范围。

第二，收集和整理资料。根据预测的对象和目的，要广泛收集有关的资料，包括企业内部和外部资料、财务和生产技术资料、计划和统计资料、本年和以前年度资料等。对资料要检查其可靠性、完整性和典型性，排除偶然性因素的干扰，还应对各项指标进行归类、汇总、调整等加工处理，使资料符合预测的需要。

第三，选择预测模型。根据影响预测对象的各个因素之间的相互联系，选择相应的财务预测模型。常见的财务预测模型有时间序列预测模型、因果关系预测模型、回归分析预测模型等。

第四，实施财务预测。将经过加工整理的资料进行系统的研究，代入财务预测模型，采用适当的预测方法，进行定性、定量分析，确定预测结果。

财务预测的方法有许多种，常用的有定性预测法和定量预测法，前者可分为经验判断法和调查研究法，后者可分为趋势预测法和因果预测法。

#### （二）决策

决策是根据企业战略规划和国家宏观经济政策的要求，从提高企业经济效益的目标出发，在预测的基础上，从若干个可以选择的活动方案中选择一个最优方案的过程。在活动预期方案只有一个时，决定是否采用这个方案也属于决策问题。在市场经济条件下，全面预算管理的核心就是决策。在预测基础上所进行的决策，是编制计划、进行控制的基础。决策的成功是最大的成功，决策的失误是最大的失误，决策关系着企业的成败兴衰。

全面预算管理的决策环节包括以下工作步骤。

第一，确定决策目标。根据企业经营目标，在调查研究企业状况的基础上，确定决策所要解决的问题，如发行股票和债券的决策、设备更新和购置的决策、成本费用种类的决策等，然后收集企业内部的各种信息和外部的情报资料，为解决制定决策面临的问题做好准备。

第二，拟订备选方案。在预测未来有关因素的基础上，提出为达到决策目标而考虑的各种备选的行动方案。在拟订备选方案时，对方案中决定现金流出、流入的各种因素，要做周密的查定和计算。在拟订备选方案后，还要研究各方案的可行性、各方案实施的有利条件和制约条件。

第三，评价各种方案，选择最优方案。备选方案提出后，根据一定的评价标准，采用有关的评价方法，评定出各方案的优劣或经济价值，从中选择一个预期效果最佳的财务决策方案。经择优选出的方案，如涉及重要的财务活动（如筹资方案、投资方案等），还要进行一次或多次鉴定，经过专家或相关组织鉴定认为决策方案切实可行，方能付诸实施。

决策的方法，主要有优选对比法和数学模型法。前者有总量对比法、差量对比法、指标对比法等，后者有数学微分法、线性规划法、概率决策法、损益决策法等。

（三）计划

计划是运用科学的技术手段和数学方法，对目标进行综合平衡，制订主要计划指标，拟订增产节约措施，协调各项计划指标。它是落实企业奋斗目标和保证措施的必要环节。计划是以预测提供的信息和决策确定的方案为基础来编制的，它既是预测和决策的具体化、系统化，也是控制财务收支活动、分析生产经营成果的依据。

全面预算管理设计的计划很多，其中财务计划主要包括：资金筹集计划、固定资产投资和折旧计划、流动资产占用和周转计划、对外投资计划、利润和利润分配计划。

全面预算管理的计划环节包括以下工作步骤。

第一，分析主客观条件，确定主要指标。按照国家产业政策和企业决策的要求，根据供、产、销条件和企业生产能力，运用各种科学方法，分析与所确定的经营目标有关的各种因素，按照总体经济效益的原则，确定主要的计划指标。

第二，安排生产要素，组织综合平衡。要合理安排人力、物力、财力，使之与经营目标的要求相适应，在财力平衡方面，要组织流动资金同固定资金的平衡、资金运用同资金来源的平衡、财务支出同财务收入的平衡等。还要努力挖掘企业潜力，从提高经济效益出发，对企业各方面的生产经营活动提出要求，制定各单位的增产节约措施，制定和修订各项定额，以保证计划指标的落实。

第三，编制计划表格，协调各项指标。以经营目标为核心，以平均先进定额或标准为基础，计算企业计划期内资金占用、成本、利润等各项计划指标，编制出财务计划表，并检查、核对各项有关计划指标是否密切衔接、协调平衡。

计划的编制方法，常见的有固定计划法、零基计划法、弹性计划法和滚动计划法。

（四）控制

控制是在生产经营活动的过程中，以计划任务和各项定额或标准为依据，对资金的收入、支出、占用、耗费进行日常的核算，利用特定手段对企业活动进行调节，以便实现计划规定的目标。控制是落实计划任务、保证计划实现的有效措施。

全面预算管理的控制环节要适应管理定量化的需要，应抓好以下几项工作。

第一，制定控制标准，分解落实责任。按照责、权、利相结合的原则，将计划任务以标准或指标的形式分解落实到车间、科室、班组乃至个人，即通常所说的指标分解。这样，企业内部每个单位、每个职工都有明确的工作要求，便于落实责任、检查考核。通过计划指标的分解，可以把计划任务变成各单位和个人控制得住、实现得了的数量要求，在企业内形成相应的经济指标体系，使计划指标得以实现。对资金的收付、费用的支出、物资的占用等，要运用各种手段（如限额领料单、费用控制手册、流通券、内部货币等）进行事先控制。凡是符合标准的，就予以支持，并给予机动权限；凡是不符合标准的，则加以限制，并研究处理。

第二，确定执行差异，及时消除差异。按照"干什么，管什么，就算什么"的原则，详细记录指标执行情况，将实际同标准进行对比，确定差异的程度和性质。要经常预计财务指标的完成情况，考察可能出现的变动趋势，及时发出信号，揭露生产经营过程中发生的矛盾。此外，还要及时分析差异形成的原因，确定造成差异的责任归属，采取切实、有效的措施，调整实际过程（或调整标准），消除差异，以便顺利完成计划指标。

第三，评价单位业绩，搞好考核奖惩。在一定时期终了，企业应对各责任单位的计划执行情况进行评价，考核各项财务指标的执行结果，把财务指标的考核纳入各级岗位责任制，运用激励机制，实行奖优罚劣。

控制环节的特征在于差异管理，在标准确定的前提下，应遵循例外原则，及时发现差异，分析差异，采取措施，调节差异。

常见的控制方法有防护性控制、前馈性控制和反馈控制。

（五）分析

分析是以核算资料为主要依据，对企业活动的过程和结果进行评价和剖析的一项工作。借助分析，可以掌握各项计划指标的完成情况，有利于改善预测、决策、计划工作，还可以总结经验，研究和掌握企业各类活动的规律性，不断改进全面预算管理工作。

全面预算管理的分析环节，主要是以财务数据为基础的分析工作，可以称为财务分析，主要包括以下工作步骤。

第一，收集资料，掌握情况。开展财务分析首先应充分掌握有关资料和信息。财务分析所用的资料通常包括财务报告等实际资料、计划资料、历史资料以及市场调查资料。

第二，对比分析，揭露矛盾。对比分析是揭露矛盾、发现问题的基本方法。先进与落后、节约与浪费、成绩与缺点，只有通过对比分析才能鉴别出来。财务分析要在充分占有资料的基础上，通过数量指标的对比来评价业绩，发现问题，找出差异，揭露矛盾。

第三，分析因素，明确责任。进行对比分析，可以找出差距，揭露矛盾，但为了说明产生问题的原因，还需要进行因素分析。影响企业财务活动的因素，有生产技术方面的，也有生产组织方面的；有经济管理方面的，也有思想政治方面的；有企业内部的，也有企业外部的。进行因素分析，就是要查明影响计划指标完成的各项因素，并从各种因素的相互作用中找出影响计划指标完成的主要因素，以便分清责任，抓住关键。

第四，提出措施，改进工作。要在掌握大量资料的基础上，去伪存真，去粗取精，由此及彼，由表及里，找出企业各种活动之间的联系，然后提出改进措施。提出的措施，应当明确具体，切实可行。实施措施时，应当确定负责人员，规定实现的期限。措施一经确定，就要组织各方面的力量认真贯彻执行。要通过改进措施的落实，完成经营管理工作，提高全面预算管理水平。

财务分析的方法很多，主要有对比分析法、比率分析法和因素分析法。

（六）小结

我们还要看到，全面预算管理同会计核算有着十分密切的联系。会计核算是经济管理的一个重要组成部分，它以货币作为统一的计量尺度，对企业的资金活动进行连续、系统、全面的反映和监督。会计核算的对象是企业再生产过程中以资金活动信息为主的信息运动，与预算管理内容有密切的联系。全面预算管理要通过会计核算来反映，而会计核算资料又是编制计划、分析和预测活动的重要依据。可见，会计核算也是搞好全面预算管理不可缺少的科学方法。

研究全面预算管理的环节，要明确它具有如下特征：①层次性。在全面预算管理循环中，每个管理环节又分为若干工作步骤或程序，属于步骤或程序方面的工作不宜列为管理环节（如制定控制标准、进行指标分解就不属于管理环节）某个环节的组成部分。②顺序性。每个管理环节都处在全面预算管理循环的一定阶段，具有一定的先后顺序，预测、决策、计划属于事先管理，控制属于事中管理，财务分析属于事后管理。③循环性。各个管理环节在每个经营周期内进行着预测、决策、计划、控制、分析的周而复始的循环。

全面预算管理环节的层次性、顺序性、循环性，要求预测、决策、计划、控制、分析，良性互动，互为前提，以实现全面预算管理的有效进行。

## 第二节　全面预算管理与战略规划

### 一、战略规划

随着市场环境的不断变化，企业面临的不确定因素越来越多，对企业发展提出了挑战，这也导致了管理思想的变迁。当代管理学对这一变化比较一致的看法体现在四个方面，即从过程管理向战略管理的转变、从内向管理向外向管理的转变、从产品市场管理向价值管理的转变、从行为管理向文化管理的转变。可以看出，企业战略管理、确定战略规划成为这次变革的中心。

战略规划是企业对未来发展思路的具体安排，是在不断变化的内外环境中，为求得持续发展而做出的总体性规划，也是企业经营理念的理性反应，是全面预算管理的前提。

战略规划的有效性包括两个方面，一方面是战略正确与否，正确的战略应当做到组织资源和环境的良好匹配；另一方面是战略是否适合于该组织的管理过程，也就是和组织活动匹配与否，一个有效的战略一般有以下特点：

（1）目标明确。战略规划的目标应当是明确的，不应是二义的。其内容应当使人得到振奋和鼓舞。目标要先进，但经过努力可以达到，其描述的语言应当是坚定和简练的。

（2）可执行性良好。好的战略的说明应当是通俗的、明确的和可执行的，它应当是各级领导的向导，使各级领导能确切地了解它、执行它，并使自己的战略和它保持一致。

（3）组织人事落实。制定战略的人往往也是执行战略的人，一个好的战略计划只有有了好的执行人员，它才能实现。因而，战略计划要求一级级落实，直到个人。高层领导制定的战略一般应以方向和约束的形式告诉下级，下级接受任务，并以同样的方式告诉再下一级，这样一级级地细化，做到深入人心，人人皆知，战略计划也就个人化了。

个人化的战略计划明确了每一个人的责任，可以充分调动每一个人的积极性。这样一方面激励了大家动脑筋想办法，另一方面增加了组织的生命力和创造性。在一个复杂的组织中，只靠高层领导一个人是难以识别所有机会的。

（4）灵活性好。一个组织的目标可能不随时间而变，但它的活动范围和组织计划的形式无时无刻不在改变。所制订的战略计划只是一个暂时的文件，应当进行周期性的校核和评审，使之容易适应变革的需要。

### 二、战略规划与全面预算管理的关系

全面预算管理是一种全新的管理控制模式，为保证企业未来发展和战略目标的

实现，企业应构建科学的预算管理责任网络体系。作为管理控制的关键环节，全面预算管理可以让全体员工明确责任，了解战略、经营计划、预算的关系。

制定企业的远期发展战略是确定企业核心价值的重要手段。每个企业要想在未来五年、十年，甚至二十年内继续有所作为，就必须有核心价值。从1999年起，我国大中型国有企业就开始推行战略管理，党的十五届三中全会明确指出要重视企业发展战略的研究，"十五"计划至今，国家制订的多个五年计划也对战略管理和战略规划进行了充分研究。

战略需要落地，企业要在能力与资源的基础上，把企业的内部能力与资源转化为现实的战略竞争力，避免战略与运营系统脱节。要做到这一点，需要把握战略规划与全面预算管理的关系。

结合前文谈及的全面预算管理的内容以及战略规划的特点，图1-1展示了战略规划与企业全面预算管理的关系以及主要的管理内容。

**图1-1 战略规划与全面预算**

### 三、企业生命周期与预算管理模式

预算管理模式是围绕预算目标、对象、方法、方式等形成的，具有一定特征的预算管理体系。不同企业的预算管理模式是有区别的，从不同角度对企业的预算管理模式进行的划分也是多样的，如从管理体制上可以将预算管理模式分为集中型、分散型和折中型模式。

企业战略规划需要依据企业外部环境和自身条件的状况及其变化来制定和实施，并根据对实施过程与结果的评价和反馈来调整并制定新战略。一个完整的战略规划必须是可执行的，它包括两项基本内容：企业发展方向和企业资源配置策略。随着竞争环境的快速演变，企业战略规划从曾经的五年规划、十年规划、二十年规划，逐渐演变成需要企业高层拥有的一种常态意识，需要随着新技术的进步、新模式的发展而随机而动地对企业战略进行调整。

可以看出，战略规划与预算管理模式需具有时效性，企业应该结合外部环境变化，确定自身发展的生命周期，强化战略管理与预算管理。

（一）企业生命周期理论简介

企业生命周期是企业的发展与成长的动态轨迹，包括创立、成长、成熟、衰退四个阶段。企业生命周期理论的研究目的就在于试图为处于不同生命周期阶段的企业找到能够与其特点相适应，并能不断促使其发展延续的特定组织结构形式，使得企业可以从内部管理方面找到一个相对较优的模式来保持企业的发展能力，并在每个生命周期阶段内充分发挥特色优势，进而延长企业的生命周期，帮助企业实现自身的可持续发展。

有两种主要的生命周期方法：一种是传统地、相对机械地看待市场发展的观点，可称之为产品生命周期或行业生命周期；一种是观察顾客需求如何随着时间演变而用不同的产品和技术来满足的观点，可称之为需求生命周期。

其中，行业生命周期是一种常用的方法，能够帮助企业根据行业是否处于成长、成熟、衰退或其他状态来制定适当的战略。这种方法假定企业在生命周期（发展、成长、成熟、衰退）每一阶段中的竞争状况是不同的。

对需求生命周期更有建设性的应用是需求生命周期理论。这个理论假定顾客（个人、私有或国有企业）有某种特定的需求（娱乐、教育、运输、社交、交流信息等）希望得到满足，在不同的时候会有不同的产品来满足这些需求。

（二）不同发展阶段的预算管理模式

在企业不同的发展阶段，企业管理的重点、目标、战略、方法有重大差异，而作为管理结果的销售收入和利润也有重大差异，如图1-2所示。企业预算管理的重点在不同发展阶段也有重大差异。

销售额与利润

销售额

利润

O — 时间

创立期　成长期　成熟期　衰退期

**图 1-2　企业不同发展阶段的收入与利润分析**

1. 创立期的预算管理模式

创立期亦称初创期、引入期或培育期，创立期的企业生产经营活动刚刚开展开，市场占有率低，营业收入很少，投入大于产出，利润一般为负值，属于苦熬的时期。企业主要的经营活动是通过资本投入形成生产能力与规模。该时期，企业面临巨大的经营风险，主要表现在两个方面：一是大量的资本支出引发的大量的现金流出，使得现金流量为负数；二是资本支出的成败及未来现金流量的大小具有很大的不确定性，投资风险巨大。

创立期企业预算以资本预算为核心，主要对企业总支出进行全面规划，并从机制与制度设计上确定资本预算的程序与预算方式。具体思路是，对拟投资项目的总支出进行规划，确定投资项目的预算；加强对投资项目的可行性分析与决策，规划未来预期现金流量，确定项目预算；结合企业具体情况进行筹资预算，以保证已经进行项目资本支出的要求。

总之，创立期的企业预算策略就是"扛"。在当今实体经济下滑、国际环境不理想的背景下，新成立企业"扛"的任务就更加艰巨。而在此时期，切忌急功近利、多元化投资，在多个项目上投资，以致企业加速失败。预算管理的引导策略，不是利润最大，也不是成本控制，而是资金风险的控制。预算管理模式适用于创立企业的迅速发展。

2. 成长期的预算管理模式

企业进入成长期，利润开始由负转正并快速增长，同时销售收入以更快的速度增长。成长期主要分为两个阶段：在成长前期，产品开始为顾客所接受，战略重点为市场营销，抢占市场、提高市场占有率是企业发展的第一要务；在成长后期，企业产品定价高，较容易获得利润，这是企业家最有成就感的时期。

在这两个阶段，企业的预算重点均在营销上，一切资源支持营销，销售目标成为预算的主要考核目标。预算管理的主要内容有三：一是以市场为依托，编制积极的销售预算；二是以"以销定产"为原则，编制与销售预算相衔接的采购、生产、成本、费用预算；三是以销售预算为中心，编制现金预算、资产负债表预算和利润表预算。

此阶段盈利水平高，管理者较少关心成本控制。从预算管理的角度企业不可随意削减成本，否则可能导致产品市场份额的下降。此时，即便企业存在成本不合理的情况，也应该暂时放弃成本控制，在"鱼"与"熊掌"中选择有利于企业发展的一方。

### 3. 成熟期的预算管理模式

当企业进入成熟期，市场占有状况已形成格局，这也是市场经济的规律。即当某个领域出现超额利润，大量资本便涌入该领域并使得超额利润下降甚至丧失，此时企业若强行扩大市场份额，其投入与产出将不成比例。企业内部可能出现人浮于事、实干少、务虚多的现象。此时，企业的预算管理重点有两个，一是转型，二是控制成本。

有远见的企业家，应该在成熟期的预算管理中重点强调转型，包括观念的转型、产品的转型、运营的转型等，同时引导企业的现金流出方向，避免出现"报复性消费"。

当然，转型说起来容易做起来难，当无法找到合理的转型方向时，很多企业在利润和收入增长放缓的局面下，通常选择成本控制。这是一种由外部获利向内部获利的转型，通过压低成本和费用取得新的获利点，企业将进入一种"上也上不去，下也下不来"的平台期。该时期企业预算管理应以成本作为考核的主导指标，以收入和利润为辅助指标，但切忌成本的过度转嫁。

### 4. 衰退期的预算管理模式

在成熟期转型不成功而进入平台期后，企业犹如走钢丝，一旦失去平衡将迅速步入衰退期，此时企业的特点是：企业持续亏损、市场空间萎缩、企业更注重资金的平衡，企业资本虽多但负债率攀升，而且存在大量的应收账款和存货。

衰退期的企业，或许也考虑转型的重要性，但是在成熟期未转型而在衰退期转型，这将是一个不明智的选择，此时企业文化衰落、资金匮乏、前途渺茫。因此，该类企业预算管理的重点应该是现金管理，包括现金的尽快回笼、应收账款和存货的压缩。

### 5. 小结

在企业生命周期的不同阶段，企业预算管理的重点不同，但总体而言，预算目标或预算管理的模式，还是以利润的最大化为重点。我们可以通过表1-1对其进行一个总结。

表1-1　企业生命周期与企业预算管理

| 企业发展阶段 | 关键预算指标 | 辅助预算指标 |
| --- | --- | --- |
| 创立期 | 净现值 | 现金收支大体平衡 |
| 成长期 | 销售收入 | 利润和现金回收 |
| 成熟期 | 成本、费用 | 收入与利润 |
| 衰退期 | 现金流 | 利润 |
| 整个生命周期 | 利润 | 现金流 |

## 第三节　全面预算管理与财务管理

### 一、财务管理

财务是社会再生产过程中资本的投入与收益活动及其所形成的特定经济关系。财务管理通俗来说就是对"钱"的管理。财务管理课程的内容主要包括财务目标、财务活动、财务关系、财务方法等几个方面。

（一）财务管理的目标及选择

财务目标是财务学研究的起点，也是任何一本财务学教科书首先需要阐释的问题之一。企业的目标是创造价值，财务管理作为企业管理的重要内容，就是通过资本运作实现企业的总体目标。一般而言，财务目标有五种表述方式，即利润最大化、每股收益最大化、股东财富最大化、企业价值最大化、相关者利益最大化，这是任何学习过财务学的人所熟知的。

但是，财务目标的特点、财务目标间的逻辑关系，却较少被谈及。本部分将就这两个问题进行阐释。

1. 财务目标的特点

研究财务目标，必须首先明确目标的特点，这是目标选择的前提。财务目标有如下五个特点：

一是稳定性与变动性。财务目标是在一定的宏观环境与企业经营方式下，由人们总结实践活动而提出来的。在一定的阶段，它有自身的稳定性，不能随意更改；而随着内外环境的变动，以及人们认识的深化，财务目标也有可能发生变化。

二是整体性与层次性。财务目标是企业财务管理这个系统顺利运行的前提条件，同时其本身也是一个系统。财务管理活动有筹、投、分三个基本层次，在明确财务总体目标的同时，各分层次活动的目标必须以总目标为导向，并各有自身的特性与内容。

三是可度量性与可操作性。财务目标要有定性的要求，同时也必须可度量，以便于付诸实践；在计量的基础上，财务总目标及分解落实给各部门、各单位的具体目标，应该是执行者所能管得住、控制得了的。企业通过目标的制定、落实、执行、核算、分析、考核与奖惩，最终实现财务活动和预算管理的良性循环。

四是理性的标准。理性是指按照事物发展的规律和自然进化原则来考虑问题和处理事情，考虑问题时不冲动、不凭感觉做事情。同时，理性不能和道德的标准相混淆，如"社会责任最大化"之类的提法，很难度量，而且不同的执行人对其理解不同，故其难以起到对财务活动的引导作用。

五是短期利益与长期利益的结合。

需要指出的是，对于上述财务目标的五个特点，最为关键的是"可度量性"，它可以作为判断各种财务目标的基本标准。

2. 各种财务目标的逻辑关系

（1）利润最大化的两个层次。

利润有经济利润和会计利润之分。一般认为，1900年巴舍利耶发表的《投机理论》是财务学从经济学中独立出来的标志。因此，财务学既然分支于经济学，其在目标研究的过程中，自然首先采用了经济利润最大化的观点。但是，由于隐性成本和机会成本难以准确度量，会计利润最大化逐步取代了经济利润最大化，成为财务管理的目标。会计利润虽然易于度量，但是有着四个缺陷，即绝对数指标、未考虑货币的时间价值、未考虑风险、容易引起短期化行为。

可以看出，正是由于经济利润不具备可度量性，才逐步演化出会计利润最大化的目标，但会计利润最大化具有缺陷，其他目标都是为了克服其四大缺陷而提出的。

（2）每股收益最大化——对会计净利润最大化的初步修正。

针对会计利润最大化的第一个缺陷，即绝对数指标，每股收益最大化的目标得以提出，它作为一个相对数指标，有利于不同规模企业之间进行比较。但是，该目标仍然无法克服其他三大缺陷，因此该目标仅仅是对会计利润最大化的初步修正。

（3）股东财富最大化——对会计利润最大化的最终修正。

股东财富，源于股票为其持有者带来的未来现金流，即分红。用公式可以表示为 $P_e = \sum_{t=1}^{\infty} \dfrac{D_t}{(1+i)^t}$。通过公式，可以看出股东财富最大化的目标可以克服会计利润最大化的四个缺陷。第一，$D_t$ 有两种解释，若解释为第 $t$ 年公司的总分红数，则 $P_e$ 代表公司股权的总价值；若解释为第 $t$ 年公司每股股票的分红数，则 $P_e$ 代表公司股票的每股股价。因此，股东财富最大化既是绝对数指标，也是相对数指标。第二，公式对公司每年的分红进行了折现，考虑了未来现金流的时间价值。第三，按照风险与收益相匹配的原则，更高的贴现率 $i$ 对应了更高的风险，因此公式考虑了未来现金流的风险。第四，由于 $t$ 的取值范围涵盖了持续经营公司的每个时间点，因此不可能出现短期化行为。

股东财富最大化在克服了会计利润最大化缺陷的同时，却由于公式中的分子 $D_t$ 难以准确度量、分母 $i$ 难有统一看法，最终造成了股东财富难以度量，这使得问题回到了经济利润最大化的起点。为解决股东财富的可度量性，必须接受尤金·法玛的有效市场假说，即假定股东财富有一个活跃的二级市场，通过这个有效的市场所形成的价格，可以间接解决股东财富的度量问题，这个现实中的二级市场，即股市。因此，当采用有效市场假设，并将财务管理的研究对象聚焦于上市公司，股东财富最大化就成为教科书所普遍接受的财务目标。

（4）企业价值最大化——对股东财富最大化的修正。

股东财富最大化将财务管理的目标定位于股东，却忽视了上市公司另外一个重要的资本提供者，即债权人。为兼顾股东和债权人两者的利益，企业价值最大化目标得以提出。企业的价值，源于企业在未来存续过程中产生的现金净流入，用公式表示为 $P_a = \sum_{t=1}^{\infty} \dfrac{NCF_t}{(1+i)^t}$。基于股东财富公式的相同原理，企业价值最大化可以克服会计利润最大化的缺陷，尤其是后三个缺陷，即时间价值、风险价值、短期化行为。

然而，同样基于股东财富公式的相同原理，由于企业价值公式的分子与分母不能准确计量，企业价值也存在度量方面的难题。解决企业价值的度量问题，比股东财富更加困难，因为现实中并不存在企业价值或公司总资产的二级市场，更不用说活跃、有效的二级市场。因此，必须通过更加迂回的方法，解决企业价值的度量问题。首先，按照会计方程式"资产＝负债+所有者权益"，企业价值可以表示为债权价值与股权价值之和，若能解决后两者的度量问题，企业价值的度量问题便迎刃而解。其次，股权价值只要假设股市有效即可解决，而债权价值的度量存在难度。虽然债权存在二级市场，但是除了公司债券市场可以假定有效外，银行借款和应付账款等债务在现实中的二级市场根本不活跃，我们不能"掩耳盗铃"式地假定其有效。最后，虽然债权无有效的二级市场，但是债权的价值相对于股权价值来说，其波动性极低，可以近似认为其不波动，若假定债券价值为常数，公司价值或者说总资产价值就与股权价值完全正相关，其度量性问题则得以迂回地解决。

由于企业价值最大化在克服会计利润最大化缺陷的同时，又具有可度量性，并且兼顾了股东和债权人双方的利益，因此教科书也广泛采用此种观点。但需要指出的是，按照上述逻辑，企业价值最大化和股东财富最大化实则是同一目标的不同表述，因此在分层次的财务活动中，会有不同的表述。比如，分配活动的目标表述为"确定最佳的股利政策，实现股东财富最大化"；而筹资活动的目标则表述为"确定最佳的资本结构，实现企业价值最大化"。

（5）相关者利益最大化——对企业价值最大化的修正。

股东财富最大化与企业价值最大化两个目标，都是基于资本至上主义，而没有考虑到企业其他利益相关者的诉求，因此相关者利益最大化的目标得以提出，并得到很多人的支持。笔者对此持保留意见。理论上，企业是各类利益相关者的契约的组合，兼顾各相关者的利益是符合道德标准的。但是，现实中存在两个致命缺陷：首先，该目标不具有可度量性，无法对执行者行为提供明确的指导与评价；其次，该目标是道德的，但并非理性的，各利益相关者存在着各种各样的冲突与矛盾，且难以调和，企业内很难出现"看不见的手"引导每个利益相关者在追求自身利益最大化的同时实现企业整体福利最大化，而"囚徒困境"则成为相关者们寻求合作路径中的"幽灵"。因此，相关者利益最大化不能成为一个科学的财务目标。

3. 财务目标的最终结论

股东财富最大化和企业价值最大化成为财务目标的最终选择，这是遵循财务目标自身特征做出的理性选择，其基本逻辑关系可以通过图1-3表示。

图1-3　财务目标逻辑图

（二）财务活动

财务管理作为一种资金管理活动，形象地说就是筹集材料、做大"蛋糕"、分"蛋糕"的过程，因此财务活动的基本分类就是筹资、投资和分配，简称"三分法"。在理论和实务中，出于不同考虑，财务活动可以有其他的分类。如鉴于流动资产的特殊性，将"流动资产管理"从总投资的管理中分离出来，"三分法"演化为"四分法"；"四分法"后，非流动资产主要包括两类，即固定资产和证券投资，因此可以最终将财务活动分为筹资、流动资产投资、固定资产投资、证券投资、分配五类，这就是"五分法"。

当然，在个别教材中，也有将"三分法"浓缩为"二分法"的做法。看到这里，建议大家暂时不要继续往下看，自己先思考几分钟，三大活动会剔除哪个？为什么？

答案是"分配活动"。因为分配活动的目标是选择最佳股利政策实现股东财富最大化，而股利政策的核心是股利支付率，作为硬币的另外一面就是"留存比率"。留存收益是会计学的称谓，在财务管理中称为"内部融资"，因此，当企业选择了最佳内部融资比率的同时，其实也就选择了最佳的股利支付比率，那么分配活动可以被纳入广义的筹资活动之中，"三分法"变成了筹资与投资的"二分法"。

其实，财务活动如何分类并不重要，重要的是对分类规则的理解。

（三）财务关系

企业是各类利益相关者所签订的契约的组合，各利益相关者作为理财主体，在企业中必然形成各种各样的利益关系，这便是财务关系。企业的利益相关者主要包括股东、债权人、经营者、员工、顾客、供应商、社会行政事务组织等，其中股东、债权人和经营者是最为重要的三个利益相关者，下面将主要说明这三者相互之间的关系与矛盾协调。

1. 股东与经营者的关系

股东作为上市公司的所有者，拥有终极所有权，通过将公司的经营权委托给董事会进而委托给管理层，公司最终拥有了法人财产权。在股东与经营者的关系处理中，经营者倾向于利用信息优势侵害股东利益，主要表现为投资过度（Jesen et al.，1976）、在职消费、企业不能成功清算。股东与经营者的利益冲突与协调的逻辑主要表现为：

首先，两权分离下，经营者能够时刻代表股东利益吗？答案是否定的，主要原因有二，一是二者目标不一致，二是股东不能时刻有效地监控经营者。

其次，如果经营者不能时刻代表股东利益，则会产生代理成本，那么需要进一步回答的问题是"能否消除代理成本"。理论上这是可以的，即回归到独资企业的古典模式，当然这与企业发展的历程相悖。那么从现实角度出发，应该解决的问题是"如何降低代理成本"。降低代理成本的方法就是激励与约束，即"胡萝卜加大棒"。其中，常规的激励手段包括现金奖励、股票奖励等，而特殊的激励手段包括股票期权和"金色降落伞计划"等。约束即公司治理，包括了内部治理与外部治理。其中，内部治理即董事会治理问题；外部治理包括法律、产品市场、资本市场（用脚投票与控制权市场）、债权人治理、税务治理等。

2. 股东之间的关系

股票分为普通股和优先股两类，上市公司股东间的关系自然包含了普通股股东与优先股股东的关系。此外，由于股权结构的差异，普通股股东分为大股东、中小股东和机构投资者，这里主要说明的是大股东与中小股东的关系。大股东通常利用股权优势控制董事会而拥有信息优势并借此侵犯中小股东的利益，实践中的主要表现是减少分红数量、关联方交易、侵吞公司资产等，在金字塔型公司集团模式中，这种利益的侵害更为明显。

3. 股东与债权人的关系

作为上市公司物质资本的提供者，股东和债权人本应拥有各自契约规定的权益，但是由于很多国家法律的规定，债权人无法进入董事会而处于信息劣势的地位，这为股东侵害债权人的利益提供了制度支持。其表现方式主要有资产替代（Jesen et al.，1976）与投资不足（Myers，1977）。股东这种作为在经济学中称为事后的"道德风险”，而债权人将通过“保护性条款”等方式事前保护自身利益，在矛盾无法调和的情况下可能会引发事前的“逆向选择”。

### 4. 小结

上述的三类关系，可以归结为委托代理关系或者内部人与外部人的关系。所谓"委托代理"，是泛指任何一种涉及非对称信息的交易，交易中有信息优势的一方称为代理人，处于信息劣势的一方称为委托人。

三种委托代理关系中，需要明确哪种关系是最主要的关系或最主要的矛盾，而这取决于各国的国情和公司的股权结构。在股权高度分散的上市公司中，不存在控股股东造成所有者权力的弱化，引发"弱势的股东"与"强势的经营者"的现象，此时公司的主要矛盾将是股东与经营者之间的矛盾；而在股权相对集中的上市公司中，经营者自利行为首先将侵犯控股股东的利益而引发职务不保，因此经营者会依附于控股股东并代表控股股东侵犯中小股东的利益，此时公司的主要矛盾将是大股东与中小股东之间的矛盾。

另外，股东与债权人之间，其实不存在真正的委托代理关系，因为二者只会在公司破产清算时发生直接关系，即公司权力从"股东大会"向"债权人会议"转移。在公司日常经营过程中，二者矛盾的表现形式是经营者站在股东的立场上侵犯债权人的利益。

### （四）财务方法

在财务工作中，为了科学组织各种复杂的财务活动、处理各种财务关系并最终实现财务管理目标，必须采取一系列科学的财务管理方法。完整的财务管理方法体系包括组织、预测、决策、计划、控制、核算、分析、监督、考核等。从财务学的角度看，财务组织、会计核算、财务监督、业绩考核分别是管理学、会计学、审计学和人力资源学的内容，因此财务学更关注预测、决策、计划、控制、分析五个内容。

其中，财务预测是对企业计划期财务指标的测算，是在过去与现在的财务资料的基础上，对未来财务活动和财务指标的估计；财务决策是根据企业总体目标，确定各项具体财务奋斗目标，并在两个以上的财务方案中选定一个达到某项财务奋斗目标的合适方案的过程；财务计划规定计划期内的利润、收入、费用、资金占用、投资与投资规模，反映着企业与有关各方面的财务关系，是组织企业财务活动的纲领；财务控制是根据财务计划及相关规定，对实际财务活动进行对比检查，发现偏差、纠正偏差的过程；财务分析是对造成财务偏差的主观与客观因素进行揭示，并测定各影响因素对分析对象的影响程度，提出纠偏的对策的过程。

上述各种方法，从财务学的角度看是财务管理方法体系，而从预算的角度看，就是"预算管理"或"广义预算"，其中计划可以认为是狭义的预算，预算是量化的计划或者说计划的量化过程。

## 二、财务管理、财务预算与全面预算

通过对财务管理基本内容的回顾，我们可以发现财务目标是财务学的研究逻辑起点，财务活动和财务关系是财务学的基本内容，财务方法是组织财务活动、处理财务关系、实现财务目标的手段。而财务管理方法体系实际上就是财务预算的方法体系，这样就可以从财务管理自然过渡到财务预算，财务预算是财务管理从理论向实践发展的产物。

在财务目标的选择过程中，其假设前提是有效的资本市场，而带来的结果是财务学研究对象是上市公司。与财务管理不同，由于财务指标的差异，财务预算在不同类型的企业中存在巨大差异，本书主要选择"制造类企业"为研究对象，其目标是"利润最大化"。至于选择制造类企业的原因，在于该类企业中存在着完整意义上的收入中心、成本中心和费用中心，便于预算编制、执行与控制的说明。

至于财务预算与全面预算，财务预算是指在财务预测、财务决策的基础上，围绕企业战略规划与经营目标，对一定时期内的资金取得与投放、各项收入和支出、企业经营成果及其分配等资金运动所做的具体安排；全面预算是利用财务预算对企业各类财务与非财务资源进行分配、考核、控制，以便有效地组织和协调企业的各种经济活动，完成既定的经营目标。可以说财务预算是全面预算的重要组成部分和最终工作成果。本书从财务的视角，以管理学为基础，主要阐述财务预算的理论与实践问题。

# 第四节　全面预算管理与内部控制

## 一、内部控制

1972 年，美国准则委员会（FASB）做出的《审计准则公告》对内部控制提出了如下定义：内部控制是在一定的环境下，单位为了提高经营效率、充分有效地获得和使用各种资源，达到既定管理目标，而在单位内部实施的各种制约和调节的组织、计划、程序和方法。

内部控制是指企业为了合理保证财务报告的可靠性、经营的效率和效果以及对法律法规的遵循，由治理层、管理层和其他人员设计和执行的政策和程序。

1. 内部控制的作用

（1）合理保证财务报告的可靠性。

企业决策层要想在瞬息万变的市场竞争中有效地管理经营企业，就必须及时掌握各种信息，以确保决策的正确性，并可以通过控制手段尽量提高所获信息的准确性和真实性。因此，建立内部控制系统可以提高会计信息的正确性和可靠性。

（2）合理保证企业经营效率和效果。

内部控制系统通过确定职责分工，严格各种手续、制度、工艺流程、审批程序、检查监督手段等，可以有效地保证本单位生产和经营活动顺利进行，防止出现偏差，纠正失误和弊端，以实现单位的经营目标。

（3）合理保证企业对法律法规的遵循。

企业的经济活动必须在国家方针、政策、法规和制度的制约下进行。企业根据生产经营活动的特点制定相应的内部控制制度，可以督促管理者贯彻和执行既定的方针、政策和制度，防止各种违法违纪的行为发生。

（4）保护企业财产的安全完整。

财产物资是企业从事生产经营活动的物质基础。内部控制可以通过适当的方法对货币资金的收入、支出、结余以及各项财产物资的采购、验收、保管、领用、销售等活动进行控制，防止贪污、盗窃、滥用、毁坏等不法行为，保证财产物资的安全完整。财产物资是企业从事生产经营活动的物质基础。

（5）为现代审计方法提供必要的基础。

审计监督必须以真实可靠的会计信息为依据，检查错误，揭露弊端，评价经济责任和经济效益，而只有具备了健全的内部控制制度，才能保证信息的准确，资料的真实，并为审计工作打下良好的基础。总之，良好的内部控制系统可以有效地防止各项资源的浪费和错弊的发生，提高生产、经营和管理效率，降低企业成本费用，提高企业经济效益。

2. 内部控制的局限性

（1）越权操作。

内部控制制度的重要实施手段之一是授权批准控制，授权批准控制使处于不同组织层级的人员和部门拥有大小不等的业务处理和决定权限，但是当内部人控制的威力超过内部控制制度本身的力量时，越权操作就成为可能。

越权操作的危害极大，不仅打乱了正常的工作秩序和工作流程，而且还为徇私舞弊、违法违规创造了一定的条件。

（2）合谋串通。

内部控制制度源于内部牵制的理念是因为相互有了制衡，在经办一项交易或事项时，两个或两个以上人员或部门无意识地犯同样的错误的概率要大大小于一个人或一个部门。

串通的结果则完全破坏了内部牵制的设想，削弱了制度的约束力，使内部控制制度无效。

（3）成本限制。

根据成本效益原则，内部控制的设计和运行是要付出代价的，企业应当充分权衡实施内部控制带来的潜在收益与成本，运用科学、合理的方法，有目的、有重点地选择控制点，实现有效控制。

内部控制的实施受制于成本与效益的权衡。内部控制的根本目标在于服务于企业价值创造，如果设计和执行一项控制带来的收益不能弥补其所耗费的成本，就应该放弃该项控制。

3. 内部控制的目标

1992年COSO[①]报告在得到各界认可的内部控制概念中提出的目标有三大类：一是营运目标，该目标与企业资源使用的效率和效果有关，包括绩效和获得目标，以及保障财产的安全，使其免受损失。二是财务报告目标，该目标与编制对外公布的财务报表的可靠性有关，包括防止对外公布财务报告的不实。三是遵循目标，该目标与企业遵循相关法律法规有关，它们受外界因素，如环境保护法等因素的影响。

2008年中国财政部、证监会、审计署、银监会、保监会联合发布的《企业内部控制基本规范》，提出内部控制的目标主要包括：

（1）确保企业战略实现。战略是一个组织长期发展的方向和范围，它通过在不断变化的环境中调整资源配置来取得竞争优势，从而达到利益相关者的期望。因此，不管是战略执行的内在要求还是内部控制的发展方向，战略与内部控制的有机结合是其发展的必然要求。

（2）运营的效果和效率。重视经营效果和效率对于组织未来成功至关重要。最近几年，企业的管理者开始意识到如果不重视企业运营效果和效率，就无法建立有效的企业治理的政策和程序。

（3）财务报告的可靠性。组织的管理层有责任编制可靠的财务报告，包括中期财务报告以及经财务报表挑选出来的财务数据等。

（4）资产的安全、完整。组织通过有效的内部控制系统确保资产的安全和完整，主要指两个方面，一是确保这些资产不被损害和流失；二是要确保对资产的合理使用和必要的维护。

（5）符合相关的法律和法规。相关的法律和法规规定了企业的最低行为标准，如不遵守，将可能导致行政处罚和经济损失，这将会使组织损失一部分资源。

## 二、全面预算与内部控制的关系

### （一）内部控制是全面预算的基础

全面预算管理需要通过内部控制实现管理制度化、制度流程化、流程标准化、标准表单化及表单信息化，因此良好的内部控制有助于全面预算管理的实施。

1. 内部环境是全面预算管理的基石

良好的内部控制环境有助于预算开展，提高全面预算管理的质量。同时企业进行全面预算管理是将企业有限的资源进行合理分配，因此，此项工作的开展必须要

---

① COSO是美国反虚假财务报告委员会下属的发起人委员会（The Comittee of Sponsoring Organizations of the Treadway Commission）的英文缩写。

有良好的内部控制环境作为基础。首先，全面预算管理的开展和实施需要有管理层的支持和配合，管理层的预算意识强有助于推动预算的有效开展。其次，发展战略的确定和实施有助于预算的有效制定，全面预算是基于公司的发展战略制定的，然后再层层分解下达到各具体部门和个人。因此，发展战略制定得是否恰当影响预算制定得是否合理。再次，良好的人力资源政策能够吸引和留住人才，为全面预算管理提供充足的人力资源。最后，良好的内部环境还表现为公司组织结构合理，企业上下级职责清晰，企业文化积极健康，有助于预算有效分解和实施。

2. 风险评估有助于降低全面预算管理过程中的风险

全面预算按其流程可以分为预算编制、预算执行和预算考核。在其每个流程都存在一定的风险，如在预算编制环节存在着不同部门对预算的认识不到位，预算编制不认真；预算编制目标与公司实际情况不符；预算目标设置空泛，模糊不清，不具备操作性；预算编制方法不科学；预算未经严格的审批程序等。预算执行环节主要的风险有预算执行缺乏刚性，随意调整；预算日常分析不准确，不及时；对预算指标的分解过于随意，不够细致具体等。在预算考核环节存在的风险主要有预算考核不严格，考核方法不科学，使预算管理流于形式。而风险评估过程能够根据企业的战略目标，对预算编制、预算执行和预算考核中的风险及时进行识别，并对识别出的风险进行分析，从而采取有效的应对措施，将预算管理过程中的风险降低至可接受的水平。

3. 控制活动是全面预算管理的手段

控制活动包括不相容职务分离控制、绩效考评控制、授权审批控制、会计系统控制等。预算的实施需要一系列的控制活动，在预算编制过程中，需要通过不相容职务分离控制来实现预算的编制和审批；在预算的执行过程中，需要层层分解资源，需要设置不同的等级岗位负责资源的管理和使用，控制活动中的授权审批活动能够有效地促进预算管理的执行；预算的申请调整和调整需要通过授权审批控制和不相容职务分离控制来实现；预算的考核需要通过绩效考评控制来实现；由此可见，控制活动是预算管理的手段。

4. 信息与沟通有助于提高全面预算信息管理中信息的准确性

良好的信息与沟通是企业有序运行的基础，也是预算有效管理的基础条件。预算在编制时，预算管理委员会需要与各职能部门进行沟通，这样能够缩短获取信息的时间，提高信息的准确性，以使预算的编制更加恰当；预算审批时，公司的董事会需要沟通讨论；预算下达时，需要与各部门沟通其预算目标及预算管理的要求；预算执行时，需要将预算指标进行分解落实，与各职能部门的沟通有助于提高信息传递的准确性和及时性；进行预算执行过程的控制，可以将预算的执行情况及时沟通反馈，使预算管理中的信息更加及时、准确。

5. 内部监督是全面预算管理有效实施的保证

内部监督可以对预算的制定、实施和考核情况进行监督，及时发现预算管理过程中存在的问题，促进预算管理得到有效实施。在预算制定过程中，内部监督可以发现预算制定中存在的不足，使预算的制定更加合理；在预算执行过程中，内部监督可以发现预算执行的不足，及时纠正偏差；在预算考核过程中，内部监督可以促进预算考核严格执行，促进预算管理目标的实现。

（二）全面预算管理有助于促进内部控制的完善

（1）全面预算管理有助于量化内部控制管理信息。预算管理可以将企业的财务信息和非财务信息进行量化，然后将资源进行分配考核，调动企业员工的工作积极性；同时，由于有预算管理的数据作为支撑，内部控制可以通过数据比较分析企业的运行情况，找出企业发展中的不足和优势，分析企业能否实现发展战略等，从而促进内部控制的完善。

（2）由于全面预算包括预算编制、预算执行、预算考核三个环节，企业预算的编制需要各个基层部门参与收集整理基础信息，编制过程中各个部门之间的沟通协调有助于内部控制沟通的完善；同时预算编制管理的规范有助于促进控制活动（如不相容职务分析控制、授权审批控制）的有效实施。预算的执行一方面需要将企业的资源在各个部门之间进行协调分配，规范地把企业的资源根据项目的重要程度及项目规模大小和时间紧张度进行分配，合理地分配企业的资源，因此有助于改善内部环境，提高信息与沟通的质量；另一方面，预算执行过程中的预算执行控制和预算分析，是对预算的执行情况进行监督，有助于促进内部监督的完善。预算的考核是对预算的执行情况进行考核，有助于完善控制活动（绩效考评控制），提高人力资源管理水平，进而改善内部环境。加强预算管理每个阶段、每个环节的有效实施，可以将各个业务部门紧密联系起来，从而使内部控制活动更加规范、有效。

（3）全面预算管理包括经营预算、专门预算和财务预算，涉及企业生产经营的各个方面及各个部门，预算管理能够加强企业不同部门之间的信息共享，帮助管理层了解企业在经营中存在的问题，从而促使内部控制工作更加明确。

（三）全面预算管理与内部控制的目标一致

1. 二者都有助于实现公司战略目标

根据我国《企业内部控制基本规范》的规定，内部控制的最终目标是实现企业的发展战略。企业进行全面预算管理的起点是预算编制，预算的编制是以公司的发展战略为依据的，而预算的实施和考核是依据编制的预算进行的，因此，预算管理也有助于实现公司的发展战略。

2. 二者都可以降低企业风险

企业的最终目标是企业采取管理与控制手段来实现对企业风险的有效控制并达成企业目标。我国《企业内部控制基本规范》从性质和作用看，相当于COSO的《企业风险管理——整合框架》，我国《企业内部控制基本规范》中界定的内部控制实际上就是风险管理。内部控制中的风险评估包括目标设定、风险识别、风险分析和风险应对，内部控制可以及时发现企业经营过程中的风险并采取有效的应对措施，从而促进企业目标的实现。内部控制就是控制风险，控制风险就是风险管理。预算的制定和实施过程就是企业不断用量化的工具，使自身所处的经营环境与拥有的资源和企业的发展目标保持动态平衡的过程，也就是企业在此过程中对所面临的各种风险的识别、预测、评估和控制的过程（方红星 等，2019），预算管理的目的是将预算编制、预算执行和预算考核过程中的风险进行管理，找出关键控制点，促进预算目标的实现。因此，二者都可以降低企业经营过程中的风险，促进企业健康发展。

# 第二章　预算理念

全面预算管理是一项综合性的工程，它既是一项严肃的管理制度，又是一种技术性很强的管理方法，同时也是企业运行的动力机制和责权利安排。因此推行全面预算管理必然牵涉企业的各个方面，需要企业为预算管理提供良好的运行平台、夯实基础、建立预算管理的保障体系，而这一切都需要构建预算管理的基本理念，并避免误解。

## 第一节　全面预算管理的基本理念

《辞海》对"理念"一词的解释有两条：一是"看法、思想，即思维活动的结果"；二是"观念，通常指思想，有时亦指表象或客观事物在人脑里留下的概括的形象"。因此，理念与观念关联，上升到理性高度的观念叫"理念"。

人类以自己的语言形式来诠释现象——事与物时，所归纳或总结的思想、观念、概念与法则，称之为"理念"，如人生理念、哲学理念、学习理念、时空认知理念、成功理念、办学理念、推销理念、投资理念或教育理念，等等。具体的表达方式，因人而不同，如"忠臣不事二主"与"良禽择木而栖"，如"唯才是举"与"德才兼备"，等等。

当某种理念被多数人接受和认同时，这种理念就上升为人们的共同理念，即"基本理念"。从财务角度而言，基本理念包括货币时间价值理念、风险与收益相匹配理念；从会计角度而言，基本理念类似于四大基本假设，即会计主体、持续经营、会计分期和货币计量。有了基本理念，人们就不必为以前基本的常识与惯例而争论不休了。

如果人们对预算管理没有一个基本的、共同的认识，每个人都依照自己的理解来进行预算，那么结果无外乎两个：要么预算管理变了味，不是真正意义上的预算管理；要么为预算管理该不该做而争论、为谁负责预算管理而争论、为谁编制预算而争论，争论不休往往会使预算工作难以为继。预算管理制度在西方发达国家的适用度约为98%，所有跨国公司均采用该制度，更重要的是21世纪以来越来越多的中国企业也开始实行预算管理制度并取得成功。因此，预算管理是企业的动力机制，企业离不开预算，这是预算管理的第一个基本理念。

既然企业需要预算管理，那么如何推行预算管理呢？让企业所有人投票吗？这种"民主"能够解决预算管理吗？答案当然是否定的。预算需要自上而下地推行，而不是自下而上地产生。总之，预算是"一把手工程"，这是预算的第二个基本理念。

企业预算作为对未来经济活动的一种全面规划，涉及企业的方方面面。企业要有所建树就必须做事情，但做任何事情都要花钱，那么是目标优先还是资源优先呢？企业预算源于政府预算，而政府预算中一个重大难题就是对做事效果的准确度量。相对于政府预算，企业预算能够对做事效果进行很好的度量，即用"收入"来度量，那么矛盾就出现在是先考虑做事效果还是做事条件，即在目标与资源的选择上，"先目标后资源"要形成共识，否则会出现后文将要谈及的"韦尔奇死结"。因此，"价值创造第一、资源消耗第二"是企业预算管理的第三个基本理念。

## 第二节　全面预算管理的认识误区

全面预算管理，尤其是"预算"，是容易理解的名词，但是现实中越容易理解的名词，就越容易望文生义、口口相传，从中加入较多个人理解甚至完全谬误的内容。全面预算管理中的认识误区很多，一一列举也难免挂一漏万，在此处仅针对人们普遍认识的误区进行解释。

### 一、全面预算是全员参与吗

自从预算一词前被加入了"全面"这个定语，望文生义，很多人认为既然是全面管理，那么预算就是"什么都管，什么人都参与管理"。但是，全面预算果真如此吗？

全面预算管理的核心在于"全面"二字，它具有全额、全程、全员的特点。"全额"是指预算金额的总体性，不仅包括财务预算，还包括具体预算，如业务预算、筹资预算和资本预算；不仅关注日常经营活动，还关注投资和资本运营活动。"全程"是指预算管理流程的全程化，即不能仅停留在预算指标的下达、预算的编制和汇总上，更重要的是要通过预算的执行和监控、预算的分析和调整、预算的考核与评价，真正发挥预算管理的权威性和对经营活动的指导作用。"全员"是指预算过程涉及全员，包括两层含义，一层是指"预算目标"的层层分解，人人肩上有责任，每一个参与者都要建立"成本""效益"意识；另一层是指企业资源在各部门间的协调和科学配置的过程。

全面预算管理中的"全面"，不是全员参与、全员动员的群众运动，而是企业遇到的所有问题都在预算中寻求解决方案。也就是利用预算对企业内部各部门、各单位的各种财务及非财务资源进行分配、考核、控制，以便有效地组织和协调企业的生产经营活动，完成既定的经营目标。

## 二、预算就是财务部门的事情吗

全面预算是在财务收支预算基础上的延伸和发展，以至于很多人都认为预算是财务行为，应由财务部门负责预算的制定和控制，甚至把预算理解为是财务部门控制资金支出的计划和措施。

随着管理的计划性加强，全面预算逐渐受到管理层的重视，全面预算是集业务预算、投资预算、资金预算、利润预算、工资性支出预算以及管理费用预算等于一体的综合性预算体系，预算内容涉及业务、资金、财务、信息、人力资源、管理等众多方面。尽管各种预算最终可以表现为财务预算，但预算的基础是各种业务、投资、资金、人力资源以及管理，这些内容并非财务部门所能确定和左右的。财务部门在预算编制中的作用主要是从财务角度为各部门、各业务预算提供关于预算编制的原则和方法，并对各种预算进行汇总和分析，而非代替具体的部门去编制预算。

首先，预算管理是一种全面管理行为，必须由公司最高管理层组织和指挥；其次，预算的执行主体是具体部门，业务、投资、筹资、管理等内容只能由具体部门提出草案。所以，全面预算并非仅可由财务部门独立完成。在实务中，认为预算是一种纯财务行为的看法是无法使预算管理得到有效实施的，必须明确企业的董事会、财务部门、业务部门、人力资源管理部门在全面预算中各自的角色和应履行的具体职责。不过也得注意将预算指标独立于会计核算系统之外的倾向。如企业安排部门费用预算时，不应仅考虑付现费用的预算，而应从财务会计角度将付现费用和非付现费用一并考虑；在安排收入预算时，不应仅考虑新增供货合同的情况，而应从会计对收入确认的原则和方法角度，充分考虑原有合同在预算期间的执行以及新增合同在预算期间的实现情况，等等。

总之，虽然预算一般最后会体现为财务指标，但是财务部门也是预算的一个执行部门。全面预算管理作为管理层和业务执行层之间的战略沟通工具，财务来主导必然会影响其作用。当然，财务部门在预算的某些方面具有很重要的作用，例如资金以及提供分析数据方面。

## 三、预算能否批准主要取决于管理层对预算结果的满意度吗

预算草案上报后，预算的审批就成为关键。预算审批是企业实施预算管理的核心内容，大多数人认为这是一个讨价还价的争论过程。实务中，大多数企业的管理层在审批预算草案时，多以预算结果满意度作为是否批准该预算的主要依据，只要预算结果在管理层可接受的满意程度之内，预算就会被批准。这实际上是形式主义在预算管理中的表现，不符合预算管理的本质要求，满意度的高低无法衡量，带有

很大的主观成分，也容易产生腐败。

为了使预算能真正起到细化战略管理的作用，预算的审批应注重预算草案的编制假设或编制依据是否与企业发展战略一致，预算编制的内容是否完整，预算指标的计算方法或确定原则是否与企业预算制度规定的原则和方法吻合。也就是说，预算审批应注重预算编制内容、编制过程和方法的合理性，而不能只注重预算结果。因此，在审批预算时，企业管理层应成立专门的预算管理委员会，由与预算内容有关的部门的专业人员分别从各自的专业角度提出问题，并由预算编制单位进行答辩，最终由预算管理委员会综合考虑，决定是否批准预算草案。

### 四、预算与预测一样吗

预算不等于预测。预测是基础，预算是根据预测结果提出的对策性方案。可以说，预算是针对预测结果采用的一种预先的风险补救及防御系统。预测是预算的前提，没有预测就没有预算。有效的预算是企业防范风险的重要措施。

预测是根据经济活动的历史资料，考虑现实的要求和条件，对企业未来的经营活动和经营成果做出科学预计和测算。从财务预测角度出发，它所涉及的内容包含投资预测、销售收入预测、成本预测、利润预测和筹资预测几个方面。而预算是一系列专门反映企业未来一定预算期内预计经营状况和经营成果，以及现金收支等价值指标的各种预算的总称，从财务预算角度考虑具体包括现金预算、预计利润表、预计资产负债表和预计现金流量表等内容。

简言之，预测是一个比较大的概念，通常是针对未来某一段时间，进行一个大约的估计，如国民经济增长率预测为8%；预算则是需要有完整的过程，需要根据一定的依据、资料、方法，来进行细致计算和推论，得出相对细致准确的计划。

### 五、预算是精确的吗

预算是企业对未来（一般指下年度）行为的一种计划安排，在预算确定中体现为一系列的具体指标，这些指标尽管考虑了不确定因素对未来的影响，并进行了合理的估计，但实际执行结果与预计指标仍存在差异，甚至差异很大。管理层总是希望预计值与实际执行结果尽可能接近，最好是能吻合，能够不偏不倚地落实既定方针。但执行的结果往往是，要么远远超过预算指标，要么大大低于指标，很少有企业能够使预算指标同实际执行结果接近或吻合。这种现象主要产生于两种情况：①实行超计划奖励的企业，为了能较多地完成预计任务，往往编报较低的预算草案并给预算审批留下足够的"加码"空间，使预算能够轻松地完成；②在实行以经营目标作为任免主要经营者依据的企业中，预算单位的经营者为了获得经营资格，往往编报的预算很高并提出达到预算目标的理想措施，以取得预算审批部门的高度信任，当预算无法完成时，预算编报单位又会以各种客观理由为借口为自己开脱。

如何使预算指标真正起到目标导向作用，并减少乃至取消讨价还价行为，是管理层非常棘手的问题。事实上，预算指标究竟定在什么位置，预算编报单位应该心中有数，但由于信息不对称，管理层往往无法合理确定比较可行的方案，于是讨价还价在所难免。因此，要求预算单位短时间将预算确定得很准确也不现实，需要一个渐进的过程。

国外学者为解决预算失真问题提出的激励引导模型值得我们借鉴。激励引导模型的基本思路是通过优化对预算编制单位的报酬制度，引导出正确的预算信息，该模型称为 New Soviet Incentive Model。根据该模型，管理者的收入分为三部分：①基本报酬 $B0$（与业绩无关的报酬）。②基本奖励 $\beta Yh$（Yh 表示预算编制单位上报的预算值，$\beta$ 表示依预算上报值确定的基本奖励系数）。③附加奖励或惩罚 $\alpha$（$Y-Yh$）或 $\gamma$（$Yh-Y$）（$Y$ 表示实际业绩，$\alpha$ 表示实际业绩高于预算业绩时依超额部分确定的加奖系数，$\gamma$ 表示实际业绩低于预算业绩时依未完成部分确定的扣奖系数，而且三个系数存在 $0<\alpha<\beta<\gamma$ 的关系）。按照该报酬激励引导模型，假设预算编报单位认定他们经过努力可以达到的最好业绩为 Yh，则他只是在预算制定中报出 Yh 的业绩，才可使其收入最大化，报出的业绩无论高于或低于 Yh 都会减少其收入。当企业采用了此原理实施预算管理后，预算准确度会随着一个个预算周期的增加而提高，但也不可能做到精确。

### 六、预算是企业的一种束缚吗

预算不是精确的，也可能不是准确的。预算一旦不准确，是否存在这样一种可能：它不仅未起到激励作用，反而会使执行者放弃目标。

正是因为预算的不精确甚至不准确，管理者可能以此为理由来否认预算管理。其逻辑是预算管理将企业未来的经营活动装进了一个预先设定的框架里，这将限制企业的灵活性、束缚企业的手脚，企业面对的是市场而不应该是预算，企业最终接受的是市场的选择而不是企业的选择。

上述说法似乎有一定的道理，而且在现实中预算管理也会出现一些弊端。比如，企业年度预算销售额为 1 000 万元，到 11 月底，销售额有可能有两种极端情况：一是仅完成 400 万元，二是已经完成 1 100 万元。第一种情况下，销售部门必然选择"摔破罐"的方法，要么接受完不成任务的现实，要么选择将大量的销售和利润转作留存。第二种情况下，会出现"棘轮效应"倾向，如果本年继续苦干，虽然今年能拿到数量可观的奖金，但是给明年造成了一个更大的预算基数，销售部门明智的选择应该是停止努力，人为地将销售和利润转移到下一年。可以看出，无论能否完成，销售部门的行为是类似的，即停止本年剩余时间的努力，人为延迟收入和利润。如此作为，对企业和股东都是有害的。对企业而言，两种做法人为地降低了企业的市场份额和竞争能力，缓解了竞争对手的压力；对股东而言，两种做法人为地延迟了利润和现金流的时间，降低了企业价值。

上述问题能否成为否定预算的理由，或者预算管理中能否避免上述类似问题的发生？答案是肯定的，预算当然可以限制"棘轮效应"和"摔破罐"的行为，实际操作也不烦琐，即通过多制定几个预算目标来解决。

预算目标应该有上、中、下之分。下等目标可称为"保守型"目标，是一个保底的目标，如果这一目标都实现不了，责任人应承担相应后果。当然如果企业所有人都按照"保守型"目标执行预算，那么这个企业也无发展前景可言，企业要进步必须有中等目标。

中等目标可称为"进取型"目标，就是说执行者要付出一定的辛劳才能达到的目标。"进取型"目标的制定可以参考"二八"定律。二八定律亦称二八法则、帕累托法则等，在很多学科有不同的解释。从管理学和心理学的角度来看，当一件事情有80%成功的可能性时，大多数人都会去做；当可能性低于80%时，就逐渐有人放弃；当可能性低于70%时，大部分人将选择放弃。因此，制定"进取型"目标的关键是找到"80%"的节点，保证目标对大多数人的激励作用。

如果所有人员都按照"二八"定律行事，企业会有较快的发展，但也很难成为微软、苹果公司那样辉煌的企业。"进取型"目标可能会扼杀组织内创造奇迹的可能性，因此企业有必要制定一个上等目标。上等目标可以称为"挑战型"目标，与"进取型"目标相反，成功的可能性只有20%，但高难度也可能带来高收益。

当然，企业可以根据自身情况制定不同等级的目标，不一定仅分为三等，可以适当增加一些，当然也并非多多益善。

## 七、财务制度和预算是一回事吗

财务制度是由各级政府财政部门制定的、企业组织财务活动和处理财务关系的行为规范，以及企业根据财政部门制定的财务制度而制定的企业内部财务制度。前者称为国家统一财务制度，后者称为企业内部财务制度。

企业内部财务制度一般应当包括资金管理制度、成本管理制度、利润管理制度。其中，资金管理制度主要包括资金指标的分解、归口分级管理办法、资金使用的审批权限、信用制度、收账制度、进货制度；成本管理制度包括成本开支范围和开支标准、费用审批权限、成本降低指标以及分解等；利润管理制度主要包括利润分配程序、利润分配原则、股利政策等。

在国家统一财务制度方面，20世纪90年代开始，中国出现了"两则两制"的说法。1992年财政部颁布了《企业会计准则——基本准则》和《企业财务通则》，并于1993年7月1日起在所有企业实施，其后发布了分行业的10个财务制度和14个会计制度。2006年12月4日，财政部颁发了新的《企业财务通则》（以下简称《通则》）（财政部令第41号），该通则于2007年1月1日起施行。修订的《通则》对财政财务活动的管理方式、政府投资等财政性资金的财务处理政策、企业职工福利费的财务制度、规范职工激励制度、强化企业财务风险管理等方面进行了改革。

那么，财务制度和预算是不是一回事？有人认为，财务制度是计划经济的产物，预算是市场经济的产物，对于这种非此即彼的观点，是一种错误的理解。但是财务制度与预算管理存在差异是肯定的，从传统财务制度向预算管理的演进，是企业管理逐渐科学化的一种表现。就传统财务制度而言，它是一种事先的规定，比如餐费、交通费、住宿费等的标准，一旦超标无法报销，导致的结果是，有些部门为了节约费用，削减了一些必要的活动，从而产生消极怠工的现象。因此，企业是否允许一些特例存在？什么事件应该归类为特例？如果是特例，标准该如何制定？下次出现类似情况是否还会调整标准？种种原因，最终是否会导致"事前的规定"变成了"事后的管理"，而事后管理最无效。在事后管理无效、事前请示无意义的情况下，"总量管理"的方法应运而生，即事前确定一个费用总的额度，额度内由执行部门控制，这实际上就是"预算管理"。

由此可见，预算管理是财务制度发展的产物。

## 八、预算管理中的"韦尔奇死结"

杰克·韦尔奇在其《赢》一书中提及预算管理时是这样评价的："预算是美国公司的祸根，它根本不应该存在。制定预算就等于追求最低绩效。你永远只能得到员工最低水平的贡献，因为每个人都在讨价还价，争取制定最低标准。"

企业预算管理中的"韦尔奇死结"现象很多，最典型的有两种，一是花钱越来越多，二是做事越来越少。

第一种情况源于"总量控制"下的预算编制与执行过程，进而会引发"年初抢指标、年末抢花钱"的现象。这也是定期预算和增量预算的重大弊端之一。经过几年的"两抢预算"，企业业务量的增长会远远落后于费用的增长。

第二种情况源于企业对第一种情况的反制，从而引发执行部门的进一步反制，这是一个动态博弈的过程。企业要控制费用，经常本着少花钱、多办事的原则，甚至将费用与目标的完成程度挂钩。执行单位在完成保守性目标后便不再进取，少花钱、少办事甚至演化为不花钱、不办事。

其实"预算是祸根"的说法等于输棋后把棋子当成弃子，预算管理中的弊端不应该通过"废除预算"的方法来解决，而应通过滚动预算与零基预算的方法来解决。这些预算编制的具体方法我们将在后文探讨。

# 第二篇
# 全面预算管理的基础

全面预算管理的体系的构建，需要做好扎实的基础性建设工作，这主要包括预算管理的组织体系、程序体系和方法体系。同时，做好预算编制工作，必须有逻辑的基础，即关键业绩指标（KPI），本篇进一步介绍了如何通过财务分析与定额成本等方法构建科学的 KPI 体系。

# 第三章　全面预算管理体系的构建

企业全面预算管理体系由三个方面构成，即全面预算管理组织体系、全面预算管理程序体系和全面预算管理方法体系，本章将对三者的主要内涵进行深入的研究与阐释。

## 第一节　全面预算管理组织体系

### 一、全面预算组织机构建立的前提

全面预算组织机构的构建必须秉持"一把手工程"的顶层设计基本理念，并在此基础上建立科学的组织机构体系。

**（一）顶层设计理念的构建**

全面预算管理涉及企业的方方面面，制度变迁可能直接触及某些部门、领导、员工的既得利益，这是一种改革，是一种责权利的再分配，也必将受到各种既得利益者的阻碍。因此全面预算必须得到企业领导层的重视，由各级"一把手"亲自抓、亲自管，否则预算管理必将流于形式或半途夭折。

**（二）预算组织机构体系的设计原理**

企业设置预算管理体制，应遵循合法科学、高效有力、经济适度、全面系统、权责明确等基本原则，一般包括预算管理决策机构、工作机构和执行机构三个层次的基本架构。

其中，预算管理决策机构是组织领导企业管理的最高权力组织，包括股东大会、董事会与预算管理委员会；预算管理工作机构是负责预算的编制、审查、协调、控制、调整、核算、分析、回馈、考评与奖惩的组织机构；预算管理执行机构是指负责预算执行的各个责任预算执行主体，也称为预算责任中心。

预算管理决策机构和工作机构不仅承担相应的预算管理责任，而且这两个机构的某些成员也在预算管理执行机构中担任不同的职务。参与式预算的普遍推广，使得企业绝大多数职能管理部门，兼具预算管理工作机构和预算管理执行机构的双重身份。因此全面预算管理的三个机构并非绝对分离的三个层面。

国有企业全面预算管理组织体系的构建可以参照财政部会计司《企业内部控制应用指引第 15 号——全面预算》的解读，预算管理体制各层级的构建中，明确了全面预算管理的决策机构、工作结构和执行单位的基本框架。其中：

企业应当设立预算管理委员会，作为专门履行全面预算管理职责的决策机构。预算管理委员会成员由企业负责人及内部相关部门负责人组成，总会计师或分管会计工作的负责人应当协助企业负责人负责企业全面预算管理工作的组织领导。

预算管理工作机构一般设在财会部门，其主任一般由总会计师（或财务总监、分管财会工作的副总经理）兼任，工作人员除了财务部门人员外，还应有计划、人力资源、生产、销售、研发等业务部门人员参加。

预算管理工作机构一般设在财会部门，其主任一般由总会计师（或财务总监、分管财会工作的副总经理）兼任，工作人员除了财务部门人员外，还应有计划、人力资源、生产、销售、研发等业务部门人员参加。

全面预算组织机构图如图 3-1 所示。

图 3-1　全面预算组织机构图

## 二、预算管理的决策机构

（一）预算管理决策机构与人员构成

根据《中华人民共和国公司法》（以下简称《公司法》）的相关规定，公司董事会负责制定财务预算，公司股东（大）会负责审定财务预算。

参照财政部《企业内部控制应用指引第 15 号——全面预算》，企业应当设立预算管理委员会，作为专门履行企业预算管理职责的决策机构。预算管理委员会成员由企业负责人及内部相关部门负责人组成，总会计师或分管会计工作的负责人应当协助企业负责人负责企业全面预算管理工作的组织领导。

具体而言，预算管理委员会一般由企业负责人（董事长或总经理）任主任，总会计师（或财务总监、分管财会工作的副总经理）任副主任，其成员一般还包括各副总经理、主要职能部门（财务、战略发展、生产、销售、投资、人力资源等部门）和分（子）公司负责人等。

（二）预算管理决策机构的职能

预算管理委员会的主要职责一般是：①制定并颁布企业预算管理制度，包括预算管理的政策、措施、办法、要求等；②根据企业战略规划和年度经营目标，拟定预算目标，并确定预算目标分解方案、预算编制方法和程序；③组织编制、综合平衡预算草案；④下达经批准的正式年度预算；⑤协调解决预算编制和执行中的重大问题；⑥审议预算调整方案，依据授权进行审批；⑦审议预算考核和奖惩方案；⑧对企业预算总的执行情况进行考核；⑨其他预算管理事宜。

（三）预算管理决策机构中的问题分析

国内很多企业其实都已经建立了"预算管理委员会"这种组织，但是在不少企业其实就是一种形式主义，根本没有起到实际作用。最明显的一个例子是我国的"独立董事制度"和"监事会制度"——为了加强公司治理，从美国引入"独立董事制度"，从德国引入"监事会制度"，但是最终结果并不明显。形式主义的"预算管理委员会"，在人员上还是规定的那些人，还是开那么多的会，只要开会的时候人都来了，会议的使命也就结束了。开会本是为了群策群力，但在形式主义之下，不知不觉间又回到了领导的"一言堂"。正如彼得·德鲁克所言："开会是最无效的组织。"

造成形式主义的原因主要有两个：一是预算管理委员会中的很多成员并不了解预算，他们关心的不是企业整体的管理绩效提升，而是其所在部门的利益，这是人的因素；二是预算管理的绩效与"预算管理委员会"成员自身利益无关，这是制度的因素。如果在企业预算管理出现如下情况时，如没有达到预期的管理效果、指标设计不合理、所有人都没有完成预算、所有人都超额完成了预算、出现严重的预算外审批问题，等等，预算管理委员会成员必须负领导责任，并将预算管理成效奖作为各成员年终奖的主要部分，如75%，而将其所在部门的业绩下调至年终奖的四分之一，"预算管理委员会"的形式主义问题自然会解决。

### 三、预算管理工作机构

（一）预算管理工作机构的人员构成

由于预算管理委员会一般为非常设机构，因此企业应当在该委员会下设立预算管理工作机构，由其履行预算管理委员会的日常管理职责。预算管理工作机构一般设在财会部门，其主任一般由总会计师（或财务总监、分管财会工作的副总经理）

兼任，参与的工作人员除了财务部门人员外，还应有计划、人力资源、生产、销售、研发等业务部门人员。

主要的工作机构可以分为预算管理的常务机构、核算机构、监控机构和考评机构。

（1）预算管理的常务机构是企业行使日常预算管理工作的部门，一般可在预算管理委员会下设一个"预算管理办公室"。实践中，该办公室有三种具体的设计方法，一是单独设立，二是采用与财务部门"一班人马、两块牌子"的做法，三是在财务部门下设立一个专司预算管理的科室。对于规模较大、组织结构复杂的企业，应尽量采取相对独立的常务机构组织形式。预算办公室主任一般由总会计师或财务经理兼任。

（2）预算管理核算机构是对预算执行过程和结果进行反映、控制、核算和信息反馈的部门。和预算管理相适应的会计体系不是财务会计，而是责任会计。责任会计属于管理会计的范畴，是以责任中心为会计对象，对责任中心的经营活动过程及其结果进行核算、分析、考核与评价的一种内部会计制度。责任会计核算素有双轨制与单轨制的争论，即是否要建立两套会计核算体系的问题。作为企业内部的管理活动，企业应根据自身具体情况，因时、因地制宜。

（3）预算管理监控机构是对管理执行过程和结果进行监控的部门，其相关部门很多，如价格监控部门、信息监控部门、质量监控部门、资金监控部门等。由于预算管理涵盖了企业的各个环节和各个部门，企业不可能也没有必要设置一个独立的预算管理监控部门，而是采取某一职能部门牵头、其他相关专业部门按职能分工进行监控的办法。

（4）预算管理考评机构是对预算管理执行过程和结果进行考核、评价和奖惩的部门。由于预算考评的对象是各个执行部门，是各个责任中心执行预算的结果和过程。企业各个部门既是预算的执行者也是预算的考评者。因此，企业应该采取以一个职能部门为主，其他相关专业部门按照职能分工进行考评的办法。一般而言，考评机构的牵头部门是预算管理办公室或人力资源部。

（二）预算管理工作机构的职能

预算管理工作机构的主要职责一般是：①拟订企业各项预算管理制度，并负责检查落实预算管理制度的执行；②拟订年度预算总目标分解方案及有关预算编制程序、方法的草案，报预算管理委员会审定；③组织和指导各级预算单位开展预算编制工作；④预审各预算单位的预算初稿，进行综合平衡，并提出修改意见和建议；⑤汇总编制企业预算草案，提交预算管理委员会审查；⑥跟踪、监控企业预算执行情况；⑦定期汇总、分析各预算单位预算执行情况，并向预算管理委员会提交预算执行分析报告，为委员会进一步采取行动拟订建议方案；⑧接受各预算单位的预算调整申请，根据企业预算管理制度进行审查，集中制定年度预算调整方案，报预算管理委员会审议；⑨协调解决企业预算编制和执行中的有关问题；⑩提出预算考核和奖惩方案，报预算管理委员会审议；⑪组织开展对企业二级预算执行单位［企业内部各职能部门、所属分（子）企业等，下同］预算执行情况的考核，提出考核结果和奖惩建议，报预算管理委员会审议；⑫预算管理委员会授权的其他工作。

（三）预算管理工作机构中的问题分析

构建的预算管理工作机构将是一个科学的体系，在预算管理委员会的指导下，具体工作由各部门相关人员负责。但预算编制、预测、决策、分析、考核等一系列流程，都是很具体的工作，需要有一个工作班子加以组织。一般而言，可以构建如图 3-2 所示的预算管理组织形式。

但是，在这个组织运作的过程中经常会出现一些问题。一开始，采购部、销售部、生产部、研发部和人力资源部的文员分散在各自的部门中。每次进行预算编制等工作时，都要将相关人员从其所在部门调来，由于部门利益等问题，相关部门经理可能不会心甘情愿地配合。为了减少内部矛盾，有的企业开始将这些人员集中起来，并在财务系统中成立一个单独的预算部门，结果新的"形式主义"又开始出现，预算管理又变成了财务部门的预算管理。

因此，企业的预算管理工作机构保持一定的松散性，既有利于财务人员了解各业务系统的具体情况，便于与业务部门管理人员进行有效沟通，又能强化业务系统的预算参与和预算管理责任。

图 3-2  预算管理的组织形式

## 四、预算管理执行机构

（一）预算管理执行机构的构成

预算管理执行机构是指根据其在企业预算总目标实现过程中的作用和职责划分的，承担一定经济责任，并享有相应权力和利益的企业内部单位，包括企业内部各职能部门、所属分（子）企业等。企业内部预算责任单位的划分应当遵循分级分层、权责利相结合、责任可控、目标一致的原则，并与企业的组织机构设置相适应。根据权责范围，企业内部预算责任单位可以分为投资中心、利润中心、成本中心、费用中心和收入中心。预算执行机构在预算管理部门（包括预算管理委员会及其工作机构）的指导下，组织开展本部门或本企业预算的编制工作，严格执行批准下达的预算。

（二）预算管理执行机构的职能

各预算管理执行机构的主要职责一般是：①提供编制预算的各项基础资料；②负责本单位预算的编制和上报工作；③将本单位预算指标层层分解，落实到各部门、各环节和各岗位；④严格执行经批准的预算，监督检查本单位预算执行情况；⑤及时分析、报告本单位的预算执行情况，解决预算执行中遇到的问题；⑥根据内外部环境变化及企业预算管理制度，提出预算调整申请；⑦组织实施本单位内部的预算考核和奖惩工作；⑧配合预算管理部门做好企业总预算的综合平衡、执行监控、考核奖惩等工作；⑨执行预算管理部门下达的其他预算管理任务。

各预算执行单位负责人应当对本单位预算的执行结果负责。

（三）预算管理执行机构的具体分类

预算管理执行机构也称责任中心，有不同的分类方法，最详细的分类是五分法，即投资中心、利润中心、收入中心、费用中心、成本中心，下面我们将各种责任中心的特点进行说明。

1. 投资中心

投资中心是预算管理体系的最高层次。投资中心不仅能控制成本与收入，而且能够对投资进行控制，它实质上就是企业全面预算的执行人。正因为如此，只有具备经营决策权和投资权的独立经营单位才能成为投资中心。一般而言，一个独立经营的法人单位就是一个投资中心。投资中心的具体负责人是以董事长和总经理为首的企业最高决策层，投资中心的预算目标就是企业的总预算目标。

在大型集团公司中，各子公司、分公司或事业部在分权管理模式下，也可以成为投资中心。

除考核利润指标外，投资中心主要考核能集中反映利润与投资额之间关系的指标，包括投资利润率和剩余收益。

（1）投资利润率。

投资利润率又称投资收益率，是指投资中心所获得的利润与投资额之间的比率，可用于评价和考核由投资中心掌握、使用的全部净资产的盈利能力。其计算公式为

投资利润率＝利润÷投资额＝资本周转率×销售成本率×成本费用利润率

其中，投资额是指投资中心的总资产扣除对外负债后的余额，即投资中心的净资产。

为了评价和考核由投资中心掌握、使用的全部资产的总体盈利能力，还可以使用总资产息税前利润率指标。其计算公式为

$$总资产息税前利润率＝息税前利润÷总资产$$

投资利润率指标的优点有：能反映投资中心的综合盈利能力；具有横向可比性；可以作为选择投资机会的依据；可以正确引导投资中心的经营管理行为，使其长期化。该指标的最大局限性在于会造成投资中心与整个企业利益的不一致。

（2）剩余收益。

剩余收益是指投资中心获得的利润，扣减其投资额（或净资产占用额）按规定（或预期）的最低收益率计算投资收益后的余额。其计算公式为

剩余收益＝利润－投资额（或净资产占用额）×规定或预期的最低投资收益率

或 剩余收益＝息税前利润－总资产占用额×规定或预期的总资产息税前利润率

剩余收益指标能够反映投入与产出的关系，能避免本位主义，使个别投资中心的利益与整个企业集团的利益统一起来。

2. 利润中心

利润中心属于预算管理体系的较高层级，具有较大的自主经营权，同时具有生产和销售的职能。它不拥有投资决策权，只需要对收入、成本、费用和利润负责。

在公司内部，利润中心等同于一个独立的经营个体，在原材料采购、产品开发、制造、销售、人事管理、流动资金使用等经营上享有很高的独立性和自主权，能够编制独立的利润表，并以其盈亏金额来评估其经营绩效。

一般说来，利润中心应将其产品大部分销售给外部客户，而且其对大部分原材料、商品和服务都有权选择供应来源。在利润中心，由于管理者没有责任和权力决定该中心资产的投资水平，因而利润就是其唯一的最佳业绩计量标准。但同时这些利润数字水平还需要补充大量短期业绩的非财务指标。采用适当方法计量的利润是判定该责任中心管理者运用他们所取得的资源和其他投入要素创造价值能力的一个短期指标。在利润中心，管理者具有几乎全部的经营决策权，并可根据利润指标对其做出评价。

（1）利润中心的类型。

能否成为利润中心的衡量标准是该责任单位有无收入与利润，凡是能获得收入并形成利润的责任单位均可成为利润中心。根据收入、利润形成方式的不同，利润中心的类型可分为自然利润中心和人为利润中心两种。

自然利润中心是指能够通过对外销售自然形成销售收入，从而形成利润的责任单位，如公司的事业部。

人为利润中心则是指不直接对外销售，而是通过内部转移价格结算形成收入从而形成内部利润的责任单位。如辅助生产车间、银行的储蓄所和信贷部。

自然利润中心具有全面的产品销售权、价格制定权、材料采购权及生产决策权。人为利润中心只有部分的经营权，能自主决定自身的产品品种（含劳务）、产品产量、作业方法、人员调配、资金使用等。一般来说，只要能够制定出合理的内部转移价格，就可以将企业大多数生产半成品或提供劳务的成本中心改造成人为利润

中心。

（2）利润中心的成本计算。

在共同成本难以合理分摊或无须共同分摊的情况下，人为利润中心通常只计算可控成本，而不分担不可控成本；在共同成本易于合理分摊或者不存在共同成本分摊的情况下，自然利润中心不仅要计算可控成本，而且应计算不可控成本。

（3）利润中心的考核指标。

①当利润中心不计算共同成本或不可控成本时，其考核指标是利润中心边际贡献总额，该指标等于利润中心销售收入总额与可控成本总额（或变动成本总额）的差额。

②当利润中心计算共同成本或不可控成本，并采取变动成本法计算成本时，其考核指标包括：利润中心边际贡献总额、利润中心负责人可控利润总额、利润中心可控利润总额。

（4）利润中心的运作机制。

企业为追求未来的发展与营运绩效，现行的功能性组织已无法适应。利润中心制度的推行，在于变革组织结构以达成公司的策略规划。

（5）利润中心与目标管理。

企业采用利润中心，事实上就是实施分权的制度。但为求适当的控制，总公司的最高主管仍需对各利润中心承担应负的责任，即由双方经过咨商订立各中心的目标，同时负责执行，并对最后的成果负责。在目标执行过程中，设置一套完整的、客观的报告制度，定期提出绩效报告，从中显示出的目标达成的差异，不但可以促进各中心采取改善的措施，而且可作为总公司考核及奖惩的依据。

因此，利润中心的推行，必须结合目标管理制度，才不致空有组织构架而缺乏达成公司目标及评估各利润中心绩效的管理方式。

（6）利润中心与预算制度。

为使总公司的目标能够分化为各利润中心的目标，并且能够公正正确地评估各利润中心的绩效，目标的设定必须量化。此等量化的绩效目标，大致上可分为财务性目标及非财务性目标。凡属财务性指标，如营业收入、资产报酬率、人均获利能力等，均能以预算制度所产生的资料与数字作为目标设定的参考与依据。换言之，利润中心的推行有赖于预算制度提供财务及会计的资讯。实际上，预算只是绩效标准而非目标。若能根据预算建立目标，通过预算控制协助目标达成，将使预算制度不只是"资料库"，而是财务性目标设定的"下限值"。如此，利润中心的绩效指标将更具有挑战性。

（7）利润中心与人事考核。

在利润中心制度建立后，各中心的主管必定会急于得知各月份的经营成果，以了解差异原因，为次月执行提供参酌或改进的建议。但是执行每月的绩效评估，投入的人力物力必然不少，还可能导致利润中心"急功近利"，妨碍企业长期目标的达成。

因此，比较理想的利润中心绩效考评方式，应该是每个月追踪，即由利润中心按月填写实绩并与目标值比较，然后说明差异原因，必要时采取改善措施；推行利润中心的督导单位，每季度将各利润中心的绩效做综合分析和检讨，提供给管理当局参酌；上半年结束后进行试评，并酌发奖金，必要时申请修改目标；年度结束后，依据累计十二个月的实际值，计算应得奖金，扣除上半年预发金额后补发差额。

利润中心的绩效考评以目标的达成状况为评估对象，也就是"考事"，这与传统上以员工的工作态度、能力与知识作为考核内容，也就是"考人"的方法有很大的不同。

3. 收入中心

收入中心是指负有销售收入和销售费用责任的销售部门、销售公司或销售单位，以及相应的管理责任人。

（1）收入中心的负责人。

收入中心的管理责任人对本单位的整体产品销售活动负责。管理责任人具有决策权，其决策能够影响决定本单位销售收入和销售费用的主要因素，包括销售量、销售折扣、销售回款、销售员佣金等。管理责任人以销售收入和销售费用为决策准则。收入中心的控制目标是特定财务期间内的销售收入、销售回款和销售费用指标，并据此评估达成效果。

（2）确定收入中心的目的。

确定收入中心的目的是组织营销活动。典型的收入中心通常是从生产部门取得产成品并负责销售和分配的部门，如公司所属的销售分公司或销售部。若收入中心有制定价格的权力，则该中心的管理者就要对获取的毛收益负责；若收入中心无制定价格的权力，则该中心的管理者只需对实际销售量和销售结构负责。为使收入中心不仅仅是追求销售收入达到最大，更重要的是追求边际贡献达到最大，因而在考核收入中心业绩的指标中，应加入某种产品的边际成本等概念。随着分配、营销和销售活动中作业成本法的逐渐应用，销售单位能够把它们的销售成本和对每个消费者提供服务的成本考虑进去，这样企业就能够用作业成本制度把履行营销和销售活动的收入中心变成利润中心，从而对销售部门的利润贡献加以评估。如今，将许多分散的经营单位仅仅作为收入中心的情况越来越少了。

（3）对收入中心的控制。

对收入中的控制，主要包括三个方面：

①控制企业销售目标的实现。

核查各收入中心的分目标与企业整体的销售目标是否协调一致，保证依据企业整体目标利润所确定的销售目标得到落实。

检查各收入中心是否为实现其销售分目标制定了确实可行的推销措施，包括推销策略、推销手段、推销方法、推销技术、推销力量，以及了解掌握市场行情等。

②控制销售收入的资金回收。

销售过程是企业的成品资金向货币资金转化的过程，对货款回收的控制要求主要有：

各收入中心对货款的回收必须建有完善的控制制度，包括对销售人员是否都定有明确的收款责任制度，对已过付款期限的客户是否定有催款制度等。

将货款的回收列入各收入中心的考核范围，将收入中心各推销人员的个人利益与货款的回收情况有效地结合起来考核。

收入中心与财务部门应建立有效的联系制度，以及时了解与掌握货款的回收情况。

③控制坏账的发生。

对坏账的控制要求主要有：

每项销售业务都要签订销售合同，并在合同中对有关付款的条款做明确的陈述。

在发生销售业务时，特别是与一些不熟悉的客户初次发生重要交易时，必须对客户的信用情况、财务状况、付款能力和经营情况等进行详细的了解，以预测货款的安全性和及时回收的可能性。

（4）收入中心的考核。

同收入中心的控制一样，对收入中心的考核也包括三个方面的指标。

①销售收入目标完成百分比。其计算公式为

销售收入目标完成百分比=实际实现销售收入额÷目标销售收入额

②销售款回收平均天数，即应收账款周转期。其计算公式为

销售款回收平均天数=365÷（当期营业收入÷应收账款平均余额）

③坏账损失发生率。其计算公式为

坏账损失发生率=当期坏账损失额÷当期销售收入

4. 费用中心

费用中心指企业的职能管理部门，如财务部、计划部、办公室等，其目的是在支出预算内提供最佳的服务。该中心最大的优点是既可控制费用又可提供最佳的服务质量，其缺点则是不易衡量绩效。在这一点上，费用中心和政府预算非常类似。

（1）费用中心的种类。

费用中心有两种类型：固定费用和变动费用。其中，固定费用是有必要理由的正常支出，如工厂中的直接费用、材料费用、设备支出、零配件支出等；这里的变动费用，也称随机费用，其合理的限度是由管理者在一定的条件下做出的判断。如果该费用中心的费用绝大部分是固定费用，那么它是一个固定费用中心；如果绝大部分是变动费用，那么它是一个变动费用中心。

（2）费用中心的划分原则。

费用中心管理责任人对本单位涉及的有关期间费用负责。费用中心管理责任人具有决策权，其决策能够影响本单位期间费用的主要因素，包括各项管理费用、财

务费用的明细项。管理责任人以管理费用、财务费用为决策准则。

（3）费用中心的控制目标。

费用中心的控制目标是指特定财务期间内的管理费用、财务费用等各明细项指标，并据此评估达成效果。

5. 成本中心

成本中心的范围最广，只要有成本费用发生的地方，就可以建立成本中心，从而在企业形成逐级控制、层层负责的成本中心体系。成本中心大多是只负责产品生产的生产部门、劳务提供部门或给予一定费用指标的企业管理科室。

（1）成本中心的类型。

①基本成本中心和复合成本中心。基本成本中心没有下属成本中心，如一个工段是一个成本中心，复合成本中心有若干个下属成本中心。基本成本中心对其可控成本向上一级责任中心负责。

②技术性成本中心和酌量性成本中心。技术性成本是指发生的数额通过技术分析可以相对可靠地估算出来的成本，如产品生产过程中发生的直接材料、直接人工、间接制造费用等。技术性成本的投入量与产出量之间有着密切联系，可以通过弹性预算予以控制。酌量性成本是否发生以及发生数额的多少是由管理人员的决策决定的，主要包括各种管理费用和某些间接成本项目，如研究开发费用、广告宣传费用、职工培训费用等。酌量性成本的投入量与产出量之间没有直接关系，其控制应着重于预算总额的审批。

（2）成本中心的特点。

成本中心具有只考虑成本费用、只对可控成本承担责任、只对责任成本进行考核和控制的特点。其中，可控成本具备三个条件，即可以预计、可以计量和可以控制。

（3）成本中心的考核指标。

成本中心的考核指标包括成本（费用）变动额和成本（费用）变动率两项。

成本（费用）变动额＝实际责任成本（费用）－预算责任成本（费用）

成本（费用）变动率＝成本（费用）变动额÷预算责任成本（费用）

6. 小结

作为全面预算管理的执行机构，针对责任中心的上述五种分类及其特点，在此要对其进行重新梳理，为后文的研究打下基础。

第一，预算管理层级来看，投资中心处于最高层级，利润中心处于中间层级，收入、成本、费用三个责任中心处于管理层级的最底层。

第二，由于内部转移价格的存在，收入中心可以转换为人为利润中心，与天然利润中心合并为利润中心。以销售部门为例，其作为收入中心，只核算销售收入和销售费用；作为人为利润中心，销售部门的利润等于销售收入减去按内部价格计算的产品成本和销售部门发生的销售费用。

第三，成本中心与费用中心有一定类似性，很多时候被直接合并为成本中心或称成本费用中心。但是，从预算管理的角度来看，两者具有较大差异，有必要将之分开。此外，虽然从理论上来说成本中心与费用中心均可转化为人为利润中心，但是从财务预算与成本控制的角度考虑，并不将其纳入利润中心。

第四，销售部门的预算涉及销售量、销售单价预算，是企业预算的起点，因此本书不从人为利润中心的角度分析销售部门，而仅仅从收入中心的角度研究。

## 第二节　全面预算管理程序体系

对于任何一个企业而言，选择适合自己的预算管理程序是预算目标科学、预算编制合理的前提条件。在实际工作中，预算的管理程序因企业所处的环境和管理思想的不同，通常采用三种方式，即自上而下、自下而上、上下结合。具体的操作流程包括启动、编制和审批三个环节。

### 一、全面预算管理的基本方式

#### （一）自上而下的方式

自上而下的方式是指企业的最高管理层或预算管理委员会根据企业的总体发展目标和下一年度的发展预期，结合企业所处行业的市场环境等，确定预算目标，编制年度预算的总额与标准，最终按照一定比例分解并分配给企业各个职能部门或责任中心的年度预算编制程序。

作为一种传统的预算方式，自上而下的方式是集权制管理思想的体现，其主要特征是具有强制性和权威性，更适合规模较小的集权制企业。采用自上而下的预算方式，管理层确定预算目标，可以更准确地将企业发展战略直接体现在预算之中，有利于保证企业整体利益的实现。但是，企业的各个职能部门或责任中心只是预算的被动执行者，难以充分发挥其参与预算管理的积极性。在信息沟通方面存在缺陷、管理层对基层信息掌握有限的情况下，预算的编制会脱离企业实际，此种闭门造车的状况会导致预算难以发挥预测、协调、控制、考核的重要功能。

#### （二）自下而上的方式

自下而上的方式是指企业的最高管理层或预算管理委员会明确预算编制的关键绩效指标和要求后，各职能部门或责任中心编报本部门或本责任中心的年度预算方案，然后按照一定的层级关系自下而上逐级汇总，最终形成企业年度预算的预算编制程序。

与自上而下的方式相对照，自下而上的方式是现代分权管理思想的体现，其主要特征是具有诱导性和参与性，更适用于分权制的企业。自下而上的预算方式，强调基层管理者与职工的参与度，给予各职能部门或责任中心一定的决策权。一方面，预算依据企业基层直接参与生产经营的人员提供的信息资料，使预算的编制更切合实际；另一方面，通过充分发挥基层各职能部门或责任中心的积极性、认同感，有利于预算目标的实现。但是，各职能部门或责任中心在过多考虑自身利益且与企业发展战略出现不一致的情况下，编制的预算会影响企业整体战略发展目标，并增加企业资金管理、费用管理失控的可能性，使得预算松弛问题更为严重。

（三）上下结合的方式

上下结合的方式是自上而下与自下而上方式的有机结合，且兼具两种方法的优点。上下结合的方式是指在编制预算的过程中，企业的最高管理层或预算管理委员会拟定年度预算目标、原则和要求，各职能部门或责任中心在此指导下编报本部门预算，经自上而下与自下而上的沟通、汇总、平衡后，形成企业年度预算的预算编制过程。

根据财政部制定的《关于企业实行财务预算管理的指导意见》，上下结合的全面预算管理程序包括下达目标、编制上报、审查平衡、审议批准和下达执行等。

（1）下达目标。企业董事会或经理办公会根据企业发展战略和对预算期经济形势的初步预测，在决策的基础上，一般于每年9月底以前提出下一年度企业财务预算目标，包括销售或营业目标、成本费用目标、利润目标和现金流量目标，并确定财务预算编制的政策，由财务预算委员会下达至各预算执行单位。

（2）编制上报。各预算执行单位按照企业财务预算委员会下达的财务预算目标和政策，结合自身特点以及预测的执行条件，提出详细的本单位财务预算方案，于每年10月底以前上报企业财务管理部门。

（3）审查平衡。企业财务管理部门对各预算执行单位上报的财务预算方案进行审查、汇总，提出综合平衡的建议。在审查、平衡过程中，财务预算委员会应当进行充分协调，对发现的问题提出初步调整的意见，并反馈给有关预算执行单位予以修正。

（4）审议批准。企业财务管理部门在有关预算执行单位修正调整的基础上，编制出企业财务预算方案，报财务预算委员会讨论。对于不符合企业发展战略或者财务预算目标的事项，企业财务预算委员会应当责成有关预算执行单位进一步修订、调整。在讨论、调整的基础上，企业财务管理部门正式编制企业年度财务预算草案，提交董事会或经理办公会审议批准。

（5）下达执行。企业财务管理部门对董事会或经理办公会审议批准的年度总预算，一般在次年3月底以前，将其分解成一系列的指标体系，由财务预算委员会逐级下达至各预算执行单位执行。在下达后15日内，母公司应当将企业财务预算报送主管财政机关备案。

**二、预算编制的操作流程**

在实践中，企业应该以《关于企业实行财务预算管理的指导意见》为指导，根据自身情况灵活掌握，尤其是民营企业不一定要严格按照指导意见中的时间要求编制预算。但无论采用何种办法，预算编制一般都分为启动、编制、审批三个基本环节。

（一）启动环节

启动环节是预算管理机构根据预算年度面临的形势，在对本年度预算完成情况和下一年度经营环境等进行综合分析的基础上，依照企业发展战略，提出下一年度指导原则，确定预算关键绩效指标、预算编制具体时间进度要求等，并下发启动预算编制的流程。

为保证企业预算编制的科学性、合理性和效率性，企业在启动环节应当重点做好以下工作：

第一，全面充分地搜集编制预算所需资料，包括反映外部经营环境并与预算编制相关的现在及未来期间发展变化的资料，企业内部与预算编制相关的历史、现在及未来期间发展变化的资料，尤其不能忽视历史经验、制约因素等信息资料，为全面分析影响预算目标的各种因素从而确定科学的预算方针、指标等奠定基础。

第二，统筹兼顾并协调企业的人财物等各项资源，从实现企业利润最大化目标出发，在努力挖掘提高经济效益的各种潜力，综合平衡企业资金运用与资金来源、财务收入与财务支出的基础上制定财务指标。

第三，确定合适的预算编制时间。预算编制是一个系统的整体，其具体时间进度的要求直接影响预算编制工作的质量和效率，如果不能在预算年度开始前完成预算的编制工作，必然会影响到预算的执行，最终造成预算管理无法正常实施。确定合适的预算编制时间，要考虑企业自身规模大小、产品结构的复杂性、预算开展的广度与深度等因素，以合理安排预算编制的时间。

（二）编制环节

编制环节是预算编制单位根据下达的报表格式和编报要求，编制初步预算草案并上报审核，直至形成企业预算报表的编制流程。其中的重点工作内容包括：

第一，各单位根据预算制定指导原则和经营目标，编制本单位的预算草案。

第二，财务部门根据指导原则和企业经营目标，平衡各职能部门或责任中心的预算草案，编制企业预算草案。

第三，预算管理机构召开各职能部门或责任中心预算规划会议，讨论、平衡各单位预算草案，编制平衡后的企业预算草案。

第四，各职能部门或责任中心结合目标、平衡结果，调整、修改本单位或部门的预算草案。

第五，财务部门汇总调整后的各职能部门或责任中心的预算，上报预算管理机构。

（三）审批环节

审批环节是预算管理机构对各职能部门或责任中心上报的预算进行审核，在分析企业生产经营情况和影响预算的主要因素后，对预算编制存在的问题提出修改意见，并对审核结束后经修改汇总编制的企业预算进行批复的流程。其中的重点工作内容包括：

第一，预算管理机构通过召开企业预算质询会等方式，对各职能部门或责任中心回报的预算组织、编制流程、编制依据、编制方法、预算结果等进行审核。

第二，预算管理机构依照权限审批企业预算。企业根据批复的预算目标修正企业预算，并将指标逐级分解，下达至各相关职能部门或责任中心执行。

### 三、预算编制时间表

不同企业可以结合自身特点和管理要求，确定预算编制的程序和具体时间，表3-1是在对企业预算实践总结的基础上，对于企业预算编制的一个大体总结。

表3-1 预算时间表

| 编制环节 | 工作内容 | 时间 | 相关单位 | |
| --- | --- | --- | --- | --- |
| | | | 发自 | 送达 |
| 启动阶段 | 当年财务状况分析报告 | 10.1-10.10 | 各责任中心 | 最高管理层 |
| | 第四季度滚动预算 | 10.1-10.10 | 财务部、销售部 | 最高管理层 |
| | 人力资源市场预测及薪金调查报告 | 10.1-10.10 | 人力资源部 | 最高管理层、各部门 |
| | 市场预测和发展方案 | 10.1-10.10 | 企划部、市场部 | 最高管理层 |
| | 公司发展战略修订 | 10.10-10.15 | 最高管理层 | 企划部、市场部 |
| | 主要经营指标设想 | 10.10-10.15 | 最高管理层 | 市场、销售、财务部 |
| 编制阶段：方案提交 | 市场竞争方案 | 10.15-11.15 | 企划、市场、销售部 | 最高管理层 |
| | 价格调整方案 | 10.15-11.15 | 市场、销售、财务部 | 最高管理层、财务部 |
| | 销售量及结构调整方案 | 10.15-11.15 | 市场、销售部 | 财务部 |
| | 生产方案 | 10.15-11.15 | 生产、采购、销售部 | 财务部 |
| | 采购方案 | 10.15-11.15 | 生产、采购部 | 财务部 |
| | 生产组织结构及岗位配置 | 10.15-11.15 | 生产部 | 人力资源部 |
| | 生产员工薪金调整方案 | 10.15-11.15 | 生产部 | 人力资源部 |
| | 非工资性制造费用预算 | 10.15-11.15 | 生产部 | 财务部 |
| | 生产用固定资产投入方案 | 10.15-11.15 | 生产部 | 财务部 |
| | 生产设备维修方案 | 10.15-11.15 | 生产部 | 财务部 |
| | 销售组织结构及岗位配置图 | 10.15-11.15 | 销售部 | 人力资源部 |
| | 销售员工薪金调整方案 | 10.15-11.15 | 销售部 | 人力资源部 |
| | 销售系统固定资产投入方案 | 10.15-11.15 | 销售部 | 财务部 |
| | 非工资性销售费用预算 | 10.15-11.15 | 销售部 | 财务部 |
| | 行政管理结构及岗位配置图 | 10.15-11.15 | 人力资源部 | — |
| | 行政管理部门员工薪金调整方案 | 10.15-11.15 | 人力资源部 | — |
| | 行政管理部门非工资性费用预算 | 10.15-11.15 | 财务部 | — |
| | 行政管理部门固定资产投入方案 | 10.15-11.15 | 财务部 | — |
| | 产品新技术开发方案 | 10.15-11.15 | 研发部 | 市场、企划部 |

表3-1(续)

| 编制环节 | 工作内容 | 时间 | 相关单位 | |
|---|---|---|---|---|
| | | | 发自 | 送达 |
| 编制阶段：草案调整 | 研发部门组织结构及岗位配置图 | 10.15-11.15 | 研发部 | 人力资源部 |
| | 研发人员薪金调整方案 | 10.15-11.15 | 研发部 | 人力资源部 |
| | 研发部门固定资产投入方案 | 10.15-11.15 | 研发部 | 财务部 |
| | 非工资性研发费用预算 | 10.15-11.15 | 研发部 | 财务部 |
| | 对外投资方案 | 10.15-11.15 | 企划、市场部 | 财务部 |
| | 融资方案 | 10.15-11.15 | 财务部 | — |
| | 公司组织结构及岗位配置图 | 11.15-11.30 | 人力资源部 | 最高管理层 |
| | 公司员工薪金调整汇总 | 11.15-11.30 | 人力资源部 | 最高管理层、财务部 |
| | 固定资产投入汇总 | 11.15-11.30 | 财务部 | 最高管理层 |
| | 收账期、存货期、生产期、付款期测定 | 11.15-11.30 | 财务部 | 最高管理层 |
| | 编制利润预算表 | 11.15-11.30 | 财务部 | 最高管理层 |
| | 编制资产负债预算表 | 11.15-11.30 | 财务部 | 最高管理层 |
| | 编制现金预算 | 11.15-11.30 | 财务部 | 最高管理层 |
| | 员工培训方案 | 11.15-11.30 | 人力资源部 | 最高管理层 |
| | 员工福利方案 | 11.15-11.30 | 人力资源部 | 最高管理层 |
| | 预算说明书 | 11.15-11.30 | 财务部 | 最高管理层 |
| | 预算草案审查会议 | 11.15-11.30 | 最高管理层 | — |
| 审批阶段：预算审批 | 预算编制通知 | 12.1-12.15 | 集团事业部 | 成员企业 |
| | 预算修改意见 | 12.1-12.15 | 集团事业部 | 成员企业 |
| | 预算批复 | 12.1-12.15 | 集团事业部 | 成员企业 |
| | 预算考核办法 | 12.1-12.15 | 集团事业部 | 成员企业 |
| | 预算奖惩办法 | 12.15-12.31 | 集团事业部 | 成员企业 |
| 审批阶段：指标分解 | 责任中心预算下达 | 12.15-12.31 | 最高管理层 | 各责任中心 |
| | 预算月度分解 | 12.15-12.31 | 财务部 | 各责任中心 |
| | 企业内部核算考核办法 | 12.15-12.31 | 最高管理层 | — |
| | 存货结构控制指标 | 12.15-12.31 | 财务、生产部 | — |
| | 信贷结构控制指标 | 12.15-12.31 | 财务、销售部 | — |
| | 会计科目调整 | 12.15-12.31 | 财务部 | — |
| | 预算数据输入会计系统 | 12.15-12.31 | 财务部 | — |

## 第三节　全面预算管理方法体系

对于全面预算编制与管理的方法，企业应当本着遵循经济活动规律，充分考虑符合企业自身经济业务特点、基础数据管理水平、生产经营周期和管理需要的原则，选择或综合运用各种预算编制方法，如固定预算法、弹性预算法、概率预算法、增量预算法、零基预算法、滚动预算法等。

### 一、固定预算法

（一）固定预算法的含义

固定预算法，亦称静态预算法，是指编制预算时，只根据预算期内正常、可实现的某一固定业务量（如销售量、产量）水平作为唯一基础编制预算的方法。企业在传统的预算管理中，大多采用该法，因此它是编制预算最基本的方法。

固定预算法的基本原理是不考虑预算期内业务量水平可能发生的变动，只以某一确定的业务量水平为基础编制有关的预算，并在预算执行期末将预算的实际执行结果与固定的预算水平加以比较，据此进行行业绩考评。

（二）应用举例

【例 3-1】某企业 202×年度分季度预计 A 产品销售量分别为 100 吨、120 吨、150 吨、130 吨，销售单价为 1 万元/吨，预计当季收回货款的 80%，剩余货款下季收回。预算期初应收账款余额为 0。（为简化计算不考虑税费因素）

采用固定预算法编制的销售预算表如表 3-2 所示。

表 3-2　某企业 202×年产品销售预算表

| 项目 | 单位 | 一季度 | 二季度 | 三季度 | 四季度 | 全年 |
|---|---|---|---|---|---|---|
| A 产品销量 | 吨 | 100 | 120 | 150 | 130 | 500 |
| 销售单价 | 万元 | 1 | 1 | 1 | 1 | 1 |
| 销售收入 | 万元 | 100 | 120 | 150 | 130 | 500 |
| 一季度现金收入 | 万元 | 80 | 20 | — | — | 100 |
| 二季度现金收入 | 万元 | — | 96 | 24 | — | 120 |
| 三季度现金收入 | 万元 | — | — | 120 | 30 | 150 |
| 四季度现金收入 | 万元 | — | — | — | 104 | 104 |
| 现金收入合计 | 万元 | 80 | 116 | 144 | 134 | 474 |

（三）优缺点和适用范围

（1）固定预算法的优点：简便易行。

（2）固定预算法的缺点：固定预算不考虑预算期内业务量水平可能发生的变

动，固定预算预计业务量与实际业务量出现较大差异，会导致实际结果与预算水平因业务量基础不同不具有可比性，使预算失去客观性，从而不利于对经济活动进行控制与考核。

（3）固定预算法的适用范围：适用于业务量比较稳定的企业，以及企业中某些相对固定的成本费用支出。

## 二、弹性预算法

（一）弹性预算法的含义

弹性预算法，亦称动态预算法，是指在成本性态分析的基础上，依据业务量、成本、利润间的联动关系，按照预算期内可能的一系列业务量（如产量、销量、生产工时、机器工时等）水平编制预算的方法。该方法是针对固定预算法的缺陷而设计的。

弹性预算法的重点在于业务量与业务范围的确定。其中，业务量的选择通常包括产量、销量、直接人工工时、机器工时、材料消耗量或直接人工工资等；业务量范围即弹性预算所使用的业务量区间，一般根据企业的实际情况而定，如选择企业正常生产能力的70%~110%，或选取历史上最高业务量水平和最低业务量水平为其上下限。

（二）弹性预算法分类与应用举例

弹性预算的具体编制方法有列表法和回归分析法两种。

1. 列表法

列表法也称多水平法，是在确定业务量范围内，按照一定的业务量标准，将其划分为若干不同的水平，然后分别计算各项预算数额，最后汇总列入一个预算表格中的方法。应用列表法时，业务量的间隔应根据实际情况确定。间隔越大，水平级别就越少，可简化预算编制工作，但间隔太大会丧失弹性预算法的优势；间隔越小，用来控制成本费用的标准就越准确，但又会增加预算编制的工作量。一般情况下，业务量的间隔以5%~10%为宜。

【例3-2】某企业202×年预计B产品的销量为500~600吨，单价为1万元/吨，平均可变成本为0.6万元/吨，固定成本为100万元。

采用列表法，按5%的间隔编制收入、费用和利润弹性预算表如表3-3所示。

表3-3　收入、费用、利润弹性预算表（列表法）

| 项目 | 单位 | 方案1 | 方案2 | 方案3 | 方案4 | 方案5 |
|---|---|---|---|---|---|---|
| 销售量 | 吨 | 500 | 525 | 550 | 575 | 600 |
| 销售收入 | 万元 | 500 | 525 | 550 | 575 | 600 |
| 变动成本 | 万元 | 300 | 315 | 330 | 345 | 360 |
| 边际贡献 | 万元 | 200 | 210 | 220 | 230 | 240 |
| 固定成本 | 万元 | 100 | 100 | 100 | 100 | 100 |
| 利润 | 万元 | 100 | 110 | 120 | 130 | 140 |

## 2. 回归分析法

回归分析法也称公式法，是利用系列历史数据求得某项预算变量与业务量之间的函数关系的方法。通常假设预算变量与业务量之间存在线性关系，使用直线方程 $y=a+bx$，根据历史资料和回归分析的最小二乘法求出直线方程的系数 $a$ 和 $b$，然后将业务量的预测数代入方程求得预算变量的预测数值。

回归分析法的优点在于便于计算任何业务量所对应的预算变量。但是任何事物的发展都是一个从量变到质变的过程，当业务量变化到一定限度时，代表固定成本的 $a$ 和代表单位变动成本的 $b$ 就会发生变化。从统计学和计量经济学的角度看，$a$ 与 $b$ 两个系数的确定取决于很多数学假设和统计假设，尤其是在预售期业务量偏离历史业务量均值较大时，$y$ 的预测将极不准确。

【例3-3】某企业2017—2022年的销售量与管理费用的历史资料如表3-4所示，假定2023年预计销售量为1 500万件，试预测2023年的管理费用。

表3-4　历年销售量与管理费用资料

| 年度 | 销售量 $x$/万件 | 管理费用 $y$/万元 |
| --- | --- | --- |
| 2017 | 1 200 | 1 000 |
| 2018 | 1 100 | 950 |
| 2019 | 1 000 | 900 |
| 2020 | 1 200 | 1 000 |
| 2021 | 1 300 | 1 050 |
| 2022 | 1 400 | 1 100 |

计算公式：

$$\sum_{t=1}^{n} y_t = na + b\sum_{t=1}^{n} x_t$$

$$\sum_{t=1}^{n} x_t y_t = a\sum_{t=1}^{n} x_t + b\sum_{t=1}^{n} x_t^2$$

利用克莱姆法则可以计算 $a$ 与 $b$：

$$a = \frac{\sum_{t=1}^{n} x^2 \times \sum_{t=1}^{n} y - \sum_{t=1}^{n} x \times \sum_{t=1}^{n} xy}{n\sum_{t=1}^{n} x^2 - (\sum_{t=1}^{n} x)^2}$$

$$b = \frac{n\sum_{t=1}^{n} xy - \sum_{t=1}^{n} x \times \sum_{t=1}^{n} y}{n\sum_{t=1}^{n} x^2 - (\sum_{t=1}^{n} x)^2}$$

根据上述公式，可以计算相关的条件，如表3-5所示。

表 3-5 系数 $a$ 与 $b$ 的相关条件

| 年度 | 销售量 $x$/万件 | 资金需求量 $y$/万元 | $xy$ | $x^2$ |
|---|---|---|---|---|
| 2017 | 1 200 | 1 000 | 1 200 000 | 1 440 000 |
| 2018 | 1 100 | 950 | 1 045 000 | 1 210 000 |
| 2019 | 1 000 | 900 | 900 000 | 1 000 000 |
| 2020 | 1 200 | 1 000 | 1 200 000 | 1 440 000 |
| 2021 | 1 300 | 1 050 | 1 365 000 | 1 690 000 |
| 2022 | 1 400 | 1 100 | 1 540 000 | 1 960 000 |
| 合计 | 7 200 | 6 000 | 7 250 000 | 8 740 000 |

代入公式之中，可得 $a=400$，$b=0.5$，2023 年的管理费用 $y=400+1\ 500\times0.5=1\ 150$（万元）。

（三）弹性预算法的优缺点和适用范围

（1）弹性预算法的优点：提供了与预算期内和一定相关范围内可预见的多种业务量水平相对应的不同预算额，扩大了预算的适用范围；在预算期实际业务量与预计业务量不一致的情况下，可以将实际指标与实际业务量相应的预算额进行对比，使对预算执行的评价与考核的基础更加客观，从而更好地发挥预算的控制作用。

（2）弹性预算法的缺点：工作量大，其灵活性如果掌握不好就会使预算的控制作用的有效性大大降低。

（3）弹性预算法的适用范围：经营活动变动比较大的企业，企业经营活动中某些变动性成本费用和企业利润预算。

### 三、概率预算法

（一）概率预算法的含义

概率预算法是指根据客观条件对预算期内不确定的各种预算构成变量进行分析、预测，估计其可能的变动范围及其出现在各个变动范围的概率，再通过加权平均计算有关变量在预期内的期望值的一种预算编制方法。该方法实际上就是一种修正的弹性预算，即将每一事项可能发生的概率结合应用到弹性预算的变化之中。

（二）编制概率预算的基本程序

首先，在预测分析的基础上，测算相关变量预计发生的水平，估计相关变量的可能值及其出现的概率；其次，根据估计的概率与条件，计算联合概率，编制预期价值分析表；最后，根据预期价值表的预算指标以及与之对应的联合概率，计算出预算对象的期望值，编制概率预算。

【例 3-4】某企业 202×年预计的有关数据如表 3-6 所示。

表 3-6　预算基础数据预计表

| 销售量 | | 销售单价 /万元 | 单位变动成本 | | 固定成本 /万元 |
|---|---|---|---|---|---|
| 数量/吨 | 概率 | | 金额/万元 | 概率 | |
| 500 | 0.2 | 1 | 0.58 | 0.3 | 100 |
| | | | 0.60 | 0.5 | |
| | | | 0.62 | 0.2 | |
| 550 | 0.5 | 1 | 0.58 | 0.3 | |
| | | | 0.60 | 0.5 | |
| | | | 0.62 | 0.2 | |
| 600 | 0.3 | 1 | 0.58 | 0.3 | |
| | | | 0.60 | 0.5 | |
| | | | 0.62 | 0.2 | |

　　用文字表达,即销量有三种可能,分别为 500 吨、550 吨、600 吨,对应概率为 0.2、0.5、0.3,而单位可变成本的三种可能为 0.58 万元、0.60 万元、0.62 万元,对应概率为 0.3、0.5、0.2。根据已知的预算基础资料,采用概率预算法编制利润期望值表,如表 3-7 所示。

表 3-7　利润期望值表

| 销售量 | | 销售单价 | 单位变动成本 | | 固定成本 | 各种销售数量对应的实现利润 | 联合概率 | 期望利润 |
|---|---|---|---|---|---|---|---|---|
| 数量/吨 | 概率 | | 金额 | 概率 | | | | |
| ① | ② | ③ | ④ | ⑤ | ⑥ | ⑦=①×③-(①×④+⑥) | ⑧=②×⑤ | ⑨=⑦×⑧ |
| 500 | 0.2 | 1 | 0.58 | 0.3 | 100 | 110 | 0.06 | 6.6 |
| 500 | 0.2 | 1 | 0.60 | 0.5 | 100 | 100 | 0.10 | 10 |
| 500 | 0.2 | 1 | 0.62 | 0.2 | 100 | 90 | 0.04 | 3.6 |
| 550 | 0.5 | 1 | 0.58 | 0.3 | 100 | 131 | 0.15 | 19.65 |
| 550 | 0.5 | 1 | 0.60 | 0.5 | 100 | 120 | 0.25 | 30 |
| 550 | 0.5 | 1 | 0.62 | 0.2 | 100 | 109 | 0.10 | 10.9 |
| 600 | 0.3 | 1 | 0.58 | 0.3 | 100 | 152 | 0.09 | 13.68 |
| 600 | 0.3 | 1 | 0.60 | 0.5 | 100 | 140 | 0.15 | 21 |
| 600 | 0.3 | 1 | 0.62 | 0.2 | 100 | 128 | 0.06 | 7.68 |
| Σ | | | | | | | 1.00 | 123.11 |

**（三）优缺点和适用范围**

（1）概率预算法的优点：概率预算法充分考虑了各项预算变量在预算期内可能发生的概率,企业能够在预算构成变量复杂多变的情况下,编制出比较接近实际的预算。

（2）概率预算法的缺点：要求编制者有较高的预测水平，预算构成变量的概率易受主观因素的影响。

（3）概率预算法的适用范围：经营活动波动比较大、不确定因素多的企业；在市场的供应、产销变动比较大的情况下编制销售预算、成本预算和利润预算。

### 四、增量预算法

（一）增量预算法的含义

增量预算法亦称调整预算法，是在基期预算项目水平的基础上，充分考虑预算期内各种因素的变动，结合预算期业务量水平及有关降低成本的措施，通过调整有关原有预算项目而编制预算的方法。

增量预算法的显著特点是，从基期实际水平出发，对预算期内业务活动预测一个变动量，然后按比例测算收入和支出指标。也就是说，根据业务活动的增减对基期预算的实际发生额进行增减调整，确定预算期的收支预算指标。

增量预算法有三个假定前提：一是基期的各项业务活动都是企业所必需的；二是基期的各项成本费用支出都是合理的、必需的；三是预算期内根据业务量变动增加或减少项目指标是合理的。

（二）增量预算法的优缺点和适用范围

（1）增量预算法的优点：编制方法简单，容易操作，便于理解；同时，由于考虑了上年度预算的实际情况，因此所编制出的收支预算易得到公司各层级的理解与认同。

（2）增量预算法的缺点：由于假定上年度的经济活动在新的预算期内仍然会发生，而且过去发生数额是合理的、必需的，因此该预算法就有可能保护落后，使得一些不合理的开支合理化。同时出现"年初抢指标、年末抢花钱"的"两抢预算"，不合理因素得到长期沿袭，在制度经济学中称之为"路径依赖"。

（3）增量预算法的适用范围：适用于以前年度预算基本合理的企业和项目。从我国目前的整体发展情况来看，在销售收入的预算中更适合使用增量预算法。这一点我们将在第五章收入预算中专门说明。

（三）增量预算编制程序与例题

【例3-5】某企业2023年营业收入预算为500万元，比2022年增长10%，采用增量预算法编制2023年的销售费用预算。

销售费用中的折旧费用、销售管理人员工资等项目一般为固定费用，不会因产品销售收入的增减而发生变化；因此，只需对变动费用项目按增量预算法相应地增加预算数额。预算编制的基本程序如下：

第一，分析成本习性，区分固定成本与变动成本。

第二，固定成本采用固定预算法确定预算指标，变动成本采用增量预算法确定预算指标。

第三，汇总明细费用指标，确定销售费用总额。

采用增量预算法编制的销售费用预算如表3-8所示。

**表3-8 某企业的销售费用增量预算表** 单位：万元

| 序号 | 明细项目 | 2022年实际发生额/万元 | 2023年增减比率/% | 增减额/万元 | 10年预算指标/万元 |
|---|---|---|---|---|---|
| 一 | 固定费用小计 | 15 | 0 | 0 | 15 |
| 1 | 销售管理人员工资 | 3 | 0 | 0 | 3 |
| 2 | 租赁费 | 7 | 0 | 0 | 7 |
| 3 | 固定资产折旧费 | 3 | 0 | 0 | 3 |
| 4 | 其他固定费用 | 2 | 0 | 0 | 2 |
| 二 | 变动费用小计 | 50 | 10 | 5 | 55 |
| 1 | 销售人员工资 | 10 | 10 | 1 | 11 |
| 2 | 运输费 | 10 | 10 | 1 | 11 |
| 3 | 差旅费、会务费 | 5 | 10 | 0.5 | 5.5 |
| 4 | 广告宣传费 | 15 | 10 | 1.5 | 16.5 |
| 5 | 业务招待费 | 5 | 10 | 0.5 | 5.5 |
| 6 | 其他变动费用 | 5 | 10 | 0.5 | 5.5 |
| 三 | 合计 | 65 | 10 | 5 | 70 |

### 五、零基预算法

（一）零基预算法的含义

零基预算法的全称为"以零为基础编制预算的方法"，是指在预算编制时，不受过去实际情况的约束，不以已有预算、上期实际发生项目及发生额为基础，而从实际需要和可能出发，逐项审议预算期内各项费用，在费用-效果分析基础上，编制当期预算的方法。

预算编制前须明确的四个问题：①业务活动的目标是什么？②能从此项活动中获得什么效益，此项活动为什么是必要的，不开展行不行？③可选择的方案有哪些？目前方案是不是最好的？④各项业务次序如何排列，从实现目标的角度看需要多少资金？

（二）零基预算法的编制程序

零基预算的编制总共有四个步骤：

1. 提出预算目标

在正式编制预算之前，应根据企业的战略规划与经营目标，综合考虑各种资源条件，提出预算构想和预算目标，规范各预算部门的预算行为。

2. 确定部门预算目标

企业内部各有关单位根据企业的总体目标和本部门的具体目标，以零为基础，提出本部门在预算期内为完成预算目标需要发生哪些费用开支项目，并对每一费用项目详细说明开支的性质、用途、必要性及开支的具体数额。

3. 成本-效益分析

公司预算管理部门对各部门提报的预算项目进行成本-效益分析，将其投入和产出进行对比，根据轻重缓急将费用项目归纳为"确保开支项目"和"可适当增减项目"，前者一般为约束性费用，后者一般为酌量性开支项目。

4. 分配资金，落实与编制预算

根据预算项目的排列顺序，对预算期内可动用的资金进行合理安排，首先满足确保开支项目，剩余的资金再按成本效益率或缓急程度进行分配，做到保证重点、兼顾一般。

【例3-6】某企业拟采用零基预算法编制2023年年度管理费用预算，根据公司经营目标和总体预算安排，2023年年度管理费用方面的资金支出总额为60万元。

（1）公司管理部门编制的管理费用预案如表3-9所示。

表3-9 管理部门管理费用预案

| 序号 | 项目 | 支出金额/万元 |
| --- | --- | --- |
| 1 | 工资 | 20 |
| 2 | 办公费 | 8 |
| 3 | 差旅费 | 10 |
| 4 | 技术开发费 | 5 |
| 5 | 培训费 | 15 |
| 6 | 保险费 | 3 |
| 7 | 业务招待费 | 7 |
| 8 | 税费 | 2 |
| 9 | 合计 | 70 |

（2）由于费用预案超过公司的要求，管理部门经过对各项费用的分析研究，将八类费用项目区分为约束性费用项目与酌量性开支的费用项目，认为1工资、3差旅费、4技术开发费、6保险费、8税费为约束性费用，应首先满足；而2办公费、5培训费、7业务招待费为酌量性开支项目，其三者的重要程度通过"成本-效益分析"来确定，如表3-10所示。

表 3-10　成本效益分析表

| 项目 | 前三年平均发生额/万元 | 各期平均收益额/万元 | 收益率/% | 重要性程度 |
|---|---|---|---|---|
| 办公费 | 7 | 35 | 5 | 0.357 |
| 培训费 | 12 | 72 | 6 | 0.429 |
| 业务招待费 | 6 | 18 | 3 | 0.214 |
| 合计 | 35 | 125 | 14 | 1 |

（3）资金分配。

首先满足约束性费用的资金需求，总额为：20+10+5+3+2＝40 万元；然后将剩余资金 20 万元按照成本收益分析确定的重要程度在剩下的三种酌量性费用项目间分配：

办公费分配资金数＝20×0.357＝7.14（万元）

培训费分配资金数＝20×0.429＝8.58（万元）

业务招待费分配资金数＝20×0.214＝4.28（万元）

（4）编制 2023 年管理费用资金支出预算，如表 3-11 所示。

表 3-11　管理费用资金预算表

| 序号 | 项目 | 支出金额/万元 |
|---|---|---|
| 一 | 约束性费用支出 | 40 |
| 1 | 工资 | 20 |
| 2 | 差旅费 | 10 |
| 3 | 税费 | 2 |
| 4 | 技术开发费 | 5 |
| 5 | 保险费 | 3 |
| 二 | 酌量性费用支出 | 20 |
| 6 | 培训费 | 7.14 |
| 7 | 办公费 | 8.58 |
| 8 | 业务招待费 | 4.28 |
| 三 | 合计 | 60 |

（三）零基预算法的优缺点和适用范围

（1）零基预算法的优点：以零为起点，不受过去的限制，不受现行预算的约束，单独考虑预算期业务需要来确定各项费用。预算细致、具体，将有限的资金按照功能、重要性等相关因素进行合理、有效的资源配置，有利于合理使用资金，提高资金使用效率。

（2）零基预算法的缺点：由于一切以零为起点，零基预算需要对历史资料、现有情况和投入产出进行分析，预算编制工作相对繁重，需要花费大量的人财物和时间，预算成本较高，编制时间较长。

（3）适用范围：主要适用于销售费用、管理费用等间接费用的预算，包括各职能部门的费用预算和行政事业单位的费用预算。

### 六、滚动预算法

#### （一）定期预算的特点

前面已经介绍了五种预算编制方法，即固定预算法、弹性预算法、概率预算法、增量预算法、零基预算法。这五种方法都是以一个会计年度、季度或月度作为预算编制的时期，所编制的预算都可以称为"定期预算"。

定期预算的优点在于预算期与会计期一致，便于实际数与预算数的相互比较，有利于对预算执行情况和执行结果进行分析和评价。

但是定期预算的缺点也是明显的，主要包括：第一，定期预算编制时间始于预算年度前3个月左右，此时预算编制部门对预算期内企业的一些经营活动情况并不是十分了解，从而无法做到准确预算，尤其是预算后半期的预算数据较为粗略，使得在预算执行中可能遇到较多的困难和障碍；第二，未来情况可能有较大变化，定期预算不能及时根据变化了的情况进行适时的调整；第三，预算时期是固定的，随着预算的执行，预算期会越来越短，这使得管理人员只考虑较短的预算期间的经营活动，出现预算后期"突击花钱"等短期化行为；第四，市场经济体制下，很多企业靠客户的产品订单组织生产，而订单产品生产时间可能很短，甚至只有一两周，此种情况下，按年、月编制预算不仅难度大，而且编制的预算可能是"闭门造车"，缺乏可执行性。

正是针对定期预算的上述缺陷，出现了滚动预算的概念。

#### （二）滚动预算法的基本原理

滚动预算法是指随着时间的推移与预算的执行，其预算时间不断延伸，预算内容不断补充，整个预算处于永续滚动状态的一种预算。

滚动预算的基本原理是预算期始终保持在一个固定时期，一般为一年。当基期年度预算编制完成后，每过一个月或一个季度，便补充下一月或下一季的预算，逐期向后滚动，使得整个预算处于一种永续滚动状态，从而在任何一个时期都能使预算保持12个月的时间跨度。

滚动预算法按照"近细远粗"的原则，采用了长计划、短安排的方法，即在基期编制年度预算时，先将第一季度按月划分，建立各月份的明细预算数字，以方便执行与控制；至于其他三个季度的预算则可"粗"一些，只列各季度的总数，等到第一季度临近结束前，再将第二季度的预算按月细分；第三、四季度以及新增列的下一年度的第一季度预算，则只需列出各季度的预算总数，以此类推，使预算不断滚动下去。这种方式的预算有利于管理人员对预算资料做经常性的分析研究，并能根据当前预算的执行情况加以修改，这都是传统的定期预算编制方式所不具备的。其基本方式如图3-3所示。

图 3-3　滚动预算法编制示意图

**（三）滚动预算的优缺点与适用范围**

**1. 滚动预算的优点**

理论上，滚动预算弥补了定期预算的几乎所有缺陷，主要包括以下四个方面。

第一，滚动预算能够从动态的角度、发展的观点把握企业短期经营目标和远期发展战略，使预算具有较高的透明度，有利于企业管理决策人员以长远的眼光去统筹企业的各种经营活动，将企业的长期预算与短期预算很好地联系和衔接起来。

第二，滚动预算遵循了企业生产经营活动的变动规律，在时间上不受会计年度的限制，能够根据前期预算的执行情况及时调整和修订近期预算，在保证预算的连续性和完整性的同时，有助于确保企业各项工作的连续性和完整性。

第三，滚动预算能使企业各级管理人员对未来永远保持着12个月的工作时间概念，有利于稳定而有序地开展经营活动，避免短期行为。

第四，滚动预算采取长计划、短安排的具体做法，可根据预算执行结果和企业经营环境的变化，对以后执行期的预算不断加以调整和修正，使预算更接近和适应变化了的实际情况，从而更有效地发挥预算的计划与控制作用，有利于预算的顺利进行。

**2. 滚动预算的缺点**

理论上完美的滚动预算，在实践中会遇到巨大的困难，即工作量太大，如果月月滚动，企业几乎就是月月在做预算。因此，理论上最完美的东西，在实践中往往可能最无用。

**3. 滚动预算的适用范围**

理论上的滚动预算要保持12个月的固定预算期，进而引发了月月编制预算的尴尬。但是定期预算的确会出现由于客观情况发生重大变化，需要调整预算的情况。因此，现实中的滚动预算经常作为预算调整的一种方式，其调整的不是未来的12个月，而是本年度剩余的月份。在后文关于预算报表编制的研究中，我们会对滚动预算的编制进行详细探讨。

## 第四节　全面预算管理体系的风险与对策分析

通过财政部会计关于《企业内部控制应用指引第 15 号——全面预算》的解读和前文的分析，本节将对全面预算管理体系的风险进行分析，主要包括预算的编制、审批、下达、指标分解和责任落实、执行控制、分析、调整、考核八个方面。

### 一、预算编制

（一）主要风险

第一，预算编制以财务部门为主，业务部门参与度较低，可能导致预算编制不合理，预算管理责、权、利不匹配；预算编制范围和项目不全面，各个预算之间缺乏整合，可能导致全面预算难以形成。

第二，预算编制所依据的相关信息不足，可能导致预算目标与战略规划、经营计划、市场环境、企业实际等相脱离；预算编制基础数据不足，可能导致预算编制准确率降低。

第三，预算编制程序不规范，横向、纵向信息沟通不畅，可能导致预算目标缺乏准确性、合理性和可行性。

第四，预算编制方法选择不当，或强调采用单一的方法，可能导致预算目标缺乏科学性和可行性。

第五，预算目标及指标体系设计不完整、不合理、不科学，可能导致预算管理在实现发展战略和经营目标、促进绩效考评等方面的功能难以有效发挥。

第六，编制预算的时间太早或太晚，可能导致预算准确性不高，或影响预算的执行。

（二）主要控制措施

第一，全面性控制。一是明确企业各个部门、单位的预算编制责任，使企业各个部门、单位的业务活动全部纳入预算管理；二是将企业经营、投资、财务等各项经济活动的各个方面、各个环节都纳入预算编制范围，形成由经营预算、投资预算、筹资预算、财务预算等一系列预算组成的相互衔接和钩稽的综合预算体系。

第二，编制依据和基础控制。一是制定明确的战略规划，并依据战略规划制定年度经营目标和计划，作为制定预算目标的首要依据，确保预算编制真正成为战略规划和年度经营计划的年度具体行动方案；二是深入开展企业外部环境的调研和预测，包括对企业预算期内客户需求、同行业发展等市场环境的调研，以及宏观经济政策等社会环境的调研，确保预算编制以市场预测为依据，与市场、社会环境相适应；三是深入分析企业上一期间的预算执行情况，充分预计预算期内企业资源状况、生产能力、技术水平等自身环境的变化，确保预算编制符合企业生产经营活动的客观实际；四是重视和加强预算编制基础管理工作，包括历史资料记录、定额制定与管理、标准化工作、会计核算等，确保预算编制以可靠、翔实、完整的基础数据为依据。

第三，编制程序控制。企业应当按照上下结合、分级编制、逐级汇总的程序，编制年度全面预算。其基本步骤及其控制为：一是建立系统的指标分解体系，并在与各预算责任中心进行充分沟通的基础上分解下达初步预算目标；二是各预算责任中心按照下达的预算目标和预算政策，结合自身特点以及预测的执行条件，认真测算并提出本责任中心的预算草案，逐级汇总上报预算管理工作机构；三是预算管理工作机构进行充分协调、沟通，审查平衡预算草案；四是预算管理委员会应当对预算管理工作机构在综合平衡基础上提交的预算方案进行研究论证，从企业发展全局角度提出进一步调整、修改的建议，形成企业年度全面预算草案，提交董事会；五是董事会审核全面预算草案，确保全面预算与企业发展战略、年度生产经营计划相协调。

第四，编制方法控制。企业应当本着遵循经济活动规律，充分按照符合企业自身经济业务特点、基础数据管理水平、生产经营周期和管理需要的原则，选择或综合运用固定预算、弹性预算、滚动预算等方法编制预算。

第五，预算目标及指标体系设计控制。一是按照"财务指标为主体、非财务指标为补充"的原则设计预算指标体系；二是将企业的战略规划、经营目标体现在预算指标体系中；三是将企业产、供、销、投融资等各项活动的各个环节、各个方面的内容都纳入预算指标体系；四是将预算指标体系与绩效评价指标协调一致；五是根据各责任中心在工作性质、权责范围、业务活动特点等方面的不同，设计不同或各有侧重的预算指标体系。

第六，预算编制时间控制。企业可以根据自身规模大小、组织结构和产品结构的复杂性、预算编制工具和熟练程度、全面预算开展的深度和广度等因素，确定合适的全面预算编制时间，并应当在预算年度开始前完成全面预算草案的编制工作。

## 二、预算审批

预算审批环节的主要风险是：全面预算未经适当审批或超越授权审批，可能导致预算权威性不够、执行不力，或可能因重大差错、舞弊而导致损失。

主要控制措施：企业全面预算应当按照《中华人民共和国公司法》等相关法律法规及企业章程的规定报经审议批准。

## 三、预算下达

预算下达环节的主要风险是：全面预算下达不力，可能导致预算执行或考核无据可查。主要控制措施：企业全面预算经审议批准后应及时以文件形式下达执行。

## 四、预算指标分解和责任落实

### （一）主要风险

预算指标分解不够详细、具体，可能导致企业的某些岗位和环节缺乏预算执行和控制依据；预算指标分解与业绩考核体系不匹配，可能导致预算执行不力；预算责任体系缺失或不健全，可能导致预算责任无法落实，预算缺乏强制性与严肃性；预算责任与执行单位或个人的控制能力不匹配，可能导致预算目标难以实现。

### （二）主要控制措施

第一，企业全面预算一经批准下达，各预算执行单位应当认真组织实施，将预算指标层层分解，横向将预算指标分解为若干相互关联的因素，寻找影响预算目标的关键因素并加以控制；纵向将各项预算指标层层分解落实到最终的岗位和个人，明确责任部门和最终责任人；时间上将年度预算指标分解细化为季度、月度预算，通过实施分期预算控制，实现年度预算目标。

第二，建立预算执行责任制度，对照已确定的责任指标，定期或不定期地对相关部门及人员责任指标的完成情况进行检查，实施考评。可以通过签订预算目标责任书等形式明确各预算执行部门的预算责任。

第三，分解预算指标和建立预算执行责任制应当遵循定量化、全局性、可控性原则。预算指标的分解要明确、具体，便于执行和考核；预算指标的分解要有利于企业经营总目标的实现；赋予责任部门和责任人的预算指标应当是通过该责任部门或责任人的努力可以达到的，责任部门或责任人以其责权范围为限，对预算指标负责。

## 五、预算执行控制

### （一）主要风险

缺乏严格的预算执行授权审批制度，可能导致预算执行随意；预算审批权限及程序混乱，可能导致越权审批、重复审批，降低预算执行效率和严肃性；预算执行过程中缺乏有效监控，可能导致预算执行不力，预算目标难以实现；缺乏健全有效的预算反馈和报告体系，可能导致预算执行情况不能及时反馈和沟通，预算差异得不到及时分析，预算监控难以发挥作用。

### （二）主要控制措施

第一，加强资金收付业务的预算控制，及时组织资金收入，严格控制资金支付，调节资金收付平衡，防范支付风险。

第二，严格资金支付业务的审批控制，及时制止不符合预算目标的经济行为，确保各项业务和活动都在授权的范围内运行。企业应当就涉及资金支付的预算内事项、超预算事项、预算外事项建立规范的授权批准制度和程序，避免越权审批、违规审批、重复审批现象的发生。对于预算内非常规或金额重大事项，应经过较高的授权批准层（如总经理）审批。对于超预算或预算外事项，应当实行严格、特殊的审批程序，一般须报经总经理办公会或类似权力机构审批；金额重大的，还应报经预算管理委员会或董事会审批。预算执行单位提出超预算或预算外资金支付申请，应当提供有关发生超预算或预算外支付的原因、依据、金额测算等资料。

第三，建立预算执行实时监控制度，及时发现和纠正预算执行中的偏差。确保企业办理采购与付款、销售与收款、成本费用、工程项目、对外投融资、研究与开发、信息系统、人力资源、安全环保、资产购置与维护等各项业务和事项，均符合预算要求；对于涉及生产过程和成本费用的，还应严格执行相关计划、定额、定率标准。

第四，建立重大预算项目特别关注制度。对于工程项目、对外投融资等重大预算项目，企业应当密切跟踪其实施进度和完成情况，实行严格监控。对于重大的关键性预算指标，也要密切跟踪、检查。

第五，建立预算执行情况预警机制，科学选择预警指标，合理确定预警范围，及时发出预警信号，积极采取应对措施。有条件的企业，应当推进和实施预算管理的信息化，通过现代电子信息技术手段控制和监控预算执行，提高预警与应对水平。

第六，建立健全预算执行情况内部反馈和报告制度，确保预算执行信息传输及时、畅通、有效。预算管理工作机构应当加强与各预算执行单位的沟通，运用财务信息和其他相关资料监控预算执行情况，采用恰当方式及时向预算管理委员会和各预算执行单位报告、反馈预算执行进度、执行差异及其对预算目标的影响，促进企业全面预算目标的实现。

### 六、预算分析

（一）主要风险

预算分析不正确、不科学、不及时，可能削弱预算执行控制的效果，或可能导致预算考评不客观、不公平；对预算差异原因的解决措施不得力，可能导致预算分析形同虚设。

（二）主要控制措施

第一，企业预算管理工作机构和各预算执行单位应当建立预算执行情况分析制度，定期召开预算执行分析会议，通报预算执行情况，研究、解决预算执行中存在的问题，认真分析原因，提出改进措施。

第二，企业应当加强对预算分析流程和方法的控制，确保预算分析结果准确、合理。预算分析流程一般包括确定分析对象、收集资料、确定差异及分析原因、提出措施及反馈报告等环节。企业分析预算执行情况，应当充分收集有关财务、业务、市场、技术、政策、法律等方面的信息资料，根据不同情况分别采用比率分析、比较分析、因素分析等方法，从定量与定性两个层面充分反映预算执行单位的现状、发展趋势及其存在的潜力。

第三，企业应当采取恰当措施处理预算执行偏差。企业应针对造成预算差异的不同原因采取不同的处理措施：因内部执行导致的预算差异，应分清责任归属，与预算考评和奖惩挂钩，并将责任单位或责任人的改进措施的实际执行效果纳入业绩考核；因外部环境变化导致的预算差异，应分析该变化是否长期影响企业发展战略的实施，并作为下期预算编制的影响因素。

## 七、预算调整

### （一）主要风险

预算调整依据不充分、方案不合理、审批程序不严格，可能导致预算调整随意、频繁，预算失去严肃性和"硬约束"。

### （二）主要控制措施

第一，明确预算调整条件。由于市场环境、国家政策或不可抗力等客观因素，导致预算执行发生重大差异确需调整预算的，应当履行严格的审批程序。企业应当在有关预算管理制度中明确规定预算调整的条件。

第二，强化预算调整原则。一是预算调整应当符合企业发展战略、年度经营目标和现实状况，将重点放在预算执行中出现的重要的、非正常的、不符合常规的关键性差异方面；二是预算调整方案应当客观、合理、可行，在经济上能够实现最优化；三是预算调整应当谨慎，调整频率应予以严格控制，年度调整次数应尽量少。

第三，规范预算调整程序，严格审批。调整预算一般由预算执行单位逐级向预算管理委员会提出书面申请，详细说明预算调整理由、调整建议方案、调整前后预算指标的比较、调整后预算指标可能对企业预算总目标的影响等内容。预算管理工作机构应当对预算执行单位提交的预算调整报告进行审核分析，集中编制企业年度预算调整方案，提交预算管理委员会。预算管理委员会应当对年度预算调整方案进行审议，根据预算调整事项性质或预算调整金额的不同，根据授权进行审批，或提交原预算审批机构审议批准，然后下达执行。企业预算管理委员会或董事会审批预算调整方案时，应当依据预算调整条件，并考虑预算调整原则严格把关，对于不符合预算调整条件的，坚决予以否决；对于预算调整方案欠妥的，应当协调有关部门和单位研究改进方案，并责成预算管理工作机构予以修改后再履行审批程序。

## 八、预算考核

### （一）主要风险

预算考核不严格、不合理、不到位，可能导致预算目标难以实现、预算管理流于形式。其中，预算考核是否合理受到考核主体和对象的界定是否合理、考核指标是否科学、考核过程是否公开透明、考核结果是否客观公正、奖惩措施是否公平合理且能够落实等因素的影响。

（二）主要控制措施

第一，建立健全预算执行考核制度。一是建立严格的预算执行考核制度，对各预算执行单位和个人进行考核，将预算目标执行情况纳入考核和奖惩范围，切实做到有奖有惩、奖惩分明。二是制定有关预算执行考核的制度或办法，并认真、严格地组织实施。三是定期组织实施预算考核，预算考核的周期一般应当与年度预算细分周期相一致，即一般按照月度、季度实施考评，预算年度结束后再进行年度总考核。

第二，合理界定预算考核主体和考核对象。预算考核主体分为两个层次：预算管理委员会和内部各级预算责任单位。预算考核对象为企业内部各级预算责任单位和相关个人。界定预算考核主体和考核对象应当主要遵循以下原则：一是上级考核下级原则，即由上级预算责任单位对下级预算责任单位实施考核；二是逐级考核原则，即由预算执行单位的直接上级对其进行考核，间接上级不能隔级考核间接下级；三是预算执行与预算考核相互分离原则，即预算执行单位的预算考核应由其直接上级部门来进行，而绝不能自己考核自己。

第三，科学设计预算考核指标体系。科学设计预算考核指标体系应主要把握以下原则：预算考核指标要以各责任中心承担的预算指标为主，同时本着相关性原则，增加一些全局性的预算指标和与其关系密切的相关责任中心的预算指标；考核指标应以定量指标为主，同时根据实际情况辅之以适当的定性指标；考核指标应当具有可控性、可达到性和明晰性。

第四，按照公开、公平、公正原则实施预算考核。一是考核程序、标准、结果要公开。企业应当将全面预算考核程序、考核标准、奖惩办法、考核结果等及时公开。二是考核结果要客观公正。预算考核应当以客观事实作为依据。预算执行单位上报的预算执行报告是预算考核的基本依据，应当经本单位负责人签章确认。企业预算管理委员会及其工作机构定期组织预算执行情况考核时，应当将各预算执行单位负责人签字上报的预算执行报告和已掌握的动态监控信息进行核对，确认各执行单位的预算完成情况。必要时，实行预算执行情况内部审计制度。三是奖惩措施要公平合理并得以及时落实。预算考核的结果应当与各执行单位以及员工的薪酬、职位等进行挂钩，实施预算奖惩。企业设计预算奖惩方案时，应当以实现全面预算目标为首要原则，同时还应遵循公平合理、奖罚并存的原则。奖惩方案要注意各部门利益分配的合理性，要根据各部门承担的工作难易程度和技术含量合理确定奖励差距。要奖罚并举，不能只奖不罚，并防止奖惩实施中的人情因素。

# 第四章 关键业绩指标

关键业绩指标体系的构建是预算编制的基础，本章主要介绍了财务分析和财务控制的内涵与外延，探究了构建企业关键业绩指标（KPI）体系的方法论。

## 第一节 关键业绩指标概述

### 一、关键业绩指标的内涵

关键业绩指标是通过对组织内部流程的输入端、输出端的关键参数进行设置、取样、计算、分析，衡量流程绩效的一种目标式量化管理指标，是把企业的战略目标分解为可操作的工作目标的工具，是企业绩效管理的基础，也是全面预算管理的基础之一。

KPI 可以使部门主管明确部门的主要责任，并以此为基础，明确部门人员的业绩衡量指标。建立明确的切实可行的 KPI 体系，是做好绩效管理的关键。关键绩效指标是用于衡量工作人员工作绩效表现的量化指标，是绩效计划的重要组成部分。

KPI 的理论基础是二八原理（意大利经济学家帕累托提出），即一个企业在价值创造过程中，每个部门和每一位员工的 80% 的工作任务是由 20% 的关键行为完成的，抓住 20% 的关键，就抓住了主体。二八原理为绩效考核指明了方向，即考核工作的主要精力要放在关键的结果和关键的过程上。于是，所谓的绩效考核，一定放在关键绩效指标上，考核工作一定要围绕关键绩效指标展开。

### 二、关键业绩指标的特点

#### （一）关键业绩指标是对公司战略目标的分解

作为衡量各职位工作绩效的指标，关键绩效指标所体现的衡量内容最终取决于公司的战略目标。当关键绩效指标构成公司战略目标的有效组成部分或支持体系时，它所衡量的职位便以实现公司战略目标的相关部分作为自身的主要职责；如果 KPI 与公司战略目标脱离，则它所衡量的职位的努力方向也将与公司战略目标的实现产生分歧。

关键业绩指标是对公司战略目标的进一步细化和发展。公司战略目标是长期的、指导性的、概括性的，而各职位的关键绩效指标内容丰富，针对职位而设置，着眼于考核当年的工作绩效、具有可衡量性。因此，关键绩效指标是对真正驱动公司战略目标实现的具体因素的发掘，是公司战略对每个职位工作绩效要求的具体体现。

关键绩效指标随公司战略目标的发展演变而调整，当公司战略侧重点转移时，关键绩效指标必须予以修正以反映公司战略新的内容。

（二）关键业绩指标是对重点经营活动可控部分的衡量

企业经营活动的效果是内因外因综合作用的结果，这其中内因是各职位员工可控制和影响的部分，也是关键绩效指标所衡量的部分。关键绩效指标应尽量反映员工工作的直接可控效果，剔除他人或环境造成的其他方面影响。例如，销售量与市场份额都是衡量销售部门市场开发能力的标准，而销售量是市场总规模与市场份额相乘的结果，其中市场总规模则是不可控变量。在这种情况下，两者相比，市场份额更体现了职位绩效的核心内容，更适于作为关键绩效指标。

关键业绩指标是对重点经营活动的衡量，而不是对所有操作过程的反映。每个职位的工作内容都涉及不同的方面，高层管理人员的工作任务更复杂，但关键业绩指标只对公司整体战略目标影响较大，对战略目标实现起到不可或缺作用的工作进行衡量。

（三）关键业绩指标是组织上下的共同认可

关键业绩指标不是由上级强行确定下发的，也不是由本职职位自行制定的，它的制定过程由上级与员工共同参与，是双方所达成的一致意见的体现。它不是以上压下的工具，而是组织中相关人员对职位工作绩效要求的共同认识。

### 三、关键业绩指标体系的构建

（一）SMART 原则

关键业绩指标的确定可以遵循 SMART 原则，该原则是五个英文单词首写字母的缩写：

S 代表具体（specific），指绩效考核要切中特定的工作指标，不能笼统；M 代表可度量（measurable），指绩效指标是数量化或者行为化的，验证这些绩效指标的数据或者信息是可以获得的；A 代表可实现（attainable），指绩效指标在付出努力的情况下可以实现，避免设立过高或过低的目标；R 代表关联性（relevant），指绩效指标与上级目标具明确的关联性，最终与公司目标相结合；T 代表有时限（time bound），指注重完成绩效指标的特定期限。

确定关键绩效指标一般遵循如下的过程。

第一，建立评价指标体系。可按照从宏观到微观的顺序，依次建立各级指标体系。首先明确企业的战略目标，找出企业的业务重点，并确定这些关键业务领域的关键业绩指标（KPI），从而建立企业级 KPI。接下来，各部门的主管需要依据企业级 KPI 建立部门级 KPI。然后，各部门的主管和部门的 KPI 人员一起再将 KPI 进一步分解为更细的 KPI。这些业绩衡量指标就是员工考核的要素和依据。

第二，设定评价标准。一般来说，指标指的是从哪些方面来对工作进行衡量或评价；而标准指的是在各个指标上分别应该达到什么样的水平。指标解决的是我们需要评价"什么"的问题，标准解决的是要求被评价者做得"怎样"、完成"多少"的问题。

第三，审核关键绩效指标。对关键绩效指标进行审核的目的主要是确认这些关键绩效指标能否全面、客观地反映被评价对象的工作绩效，以及是否适合于评价操作。

（二）关键业绩指标目标制定

从组织结构的角度来看，关键业绩指标系统是一个纵向的指标体系：先确定公司层面关注的关键业绩指标，再确定部门乃至个人要承担的关键业绩指标，关键业绩指标体系经过层层分解，这样，就在指标体系上把战略落到"人"了。而要把战略具体落实，需要"显性化"，要对每个层面的关键业绩指标进行赋值，形成一个相对应的纵向的目标体系。

在落实战略时有"两条线"：一条是指标体系，是工具；另一条是目标体系，利用指标工具得到。当然，目标体系本身还是一个沟通与传递的体系，即使使用关键业绩指标体系这一工具，具体的目标制定还需要各级管理者之间进行沟通：下级管理者必须参与更高一级目标的制定，由此他才能清楚本部门在更大系统中的位置，也能够让上级管理者更明确对其部门的要求，从而保证制定出适当、有效的子目标。这样，通过层层制定出相应的目标，形成了一条不发生偏失的"目标线"，保障了战略的有效传递并落实到具体的操作层面。具体到绩效管理的实施上，各部门承担的 KPI 是由战略决定的，但具体到某个年度时，并不需要对其所有承担的关键业绩指标进行赋值、制定目标。

战略目标的相对长期性，具体到年度时一定会有所偏重，要求在选择全面衡量战略的关键业绩指标时要根据战略有所取舍。具体的年度目标的制定，是在全面分析企业内外环境、状况的基础上，根据年度战略构想，对本年度确定的关键业绩指标进行赋值，从而得到的。在这其中，关键业绩指标只是一个工具体系；而制定目标的关键还在于"人"与"人"的沟通和理解，需要管理者和自己的上级、同级、下级、外部客户、供应商进行全方位的沟通。管理，在制定目标、落实战略的时候，就是一个沟通、落实的过程。所谓战略的落实，正是通过这种阶段性目标状态的不断定义和实现而逐步达到的。

（三）关键业绩指标的构建过程

（1）明确企业的战略目标，并在企业会议上利用头脑风暴法和鱼骨分析法找出企业的业务重点，也就是企业价值评估的重点。然后，再用头脑风暴法找出这些关键业务领域的关键业绩指标，即企业级 KPI。

（2）各部门的主管需要依据企业级 KPI 建立部门级 KPI，并对相应部门的 KPI 进行分解，确定相关的要素目标，分析绩效驱动因数（技术、组织、人），确定实现目标的工作流程，分解出各部门级的 KPI，以便确定评价指标体系。

（3）各部门的主管和部门的 KPI 人员一起再将 KPI 进一步细分，分解为更细的 KPI 及各职位的业绩衡量指标。这些业绩衡量指标就是员工考核的要素和依据。这种对 KPI 体系的建立和测评过程本身，就是统一全体员工朝着企业战略目标努力的过程，也必将对各部门管理者的绩效管理工作起到很大的促进作用。

## 第二节　财务分析

关键业绩指标更多地表现为一种财务数据，这需要从企业历史的纵向维度和同行业的横向维度，通过财务分析的方法获得相关的指标。本部分从财务分析的理论与方法出发，重点介绍了偿债能力、营运能力、盈利能力及发展能力各项指标，以及综合分析指标体系如杜邦财务分析体系、沃尔评分法等，并通过案例详细解读各类指标的获取方法和作用。

### 一、财务分析概述

#### （一）财务分析的概念

财务分析是由企业财务信息使用者根据企业财务会计报告以及相关的环境资料，采用一系列专门的分析技术和方法，对企业财务状况、经营业绩以及财务状况变动的合理性与有效性进行评判，在此基础上，分析企业内在的财务能力和财务潜力，预测企业未来财务趋势和发展前景，评估企业的预期收益和风险，据以为特定决策提供有用的财务信息的财务管理活动。

这一概念包括了以下几个基本要点：①企业财务分析的主体是各利益相关者，包括股东、债权人、企业管理人员、政府部门、供应商等；②财务分析的内容主要是企业财务状况和经营业绩，以及决定财务状况与经营业绩的各种财务能力，包括偿债能力、获利能力、营运能力等；③财务分析的依据是企业的财务会计报告以及相关的环境资料；④财务分析的目的在于为特定决策（投资决策、贷款决策、信用决策等）提供有用的财务信息支持；⑤财务分析在性质上属于财务管理的一个重要组成内容，是财务管理的一个重要环节；⑥财务分析需要运用一系列专门的分析技术和方法。

#### （二）财务分析的视角与内容

无论任何分析主体，要获得能够支持特定决策的财务分析信息，首先应当明确财务分析的视角。所谓财务分析视角，就是由特定决策目标所决定的审视财务信息的角度，通俗地说，就是为获得能够满足某项特定决策所需的财务信息，应着重从哪些方面进行分析。合理界定财务分析视角，不仅是实现财务分析信息相关性的客观要求，而且也有利于提高财务分析的效率和效益。

财务分析的视角可以从多个方面予以分析和界定。从财务分析的服务对象看，有以内部管理决策为视角和以外部投资决策为视角；从投资决策的性质看，有以债权投资决策为视角和以股权（股票）投资决策为视角；从投资目的和期限看，有以长期投资决策为视角和以短期投资决策为视角。

财务分析的视角不同，其分析内容和侧重点也就不同，一般而言：

（1）以长期债权投资决策为视角的财务分析，其内容侧重于资本结构及长期偿债能力，而有关经营能力、获利能力等方面属于辅助性内容。

（2）以短期债权投资决策为视角的财务分析，其内容侧重于短期偿债能力和资产流动性，而对于长期偿债能力、经营能力、获利能力等方面的内容则不会过多地关注。

（3）以长期股权投资决策为视角的财务分析，其内容侧重于经营能力、获利能力、资本增值能力以及长期投资价值等方面，至于近期财务状况与经营业绩则属于相对次要的内容。

（4）以短期股票投资决策为视角的财务分析，其内容侧重于近期的经营业绩以及能反映短期性投资价值方面的内容（如每股收益、每股股利、市盈率等），而无须过多地关注诸如偿债能力、获利能力、经营能力等具有内在性和长期影响性的内容。

（5）以内部管理决策为视角的财务分析，则同时关注企业财务及经营的各主要方面。因为对于企业管理者来说，他们既不会像股东那样偏好风险，也不会过度地追求财务稳健，他们需要均衡收益与风险，以实现企业的可持续生存和发展。

（三）财务分析的原则

1. 客观性

一是分析依据的客观性，即分析所依据的各项资料必须内容真实、数字准确，能如实反映企业的财务状况与财务绩效；二是分析结论的客观性，即分析结论能客观地说明企业的财务现状及其在不同期间的变化趋势。根据这一原则，对企业财务进行分析时，应结合注册会计师的审计结论，对各项报表数据及附注资料的可靠性进行分析判断，辨别真伪，去伪存真，对分析结论则应坚持实事求是，不可主观臆断。

2. 可比性

一是行业可比性，即分析结果应能在同行业不同企业之间进行比较。这种可比性要求在对企业财务进行分析时，应尽可能采用行业通用的分析指标和分析方法，对于行业财务制度或有关法规中已规定的指标和计算方法，分析人员应共同遵守，对于财务制度未做规定的，应遵循行业惯例，没有行业惯例的，应在分析报告（或被备忘录）中注明分析办法。二是期间可比性，即分析结果应能就同一企业的不同期间进行比较。这种可比性要求对企业财务进行分析时，应保持分析指标与分析方法在不同期间的稳定性与一致性，对于因财务会计政策变更所产生的差异，应在分析中进行必要的调整，不能调整的，应在分析报告（或备忘录）中予以说明。

3. 充分性

一是资料收集的充分性，即收集的资料要能够满足真实、客观地分析企业财务及经营情况的需要，既要搜集现状资料，又要搜集历史资料；既要搜集企业核算资料，又要搜集宏观环境资料；既要搜集被分析企业的资料，又要搜集同行业其他企业的相关资料；二是分析指标选择与运用的充分性，即分析指标的选择和运用应充分体现分析目的的要求，对于以特定决策为目的的财务分析，应选择和运用与该分析目的相关的所有指标，对于面向非特定信息用户的财务分析（各决策服务主体所进行的分析），则应运用能够反映企业财务状况及经营业绩的所有指标；三是比较标准的充分性，即在进行企业财务比较分析时，应确保比较标准选择的全面性和完整性，既要运用预算标准来分析企业一定期间财务目标的实现程度，又要运用行业标准和历史标准，揭示企业财务状况与经营业绩的行业差异和动态趋势。

4. 科学性

科学性主要指分析方法的科学性，其基本内容是：以辩证唯物论为依据，采用系统的分析方法。首先，在充分挖掘企业财务各方面、各项指标内在关联的基础上，对各项指标做相互联系的因果分析，以便能深入、综合地揭示企业财务的内在状况和规律；其次，坚持定量分析与定性分析相结合，避免只讲定量计算而不讲定性分析，或只重定性分析而忽视定量计算的现象。一般而言，在分析时应对各项指标先进行定量计算，在确定数量差异的基础上，再结合有关因素进行定性分析。

## 二、财务分析基本方法

财务分析方法是完成财务分析目标的手段和方式，财务分析应当全面分析与重点分析相结合，定量分析与定性分析相结合，以达到系统、全面、客观地反映并判断企业财务状况和经营业绩的目的。在整个财务分析方法体系中，比较分析法、因素分析法、比率分析法是最基本的分析方法。

（一）比较分析法

比较分析法是对不同时期和空间的同质财务指标进行对比，以确定其增减差异，用以分析财务指标状况优劣的方法。比较分析法的主要作用在于揭示客观存在的差异，利用这种差异可以考查任务完成情况，显示财务指标变动趋势，从而分析企业经营管理的工作绩效。

比较分析法按其比较基数不同，有实际与计划比较、不同时期比较、同类企业间比较等形式。将财务指标实际数据与计划数值比较，能够检查财务指标的计划完成情况，将不同时期的指标数据进行比较，能够考查财务指标的变动趋势。由于所考察的对象和分析要求不同，比较分析法一般可划分为直比分析和趋势分析两大类型。

1. 直比分析类型

直比分析是指将同一指标两个数值进行直接对比。在直比分析中，用以比较的数值叫基数，它是比较的依据和标准；被比较的数值叫比较数。假定某一经济指标为 $K$，其基数为 $K_0$，比较数为 $K_1$，则

$$绝对差异 = 实际数 - 基准数 = K_1 - K_0$$

将指标数值进行绝对数比较，主要揭示指标数值的变化数量，直观地判断指标变动规模的大小。所以，绝对差异也就是指标的增减额。

$$相对差异 = \frac{绝对差异}{基准数} \times 100\% = \frac{K_1 - K_0}{K_0} \times 100\%$$

将指标数值进行相对数比较，主要揭示指标数值的变动程度或幅度，判断指标相对变动的水平。因此，相对差异也就是指标的增减率。

2. 趋势分析类型

把反映某种经济现象发展变化的一系列指标数值，按时间先后顺序排列而成的数列叫时间动态数列。趋势分析是将不同时期同一指标的数值进行对比，以确定时间动态数列增减变动趋势的分析方法。由于企业的生产经营活动始终处于不断运动发展变化之中，利用趋势分析能从动态上考察指标的发展特征和变化规律，得出上升、下降或稳定不变等结论，从而鉴定企业管理水平，据以对企业未来变动方向做出预测。

在进行趋势分析时，确定好基期是首要问题。分析实务中一般有两种选择：一种是以某一选定时期为基期，即固定基期，以后各期数值均以该期数值作为共同基期数值进行比较，这种比较说明了各期累积变化的情况，称为定比；另一种是以相邻上期为基期，即移动基期，各期数值分别与前期数值比较，基期不固定而且顺次移动，这种比较说明了各期逐期变化情况，称为环比。趋势分析的具体比较指标包括增长量指标和发展速度指标两大类。

（1）增长量指标。

增长量指标反映某项经济指标在一定时期所增长或减少的绝对数额。它主要是比较期数值与基期数值的绝对差异。由于作为比较标准的时期不同，增长量指标分为逐期增长量（以相邻上期作为移动基期）和累积增长量（以第一期作为固定基期）。设 $K_1$，$K_2$，$\cdots$，$K_n$ 为指标 $K$ 在各个时期的数值，下标 1，2，$\cdots$，$n$ 为各期期数，则

$$逐期增长量 = K_n - K_{n-1} = K_2 - K_1，\ K_3 - K_2，\ K_4 - K_3，\ \cdots$$
$$累积增长量 = K_n - K_1 = K_2 - K_1，\ K_3 - K_1，\ K_4 - K_1，\ \cdots$$

（2）发展速度指标。

发展速度指标表明某种经济指标在一定时间内的发展速度。它是全部时间动态

数列中各个比较期数值与基期数值的相对比率或相对差异。同样，由于作为比较标准的时期不同，发展速度指标分为定基发展速度和环比发展速度两种。定基发展速度是各比较期数值与固定基期数值之比率，一般用以分析发展情况；环比发展速度是连续地用比较期数值与相邻上期数值比较得出的相对比率，用以分析各期之间的发展变动情况。计算公式为

$$定基发展速度 = \frac{K_n}{K_1} \times 100\%$$

$$环比发展速度 = \frac{K_n}{K_{n-1}} \times 100\%$$

定基发展速度与环比发展速度的主要区别是两者选定的基期不同，但从长期来看，两者是相互联结的，即最后一期的定基发展速度（全时间动态数列中的总定基发展速度）等于各环比发展速度的连乘积。

另外，由于各个时期经济活动的发展变化不可能是绝对平衡的，在各个时期中总量变化有快有慢，因此为了反映总时期内发展变化的一般水平，需要计算平均发展速度。平均发展速度是环比发展速度的平均值，也就是最后一期定基发展速度的平均值，这种平均值一般用几何平均数表达，即

$$平均发展速度 = \sqrt[n-1]{\frac{K_2}{K_1} \times \frac{K_3}{K_2} \times \frac{K_4}{K_3} \times \cdots \times \frac{K_n}{K_{n-1}}}$$

在实际分析工作中，有时用增长速度（增长率）来反映发展变动情况，与直比分析法的原理一样，增长速度与发展速度的关系是：

$$增长速度 = 发展速度 - 1$$

例如，已知某企业本年内各季度所实现的销售利润数额，则可计算出各季度增长量、发展速度、增长速度情况如表4-1所示。

表4-1　某企业各季度的趋势分析的比较指标

| 时期指标 | 第一季度 | 第二季度 | 第三季度 | 第四季度 |
|---|---|---|---|---|
| 利润额/万元 | 45 | 88 | 67 | 115 |
| 1. 增长量/万元<br>累计增长量<br>逐期增长量 | —<br>— | +43<br>+43 | +22<br>−21 | +70<br>+48 |
| 2. 发展速度/%<br>定基<br>环比 | 100<br>100 | 195.56<br>195.56 | 148.89<br>76.14 | 255.56<br>171.64 |
| 3. 增长速度/%<br>定基<br>环比 | —<br>— | +95.56<br>+95.56 | +48.89<br>−23.86 | +155.56<br>+71.64 |

从表 4-1 的分析数据来看，该企业年内各季度销售利润无论是从变动规模还是从发展速度来看都是增长的，总的呈现出上升的发展趋势。但逐季环比分析表明，第三季度有下降情况，影响了全年上升趋势的幅度。全年平均发展趋势为

平均发展速度 $= \sqrt[3]{195.56\% \times 76.14\% \times 171.64\%}$

或平均发展速度 $= \sqrt[3]{255.56\%} = 136.72\%$

平均增长速度 $= 136.72\% - 1 = 36.72\%$

（二）因素分析法

因素分析法是指为深入分析某一指标，而将该指标按构成因素进行分解，分别测定各因素变动对该项指标影响程度的一种分析方法。采用比较分析法对不同时间和空间的财务指标进行比较，可以找出指标数值的数据，描述财务经营的状况，提出所应分析的问题。但比较分析法不能测定指标数值变动的原因，这就需要采用因素分析法。因素分析法是用以分析测算指标受哪些因素的影响，各因素对总体指标的影响程度和方向的分析方法。其作用在于揭示指标差异的成因，以便更深入、全面地理解和认识企业的财务状况及经营情况。因素分析法主要包括因素替代法和因素分摊法两大类型，较常使用的是因素替代法，本书着重介绍因素替代法。

因素替代法也称连锁替代法。其基本思想是：总体指标受各种有相互依存关系的连锁因素的相互影响。首先，把总指标分解为各项有次序性的连锁因素；其次，顺次地把其中一个因素视为可变，其他因素暂时视为不变，依次逐项进行替代，每一次替代在上一次的基础上进行；最后，将每一次替代后的结果反向两两相减，测算出各项因素变动对总体指标的影响程度和影响方向。

假定某个指标 $K$ 受三个连锁因素 $a$、$b$、$c$ 的影响，三个连锁因素的依次关系为 $K = a \times b \times c$，则

基期指标：$K_0 = a_0 \times b_0 \times c_0$

实际指标：$K_1 = a_1 \times b_1 \times c_1$

第一步，确定分析对象。对总体指标的因素分析，一般是分析该指标用比较分析法所计算出的绝对差异，即分析对象为

$$\Delta K = K_1 - K_0$$

第二步，进行因素替代。假定影响指标的因素是依次变动的，当某个因素由基期数值变为实际数值时，就会引起指标数值的变动，则

基期数值：$a_0 \times b_0 \times c_0 = K_0$

替代 $a$ 因素：$a_1 \times b_0 \times c_0 = K_a$

替代 $b$ 因素：$a_1 \times b_1 \times c_0 = K_b$

替代 $c$ 因素：$a_1 \times b_1 \times c_1 = K_c$

第三步，测算各因素的影响。各因素变化后总体指标的数值与因素变化前总体指标的数值的差额，就是该因素变动对总指标的影响。则

$$a \text{ 因素的影响} = K_a - K_0 = (a_1 - a_0) \times b_0 \times c_0$$
$$b \text{ 因素的影响} = K_b - K_a = a_1 \times (b_1 - b_0) \times c_0$$
$$c \text{ 因素的影响} = K_c - K_b = a_1 \times b_1 \times (c_1 - c_0)$$
$$\text{因素影响的汇总} = K_c - K_0 = K_1 - K_0 = \Delta K$$

【例4-1】某企业生产某产品耗用材料上一年为80 000元，本年为102 000元，具体资料如表4-2所示。

**表4-2　某企业生产资料指标**

| 项　目 | 上年数 | 本年数 | 差　异 |
|---|---|---|---|
| 产品产量/件 | 1 000 | 1 200 | 200 |
| 材料单耗/千克/件 | 20 | 17 | -3 |
| 材料单价/元/千克 | 4 | 5 | 1 |
| 材料费用/元 | 80 000 | 102 000 | 22 000 |

本例中的分析指标为材料费用，它受产品产量、材料单耗、材料单价三个因素的影响，分析关系式为

$$\text{材料费用} = \text{产品产量} \times \text{材料单耗} \times \text{材料单价}$$

（1）分析对象

材料费用差异 = 102 000 - 80 000 = 22 000（元）

（2）因素替代

基期材料费用 = 1 000 × 20 × 4 = 80 000（元）

替代产量因素 = 1 200 × 20 × 4 = 96 000（元）

替代单耗因素 = 1 200 × 17 × 4 = 81 600（元）

替代单价因素 = 1 200 × 17 × 5 = 102 000（元）

（3）因素测算

产量因素影响 = 96 000 - 80 000 = 16 000（元）

单耗因素影响 = 81 600 - 96 000 = -14 400（元）

单价因素影响 = 102 000 - 81 600 = 20 400（元）
___

因素影响汇总：　　　　　　　　22 000（元）

通过上述测算，可知本年材料费用上升22 000元的原因是：产量扩大200件使材料费用客观上升16 000元，这是正常的；材料耗用水平降低3千克/件，使材料费用节约14 400元，这是生产中的成绩；材料单价上升1元/千克，使材料费用上升20 400元，这是材料采购供应部门的问题，也是造成材料费用上升的主要因素。

（三）比率分析法

比率就是用倍数或比例所表现的分数式。如假设甲项目数值为250，乙项目数值为200，若以甲项目为比例基数时，其比率为乙是甲的80%，若以乙项目为比较基数时，其比率为甲是乙的1.25倍。

比率分析法是通过计算互为相关的经济指标之间的相对数值，从而考察和衡量企业经营活动效果的分析方法。

比率分析法与比较分析法虽然都是将两个数据进行对比，但比较分析法一般主要是对同质的指标进行比较，而比率分析法主要是将不同质但相关的不同指标进行比较。而且比较分析法的分析结果主要强调绝对差异的大小，相对差异只是绝对差异的辅助说明；比率分析法的分析结果则纯粹以相对数值表示，以说明指标数值之间的相互关系。

比率的形式很多，按它们在分析中所起的作用不同，主要分为动态比率、相关比率和结构比率。动态比率也称为趋势比率，它是将不同时期同类指标的数值比率进行对比，求出动态相对数，以反映企业某项经济活动的发展方向和发展趋势。事实上，定基发展速度、环比发展速度等动态趋势比率已构成比较分析法的一部分内容，因此，下面在比率分析法中着重介绍相关比率和结构比率的分析指标类型。

1. 相关比率

相关比率是把企业经济活动中两个性质不同，但又相互联系的指标，以其中某项指标数值为基数而求得的两个指标数值之比，用以反映企业的经营状况和经济效益。例如，如果将甲、乙两个性质不同但又相关的指标进行比率化，以乙指标数值为比较基数，则相关比率的计算公式如下：

$$相关比率 = \frac{甲指标}{乙指标} = \frac{A}{B}$$

相关比率的特征是强调指标间的相关性，而不是对指标本身变动作直接比较。如对企业的利润指数的分析，除可以用绝对额进行直接对比外，还可以通过对形成利润的有关指标与利润进行相关比较来分析。如甲、乙两企业的年利润额均为100万元，但甲企业权益资本为500万元，乙企业权益资本只有400万元，则甲企业权益资本利润率为20%，乙企业权益资本利润率为25%，乙企业的效益好于甲企业。

两个相关的指标一旦形成相关比率，就能反映各项财务指标间的比例关系是否合理，便于加强管理控制，对财务经营活动各环节进行协调平衡。相关比率的形成比较灵活，可根据分析需要进行组合。

2. 结构比率

结构比率通过计算某项经济指标各个组成部分占指标总体的比重，分析其构成内容的特征和构成合理性，进一步掌握事物变化的规律。结构比率的计算公式如下：

$$结构比率 = \frac{指标部分数}{指标总体数} \times 100\% = \frac{A_i}{A_i} \times 100\%$$

在财务分析资料中，如果我们仅仅列示某指标及其组成各项目的绝对数值，远不如列示其结构比率更简便、醒目。结构比率可以显示总指标的内部构架，表现各项目间的联系以及在总指标中所占地位的重要程度，便于分清主次因素，突出分析工作的重点。

在比率分析中，动态趋势比率要求计算的是同一指标不同时期数的比值，是一种同质关系。结构比率要求分子指标是分母指标的组成部分，是一种部分与整体的包含关系。比如，在对财务报表分析时，趋势比率是对财务报表中某一财务指标进行横向分析，而报表的结构比率可以显示出报表中各指标项目相互间的垂直关系，是对财务指标进行的纵向分析。趋势分析与结构分析可以相互配合、相互补充，以更深入地揭示经营成果和问题。

### 三、企业财务比率基本分析

财务比率分析是企业财务分析中最基本、最重要的分析方法。在企业财务分析中，需要计算和分析的基本财务比率有短期和长期偿债能力比率、营运能力比率、盈利能力比率。

（一）短期偿债能力比率

企业的偿债能力是指在一定期间内企业能否及时偿还到期债务的清偿能力。债权人十分关心企业的偿债能力，偿债能力可以反映企业的信用状况。

企业的偿债能力按分析要求，可以划分为长期偿债能力和短期偿债能力。长期偿债能力，是企业保证未来到期债务（一年以上）及时偿付的可靠程度。在资产负债表中对长期偿债能力的分析，主要是通过负债比率、权益比率、固定比率等财务结构比率和资源结构比率反映的。短期偿债能力是指企业对一年内到期债务的清偿能力。企业到期债务一般均应以现金清偿，因此，短期偿债能力本质上是一种资产变现能力。它是企业短期内及时偿付债务的信用程度，主要是指企业对日常经营债务的支付能力。由于短期偿债能力是企业履行短期债务的保证，因此，对短期偿债能力的分析主要是通过对流动资产与短期债务的对比关系进行的，特别应着重分析那些周转速度快、变现能力强的流动资产。反映短期偿债能力的指标主要有流动比率、速动比率、现金比率等。

1. 流动比率

流动比率是用比率形式反映的流动资产与流动负债之间的对比关系。流动资产是短期内可以予以变现的资产，流动负债是短期内需要用现金及等价物偿还或支付的债务。因此，一般首先通过流动资产与流动负债的对比来考察企业短期偿债能力。流动比率反映了流动资产与流动负债的这种对比关系，代表企业日常的支付能力，其计算式如下：

$$流动比率 = \frac{流动资产}{流动负债}$$

这里，流动负债是企业一年内需支付的日常经营债务，如应付账款、短期借款等。用于担保支付短期债务的来源，只能是现金及短期内能变成现金的流动资产。流动比率越高，日常偿债能力越强，企业信用状态越好。

该项比率从流动资产对流动负债的保障程度的角度，来说明企业的短期偿债能力。其比率值愈高，表明企业流动资产对流动负债的保障程度愈高，企业的短期偿债能力愈强。但从优化资本结构和提高资金使用效率方面考虑，该比率值并非愈高愈好。因为比率值过高，可能表明企业的负债较少，没有充分发挥负债的财务杠杆效应，也可能是资产存量过大，资产利用效率不高。

流动比率一般在 1.5~2.0 比较恰当，在分析流动比率时应注意两个问题：

（1）不同行业对流动比率的要求并不一致

一般来说，食品加工等生产周期短的行业，无须大量存货，应收账款周转期也较短，流动比率可以较低。相反，钢铁等生产周期长的企业，流动比率要求较高。

（2）流动比率的高低有时也不能完全准确地反映企业短期偿债能力

因为流动资产中除货币资金、应收账款外，还包括存货、待摊费用等变现速度较慢或不能再变现的项目，有时流动比率虽高，但主要是由于大量存货和待摊销费用造成的，实际的支付能力并不是很强。只有速动资产才是真正可用于支付的流动资产，因此还需要考察速动比率大小。

2. 速动比率

速动比率是企业流动资产中速动资产与流动负债的比率，反映企业对日常经营债务支付能力的迅速性，其计算式如下：

$$速动比率 = \frac{速动资产}{流动负债}$$

其中，速动资产 = 货币性资产 + 结算性资产

= 现金 + 短期有价证券 + 应收款项净额

或　　速动资产 = 流动资产 - 存货类资产 - 其他流动资产

在计算速动比率时，之所以将存货从流动资产中剔除，是因为存货不具备速动资产的性质。存货相对于其他流动资产项目来说，不仅变现速度慢，而且可能由于积压、变质以及抵押等原因，而使其变现金额具有不确定性，甚至无法变现。事实上，除存货项目外，还有一些其他流动资产项目的变现速度也比较慢，甚至不能变现，包括预付账款、待摊费用、待处理流动资产净损失等。

流动资产扣除存货资产和其他流动资产后，速动资产就是货币资金、短期投资、应收票据、应收账款、一年内到期的长期投资等项目。由于速动资产的这些项目都是可以迅速现金化的资产，因此速动比率也称快速流动比率，它反映了企业的即时支付能力。

该比率是从速动资产对流动负债的保障程度的角度说明企业的短期偿债能力，其比率值愈高，表明企业速动资产对流动负债的保障程度愈高，企业的短期偿债能力愈强。

速动比率一般在 0.6~1.0 比较恰当，一般来说，速动比率保持在 1 左右是正常的。当然，也要视行业性质而定，如日杂百货店一般只作现金销售，没有应收账款，因此保持一个远低于 1 的速动比率，也不会对正常营业产生不良影响。另外，应收

账款的回收在很大程度上决定了流动比率和速动比率的大小，因此，在考察这两个比率指标数值时，要用扣除坏账准备后的应收账款净额计算，并结合应收账款周转期指标进行综合分析。

3. 现金比率

有时，为了稳健起见，还经常把存在着回收风险的应收账款和应收票据从速动资产中剔除，只计算现金及其等价物与流动负债的比率。这里，现金及其等价物包括已经是现金形式的货币资金、肯定可以出售的短期有价证券、基本上无回收风险的一年内到期的长期投资等项目。这种比率称为现金比率，计算式如下：

$$现金比率 = \frac{现金及其等价物}{流动负债}$$

现金比率反映了企业的即刻变现能力。它比速动比率所反映的即时支付能力更迅速。不过，这个比率太高，也不一定是好现象，可能是企业不善于利用现金资源，及时把现金投入经营以获取更多的利润造成的。所以，现金比率一般只要求保持在0.2左右。

在某些行业中，现金比率是相当重要的。例如，企业的存货和应收账款周转周期很长，而且经营活动又具有高度的投机性和风险性，对于这类企业来说，应重视分析其现金比率指标。不过，现金比率只把货币资金、短期有价证券和一年内到期的长期投资与流动负债对比，在分析企业变现能力中，这个比率重要程度不高。这是因为，在大多数情况下，不可能要求企业只用货币资金和有价证券来偿付流动负债，企业也没有必要保持这些流动资产的数额。一般来说，只有在企业财务发生困难时，才能用现金比率衡量企业最坏情况下的短期偿债能力。所以，现金比率只是速动比率指标的辅助比率。

流动比率与速动比率是衡量和反映短期偿债能力最主要的指标，需加以指出的是，上述所给出的流动比率与速动比率的一般标准（分别为2.0和1.0），仅仅是人们所普遍公认的理想值，并没有获得理论上的充分证明。事实上，由于各种环境因素的影响，公司实际的流动比率和速动比率值普遍低于这一公认标准。

根据日本银行1997年度《主要企业经营分析》调查资料，日本各行业流动比率与速动比率实际数值如表4-3所示，图4-1则反映了全美制造企业自1947年至1992年流动比率和速度比率的变化趋势。

表4-3　日本各行业流动比率与速动比率实际数值

| 行业 | 制造 | 商业 | 建筑 | 房地产 | 运输 | 电力 | 服务 | 行业平均 |
|---|---|---|---|---|---|---|---|---|
| 流动比率 | 1.504 | 1.338 | 1.573 | 2.003 | 1.701 | 1.089 | 1.578 | 1.351 |
| 速动比率 | 1.110 | 0.916 | 0.974 | 0.984 | 1.018 | 0.686 | 1.168 | 0.930 |

资料来源：高松和男. 财务分析入门：经营活动分析基础 [M]. 金周英，译. 北京：经济科学出版社，1986.

**图 4-1　全美制造业流动比率和速动比率趋势**

注: $A$ 线为 1947—1990 年全美制造企业流动比率趋势。

　　$B$ 线为 1947—1990 年全美制造企业速动比率趋势。

资料来源: 吉布森. 财务报表分析: 利用财务会计信息 [M]. 6 版. 刘筱青, 刑莲萍, 张丽萍, 等译. 北京: 中国财政经济出版社, 1996: 367.

（二）长期偿债能力比率

长期偿债能力, 是指公司清偿长期债务 (期限在一年或一个营业周期以上的债务) 的能力。企业对长期债务的清偿义务, 包括两个方面: 一是财务本金的偿还, 二是债务利息的支付。因此, 用于分析长期偿债能力的基本财务指标主要有资产负债率和利息保障倍数两项。

1. 资产负债率

资产负债率是指企业在一定时点 (通常为期末) 的负债总额对资产总额的比率, 或者说负债总额占资产总额的百分比, 即

$$资产负债率 = \frac{负债总额}{资产总额} \times 100\%$$

该比率从总资产对总负债的保障程度的角度来说明企业的长期偿债能力, 相对而言, 其比率值愈低, 表明企业资产对负债的保障程度愈高, 企业的长期偿债能力愈强, 否则反之。企业利益主体的身份不同, 看待该项指标的立场也不尽相同。

从债权人的立场看, 他们所关心的是贷款的安全程度, 即能否按期足额地收回贷款本金和利息, 至于其贷款能给企业股东带来多少利益, 在他们看来则是无关紧要的。由于资产负债率与贷款安全程度具有反向线性关系, 即资产负债率高, 其贷款的安全程度低, 反之, 资产负债率低, 则贷款的安全程度高。因此, 作为企业债权人, 他们总是希望企业的资产负债率越低越好。

从股东的立场看，他们所关心的主要是举债的财务杠杆效益，即总资本报酬率是否高于借入资本的利息率。若全部资本的报酬率高于借入资本利息率，则举债愈多，企业收益也就愈高，股东可望获得的利益相应也就愈大。反之，若全部资本的报酬率低于借入资本利息率，则举债愈多，企业损失就会愈大，股东因此遭受的损失也相应愈大。可见，从股东方面看，当总资本报酬率高于借款利率时，资产负债率愈大愈好。

从经营者的立场看，他们所关心的通常是如何实现收益与风险的最佳组合，即以适度的风险获取最大的收益。在他们看来，若负债规模过大，资产负债率过高，将会给人以财务状况不佳、融资空间和发展潜力有限的感觉；反之，若负债规模过小，资产负债率过低，又会给人以经营者缺乏风险意识、对企业发展前途信心不足的感觉。因此，他们在利用资产负债率进行借入资本决策时，将会全面考虑和充分预计负债经营的收益和风险，并在二者之间权衡利弊得失，以求实现收益和风险的最佳组合。

在对该比率进行计算和分析利用时，应当注意如下问题。

（1）结合营业周期分析。

营业周期是指从付款购买存货开始到销售存货并收回现金为止的这段时间。它包括存货周转天数和应收账款周转天数两个部分。相对而言，营业周期短的企业（如商业企业等），其资金周转快、变现能力强。此外，营业周期短使得特定数量的资产在一定期间的获利机会多，当其他条件确定时，企业一定期间的利润总额必然增加，进而使企业流动资产和股东权益额相应增加。因此，这类企业可适当扩大负债规模，维持较高的资产负债率。相反，对于营业周期长的企业（如房地产企业等），其存货周转慢，变现能力差，获利机会少，因此，负债比率不宜过高，否则将会影响到期债务的清偿。

（2）结合资产构成分析。

这里的资产构成是指在企业资产总额中流动资产与固定及长期资产各自所占的比例。相对而言，资产总额中流动资产所占比重大的企业，其短期偿债能力较强，不能支付到期债务的风险较小，因此，这类企业的资产负债率可适当高些。相反，资产总额中固定及长期资产所占比重大的企业，其流动比率低，短期偿债能力较差，不能支付到期债务的风险较大，从而决定了这类企业的资产负债率不宜过高。结合各主要行业分析，商业企业的总资产中存货所占比重相对较大，而且其存货的周转一般也快于其他行业，因此，其资产负债率可适当高过其他行业；工业企业相对于其他行业而言，资产总额中固定及长期资产所占比重较大（特别是技术密集型企业），因而其资产负债率不宜维持过高；虽然房地产行业的资产总额中存货所占比重较大，但因其生产周期长，存货周转慢，资产负债率也不宜过高。

（3）结合企业经营状况分析。

当企业经营处于兴旺时期，其资本报酬率不仅高于市场利率，而且也往往高于同行业的平均利润率水平。在这种情况下，债务本息的按期清偿一般不会发生困难，债权投资的风险较小，对于企业来说，也有必要借助负债经营的杠杆作用增加企业盈利。因此，处于兴旺时期的企业可适当扩大举债规模，维持较高的资产负债率。相反，若企业的经营状况不佳，资本报酬率低于同行业平均利润率水平，特别是当负债经营的收益不足以抵偿负债成本时，债务本息的清偿将会发生困难，债权投资的风险较大，对企业来说，此时举债愈多，损失就会愈大。因此，对于经营状况不佳的企业，应控制负债规模，降低资产负债率。

（4）结合客观经济环境分析。

首先，应结合市场利率分析。一般而言，当市场贷款利率较低或预计贷款利率将上升时，企业可适当扩大负债规模。具体说，目前贷款利率低意味着举债成本低，企业除维持正常经营所必需的负债规模外，还可以举借新债来偿还旧债，以减少过去负债的利息；而在预计贷款利率上升的情况下扩大举债规模，则可以减少未来负债的利息开支。当市场利率较高或预计贷款利率将下降时，企业不仅不宜扩大举债规模，相反应缩减负债规模，以降低未来的负债成本。其次，应结合通货膨胀率分析。在持续通货膨胀或预计物价上涨的情况下，可适当扩大负债规模，因为此时举债能为企业带来购买力利得；相反，在通货紧缩或预计物价下跌的情况下，应控制甚至缩减负债规模，因为此时负债会给企业造成购买力损失。

（5）结合企业的会计政策、资产质量等进行分析。

与短期偿债能力分析一样，长期偿债能力同样应考虑企业采用的会计政策和资产的质量状况，只不过对长期偿债能力而言，除需要考虑有关流动资产的会计政策和质量状况外，更主要的是应考虑各项长期资产（如固定资产、长期资产、无形资产等）的会计政策选择和质量状况。

2. 利息保障倍数

利息保障倍数，是指企业息税前利润与利息费用的比率，即

$$利息保障倍数 = \frac{息税前利润}{利息费用}$$

其中，息税前利润＝营业性收入−经营性成本

或　　　息税前利润＝税前利润总额＋利息费用

该比率反映企业息税前利润为所需支付利息的多少倍，用于衡量企业偿付借款利息的能力。公式中的"利息费用"不仅包括计入当期财务费用的利息费用，而且应包括资本化的利息，因为利息作为企业对债权人的一项偿付义务，其性质并不因为企业的会计处理不同而变化。也就是说，无论是计入财务费用的利息，还是包括在长期资产价值中的利息，到期均须企业偿付，并且在正常情况下，这种偿付的资金来源不是现实的存量资产，而是与经营利润相对应的增量资产。

相对而言，该比率值愈高（低），表明企业的承息能力愈强（弱）。从长远看，该比率值至少应大于1，也就是说，企业只有在息税前利润至少能够偿付债务利息

的情况下，才具有负债的可行性，否则就不宜举债经营。但在短期内，即使该比率值低于1，企业也可能仍有能力支付利息，因为用于计算的某些费用项目不需要在当期支付现金，如折旧费、摊销费等，这些非付现却能从当期的销售收入中获得补偿的费用，是一种短期的营业现金流入，可用于支付利息。然而这种支付是暂时的，随着时间的推移，企业如果不能改变其获利状况或缩减负债规模，那么在计提折旧、摊销的资产须重置时，势必会发生支付困难。因此，从长期看，企业应连续比较多个会计年度（一般选择5年以上）的利息保障倍数，以说明企业付息能力的稳定性。

应当注意，在测算利息保障倍数时，公式中的"税前利润总额"不包括非常损益及会计政策变更的累积影响等项目，因为这些项目的损益与公司的正常经营无关，且不属于经常性项目。

上述资产负债率和利息保障倍数是分析公司长期偿债能力的两项基本指标，其中，资产负债率以资产负债表资料为依据，用于从静态方面分析企业的长期偿债能力；利息保障倍数，则是以利润表资料为依据，用于从动态方面分析企业的长期偿债能力。除此之外，还可构建和运用其他长期偿债能力指标，如长期资产对长期负债的比率、长期资本对长期负债的比率、负债总额对股东权益总额的比率、负债总额对有形净资产的比率等。这些指标均可作为资产负债率指标的辅助性指标，据以从某一特定方面来分析企业的长期偿债能力。

（三）营运能力比率

营运能力比率是用于衡量企业组织、管理和营运特定资产的能力和效率的比率，一般用资产的周转速度来衡量。企业的固定资产和流动资产如果能尽快地周转回收，在单位时期内能被使用的资产就越多，资产的利用程度或利用效率就得到了提高。资产是资金运用的具体化，加快资产运转速度，能减少资产结存量，加快资产回收，企业的经营状况也就越安全稳定。

在企业的资产中，固定资产回收时间较长，一般用折旧率的高低来衡量其周转速度。因此，考察资产的周转期，一般主要考察流动资产，通过流动资产的周转速度来反映企业经营活动量大小和经营效率，即企业的营运能力。

现行财务分析中，常用的营运能力比率有存货周转率、应收账款周转率、流动资产周转率和总资产周转率四项。它们通常以资产在一定时期（如一年）的周转次数或周转一次所需要的天数表示。

1. 资产周转期的含义

资产周转期是指各项资产从投入到收回经历一次循环所需的时间，也称为周转天数。资产周转期的原始含义是资产周转率，资产周转率表示各项资产在一定期间内循环周转的次数，也称为周转次数。它表明资产的利用程度。由于资产是按"资产—费用—收益—资产"的顺序周转运动的，因此我们一般以资产的投入与其所完成的周转工作量进行比较来计算资产周转率。这里，周转工作量可以是费用额、销售额等，视不同资产性质而定。如对于原材料而言，投入生产中耗用形成产品成本的那部分完成了周转，因此其周转工作量是投入生产的材料费用。资产周转率与周转期的通用计算公式如下：

$$资产周转率（次数）=\frac{周转工作量}{资产平均余额}$$

$$资产周转期（天数）=\frac{分析期天数}{周转次数}$$

$$=\frac{分析期天数\times资产平均余额}{周转工作量}$$

上述计算式中，资产平均余额是指分析期资产负债表上期初余额与期末余额的平均值。分析期一般以一年为准，按 360 天计算，在短期分析中，按一季 90 天，一月 30 天计算。实务中一般采用资产周转期指标，因为它直观易懂，便于不同行业及不同时期进行对比。

资产周转率或周转期，反映了现有资产的利用程度即资产利用效率。具体来说，资产周转期既可以指资产回收周期，也可以指资产保存周期。资产回收周转短，意味着占用在资产上的资金停留在企业生产经营过程中的时间短，可以尽早地回收投入的资金；资产的保存周期短，资产的库存数量相应减少，可以节约存货费用。

2. 存货周转率

$$存货周转率=\frac{本期销售成本}{存货平均余额}$$

$$存货周转天数=\frac{360}{存货周转率}$$

$$=\frac{360\times存货平均余额}{本期销售成本}$$

存货周转率是用于衡量企业对存货的营运能力和管理效率的财务比率。存货周转率高，周转天数少，表明存货的周转速度快，变现能力强，进而则说明企业具有较强的存货营运能力和较高的存货管理效率。

存货周转率的高低与企业的经营特点（如经营周期、经营的季节性等）紧密相关，企业的经营特点不同，存货周转率客观上存在着差异。例如，房地产企业的营业周期相对要长于一般性制造企业，因而其存货周转率通常要低于制造企业的平均水平；制造企业的营业周期又相对长于商品流通企业，使得制造企业的存货周转率通常低于商品流通企业的平均水平。由于存货周转率与企业经营特点具有这种内在相关性，因此我们在对该项比率进行比较分析时，必须注意行业可比性。

3. 应收账款周转率

$$应收账款周转率=\frac{本期销货收入}{应收账款平均余额}$$

$$应收账款周转天数 = \frac{360 \times 应收账款平均余额}{本期销货收入}$$

式中，应收账款平均余额＝（期初应收账款＋期末应收账款）/2

应收账款周转率是用于衡量企业应收账款管理效率的财务比率，应收账款周转率高，周转天数少，表明企业应收账款的管理效率高，变现能力强。反之，企业营运用资金将会过多地呆滞在应收账款上，影响企业的正常资金周转。

在计算应收账款周转率指标时，"应收账款平均余额"中的应收账款，应是未扣除坏账准备的应收金额，而不宜采用应收账款净额。因为坏账准备仅是会计上基于稳健原则所确认的一种可能损失，这种可能损失是否转变为现实损失，以及转变为现实损失的程度取决于企业对应收账款的管理效率。也就是说，已计提坏账准备的应收账款并不排除在收款责任之外，相反，企业应对这部分应收账款采取更严格的管理措施。在这种情况下，若以扣除坏账准备的应收账款计算应收账款周转率，不仅在理论上缺乏合理性，在实务上也可能导致管理人员放松对这部分账款的催收，甚至可能导致管理人员为提高应收账款周转率指标而不适当地提高坏账计提比率。关于公式中的"销售收入"，从相关性的角度考虑应采用赊销收入，但由于分析者（特别是企业外部分析者）无法获取企业的赊销数据，因而在实际分析时通常直接采用销售收入计算。

将该比率联系存货周转率分析，可大致说明企业所处的市场环境和管理的营销策略。具体来说，若应收账款周转率与存货周转率同时上升，表明企业的市场环境优越，前景看好；若应收账款周转率上升，而存货周转率下降，可能表明企业因预期市场看好，而扩大产、购规模或紧缩信用政策，或两者兼而有之；若存货周转率上升，而应收账款周转率下降，可能表明企业放宽了信用政策，扩大了赊销规模，这种情况可能隐含着企业对市场前景的预期不甚乐观，应予警觉。

4. 流动资产周转率

$$流动资产周转率 = \frac{本期销售收入}{流动资产平均余额}$$

$$流动资产周转天数 = \frac{360 \times 流动资产平均余额}{本期销售收入}$$

式中，流动资产平均余额＝（期初流动资产＋期末流动资产）/2

流动资产周转率是用于衡量企业流动资产综合营运效率和变现能力的财务比率。流动资产周转率越高，周转天数越少，表明企业对流动资产的综合营运能力越强，效率越高，否则反之。流动资产周转率与存货周转率和应收账款周转率的关系可表述如下：

流动资产周转率＝应收账款周转率×应收账款占流动资产比重

或　　流动资产周转率＝（1＋成本利润率）×存货周转率×存货占流动资产比重

这种关系说明，当应收账款占流动资产的比重一定时，要加速流动资产周转，有赖于加速应收账款的周转；当存货占流动资产比重一定时，要加速流动资产周转，有赖于在加速存货周转的同时，提高经营的获利水平。

5. 总资产周转率

$$总资产周转率 = \frac{本期销售收入}{总资产平均余额}$$

$$总资产周转天数 = \frac{360 \times 总资产平均余额}{本期销售收入}$$

式中，总资产平均余额＝（期初总资产＋期末总资产）/2

总资产周转率是用于衡量企业资产综合营运效率和变现能力的比率。总资产周转率越高，表明企业资产的综合营运能力越强，效率越高；反之亦然。总资产周转率与流动资产周转率的关系式如下：

总资产周转率＝流动资产周转率×流动资产占总资产的比重

上式表明，要加速总资产周转，一是可以加速流动资产周转，二是可以提高流动资产在总资产中所占的比重。但资产结构主要由企业的行业性质和经营特点所决定，企业不能随意调整。因此，要加速总资产周转，从根本上说有赖于加速流动资产的周转。

（四）盈利能力比率

盈利能力就是企业获取利润的能力，获利是企业经营的直接目的，因而盈利能力分析是企业财务分析的核心内容。从某种程度上说，盈利能力是保持良好财务状况的基本目的，因此，企业的盈利能力比其财务状况更为重要。作为债权人，除非借入方有取之不尽的抵押资产，否则企业的偿债能力还是寄托于对经营前景是否看好，贷款给利润优厚的企业比贷款给利润低薄的企业更为安全可靠。对于投资者和企业管理人来说，他们更关心企业利润水平的高低，盈利能力是衡量企业经营与管理业绩的直接指标。反映企业获利情况的财务比率主要有营业利润率、总资产报酬率和净资产报酬率等基本的财务比率。

1. 营业利润率

$$营业利润率 = \frac{本期营业利润}{本期营业收入} \times 100\%$$

该项指标的意义在于从营业收益的角度说明企业营业业务的获利水平，其比率值愈高，表明企业的获利水平愈高；反之，获利水平则愈低。

构建该项指标的依据在于，企业利润在正常情况下主要来自营业利润，而营业利润尽管不是由营业收入所创造，但却是以营业收入的实现为前提，并且，当企业的成本水平一定时，营业利润的增减主要取决于营业收入的变化。因此，将营业利润与营业收入比较不仅能够反映营业利润与营业收入的内在逻辑联系，而且能够揭示营业收入对企业利润的贡献程度。不仅如此，营业收入的变化取决于销量和价格两个因素，而这两个方面又是由企业的市场营销状况所决定的。因此，通过营业利润率还可以反映市场营销对企业利润的贡献程度，有助于分析营销部门的工作业绩。

公式中的"营业利润"可以从主营业务利润和营业利润两个方面计算。为便于区分，将以主营业务利润计算的利润率称为营业毛利率，而将以营业利润计算的利润率称为营业利润率。营业毛利率和营业利润率尽管均可用于说明企业的获利水平，但两者说明问题的侧重点不同。营业毛利率侧重于从主营业务的角度说明企业的获利水平，营业利润率则侧重于说明企业营业的综合获利水平。

2. 总资产报酬率

$$总资产报酬率 = \frac{息税前利润}{总资产平均余额（或期末余额）} \times 100\%$$

该指标的意义在于说明企业每占用及运用百元资产所能获取的利润，用于从投入和占用方面说明企业的获利能力，其比率值愈高，表明企业的获利能力愈强；反之，则获利能力愈弱。

该项比率的构建依据在于：① 企业经营的目的在于获利，经营的手段则是合理组织和营运特定资产。因此，将利润与资产比较，能够揭示经营手段的有效性和经营目标的实现程度。从这种意义上说，该指标是用于衡量企业获利能力的一项最基本而又最重要的指标。② 企业利润既包括净利润，也包括利润、所得税以及少数股权收益。它们是由企业总资产所创造的，而非仅由部分资产创造。因此，以息税前利润与总资产比较，能够充分体现投入与产出的相关性，从而能够真实客观地揭示获利能力。

总资产报酬率视行业性质不同而不同，但长时期的总资产平均报酬率各行业呈趋于一致的倾向。这是因为，如果某一部门的利润率高于其他部门，就必然引起社会资本向该部门流动，引起本部门总资本扩大，利润率下降。一般来说，各行业部门的总资产报酬率基本是一致的，该指标可以用于各行业之间的比较。

3. 净资产报酬率

$$净资产报酬率 = \frac{净利润}{净资产平均余额（或期末余额）} \times 100\%$$

该比率用于从净收益的角度说明企业净资产的获利水平，其比率值愈高，表明企业的获利水平愈高；反之，表明企业的获利水平愈低。

构建该项比率的依据在于：① 股东财富最大化是企业理财的目标之一，而股东财富的增长从企业内部看主要来源于利润，因此，将净利润与净资产（股东权益）相比较能够揭示企业理财目标的实现程度。② 企业在一定期间实现的利润中，能够为股东享有的仅仅是扣除所得税后的净利润，而不包括作为所得税及利息开支方面的利润。因此，以净利润与净资产相比较才能客观地反映企业股东的报酬状况和财富增长情况。

净资产报酬率与营业利润率尽管均是用于衡量企业获利水平的指标，但两者说明问题的角度不同，营业利润率是从经营的角度说明企业的获利水平，而净资产报酬率则从综合性的角度说明企业的获利水平。换言之，影响营业利润率的因素主要限于营业收入、营业成本等经营性方面的因素，而影响净资产报酬率的因素除经营性因素外，还包括筹资、投资、利润分配等财务性质的因素，这一点可通过以下公式得以说明：

$$净资产报酬率 = \frac{净利润}{净资产平均余额} \times 100\%$$

$$= \frac{息税前利润}{总资产平均余额} \times \frac{净利润}{息税前利润} \times \frac{总资产平均余额}{净资产平均余额}$$

$$= 总资产报酬率 \times 净利润占息税前利润的比重 \times \left(1 + \frac{负债平均余额}{净资产平均余额}\right)$$

$$= 营业利润率 \times 总资产周转率 \times 净利润比重 \times (1 + 负债对净资产比率)$$

该分析式表明，影响净资产报酬率的因素有营业利润率、资产周转率、净利润比重和负债对净资产比率四个方面。其中，营业利润率、资产周转率主要属于经营性因素；净利润比重属于利润分配方面的因素；负债对净资产比率则属资本结构因素。

正是由于净资产报酬率受多种因素的共同影响，使其相对于其他获利水平指标而言更能综合地反映企业的盈利情况，加之它与企业财务目标的内涵（股东财富最大化）相吻合，使其在企业业绩分析中具有广泛的适用性。它不仅为国际通用，而且在我国目前所颁布的业绩分析指标体系中也位居榜首。

## 四、企业财务状况综合分析

分项财务比率的分析，只是从某一侧面说明企业的财务或经营状况，因而基于这种分别分析所形成的对企业财务的认识，也只是一种局部的、分散的认识，而非整体的、综合的认识。要想通过财务分析获得对企业财务的整体认识，有赖于将上述各个方面按内在逻辑结合起来，进行联系分析和综合分析。

（一）杜邦财务分析体系

杜邦财务分析方法是由美国杜邦财务公司经理人员所总结的一种综合分析方法。该分析方法是以净资产报酬率为起点，按从综合到具体的逻辑关系层层分解，一直分解到财务报表原始构成要素或项目。其分解方法如图4-2所示。

杜邦财务分析体系从股东财富最大化这一目标要求出发，以反映股东财富水平的权益资本报酬率（净资产报酬率）为起点，进行层层分解所形成的分析指标体系。其主要作用在于揭示权益资本报酬率的构成要素以及影响权益资本报酬率变动的主要因素，进而为提高权益资本报酬率，实现股东财富增长目标指明可采取的途径。

图 4-2　杜邦财务分析体系

（1）扩大收入，控制成本费用，并确保销售收入的增加幅度大于成本和费用的增加幅度。

（2）提高总资产周转率，即在现存资产基础上增加销售收入，或在现有收入基础上减少资产。

（3）在不危及公司财务安全的前提下，增加债务规模，提高负债比率。

杜邦财务分析体系的最大特点在于，能够通过对指标的层层分解，解释财务指标变动的原因，为财务预算的编制和预算指标的分解提供了基本思路，为财务分析和财务控制提供了依据。

**（二）财务状况综合评分法**

综合评分法是财务分析的一种重要方法，它不仅能够获得高度概括、综合的分析结论，而且方法本身具有直观、易于理解的优点。以下介绍几种具有代表性的综合评分方法。

**1. 沃尔评分法**

沃尔评分法是由财务状况综合分析的先驱者亚历山大·沃尔于 20 世纪初基于信用分析所需而创立的一种综合评分法。他在《信用晴雨表研究》一书和《财务报表比率分析》一书中提出了信用能力指数的概念，并把若干个财务比率用线性关系联结起来，据以分析企业的信用水平。他选择了七个财务比率，并分别给定了各比率的分值权重（见表 4-4），在此基础上确定各比率的标准值，在评分时，将实际值与标准值比较，计算出每项比率实际得分，然后加总各比率得分，计算总得分。

表 4-4　沃尔评分法

| 财务比率 | 分值权重<br>① | 标准比率<br>② | 实际比率<br>③ | 相对比率<br>④＝③÷② | 实际得分<br>⑤＝①×④ |
|---|---|---|---|---|---|
| 流动比率 | 25 | 2 | 2.5 | 1.25 | 31.25 |
| 净资产/负债 | 25 | 1.5 | 0.9 | 0.6 | 15 |
| 资产/固定资产 | 15 | 2.5 | 3 | 1.2 | 18 |
| 销售成本/存货 | 10 | 8 | 10.4 | 1.3 | 13 |
| 销售额/应收账款 | 10 | 6 | 8.4 | 1.4 | 14 |
| 销售额/固定资产 | 10 | 4 | 3 | 0.75 | 7.5 |
| 销售额/净资产 | 5 | 3 | 1.5 | 0.5 | 2.5 |
| 合计 | 100 | | | | 101.25 |

对于沃尔评分法，一般认为它存在一个理论弱点，即未能证明为何要选择这 7 个指标，以及每个指标所占权重的合理性。同时，它还存在一个技术问题，即由于某项指标得分是根据"相对比率"与"分值权重"的乘积来确立的，因此，当某一指标严重异常时，会对总评分产生不合逻辑的重大影响。具体来说，财务比率提高一倍，其评分值增加 100%；而财务比率缩小一半，其评分值只减少 50%。尽管如此，沃尔评分法还是在实践中被广泛应用。

2. 现代综合评分法

与沃尔的时代相比，现代社会已有了很大变化。一般认为，企业财务分析的内容主要是获利能力，其次是偿债能力，此外还有成长能力，三者之间大致可按 5：3：2 来分配比重。反映获利能力的主要指标是资产净利率、销售净利率和净资产报酬率。虽然净资产报酬率最重要，但由于前两个指标已经分别使用了净资产和净利润，为减少重复影响，3 个指标可按 2：2：1 安排。反映偿债能力的常用指标有 4 个，反映成长能力的常用指标有 3 个。如果仍以 100 分为总评分，则综合评分的标准见表 4-5。表 4-5 中的标准比率以本行业平均数为基础，适当进行理论修正。

表 4-5　综合评分的标准

| 指　　标 | 评分值 | 标准比率<br>/% | 行业最高比率<br>/% | 最高<br>评分 | 最低<br>评分 | 每分比率<br>的差/% |
|---|---|---|---|---|---|---|
| 获利能力： | | | | | | |
| 　总资产净利率 | 20 | 15 | 20 | 30 | 10 | 0.5 |
| 　销售净利率 | 20 | 6 | 20 | 30 | 10 | 1.4 |
| 　净资产报酬率 | 10 | 18 | 20 | 15 | 5 | 0.4 |
| 偿债能力： | | | | | | |
| 　自有资本比率 | 8 | 50 | 90 | 12 | 4 | 10 |
| 　流动比率 | 8 | 150 | 350 | 12 | 4 | 50 |
| 　应收账款周转率 | 8 | 500 | 1 000 | 12 | 4 | 125 |

表4-5(续)

| 指　　　标 | 评分值 | 标准比率/% | 行业最高比率/% | 最高评分 | 最低评分 | 每分比率的差/% |
|---|---|---|---|---|---|---|
| 存货周转率 | 8 | 600 | 1 200 | 12 | 4 | 150 |
| 成长能力： | | | | | | |
| 　销售增长率 | 6 | 20 | 30 | 9 | 3 | 3.3 |
| 　净利润增长率 | 6 | 15 | 20 | 9 | 3 | 1.7 |
| 　人均净利润增长率 | 6 | 15 | 20 | 9 | 3 | 1.7 |
| 合计 | 100 | | | 150 | 50 | |

注：表中，每分比率的差=1%×[（行业最高比率-标准比率）÷（最高评分-标准评分）]。例如，总资产净利率的每分比率的差计算如下：1%×[（20%-15%）÷（30-20）]＝0.5%。

该种综合评分法与沃尔的综合评分法相比，不仅丰富了分析内容，拓宽了运用范围，而且还克服了运用上的技术缺陷。除此之外，还具有以下两个方面的特点：第一，突出了净利润在财务分析中的重要地位，因而能够体现股东财富最大化这一财务目标赋予财务分析的基本要求。第二，在内容上兼顾了企业的成长能力，有利于分析者考察对企业投资的预期价值。尽管如此，该方法仍然存在一些不尽合理的方面，如：

（1）过分突出获利能力比率，而对决定获利能力的经营能力比率关注不够，这就有悖于企业财务能力的内在逻辑关系。

（2）过分强调企业对股东财富增长（净利润增长）的贡献，而对其他利益主体的利益要求体现不充分，这就使得使用该方法分析有利于实现股东财富最大化，而不利于实现企业价值最大化。

（3）将总资产净利率和销售净利润作为分析的首要指标和重头指标，能够突出净利润的重要地位，但这两项指标本身却不伦不类，缺乏实际意义。具体来说，由于净利润与总资产和销售收入之间缺乏内在相关性，使得将净利润与总资产和销售收入进行比较，既不能反映企业对股东的贡献程度，也不能说明资产的获利能力和销售的获利水平。这样，将该两项指标纳入分析指标体系，难免会影响分析结论的有效价值和说服力。

（三）现金流量分析

现金流量是指企业在一定时期的现金流转数量。它按与企业主体的相对性，可分为现金流入量、现金流出量和现金净流量三个方面；按企业经济活动的性质可分为经营活动现金流量、筹资活动现金流量和投资活动现金流量三个部分。

1. 现金流量分析的意义

现金流量是财务资金的直接表现形式，贯穿着财务管理的各个环节和过程，现金流量质量的好坏，直接影响着企业的偿债能力、营运能力和盈利能力。因此，对现金流量的分析过程，就是对企业财务能力的综合评判过程。

（1）分析现金流量是考察企业支付能力的需要。

支付能力是企业偿债能力的核心。企业的支付能力来自资产，来自资产转化为现金的速度和程度。通过对现金流量的分析，可以考察一定时点的现金存量对流动负债的保障程度，可以考察一定时期的现金流量来自资产转化的数额，分别说明了企业支付能力的内在决定和外在表现，能够为企业决策提供更充分、更相关的分析信息。

（2）分析现金流量是揭示企业收益质量的需要。

收益是经营业绩指标，但收益又受会计核算技术的影响，理财必须注意收益的内在质量。收益质量是指收益的现金内涵，包括变现金额和变现时间两个方面。无论是变现金额还是变现时间，均须比较一定期间的收益数量与现金流量，通过两者的吻合程度予以揭示。对这种吻合程度的计算、比较和分析，是现金流量分析的一项重要内容。

（3）分析现金流量是预测企业价值的需要。

企业投资者的投资价值从根本上取决于企业价值。根据现代财务学理论，企业的内在价值是其未来现金流量的现值。因此，投资者要能正确投资决策，实现投资的预期价值，必须合理预测企业的未来现金流量。而要合理预测未来现金流量，有赖于在对企业现金流量的历史与现状进行客观比较分析的基础上，揭示动态趋势和规律。这种纵向的比较分析和动态的趋势揭示，也是现金流量分析的一项重要内容。

2. 现金流量结构分析

现金流量结构是指一定期间的现金流入、流出及净流量总额中，各项目所占比例或百分比。分析现金流量结构的主要意义在于揭示公司既定现金流量的成因，并结合公司的经营特点和发展周期等，判断现金流量的构成是否合理。同时，通过现金流量构成的纵向期比较，还可以揭示构成的变化趋势，合理预测未来现金流量。

现金流量结构分析，首先应计算各项目现金流量占现金总流量的百分比，据以对现金流量构成的合理性做出初步判断。对于持续稳定经营的公司来说，现金流量的三个基本组成内容中，经营活动现金流量应占主体地位。

【例4-2】W股份有限公司是一家以工业性经营业务为主的集团公司，为分析其现金流量结构的合理性，拟选定特点基本相同的10家公司进行比较。2019年度W公司的现金流量构成情况以及同业10家公司的平均构成情况如表4-6、表4-7和表4-8所示。

表4-6　现金流入构成情况比较表

| 项　　目 | W公司/万元 | 三大部分构成情况/% | | 各部分内部构成情况/% | |
|---|---|---|---|---|---|
| | | W公司 | 同业平均 | W公司 | 同业平均 |
| 一、经营活动现金流入 | 37 795 | 70.75 | 83 | 100 | 100 |
| 　商品和劳务收现 | 31 939 | | | 84.5 | 82.5 |

表4-6(续)

| 项　　目 | W公司/万元 | 三大部分构成情况/% | | 各部分内部构成情况/% | |
|---|---|---|---|---|---|
| | | W公司 | 同业平均 | W公司 | 同业平均 |
| 收到的销项税额 | 5 542 | | | 14.67 | 16.5 |
| 收到的其他现金 | 314 | | | 0.83 | 1 |
| 二、投资活动的现金流入 | 6 579 | 12.32 | 4.5 | 100 | 100 |
| 收回投资收现 | 6 545 | | | 99.49 | 30.2 |
| 利润分配收现 | — | | | — | 68 |
| 收到的其他现金 | 34 | | | 0.51 | 1.8 |
| 三、筹资活动现金流入 | 9 047 | 16.93 | 12.5 | 100 | 100 |
| 吸收权益投资收现 | — | | | — | 20.5 |
| 借款收到的现金 | 9 047 | | | 100 | 79.5 |
| 收到的其他现金 | — | | | — | — |
| 合计 | 53 421 | 100 | 100 | — | — |

**表4-7　现金流出构成情况比较表**

| 项　　目 | W公司/万元 | 三大部分构成情况/% | | 各部分内部构成情况/% | |
|---|---|---|---|---|---|
| | | W公司 | 同业平均 | W公司 | 同业平均 |
| 一、经营活动现金流出 | 28 788 | 58.13 | 67.4 | 100 | 100 |
| 商品和劳务付现 | 1 902 | | | 66.07 | 62.5 |
| 支付给职工的现金 | 1 984 | | | 6.89 | 8.9 |
| 支付的增值税税款 | 5 960 | | | 20.7 | 21 |
| 支付的所得税税款 | 1 520 | | | 5.28 | 6.4 |
| 支付的其他现金 | 303 | | | 1.06 | 1.2 |
| 二、投资活动现金流出 | 1 193 | 2.41 | 16.8 | 100 | 100 |
| 购建固定资产等付现 | 893 | | | 74.85 | 38 |
| 权益性投资付现 | — | | | — | 57 |
| 债权性投资付现 | — | | | — | — |
| 支付的其他现金 | 300 | | | 25.15 | 5 |
| 三、筹资活动现金流出 | 19 539 | 39.46 | 15.8 | 100 | 100 |
| 偿还债务付现 | 16 550 | | | 84.7 | 67.5 |
| 分配利润付现 | 1 464 | | | 7.49 | 14.4 |
| 偿付利息付现 | 1 525 | | | 7.81 | 18.1 |
| 支付的其他现金 | — | | | — | — |
| 合计 | 49 520 | | | — | — |

表 4-8　现金流量构成情况比较表

| 项　　目 | W 公司净流量额 /万元 | 构成百分比/% | |
| --- | --- | --- | --- |
| | | W 公司 | 11 家公司平均 |
| 经营活动现金净流量 | 9 007 | 231 | 110 |
| 投资活动现金净流量 | 5 386 | 138 | −30 |
| 筹资活动现金净流量 | −10 492 | −269 | 20 |
| 现金净流量合计 | 3 901 | 100 | 100 |

通过以上比较，我们可以对 W 公司的现金流量情况做如下分析：

（1）W 公司的经营现金流入占总流入额的 70.75%，居于主要地位，基本符合现金流量构成的一般规律。但与 11 家公司的平均数 83% 比较，却显得偏低，原因主要有两个方面，一是公司当年因转让股权投资而获得了 6 000 多万元的现金流入，使得投资活动现金流入比例相对较高，影响了经营收入所占比例。同时，借款收到了大量现金，使得筹资活动现金流入所占比重也相对较高。从现金流入的具体构成看：① 公司的经营活动现金流入中，销售商品、提供劳务收到的现金流入占 84.5%，属于经营现金流入的主体内容，表明公司经营状况良好，销售政策与收账政策基本合理有效。不仅如此，公司经营现金流入各项目的构成情况与同业的平均值基本吻合，这就进一步说明了公司经营现金流量构成的合理性。② 公司投资活动的现金流入中，除收回投资所收到的现金外，几乎没有其他方面的现金流入。特别是在长期股权投资年末余额高达近 4 000 万元（该公司报表数）的情况下，股利或利润方面的现金流入为零，表明公司的对外投资质量状况极为不佳。再从同业平均构成看，投资方面的现金流入主要来自股利或利润分配，而收回投资方面的现金流入则相对较低，这就进一步说明了公司对外投资的质量状况存在严重问题。③ 公司的筹资活动现金流入全部是借款的现金流入，而从同业平均构成看，除借款外，还有约 20% 的现金来自吸收权益投资。但这并不表明该公司有必要调整筹资结构，原因在于该公司的权益性资本已达到一定规模，相反资本负债率却相对偏低（根据报表计算，不足 40%），有较大的债务融资空间，在这种情况下，扩大负债融资有利于获取财务杠杆收益。

（2）公司的经营现金流出占总流出额的 58.13%，相对居于主要地位。但与同业的平均数 67.4% 相比也显得偏低，原因主要在于当年到期债务的本息大约为 19 000 万元（报表数），使偿还借款方面的现金流出额较大，比例较高，从而降低了经营现金流出所占的比例。从现金流出的具体构成看：① 公司的经营活动现金流出中，购买商品接受劳务所支付的现金占 66.07%，属正常情况，与同业的平均构成比较，各项目均比较接近，表明公司经营现金流出的构成基本合理。② 公司的投资活动现金流出中，用于购建固定资产方面的占 74.85%，其他占 25.15%，而无对外长期投资方面的现金流出。从同业平均构成看，权益性投资方面的现金流出占 57%，其次才是购建固定资产，无形资产方面的现金流出占38%，产生这种差异的原因可能是公司的决策层受现有对外投资收益状况的影响，而对对外投资缺乏信心。然而，从公司报表所反映的资产状况看，投资结构调整势在必行，这种调整包括两个方面，一是控制固定资产的投资规模，因为公司现有资产中，固定资产已达到相当规模，且比例高达流动资产的2倍，若继续追加固定资产投资，则势必导致能力过剩，资产闲置。二是调整对外投资对象，即在积极处理目前的不良投资的同时，选择新的、有利可图的投资对象，以改善对外投资的质量状况。③公司筹资活动的现金流出中，偿还债务所支付的现金高达84.7%，与同业平均数67.5%比较，高出17.2%，原因如上所述，即公司的负债总额中，流动负债总额所占比例较大，使得偿债时间相对集中。这同时表明，公司要优化筹资活动现金流出结构，有必要调整长、短期结构。

（3）公司的经营活动现金净流量占总现金净流量的231%，与11家公司的平均数110%相比高出121%，原因主要在于公司当年因大额偿债而抵消了经营活动及投资活动的现金流入，使综合现金净流量远低于经营活动现金净流量。公司的投资活动现金净流量占总现金净流量的138%，与同业平均数−30%比较，高出168%，原因在于公司当年转让对外投资取得了大额的转让收入。

3. 现金支付能力分析

（1）债务支付能力比率

该比率用于从动态的角度说明企业经营现金净流量对流动负债或到期债务的支付能力。这里，经营现金净流量对流动负债之比称为现金流动负债比（或者称为现金流量比率），对到期债务之比称为现金到期债务比。计算公式如下：

$$现金流动负债比 = \frac{经营现金净流量}{流动负债}$$

$$现金到期债务比 = \frac{经营现金净流量}{本期到期债务}$$

式中，本期到期债务主要是本期到期的长期债务、短期借款和应付款项，因为这些债务通常不能展期，到期必须如数偿还。

上述比率值越大，表明企业对债务的支付能力越强。具体分析时应结合行业平均水平分析，只要比率值接近行业平均水平，即可认为适度。

（2）现金股利支付能力比率

①每股现金流量。该比率从每股经营现金净流量的角度衡量企业现金股利支付能力，计算公式如下：

$$每股现金流量 = \frac{经营现金净流量}{发行在外的普通股股数}$$

该比率值越高，表明企业支付现金股利的能力越强。但在具体分析时，应当注意结合每股盈余分析，由于折旧等方面的现金流入，该比率值在正常情况下应高于每股盈余，否则可能导致现金股利支付能力不足。

②现金股利保障倍数。该比率从经营现金净流量与现金股利相对关系的角度衡量企业的现金股利支付能力，计算公式如下：

$$现金股利保障倍数 = \frac{每股经营现金净流量}{每股现金股利}$$

该比率值越大，表明企业支付现金股利的能力越强，具体应结合行业平均水平以及企业的举债能力等进行分析。

4. 收益质量分析

（1）营业收现比率。

该比率用于衡量企业营业收入的变现程度，说明营业收入的质量状况，计算公式如下：

$$营业收现比率 = \frac{销售商品提供劳务收到的现金}{主营业务收入（含税）}$$

该比率值越高，说明企业营业收入的变现性越好、质量越高，具体也应结合行业平均水平分析。

（2）营运指数。

该比率用于衡量企业营业利润的现金内涵，说明营业利润的质量状况，计算公式如下：

$$营运指数 = \frac{经营现金净流量}{经营应得现金}$$

其中，经营应得现金=净利润-非经营利润+非付现费用

经营现金净流量=经营应得现金-（经营性流动资产净增加+经营性流动负债净减少）

该比率越大，表明企业的收益质量越高。根据该比率构成因素的内在相关性，其适度范围应在 1 以上，若小于 1，表明收益的质量不够好。

## 五、财务报表案例分析

财务分析最常见的应用领域就是财务报表分析。对于企业外部的利益相关者来说，了解企业财务和经营情况最主要的途径就是解读和分析企业对外公开的财务报表。财务报表列示了企业的基本会计数据，对这些数据运用财务分析工具进行再加工，能够更好地反映企业的财务状况和经营成果。

（一）基本的财务报表

经审计并对外公布的企业财务报表，具有客观、全面、综合的特征，提供了财务分析的基础数据。本部分以某上市公司（以下简称 XM 公司）经审计的财务报表数据为例，进行基本的财务分析。XM 公司是一家汽车整车及零配件的制造厂商，属于交运设备制造行业。公司股份 40 多亿股，其主营产品约占全国 10% 的市场份

额，居同行业前列。

1. 资产负债表

资产负债表反映了企业某一时点（通常是年末、半年末、季末、月末等）的财务状况，反映了企业在该时点的资产、负债和所有者权益的数量和结构。XM 公司 2019 年合并资产负债表如表4-9 所示。

**表4-9　XM 公司 2019 年合并资产负债表**

2019 年 12 月 31 日 单位：元

| 项目 | 期末金额 | 期初金额 |
|---|---|---|
| 流动资产： | | |
| 货币资金 | 4 281 715 600.23 | 4 199 763 915.82 |
| 交易性金融资产 | | 332 407.00 |
| 应收票据 | 11 272 212 347.84 | 9 364 340 972.00 |
| 应收账款 | 454 555 643.54 | 438 384 320.58 |
| 预付款项 | 698 725 451.66 | 499 042 641.69 |
| 应收股利 | | 450 030.00 |
| 其他应收款 | 208 009 273.35 | 133 863 189.40 |
| 买入返售金融资产 | | |
| 存货 | 4 728 582 349.44 | 4 911 029 980.66 |
| 一年内到期的非流动资产 | | |
| 其他流动资产 | 2 585 737.57 | 4 774 719.12 |
| 流动资产合计 | 21 646 386 403.63 | 19 551 982 176.27 |
| 非流动资产： | | |
| 发放委托贷款及垫款 | | |
| 可供出售金融资产 | 257 319 416.00 | 233 814 100.00 |
| 持有至到期投资 | | |
| 长期应收款 | | |
| 长期股权投资 | 12 466 481 788.64 | 7 594 311 455.02 |
| 投资性房地产 | 1 006 267.37 | 1 081 565.51 |
| 固定资产 | 13 740 763 376.25 | 11 627 068 108.78 |
| 在建工程 | 1 328 773 757.05 | 2 805 328 886.06 |
| 工程物资 | 96 690.75 | 795 898.75 |
| 固定资产清理 | 8 696.53 | 2 485 714.76 |
| 生产性生物资产 | | |
| 油气资产 | | |
| 无形资产 | 2 075 147 291.62 | 2 133 154 677.81 |
| 开发支出 | 685 666 604.48 | 373 059 730.66 |

表4-9（续）

| 项目 | 期末金额 | 期初金额 |
|---|---|---|
| 商誉 | 9 804 394.00 | 9 804 394.00 |
| 长期待摊费用 | 1 410 228.76 | 2 055 164.45 |
| 递延所得税资产 | 1 000 896 551.99 | 859 267 186.20 |
| 其他非流动资产 | 244 336 881.52 | 923 395 734.00 |
| 非流动资产合计 | 31 811 711 944.96 | 26 565 622 616.00 |
| 资产总计 | 53 458 098 348.59 | 46 117 604 792.27 |
| 流动负债： | | |
| 短期借款 | 1 258 000 000.00 | 1 250 000 000.00 |
| 应付票据 | 9 388 781 959.80 | 7 808 998 092.99 |
| 应付账款 | 7 746 384 027.55 | 7 201 763 448.59 |
| 预收款项 | 4 258 001 533.60 | 4 251 355 201.70 |
| 卖出回购金融资产款 | | |
| 应付手续费及佣金 | | |
| 应付职工薪酬 | 790 299 118.95 | 427 915 773.96 |
| 应交税费 | 133 557 224.84 | 49 882 326.93 |
| 应付利息 | 78 113 712.49 | 77 316 091.67 |
| 应付股利 | 79 742.80 | 79 742.80 |
| 其他应付款 | 1 631 578 755.92 | 1 918 249 420.49 |
| 一年内到期的非流动负债 | 550 000 000.00 | 18 000 000.00 |
| 其他流动负债 | 1 900 629 102.12 | 1 518 516 938.67 |
| 流动负债合计 | 27 735 425 178.07 | 24 522 077 037.80 |
| 非流动负债： | | |
| 长期借款 | 1 240 000 000.00 | 992 000 000.00 |
| 应付债券 | 1 967 266 759.93 | 1 963 348 839.97 |
| 长期应付款 | | |
| 专项应付款 | 213 630 202.50 | 131 053 523.96 |
| 预计负债 | 1 117 167 286.59 | 676 261 668.40 |
| 递延所得税负债 | 41 842 961.06 | 37 741 632.06 |
| 其他非流动负债 | 2 502 813 374.75 | 2 404 194 366.91 |
| 非流动负债合计 | 7 082 720 584.83 | 6 204 600 031.30 |
| 负债合计 | 34 818 145 762.90 | 30 726 677 069.10 |
| 所有者权益（或股东权益）： | | |
| 实收资本（或股本） | 4 662 886 108.00 | 4 662 886 108.00 |
| 资本公积 | 3 078 557 394.14 | 3 088 935 360.43 |
| 减：库存股 | | |

表4-9（续）

| 项目 | 期末金额 | 期初金额 |
|---|---|---|
| 专项储备 | 1 670 967.02 | |
| 盈余公积 | 1 816 272 976.53 | 1 441 483 901.26 |
| 一般风险准备 | | |
| 未分配利润 | 9 233 857 503.02 | 6 335 790 529.86 |
| 外币报表折算差额 | −14 890 520.84 | −16 160 551.29 |
| 归属于母公司所有者权益合计 | 18 778 354 427.87 | 15 512 935 348.26 |
| 少数股东权益 | −138 401 842.18 | −122 007 625.09 |
| 所有者权益（或股东权益）合计 | 18 639 952 585.69 | 15 390 927 723.17 |
| 负债和所有者权益（或股东权益）总计 | 53 458 098 348.59 | 46 117 604 792.27 |

### 2. 利润表

利润表反映了企业在一定时期内（通常是一年、半年、一季、一月等）的经营成果，反映了企业在本期内营业收入、营业成本、营业利润、利润总额、净利润的实现情况。XM 公司 2019 年合并利润表如表 4-10 所示。

**表 4-10　XM 公司 2019 年合并利润表**　　　　　单位：元

| 项目 | 期末金额 | 期初金额 |
|---|---|---|
| 一、营业总收入 | 38 481 862 261.90 | 29 462 588 753.56 |
| 　其中：营业收入 | 38 481 862 261.90 | 29 462 588 753.56 |
| 二、营业总成本 | 39 857 599 266.08 | 30 407 459 434.02 |
| 　其中：营业成本 | 31 747 798 788.90 | 24 040 087 067.12 |
| 　　　税金及附加 | 1 260 779 551.85 | 759 633 210.06 |
| 　　　销售费用 | 3 553 555 935.87 | 2 629 835 059.39 |
| 　　　管理费用 | 2 891 904 873.06 | 2 690 247 230.28 |
| 　　　财务费用 | 71 968 462.37 | 28 937 872.02 |
| 　　　资产减值损失 | 331 591 654.03 | 258 718 995.15 |
| 　加：公允价值变动收益（损失以"−"号填列） | −332 407.00 | −1 193 392.63 |
| 　投资收益（损失以"−"号填列） | 4 506 602 315.09 | 1 868 541 181.38 |
| 　其中：对联营企业和合营企业的投资收益 | 4 474 644 845.42 | 1 860 722 181.38 |
| 　汇兑收益 | | |
| 三、营业利润（亏损以"−"号填列） | 3 130 532 903.91 | 922 477 108.29 |
| 　加：营业外收入 | 224 607 784.18 | 420 602 650.87 |
| 　减：营业外支出 | 39 579 153.15 | 15 645 905.43 |
| 　其中：非流动资产处置损失 | 18 587 591.13 | 4 115 881.11 |
| 四、利润总额（亏损总额以"−"号填列） | 3 315 561 534.94 | 1 327 433 853.73 |
| 　减：所得税费用 | −152 930 814.72 | −87 573 801.48 |

表4-10（续）

| 项目 | 期末金额 | 期初金额 |
|---|---|---|
| 五、净利润（净亏损以"-"号填列） | 3 468 492 349.66 | 1 415 007 655.21 |
| 其中：被合并方在合并前实现的净利润 | | |
| 归属于母公司所有者的净利润 | 3 505 640 520.04 | 1 446 409 591.28 |
| 少数股东损益 | −37 148 170.38 | −31 401 936.07 |
| 六、每股收益： | | |
| （一）基本每股收益 | 0.75 | 0.31 |
| （二）稀释每股收益 | 0.75 | 0.31 |
| 七、其他综合收益 | 20 674 017.45 | 10 929 527.72 |
| 八、综合收益总额 | 3 489 166 367.11 | 1 425 937 182.93 |
| 归属于母公司所有者的综合收益总额 | 3 526 314 537.49 | 1 457 339 119.00 |
| 归属于少数股东的综合收益总额 | −37 148 170.38 | −31 401 936.07 |

## 3. 现金流量表

现金流量表是以现金为基础编制的财务状况变动表，反映了企业在一定时期内（通常是一年、半年、一季、一月等）由于经营活动、投资活动和筹资活动而产生的现金及现金等价物流入流出情况。XM 公司 2019 年合并现金流量表如表4-11 所示。

**表 4-11　XM 公司 2019 年合并现金流量表**　　　　　　单位：元

| 项目 | 期末金额 | 期初金额 |
|---|---|---|
| 一、经营活动产生的现金流量： | | |
| 销售商品、提供劳务收到的现金 | 37 134 330 352.74 | 25 663 720 716.16 |
| 收到的税费返还 | 147 688 198.78 | 64 506 744.26 |
| 收到其他与经营活动有关的现金 | 1 166 071 012.41 | 690 217 042.92 |
| 经营活动现金流入小计 | 38 448 089 563.93 | 26 418 444 503.34 |
| 购买商品、接受劳务支付的现金 | 26 705 741 449.21 | 18 802 103 710.55 |
| 支付给职工以及为职工支付的现金 | 2 644 629 978.53 | 2 349 914 141.29 |
| 支付的各项税费 | 2 473 956 911.00 | 1 193 706 087.40 |
| 支付其他与经营活动有关的现金 | 4 791 115 000.82 | 3 560 834 890.72 |
| 经营活动现金流出小计 | 36 615 443 339.56 | 25 906 558 829.96 |
| 经营活动产生的现金流量净额 | 1 832 646 224.37 | 511 885 673.38 |
| 二、投资活动产生的现金流量： | | |
| 收回投资收到的现金 | 8 715 226.30 | |
| | | |
| 取得投资收益所收到的现金 | 1 632 208 203.42 | 1 807 819 000.00 |
| 处置固定资产、无形资产和其他长期资产收回的现金净额 | 9 534 295.27 | 2 667 743.02 |

表4-11(续)

| 项目 | 期末金额 | 期初金额 |
|---|---|---|
| 处置子公司及其他营业单位收到的现金净额 | | |
| 收到其他与投资活动有关的现金 | 31 545 952.00 | 225 800 000.00 |
| 投资活动现金流入小计 | 1 682 003 676.99 | 2 036 286 743.02 |
| 购建固定资产、无形资产和其他长期资产支付的现金 | 2 469 169 621.53 | 4 886 774 898.90 |
| 投资支付的现金 | 1 304 825 990.00 | 126 221 699.10 |
| 质押贷款净增加额 | | |
| 取得子公司及其他营业单位支付的现金净额 | | |
| 支付其他与投资活动有关的现金 | 80 000.00 | 703 015 710.00 |
| 投资活动现金流出小计 | 3 774 075 611.53 | 5 716 012 308.00 |
| 投资活动产生的现金流量净额 | -2 092 071 934.54 | -3 679 725 564.98 |
| 三、筹资活动产生的现金流量: | | |
| 吸收投资收到的现金 | | |
| 其中:子公司吸收少数股东投资收到的现金 | | |
| 取得借款收到的现金 | 2 258 000 000.00 | 3 274 398 247.02 |
| 发行债券收到的现金 | | 1 960 410 400.00 |
| 收到其他与筹资活动有关的现金 | 256 922 675.77 | 119 759 876.44 |
| 筹资活动现金流入小计 | 2 514 922 675.77 | 5 354 568 523.46 |
| 偿还债务支付的现金 | 1 470 000 000.00 | 1 991 288 247.02 |
| 分配股利、利润或偿付利息支付的现金 | 434 092 769.25 | 250 137 801.29 |
| 其中:子公司支付给少数股东的股利、利润 | | |
| 支付其他与筹资活动有关的现金 | 158 865 869.37 | 598 466 584.26 |
| 筹资活动现金流出小计 | 2 062 958 638.62 | 2 839 892 632.57 |
| 筹资活动产生的现金流量净额 | 451 964 037.15 | 2 514 675 890.89 |
| 四、汇率变动对现金及现金等价物的影响 | -7 606 526.91 | -51 699.56 |
| 五、现金及现金等价物净增加额 | 184 931 800.07 | -653 215 700.27 |
| 加:期初现金及现金等价物余额 | 3 585 495 012.22 | 4 238 710 712.49 |
| 六、期末现金及现金等价物余额 | 3 770 426 812.29 | 3 585 495 012.22 |

(二)偿债能力分析

偿债能力是指在一定期间内企业能否及时偿还到期债务的清偿能力。企业的偿债能力按分析要求,划分为短期偿债能力和长期偿债能力。短期偿债能力,是指企业一年内及时偿付债务的信用程度,主要是指企业对日常经营债务的支付能力,分析指标主要有流动比率、速动比率、现金比率等。长期偿债能力,是指企业保证未来到期债务进行偿付的可靠程度,分析指标主要有资产负债率、利息保障倍数等。

1. 指标计算

$$流动比率=\frac{流动资产}{流动负债}=\frac{21\ 646\ 386\ 403.63}{27\ 735\ 425\ 178.07}=0.78$$

$$速动比率=\frac{速动资产}{流动负债}=\frac{16\ 915\ 218\ 316.62}{27\ 735\ 425\ 178.07}=0.61$$

其中,

速动资产=流动资产-存货-一年内到期的非流动资产-其他流动资产

=21 646 386 403.63-4 728 582 349.44-0-2 585 737.57

=16 915 218 316.62（元）

$$现金比率=\frac{现金及其等价物}{流动负债}=\frac{4\ 281\ 715\ 600.23}{2\ 773\ 542\ 517\ 807}\approx0.15$$

其中,

现金及其等价物=货币资产+交易性金融资产=4 281 715 600.23（元）

$$资产负债率=\frac{负债总额}{资产总额}=\frac{34\ 818\ 145\ 762.90}{53\ 458\ 098\ 348.59}\approx65.13\%$$

$$利息保障倍数=\frac{息税前利润}{利息费用}=\frac{3\ 387\ 529\ 997.31}{71\ 968\ 462.37}\approx47.07$$

其中,

息税前利润=税前利润总额+利息费用

=3 315 561 534.94+71 968 462.37=3 387 529 997.31（元）

2. 总体分析

将上述偿债能力指标计算结果汇总于表 4-12。根据表 4-12 中的数据，结合该公司各指标的历史数据，以及同行业指标数据情况，可以对 XM 公司的偿债能力情况做一个总体分析。

表 4-12　XM 公司 2019 年偿债能力指标

| 比率名称 | | XM 公司（2019） | XM 公司（2018） | 行业平均（2019） |
|---|---|---|---|---|
| 短期偿债能力 | 流动比率 | 0.78 | 0.90 | 1.27 |
| | 速动比率 | 0.61 | 0.60 | 0.47 |
| | 现金比率 | 0.15 | 0.21 | 0.18 |
| 长期偿债能力 | 资产负债率 | 65.13% | 66.63% | 62.42% |
| | 利息保障倍数 | 47.07 | 42.96 | 49.45 |

根据表 4-12 对 XM 公司偿债能力指标的汇总情况得知:

（1）XM 公司流动比率为 0.78，速动比率为 0.61，两比率数值差距不大，说明该公司存货份额不大。

（2）根据资产负债表数据进一步分析，并结合 0.15 的现金比率水平，该公司较高的应收票据（110多亿元）保证了相对较高的速动比率。

（3）资产负债率为65.13%，结合资产构成比例，流动资产约占总资产的40%，具有一定的财务风险。

（4）利息保障倍数47.07，利润总额水平超过利息费用的46倍，比较正常。

（5）与同行业平均水平比较，该公司的流动比率、资产负债率水平有较大差距。

（6）总体来说，XM公司的短期偿债能力不算太弱，主要是由于应收票据对速动比率的保障；资产负债率偏高，长期偿债能力不强。

（三）营运能力分析

营运能力是指在一定期间内企业资产的运行效率。企业的营运能力着重考察流动资产的周转水平，主要包括应收账款周转水平和存货周转水平。

1. 指标计算

$$存货周转率 = \frac{本期营业成本}{存货平均余额} = \frac{31\,747\,798\,788.90}{4\,819\,806\,165.05} \approx 6.587（次）$$

$$其中，存货平均余额 = （4\,911\,029\,980.66 + 4\,728\,582\,349.44）/2$$
$$= 4\,819\,806\,165.05（元）$$

存货周转天数 = 360/6.587 ≈ 54.65（天）

$$应收账款周转率 = \frac{本期营业收入}{应收账款平均余额} = \frac{38\,481\,862\,261.90}{446\,469\,982.06} \approx 86.191\,4（次）$$

$$其中，应收账款平均余额 = （438\,384\,320.58 + 454\,555\,643.54）/2$$
$$= 446\,469\,982.06（元）$$

应收账款周转天数 = 360/86.191 4 = 4.18（天）

$$应收账款与票据周转率 = \frac{本期营业收入}{应收账款与票据平均余额}$$

$$= \frac{38\,481\,862\,261.90}{10\,764\,746\,641.98} \approx 3.574\,8（次）$$

其中，应收账款与票据平均余额

= （438 384 320.58 + 454 555 643.54 + 9 364 340 972.00 + 11 272 212 347.84）/2

= 10 764 746 641.98（元）

应收账款与票据周转天数 = 360/3.574 8 ≈ 100.70（天）

$$流动资产周转率 = \frac{本期营业收入}{流动资产平均余额} = \frac{38\,481\,862\,261.90}{20\,599\,184\,289.95} \approx 1.868\,1（次）$$

$$其中，流动资产平均余额 = （19\,551\,982\,176.27 + 21\,646\,386\,403.63）/2$$
$$= 20\,599\,184\,289.95（元）$$

流动资产周转天数 = 360/1.868 1 ≈ 192.71（天）

2. 总体分析

将上述营运能力指标计算结果汇总于表4-13。根据表4-13中的数据，结合该公司各指标的历史数据，以及同行业指标数据情况，可以对 XM 公司的营运能力情况做一个总体分析。

表 4-13　XM 公司 2019 年营运能力指标

| 比率名称 | | XM 公司（2019） | XM 公司（2018） | 行业平均（2019） |
|---|---|---|---|---|
| 存货周转水平 | 周转次数 | 6.59 | 5.31 | 4.89 |
| | 周转天数 | 54.65 | 67.80 | 73.62 |
| 应收账款周转水平 | 周转次数 | 86.19 | 62.39 | 65.36 |
| | 周转天数 | 4.18 | 5.77 | 5.51 |
| 应收账款与票据周转水平 | 周转次数 | 3.57 | 4.68 | 5.82 |
| | 周转天数 | 100.70 | 76.92 | 61.86 |
| 流动资产周转水平 | 周转次数 | 1.87 | 1.92 | 1.80 |
| | 周转天数 | 192.71 | 187.50 | 200.00 |

根据表 4-13 对 XM 公司营运能力指标的汇总情况得知：

（1）2019 年 XM 公司流动资产周转情况与去年情况基本持平，与同行业流动资产周转情况相比也差距不大。整个流动资产一年基本上能够周转 2 次，约半年周转 1 次，针对汽车行业来说，这种周转速度比较正常。

（2）2019 年 XM 公司存货周转 6.59 次，约 2 个月周转 1 次，销货速度比较正常。2019 年存货周转水平均超过本公司去年水平和行业平均水平，存货周转加快。同行业存货周转 73.62 天，XM 公司周转 54.65 天，节约近 20 天，存货周转较快。

（3）从应收账款周转情况来看，XM 公司 2019 年和 2018 年的周转都很快，4~5 天即能够收回应收账款，同行业水平也是如此。但进一步考察应收账款和应收票据的综合周转情况，两年的周转次数在 3~5 次，周转天数在 75~100 天。这说明 XM 公司的产品赊销主要是靠应收票据实现的。相对于应收账款来说，应收票据收回的可能性更强，用应收账款和应收票据综合考察 XM 公司的应收款项周转情况更为合理。

（4）2019 年 XM 公司应收账款与票据的综合周转情况低于 2018 年的水平，也低于行业平均水平，但单纯的应收账款周转率均高于本公司 2018 年水平和同行业平均水平。这说明 XM 公司 2019 年持有较高的应收票据，影响了该公司应收款项的周转。

（5）总体来说，XM 公司的流动资产周转情况比较正常，存货周转较快，有较好的销售实现，但需要加强应收票据的收回。

（四）盈利能力分析

盈利能力是指企业在一定期间内业务和资产的获利水平。企业的盈利能力着重考察营业利润率、总资产报酬率和净资产报酬率。

1. 指标计算

$$营业利润率 = \frac{本期营业利润}{本期营业收入} = \frac{3\ 130\ 532\ 903.91}{38\ 481\ 862\ 261.90} \times 100\% \approx 8.14\%$$

$$营业毛利率=\frac{本期营业毛利}{本期营业收入}=\frac{5\ 473\ 283\ 921.15}{38\ 481\ 862\ 261.90}\times100\%\approx14.22\%$$

其中，营业毛利=营业收入-营业成本-营业税金及附加

$$=38\ 481\ 862\ 261.90-31\ 747\ 798\ 788.90-1\ 260\ 779\ 551.85$$

$$=5\ 473\ 283\ 921.15（元）$$

$$总资产报酬率=\frac{息税前利润}{总资产期末余额}=\frac{3\ 387\ 529\ 997.31}{53\ 458\ 098\ 348.59}\times100\%\approx6.34\%$$

其中，息税前利润=税前利润总额+利息费用

$$=3\ 315\ 561\ 534.94+71\ 968\ 462.37=3\ 387\ 529\ 997.31（元）$$

$$净资产报酬率=\frac{净利润}{净资产期末余额}=\frac{3\ 468\ 492\ 349.66}{18\ 639\ 952\ 585.69}\times100\%\approx18.61\%$$

**2. 总体分析**

将上述盈利能力指标计算结果汇总于表 4-14。根据表 4-14 中的数据，结合该公司各指标的历史数据，以及同行业指标数据情况，可以对 XM 公司的盈利能力情况做一个总体分析。

表 4-14　XM 公司 2019 年盈利能力指标

| 比率名称 | XM 公司（2019） | XM 公司（2018） | 行业平均（2019） |
|---|---|---|---|
| 营业利润率 | 8.14% | 3.13% | 6.38% |
| 营业毛利率 | 14.22% | 15.40% | 15.71% |
| 总资产报酬率 | 6.34% | 2.94% | 7.88% |
| 净资产报酬率 | 18.61% | 9.19% | 12.94% |

根据表 4-14 对 XM 公司盈利能力指标的汇总情况得知：

（1）2019 年 XM 公司营业利润率水平较 2018 年有明显提高，也高出行业平均营业利润率水平，但营业毛利率水平与本公司 2018 年度和行业 2019 年度平均水平相比有所下降。营业利润率高但营业毛利率低，这说明公司 2019 年度的期间费用显著下降，或者是投资收益等其他营业利润水平显著增加。

（2）进一步分析，XM 公司 2019 年营业利润 313 053 万元的构成情况如下：

| | |
|---|---|
| 营业毛利 | 5 473 280 000 |
| －期间费用 | 6 517 430 000 |
| －资产减值损失 | 331 590 000 |
| 主营业务利润小计 | －1 375 740 000 |
| 加：投资收益 | 4 506 600 000 |
| 加：公允价值变动收益 | －330 000 |
| 2019 年营业利润合计 | 3 130 530 000 |

以上情况说明，XM 公司 2019 年度营业利润率较高而营业毛利率较低，其主要

原因是因为 2019 年度有较高的投资收益（450 660 万元）。如果没有这部分约 45 亿元的投资收益，该公司 2019 年度的营业利润实际上有比较大的亏损（亏损约 13.76 亿元）。

（3）2019 年 XM 公司总资产报酬率水平和净资产报酬率水平，均比 2018 年度有较大幅度的提升，特别是净资产报酬率水平远高于同行业平均水平。究其原因，需要结合营业利润率、营业毛利率、资产周转率水平，进行具体的因素分析。

（五）现金流量表状况分析

现金流量表，是对外财务报表的三个基本报表之一。现金流量表反映了企业在一个固定期间（如月度、季度、年度）内，其经营活动、投资活动、筹资活动对现金流量的影响。这里，现金流量是指资产负债表中的现金及现金等价物，包括：库存现金，可以随时用于支付的存款，以及持有期限短、流动性强、易于转换为已知金额现金、价值变动风险很小的金融性投资。

1. 现金流量结构分析

现金流量结构，着重分析在一定期间内公司的经营、投资、筹资三类活动所产生的现金流量收付状况，以及相应的构成结构情况。根据 XM 股份有限公司 2019 年度的现金流量表（表 4-11），编制出 XM 公司 2019 年度现金流量结构分析表（见表 4-15）。

表 4-15　XM 公司 2019 年度现金流量结构分析表　　　　单位：万元

| | | 经营活动 | 投资活动 | 筹资活动 | 合计 |
|---|---|---|---|---|---|
| 现金流入量 | 金额 | 3 844 809 | 168 200 | 251 492 | 4 264 501 |
| | 本期比重 | 90.16% | 3.94% | 5.90% | 100% |
| | 上期比重 | 78.14% | 6.02% | 15.84% | 100% |
| 现金流出量 | 金额 | 3 661 544 | 377 408 | 206 296 | 4 245 248 |
| | 本期比重 | 86.25% | 8.89% | 4.86% | 100% |
| | 上期比重 | 75.17% | 16.59% | 8.24% | 100% |
| 流入流出比 | 本期 | 1.050 1 | 0.445 7 | 1.219 1 | 1.004 5 |

如表 4-15 所示，该公司经营活动流入流出比值为 1.050 1，说明经营活动现金流量能够以收抵支，维持自身的收付循环，并产生现金流量结余；投资活动流入流出比值为 0.445 7，小于 1，说明该公司投资活动现金支出大于现金收入，公司处于投资规模发展期间；筹资活动流入流出比值为 1.219 1，说明为了维持公司投资规模的发展，公司通过筹资取得了现金净流入。整体来说，总的流入流出比值为 1.004 5，说明经营活动和筹资活动的现金净流入能够补充投资活动现金流量的需要，公司 2018 年度的现金流量状态是比较均衡的。

从三类活动的现金流量构成来看，经营活动的现金流入和流出量，均占绝对比重。与 2018 年度相比较，2019 年度经营活动现金流量的比重进一步提高，营销业务活动突出。进一步还可以根据经营活动具体类别，分析商品购销或劳务活动、日常收支、税费收支等现金流量的开支情况。

2. 现金支付能力分析

根据现金流量表进行的现金支付能力分析，主要是指经营活动所产生的现金流量节余，能否保障即将到期的债务偿付和向投资者发放现金股利。

$$现金流动负债比 = \frac{经营现金净流量}{流动负债} = \frac{1\ 832\ 650\ 000}{27\ 735\ 430\ 000} \times 100\% \approx 6.61\%$$

$$现金到期债务比 = \frac{经营现金净流量}{本期到期债务} = \frac{1\ 832\ 650\ 000}{23\ 201\ 170\ 000} \times 100\% \approx 7.90\%$$

式中，"本期到期债务"采用的项目范围包括：本期到期的短期借款、应付票据、应付账款、预收账款和一年内到期的非流动负债。分析表明，该公司虽然经营活动现金流量能够维持正的现金净流量，但对流动负债和本期到期债务的保障能力还不是很强。

$$每股经营现金流量 = \frac{经营现金净流量}{发行在外普通股股数} = \frac{183\ 265}{470\ 000} = 0.39\ 元/股$$

根据 XM 公司 2019 年度归属于母公司所有者的净利润 350 564 万元和每股收益 0.75 元的数据，可以推算出该公司普通股股份数约为 47 亿股，进而得出每股经营活动现金流量为 0.39 元。从经营活动现金流量角度来看，公司能够保障 2019 年度每股收益 0.75 元中每股 0.39 元的现金股利发放。

3. 收益质量分析

从现金流量表的附注出发（见表 4-16），可以运用利润的营运指数指标对利润的质量进行分析。利润的营运指数指标用于衡量本期经营性利润中实际的现金含量高低。

$$利润的营运指数 = \frac{经营现金净流量}{经营应得现金} = \frac{183\ 265}{91\ 138} \approx 2.010\ 9$$

经营应得现金 = 净利润 − 非经营性利润 + 非付现费用

$\qquad\qquad$ = 净利润 + 非经营性损失 + 非付现费用

$\qquad\qquad$ = 346 849.23 +（1 290.01+33.24+20 602.38−450 660.23−13 916.86−

$\qquad\qquad$ 6 725.13）+（33 159.17+130 365.03+29 957.34+183.91）

$\qquad\qquad$ = 346 849.23−449 376.59+193 665.45

$\qquad\qquad$ = 91 138.09（万元）

经营现金净流量 = 经营应得现金 −（经营性流动资产净增加 − 经营性流动负债净

$\qquad\qquad$ 增加）

$\qquad\qquad$ = 91 138.09 −（−5 509.04+359 325.66−445 943.15）

$\qquad\qquad$ = 91 138.09 −（−92 126.53）= 183 264.62（万元）

**表 4-16　XM 公司合并现金流量表附注**　　　　　　　　　　　单位：万元

| 将净利润调节为经营活动的现金流量 | 金额 |
|---|---|
| 净利润： | 346 849.23 |
| 加：少数股东损益 | — |
| 加：合并价差的摊销 | — |
| 加：未确认的投资损失 | — |
| 加：资产减值准备 | 33 159.17 |
| 加：坏账准备或转销坏账 | — |
| 加：固定资产折旧、油气资产折耗、生产性生物资产折旧 | 130 365.03 |
| 加：无形资产摊销 | 29 957.34 |
| 加：长期待摊费用摊销 | 183.91 |
| 加：待摊费用减少（增加以"-"号填列） | — |
| 加：预提费用增加（减少以"-"号填列） | — |
| 加：处置固定、无形和其他长期资产的损失（收益以"-"号填列） | 1 290.01 |
| 加：固定资产报废损失（收益以"-"号填列） | 0.00 |
| 加：公允价值变动损失（收益以"-"号填列） | 33.24 |
| 加：财务费用（收益以"-"号填列） | 20 602.38 |
| 加：投资损失（收益以"-"号填列） | −450 660.23 |
| 加：递延所得税资产减少（增加以"-"号填列） | −13 916.86 |
| 加：递延所得税负债增加（减少以"-"号填列） | 0.00 |
| 加：存货的减少（增加以"-"号填列） | 5 509.04 |
| 加：经营性应收项目的减少（增加以"-"号填列） | −359 325.66 |
| 加：经营性应付项目的增加（减少以"-"号填列） | 445 943.15 |
| 加：增值税增加净额（减：减少） | — |
| 加：其他 | −6 725.13 |
| （附注）经营活动产生的现金流量净额 | 183 264.62 |

　　XM 公司 2019 年度的利润的营运指数为 2.010 9，说明经营活动实际得到的现金流量远大于经营活动应该得到的现金流量。经营应得现金指标反映了经过会计调整后按收付实现制口径实现的利润水平（91 138 万元），而实际得到的经营活动现金流量（183 265 万元）超过经营应得现金约一倍。根据上述分析，本期存货净减少释放了 5 509 万元现金流量，经营性流动资产净增加占用了 359 325 万元现金流量，经营性流动负债净增加带来了 445 943 万元的现金流量。究其主要原因，是因为 2019 年度营运资金占用水平净减少，释放了 86 618 万元现金流量。

　　（六）资产报酬率的综合分析

　　按公司价值最大化或股东财富最大化的上市公司理财目标，以总资产报酬率或净资产报酬率为目标，对公司的投资报酬率进行具体因素分析。用杜邦财务分析体系进行分析：

$$总资产报酬率=\frac{息税前利润}{总资产期末余额}\times100\%$$

$$=\frac{营业利润}{营业收入}\times\frac{营业收入}{流动资产期末余额}\times\frac{流动资产期末余额}{总资产期末余额}\times\frac{息税前利润}{营业利润}$$

$$=营业利润率\times流动资产周转率\times流动资产比重\times息税前利润$$
$$与营业利润比$$

表 4-17　XM 公司相关财务指标数据表

| 相关财务指标 | 2019 年 | 2018 年 | 差异 |
|---|---|---|---|
| 总资产报酬率 | 6.34% | 2.94% | +3.40% |
| 净资产报酬率 | 18.61% | 9.19% | +9.42% |
| 营业利润率 | 8.14% | 3.13% | +5.01% |
| 流动资产周转率（按流动资产期末余额计算） | 1.777 7 | 1.506 9 | +0.270 8 |
| 流动资产比重 | 40.49% | 42.20% | −1.71% |
| 总资产与净资产比值 | 2.867 9 | 2.996 4 | −0.128 5 |
| 息税前利润与营业利润比值 | 1.082 1 | 1.470 4 | −0.388 3 |
| 净利润与息税前利润比值 | 1.023 9 | 1.043 2 | −0.019 3 |

上述杜邦财务指标分解体系中，各指标相关数据如表 4-17 所示。总资产报酬率的分析关系式表明，影响总资产报酬率的因素有营业利润率、流动资产周转率、流动资产比重、息税前利润与营业利润比四个方面。其中，营业利润率和流动资产周转率反映了企业的经营效率；流动资产比重反映了企业的资产结构状况；息税前利润与营业利润比值反映了企业的利润结构状况。

分析对象：

总资产报酬率指标差异=6.34%−2.94%=3.40%

因素分析：

营业利润率的影响=（8.14%−3.13%）×1.506 9×42.20%×1.470 4≈4.68%

流动资产周转率的影响=8.14%×（1.777 7−1.506 9）×42.20%×1.470 4≈1.37%

流动资产比重的影响=8.14%×1.777 7×（40.49%−42.20%）×1.470 4≈−0.36%

息税前利润与营业利润比的影响=8.14%×1.777 7×40.49%×（1.082 1−1.470 4）
$$≈−2.28\%$$

与 2018 年度相比，2019 年度公司的总资产报酬率提高了 3.40%，原因是：营业利润率有大幅度的上升，进而提高了总资产报酬率 4.68%；流动资产周转水平加快，给总资产报酬率贡献了 1.37%；由于息税前利润与营业利润比值下降，导致总资产报酬率下降 2.28%；流动资产比重降低，使得总资产报酬率下降 0.36%。

还可以进一步有针对性地分析营业利润率提高、息税前利润与营业利润比值下降的具体问题。进一步可以分析出，本期营业利润率上升主要是因为本期的投资收益大幅度提高，息税前利润与营业利润比值下降主要是因为本期营业外收支净额大幅度减少，财务费用的变化也有影响。

针对上市公司，进一步分析反映股东价值的净资产报酬率指标。根据杜邦财务分析体系：

$$净资产报酬率 = \frac{净利润}{净资产期末余额} \times 100\%$$

$$= \frac{息税前利润}{总资产期末余额} \times \frac{总资产期末余额}{净资产期末余额} \times \frac{净利润}{息税前利润}$$

$$= 总资产报酬率 \times 总资产与净资产比 \times 净利润与息税前利润比$$

净资产报酬率的分析关系式表明，影响净资产报酬率的因素有总资产报酬率、总资产与净资产比值、净利润与息税前利润比三个方面。其中，总资产报酬率反映了企业的经营方面的因素；总资产与净资产比值反映了企业的资本结构状况；净利润与息税前利润比值反映了企业的利润结构状况。

分析对象：

净资产报酬率指标差异 = 18.61% - 9.19% = 9.42%

因素分析：

总资产报酬率的影响 = (6.34% - 2.94%) × 2.996 4 × 1.043 2 ≈ 10.63%

总资产与净资产比值的影响 = 6.34% × (2.867 4 - 2.996 4) × 1.043 2 ≈ -0.85%

净利润与息税前利润比值的影响 = 6.34% × 2.867 9 × (1.023 4 - 1.043 2)

$$= -0.36\%$$

XM 公司 2019 年度的净资产报酬率提高了 9.42%，原因是：总资产报酬率有大幅度的上升，进而提高了净资产报酬率 10.63%；总资产与净资产比值下降、净利润与息税前利润比值下降，分别降低了净资产报酬率 0.85% 和 0.36%。

总资产报酬率水平提升的原因，前述已经分析。总资产与净资产比值下降，说明企业资本结构中资产负债率水平的降低。净利润与息税前利润比值下降，主要是受所得税费用、财务费用的影响。公司 2019 年度所得税费用有较大幅度的抵扣、息税前利润有较大幅度的提高，是净利润与息税前利润比值下降的主要原因。

## 第三节　财务制度与财务控制

财务分析获得企业历史横向数据和同行业纵向数据，在此基础上，本节从成本和费用的角度，将成本预算、成本核算、成本控制、成本分析有机结合，研究财务控制的具体方法——主要包括定额成本法与标准成本法，进而获得成本费用中心的关键业绩指标。

## 一、财务控制概述

财务控制，是根据财务计划及相关规定，对实际财务活动进行对比检查，发现偏差、纠正偏差的过程。鉴于本书分析的对象是制造类企业，本章主要从成本费用控制的角度，介绍财务控制的具体方法。

成本控制主要是利用成本核算所提供的各种信息资料，计算实际成本与预算成本或目标成本的差异，通过财务分析找出产生差异的责任单位与原因，并采取措施，消除不利差异，实现预算目标的过程。

按照预算成本的不同，成本控制的方法可以分为计划成本法、定额成本法、标准成本法等。计划成本的计算依据是计划期内（多为 1 年）平均先进水平，而定额成本的计算依据是现行消耗定额，前者在计划期内较少修改，而后者可能会随时修改；标准成本是排除了偶然与意外情况后需要努力方可达到的成本消耗水平，在工艺技术变化不大时持续使用，不需经常修订。以数额大小排序，可得定额成本>计划成本>标准成本，因此定额成本最容易完成，标准成本最难完成，标准成本下的成本差异多为正数，即超支差。

计划成本法在财务会计与成本会计中都有具体说明，如原材料的计划成本法、制造费用按计划成本分配、辅助生产成本按计划成本分配、多步骤生产中采用分批法按计划成本结转等，因此本章重点讲述定额成本控制与标准成本控制。

## 二、定额成本控制

### （一）定额成本的概念

定额成本法是以产品品种或批别作为成本计算对象，根据产品的实际产量，计算产品的定额生产费用以及实际费用脱离定额的差异，用完工产品的定额成本加减定额差异、定额变动差异、材料成本差异，从而计算出完工产品与在产品成本的一种方法。

从预算的角度来看，定额成本法是为了加强成本控制，及时揭露预算执行过程中存在的问题，发现偏差、纠正偏差，实现预算管理的目标。定额成本法一般适用于产品已经定型、产品品种稳定、各项定额预算比较齐全准确、原始记录健全的企业。

从成本计算的角度来看，定额成本法下，实际成本的计算异于其他成本计算方法，如品种法、分步法是在生产费用实际发生额的基础上减去在产品成本从而计算完工产品成本。而定额成本法是在定额成本的基础上，加减脱离定额差异、定额变动差异计算完工产品成本，若原材料按照计划成本计算，还要加减材料成本差异。具体计算过程如下：

产品实际成本＝定额成本±脱离定额差异±定额变动差异±材料成本差异

（二）定额成本的计算

定额成本是根据现行消耗定额和计划单位成本编制的成本费用预算。实际成本与定额成本之间的差异应随时找出原因，并采取措施，消除不利差异，不断降低产品成本。

$$直接材料定额成本＝材料消耗定额×材料计划单位成本$$
$$直接人工定额成本＝工时定额×计划小时工资率$$
$$制造费用定额成本＝工时定额×计划小时工资率$$

某产品的定额成本＝直接材料定额成本＋直接人工定额成本＋制造费用定额成本

定额成本与计划成本不同，虽然二者都是以定额为基础进行计算的，但仍有很大区别，主要表现在计算依据和用途的不同上。定额成本的计算依据是现行消耗定额和费用预算，主要用于企业内部的成本控制和预算考核。在现有的技术条件下，它能反映企业当前应达到的成本水平，同时又能衡量企业成本费用节约或超支的情况。随着生产条件的变化、劳动生产率的提高，企业应随时对定额成本进行修订，使之与当前水平相适应。为及时反映定额的执行情况，企业应及时、经常地对定额的变动情况进行考核。

计划成本计算的依据主要是计划期内平均先进的消耗定额和费用预算，该指标反映企业在计划期内应当达到的成本水平，这主要是为了进行以原材料为主的成本项目考核，为企业预算管理中的财务预测与财务决策提供资料。在整个计划期内，计划成本一般不进行修改，因而不必核算计划成本的变动差异。

（三）定额成本法中的差异

定额差异是指生产过程中各项实际生产费用脱离现行定额的差异，它反映了各项生产费用支出的合理程度和现行定额的执行情况。企业应及时对定额差异进行核算，以便控制生产费用的发生，降低产品成本。定额差异的计算，是采用定额成本法计算产品成本的一个重要环节。对定额成本差异，一般按成本项目即直接材料、直接人工、制造费用进行计算。

1. 直接材料定额差异的计算

直接材料脱离定额差异的计算一般有两种方法。

（1）限额领料法。

所谓限额领料法是根据企业制定的材料消耗定额来核算材料定额差异的一种方法。采用限额领料法来核算材料脱离定额的差异时，一般应实行限额领料制度。企业预算部门应根据产品定额计算表中所确定的产品消耗定额编制"限额领料单"交给各单位，按限额领料单中所规定的限额领料。这样，在限额领料单的限额内领料，可以控制材料的消耗量。凡是超过限额的领料，应设置专门的"超额领料单"等差异凭证。如果领用代用材料，则应将领用代用材料的数量折算成原定额材料的数量，在限额领料单内冲减相应的数量。对于车间已领未用的材料，应及时办理"假退库"手续。如果车间超限额领料是因为增加产量引起的，则应办理追加限额手续，仍采用限额领料单领料。月末时，将限额领料单内的材料余额和各种差异凭证进行汇总，即可计算出定额差异。其计算公式如下：

某产品直接材料脱离定额差异＝（该产品直接测量实际耗用量－该产品材料定额耗用量）×材料计划单位成本

采用限额领料时，应注意的是，在存在期初和期末余额的前提下，领料差异和耗用差异有时并不一致，应按以下公式计算本期直接材料的实际消耗量：

本期直接材料实际消耗量＝本期领用材料数量＋期初结余材料数量－期末结余材料数量

（2）盘存法。

所谓盘存法是根据定期盘点的方法来计算材料的定额消耗量和脱离定额差异的方法，计算的时间可以是日、周、旬。这种方法的核算程序是：首先，用本期完工产品数量加上期末在产品数量，减去期初在产品数量，计算出本期投产数量，其中期末在产品数量是根据盘存数量计算的；其次，根据材料的消耗定额，计算出产品材料的实际消耗量；再次，根据材料的定额领料凭证、差异凭证、车间的盘存资料，计算出产品的实际消耗量；最后，将产品的实际消耗量和定额消耗量进行比较，计算出材料脱离定额。

在按盘存法核算定额差异时，应尽量缩短材料定额差异的核算期，以期及时发现差异、控制材料消耗、找出产生差异的原因与责任单位，并提出进一步的改进措施。

同时，缩短核算期能将差异的核算工作分散在平时进行，有利于核算工作的及时性。但采用这种方法计算投产量时，期末盘存数是通过倒挤的方法进行核算的，计算结果不够准确，而且可能掩盖领用中的问题，这点和实地盘存制的缺陷类似。

在实际工作中，无论采用何种方法，都应根据各种领料凭证和差异凭证，按照产品成本计算对象汇总编制"材料定额费用与脱离定额差异汇总表"，表中应详细列明该批货、该种产品所耗各种材料的计划成本、定额费用、定额差异及差异产生的原因，并据以登记"生产成本明细账"和各种产品成本计算单。

2. 直接人工定额差异的计算

工资定额的差异计算，会由于不同企业所采用的工资形式不同而有所不同。

（1）若企业采用计件工资形式，则按计件单价计算支付的工资都是定额工资，登记在产量记录中，脱离定额的差异，经审批后，应登记在"工资补付单"等差异凭证中。

（2）若企业采用计时工资形式，如果生产工人工资是直接计入产品成本中的，其定额差异计算公式如下：

某产品直接人工脱离定额差异＝该产品直接人工实际数－（该产品实际产量×单位产品定额工资）

若生产工人工资是根据实际工时比例分配计入产品成本的，则其差额可按下式计算：

某产品直接人工脱离定额差异＝（该产品实际产量的实际生产工时×实际单位小时工资）－该产品实际产量的定额生产工时×计划单位小时工资

实际单位小时工资＝某车间实际生产工人工资总额÷该车间实际生产工时总数

计划单位小时工资＝某车间计划产量的定额生产工人工资总额÷该车间计划产量的定额生产工时总数

计算工资费用脱离定额差异时，应按产品的成本计算对象，汇总编制"定额工资和定额差异汇总表"。在该表内，应汇总登记定额工资、实际工资、工资差异原因等，并据以登记生产成本明细账和相关产品成本计算单，考核和分析各种产品生产工人定额的执行情况。

3. 制造费用定额差异的计算

制造费用属于部门费用、间接费用，不能在费用发生时直接按产品确定其定额的差异。企业在日常核算中，主要是通过制定费用预算，按照费用的性质下达各车间，并采用费用限额手册，对各车间的费用支出进行核算和管理，计算费用脱离定额即费用预算的差异数额。该项差异一般在月末实际费用分配到产品之后才能确定。差异额的计算公式如下：

某车间的制造费用定额差异＝该产品实际制造费用－（该产品实际产量的定额工时×计划小时制造费用）

工资费用定额差异和制造费用定额差异均受工时差异和小时分配率差异两个因素影响，因此，要使这两项费用定额的不利差异不断降低，不仅要控制实际费用总额，还要降低工时的消耗。

对于生产过程中发生的废品损失，应采用废品通知单和废品计算表的方式单独反映，其中不可修复废品的成本可按定额成本计算，因在定额成本中不包括废品损失和停工损失，故全部作为定额差异处理。

通过上述分析，我们介绍了定额差异的计算，计算出这一差异后，应采用不同的方法进行处理。如果期末在产品数量较少，为了简化核算工作量，可将定额差异全部计入完工产品成本中；如果期末在产品数量变化较大，则定额差异应按完工产品和在产品的定额成本比例，在完工产品和在产品之间进行分配，其计算公式如下：

定额差异分配率＝定额差异合计÷（完工产品定额成本＋在产品定额成本）

完工产品应分摊的定额差异＝完工产品定额成本×定额差异分配率

在产品应分摊的定额差异＝在产品定额成本×定额差异分配率＝定额差异合计－完工产品应分摊的定额差异

（四）定额变动差异的计算

所谓定额变动差异是指由于对旧定额进行修改而产生的新旧定额之间的差额。定额变动差异的产生，说明企业生产技术水平提高和生产组织的改善对定额的影响程度，它是定额本身变动的结果，与生产费用的节约或超支无关。

定额变动差异与定额差异的主要区别有二：其一，定额变动差异不是经常发生的，核算频率较低，只有在发生变动时才需要核算；定额差异是经常发生的，为了及时了解定额差异产生的原因与责任单位，不断降低生产成本，应及时对脱离定额的差异进行核算。其二，定额成本变动差异是与某一产品相联系的，对哪一种产品的定额进行修改，定额变动差异就可以直接计入该种产品的成本之中，而不能转入其他产品；定额差异一般不是由某一种产品引起的，而是企业各方面工作的综合结果，因而不一定直接计入某种产品的成本之中，往往采用分配的方法在各有关产品中进行分配。

综上所述，定额变动差异是由于对旧定额进行修改而产生的，企业对旧定额修改一般发生在年初或月初，这样当月投产的新产品应按新定额计算其定额成本。在实行新定额的月初如果有在产品，其定额成本是按旧定额计算的。为了使月初在产品和本月投产的新产品的定额成本保持一致，应将月初在产品的定额成本进行调整，按新定额计算，使其能够与本月投产的新产品的定额成本相加。应按成本项目即直接材料、直接人工、制造费用计算定额变动差异，该差异在调整月初在产品定额成本的同时，还应该调整本月产品成本，这两方面的金额相等、方向相反。因此，实际上完工产品和月末在产品的总成本不变，只是其内部表现形式的改变。如果消耗定额降低，月初在产品的定额成本将减少，但同时定额变动差异以相同数量增加，所以在将其从月初在产品的定额成本扣除的同时，还应将其计入本月生产成本与费用之中，反之亦然。

【例4-1】 ABC公司月初在产品300件，直接材料单位定额成本为50元，从本月起直接材料定额成本降低为48元，本月投产600件，实际发生材料费用31 000元，900件产品本月全部完工。假定原材料于投产时一次性投入，其实际成本的计算过程如表4-18所示。

表4-18　ABC公司实际成本计算

| 月初在产品材料定额成本 | $300 \times 50 = 15\,000$（元） |
| --- | --- |
| 加：月初在产品材料定额的变动 | $(48-50) \times 300 = -600$（元） |
| 加：本月投产产品材料定额成本 | $48 \times 600 = 28\,800$（元） |
| 定额成本合计 | $43\,200$（元） |
| 加：材料定额超支 | $31\,000 - 28\,800 = 2\,200$（元） |
| 加：材料定额变动差异 | $600$（元） |
| 完工产品直接材料实际成本 | $46\,000$（元） |

若期末有在产品，定额成本变动差异不应全部计入当月产成品成本中，而应按照完工产品和在产品的定额成本比例在完工产品和在产品之间进行分配。其计算公式如下：

定额变动差异分配率＝定额变动差异合计÷（完工产品定额成本＋在产品定额成本）

完工产品应负担的定额成本变动差异＝完工产品定额成本×定额变动差异分配率

在产品应负担的定额成本变动差异＝在产品定额成本×定额变动差异分配率

＝定额变动差异合计－完工产品应负担的定额成本变动差异

如果定额变动差异不大，在产品可不承担定额变动差异，而全部由完工产品负担。

按定额成本法计算产品成本时，材料的日常核算一般都是按计划成本进行的，因此在月末时，还应计算完工产品应负担的材料成本差异，将材料的计划成本调整为实际成本，其计算公式如下：

某产品应分配的材料成本差异＝（该产品直接材料的定额成本±直接材料脱离定额差异）×材料成本差异率

在定额成本法下，产品实际成本就是由上述各个项目组成的，将其相加就是完工产品的实际成本，其计算公式如下：

产品实际成本＝定额成本±脱离定额差异±定额变动差异±材料成本差异

（五）定额成本的计算及账务处理程序

1. 定额成本法核算思路

（1）设置产品成本计算单。

定额法下，应按产品分别设置产品成本计算单。在该成本计算单的月初在产品成本、本月生产费用、生产费用合计、完工产品成本和在产品成本栏中，应分别设置"定额成本""定额差异""定额变动差异"等栏目。

（2）计算定额变动差异。

若本月初定额发生变动，则应计算月初在产品定额变动差异数额，并填入相应栏目中。

（3）分配费用。

本月发生的费用，应区分为定额成本和定额差异两部分。对于定额成本，应列入本月费用的"定额成本"项目下；对于定额差异，则应列入"定额差异"栏中。

（4）计算费用合计。

费用合计是在月初在产品成本的基础上，加上本月发生的费用计算得出的。在计算时，应分别计算定额成本、定额差异和定额变动差异。

（5）计算完工产品和在产品的定额成本。

完工产品的定额成本是按完工产品的数量乘以产品的定额成本计算的；在产品的定额成本是用定额成本减去完工产品的定额成本计算得出的。

（6）分配定额差异和定额变动差异。

若定额差异和定额变动差异很小，为了简化成本核算工作，可将定额差异和定额变动差异全部计入完工产品；否则，应将定额差异和定额变动差异按定额成本的比例，在完工产品和在产品之间进行分配。

（7）计算完工产品成本。

将完工产品的定额成本、定额差异、定额变动差异相加，就是完工产品的实际成本。

**2. 定额成本法计算举例**

【例4-2】

（1）相关资料。

①产品定额成本计算表或产品定额卡如表4-19所示。

表4-19　产品定额成本计算表

产品：甲　　　　　　　　　　　　　　　　2020年1月

| 材料编号及名称 | 计算单位 | 材料消耗定额 | 计划单价 | | 材料费用定额 |
|---|---|---|---|---|---|
| ×××× | 千克 | 60千克/件 | 10元/千克 | | 600元 |
| 工时定额 | 直接人工 | | 制造费用 | | 产品定额成本合计 |
| | 工资率 | 金额 | 费用率 | 金额 | |
| 40小时 | 3元/小时 | 120元 | 3.5元/小时 | 140元 | 860元 |

该企业原材料一次性投入，由于工艺改进，2020年6月材料消耗定额调整为57.6千克/件。

②月初在产品定额成本和脱离定额差异，如表4-20所示。

表4-20　月初在产品成本资料

产品：甲　　　　　　　　　　2020年7月　　　　　　　　单位：元

| 成本项目 | 定额成本 | 脱离定额差异 |
|---|---|---|
| 直接材料 | 6 000 | −300 |
| 直接人工 | 600 | +50 |
| 制造费用 | 700 | +80 |
| 合计 | 7 300 | −170 |

③7月份生产量和生产费用。

甲产品月初在产品10件，本月投产50件，月末完工48件，在产品12件；月初与月末在产品的完工程度均为50%。本月投入的定额工时为1 960小时［48×40+（12−10）×40×0.5］。

据限额领料单，企业7月份实际使用材料2 800千克，金额为28 000元，材料成本差异率为4%，实际生产工人工资为6 235元，实际制造费用为6 380元。

（2）差异核算与产品成本计算表的编制。

定额成本与差异汇总表如表4-21所示。

表4-21　定额成本与差异汇总表　　　　　　　　　　　单位：元

| 成本项目 | 定额成本 | 实际费用 | 脱离定额差异 | 定额变动差异 | 材料成本差异 |
|---|---|---|---|---|---|
| 直接材料 | 28 800 | 28 000 | −800 | +240 | +1 120 |
| 直接人工 | 5 880 | 6 235 | +355 | | |

表4-21（续）

| 成本项目 | 定额成本 | 实际费用 | 脱离定额差异 | 定额变动差异 | 材料成本差异 |
|---|---|---|---|---|---|
| 制造费用 | 6 860 | 6 380 | −480 | | |
| 合计 | 41 540 | 40 615 | −925 | | |

注：直接材料定额成本＝投产量×费用定额＝50×576＝28 800（元）。

账务处理：

①领料和结转材料成本差异。

借：基本生产成本——材料定额成本　　　　　　　　　　　28 800

　　　基本生产成本——脱离定额差异　　　　　　　　　　　−800

　　贷：原材料　　　　　　　　　　　　　　　　　　　　　　　　28 000

借：基本生产成本——材料成本差异　　　　　　　　　　　1 120

　　贷：材料成本差异　　　　　　　　　　　　　　　　　　　　　1 120

②结转直接人工费用。

借：基本生产成本——直接人工定额成本　　　　　　　　5 880

　　　基本生产成本——脱离定额差异　　　　　　　　　　　355

　　贷：应付职工薪酬　　　　　　　　　　　　　　　　　　　　6 235

③结转制造费用。

借：基本生产成本——制造费用定额成本　　　　　　　　6 860

　　　基本生产成本——脱离定额差异　　　　　　　　　　　−480

　　贷：制造费用　　　　　　　　　　　　　　　　　　　　　　6 380

④定额变动差异不必进行账务处理。

产品成本计算表如表4-22所示。

表 4-22　产品成本计算表　　　　　　　　　　　　单位：元

| 成本项目 | | 直接材料 | 直接人工 | 制造费用 | 合计 |
|---|---|---|---|---|---|
| 月初在产品成本 | 定额成本 | 6 000 | 600 | 700 | 7 300 |
| | 脱离定额差异 | −300 | +50 | +80 | −170 |
| 月初在成品定额变动 | 定额成本调整 | −240 | | | −240 |
| | 定额变动差异 | +240 | | | +240 |
| 本月生产费用 | 定额成本 | 28 800 | 5 880 | 6 860 | 41 540 |
| | 脱离定额差异 | −800 | +355 | −480 | −925 |
| | 材料成本差异 | +1 120 | | | +1 120 |
| 生产费用合计 | 定额成本 | 34 560 | 6 480 | 7 560 | 48 600 |
| | 脱离定额差异 | −1 100 | +405 | −400 | −1 095 |
| | 材料成本差异 | +1 120 | | | +1 120 |
| | 定额变动差异 | +240 | | | +240 |

表4-22(续)

| 成本项目 | | 直接材料 | 直接人工 | 制造费用 | 合计 |
|---|---|---|---|---|---|
| 脱离定额差异分配率 | | -0.031 828 7 | +0.062 5 | -0.052 91 | -0.022 238 7 |
| 产成品成本 | 定额成本 | 27 648 | 5 760 | 6 720 | 40 128 |
| | 脱离定额差异 | -880 | +360 | -355.56 | -875.56 |
| | 材料成本差异 | +1 120 | | | +1 120 |
| | 定额变动差异 | +240 | | | +240 |
| | 实际成本 | 28 128 | 6 120 | 6 364.44 | 40 612.44 |
| 月末在产品成本 | 定额成本 | 6 912 | 720 | 840 | 8 472 |
| | 脱离定额差异 | -220 | +45 | -44.44 | -219.44 |

⑤产成品验收入库的账务处理。

借：库存商品——甲产品　　　　　　　　　　　　　40 612.44

　　贷：基本生产成本——定额成本　　　　　　　　　40 128

　　　　　　　　——脱离定额差异　　　　　　　　-875.56

　　　　　　　　——材料成本差异　　　　　　　　1 120

　　　　　　　　——定额变动差异　　　　　　　　　240

### 三、标准成本控制

**(一) 标准成本的概念与分类**

标准成本是通过精确的调查、分析与技术测定而制定的，用来评价实际成本、衡量工作效率的一种预算成本。在标准成本中，基本上排除了不应发生的浪费，因此其被认为是一种"应该成本"。

按照不同条件，标准成本有不同的分类方法。

1. 按照成本制定所依据的生产技术和管理水平不同，标准成本主要分为理想标准成本与正常标准成本

(1) 理想标准成本是指在最优的生产条件下，利用现有的规模和设备能够达到的最低成本。制定理想标准成本的依据是理论上的业绩标准、生产要素的理想价格和可能实现的最高生产经营能力利用水平。因此，这种标准是"工厂的极乐世界"，很难成为现实，即使暂时出现也不能持久。它的主要用途是提供完美无瑕的目标，揭示现实成本下降的潜力。因为其提出的要求太高，很难作为预算考核的依据，所以成本费用预算中不会以该成本作为编制依据。

(2) 正常标准成本是指在效率良好的条件下，根据预期一般应发生的生产要素消耗量、预计价格和预计生产能力利用程度制定出来的标准成本。在制定这种标准成本时，应把生产经营活动中一般难以避免的损耗和低效率等情况考虑在内，使之切合预算期的实际情况，成为切实可行的控制标准。从具体数量上看，正常标准成

本肯定大于理想标准成本，但又小于历史平均水平，实施后实际成本更大的可能是逆差而不是顺差，故正常标准成本是要经过努力才能达到的一种标准，可以调动员工的积极性。这也是我们前面谈到的，标准成本低于计划成本和定额成本的原因。

2. 按照适用期不同，标准成本分为现行标准成本和基本标准成本

（1）现行标准成本是指根据其使用期间应该发生的价格、效率和生产经营能力的利用程度等预计的标准成本。在这些决定因素发生变化时，需要按照改变了的情况加以修订。这种标准成本既可以成为评价预期成本执行情况的依据，也可以用来对存货和销售成本进行计价。

（2）基本标准成本是指一经制定，只要生产的基本条件无重大变化，就不予变动的一种标准成本。所谓生产的基本条件的重大变化是指产品的物理结构变化、重要材料和劳动力价格的重要变化、生产技术和工艺的根本变化等。基本标准成本与前期实际成本对比，可反映成本变化的趋势。现行标准成本适用于生产条件相对稳定的企业的预算编制，而基本标准成本适用于生产条件经常发生变动的企业预算编制。

（二）标准成本差异分析

标准成本作为一种预算成本，由于种种原因，在预算执行过程中可能与实际成本不符。实际成本与标准成本之间的差额称为标准成本差异，该差异反映了实际成本脱离预算程度的信息。为了消除这种偏差，要对产生的成本差异进行分析，找出责任单位及原因，提出对策，以便消除不利差异，保证预算目标的实现。

正如前面章节所指出的，从预算的角度来看，成本费用应该按照成本性态，区分为变动成本与固定成本。在标准成本差异分析中，也应该将生产成本区分为变动与固定两个部分，并按照价格差异与数量差异进一步计算各类差异。

1. 价格差异与数量差异分析

标准成本差异是产品的实际生产成本与标准成本之间的差额，其计算公式如下：

标准成本差异＝产品的实际成本－产品的标准成本

如果上式的计算结果为正，表示实际成本大于标准成本，称为不利差异；如果计算结果为负，表示实际成本小于标准成本，称为有利差异。对于不利差异应该及时找出原因和相关的责任单位，提出进一步的改进措施，以便尽快消除；对于有利差异，也应及时总结经验，巩固成绩。

标准成本差异首先可以分为价格差异和数量差异两种。两种差异的计算推导过程如下：

实际成本＝实际数量×实际价格

标准成本＝标准数量×标准价格

成本差异＝实际成本－标准成本＝实际数量×实际价格－标准数量×标准价格

＝实际数量×实际价格－实际数量×标准价格＋实际数量×标准价格－标准数量×标准价格

=实际数量×（实际价格-标准价格）+（实际数量-标准数量）×标准价格

=价格差异+数量差异

即价格差异=实际数量×（实际价格-标准价格），而数量差异=（实际数量-标准数量）×标准价格。

掌握标准成本时，应记住一个规则：价差对应的是实际数量，量差对应的是标准价格。计算的过程中应考虑"先价差后量差"的原则。

2. 变动成本差异分析

成本会计中，按照经济用途可以将成本费用分为直接材料、直接人工和制造费用，其中直接材料和直接人工属于变动成本，制造费用可以进一步分为变动制造费用和固定制造费用。本部分首先对变动成本部分即直接材料、直接人工、变动制造费用的成本差异，在价格差异和数量差异的基础上进行分析。

（1）直接材料成本差异分析。

直接材料实际成本与标准成本的差异之间的差额，即直接材料成本差异。其差异成因有二，一是价格脱离标准，二是数量脱离标准。前者按实际用量计算，称为价格差异，后者按标准价格计算，称为数量差异。

直接材料价格差异=实际数量×（实际价格-标准价格）

直接材料数量差异=（实际数量-标准数量）×标准价格

【例4-3】ABC公司本月生产产品400件，使用材料2 500千克，材料单价0.55元/千克；直接材料的单位产品标准成本为3元，每件产品用量标准为6千克/件，标准价格为0.5元/千克。

直接材料价格差异=2 500×（0.55-0.5）=125（元）

直接材料数量差异=（2 500-400×6）×0.5=50（元）

直接材料价格差异与数量差异之和，即为直接材料成本总差异。

直接材料差异=实际成本-标准成本=2 500×0.55-400×6×0.5=175（元）

直接材料差异=价格差异+数量差异=125+50=175（元）

直接材料区分价格差异与数量差异一方面是为找出责任单位，另一方面可以以此为基础更准确地找到差异成因，为解决不利差异和预算的考核与奖惩提供意见。

①直接材料价格差异主要发生在采购过程中，主要由采购部门承担责任，而不应由生产部门负责。采购部门未能按标准价格进货的原因有很多，如供应商价格变动、未按经济订货批量进货、未能及时订货造成的紧急订货、人情采购中的舍近求远使得运费和耗费增加、不必要的快速运输方式、违反合同被罚款、承接紧急订货造成的额外采购等。

②直接材料数量差异是材料消耗过程中形成的，反映了生产部门成本控制的业绩。材料数量差异形成的具体原因有很多，如操作疏忽造成的废品增加、生产工人用料不精心、操作技术改进而节省了材料、新工人上岗造成多用料、机器或工具不使用造成的用料增加等。

③直接材料差异除了采购部门与生产部门可能承担责任外，还需要进行具体分析与调查，方可明确最终原因和责任归属。可能关联的部门还有预算编制部门、质检部门、研发部门等。

预算是对未来的预测与估计，如果预算编制有误，标准制定过严或过松，都可能使得直接材料的标准数量和标准价格估计出现偏差，产生直接材料差异。因紧急订货造成的额外采购不仅是采购部门的问题，也和企业计划部门有关系。此外，质检部门检验过严也可能造成实际成本的增加。

现实中，研发部门对于直接材料成本的影响可能是巨大的，设计环节腐败问题其实是个很严重的问题，供应商通过买通企业设计人员在产品设计环节加入不同的产品，都会对材料成本造成巨大影响。

（2）直接人工成本差异分析。

直接人工成本差异是指直接人工实际成本与标准成本之间的差额，它也可以区分为"价格差异"和"数量差异"两部分。价差是指实际工资率脱离标准工资率的差异，称为工资率差异；量差是指实际工时脱离标准工时的差异，称为人工效率差异。

$$工资率差异=实际工时×（实际工资率-标准工资率）$$
$$人工效率差异=（实际工时-标准工时）×标准工资率$$

【例4-4】ABC公司本月生产产品400件，实际使用工时890小时，支付工资4 539元；直接人工的单位产品标准成本为10元，即每件产品标准工时为2小时，标准工资率为5元/小时。

工资率差异=890×（4 539÷890-5）=89（元）

人工效率差异=（890-400×2）×5=450（元）

直接人工成本差异=实际直接人工成本-标准直接人工成本
　　　　　　　　　=4 539-400×10=539（元）

直接人工成本差异=工资率差异+人工效率差异=89+450=539（元）

①工资率差异形成的原因包括直接生产工人升级或降级使用、奖惩制度不完善、工资进行调整、加班或使用临时工、出勤率变化等，原因复杂，需要我们进行细致分析。一般而言，该差异由人力资源部承担，当然也有生产部门、计划部门及其他部门的责任。

②人工效率差异形成的原因包括工作环境不良、工人经验不足、劳动情绪不佳、新工人上岗太多、机器或工具选用不当、设备故障率较多、作业计划安排不当、产量过少而无法发挥批量节约优势、产量不稳定影响稳定生产等。这些问题很多属于生产部门的责任，但是也不绝对，如采购部门的材料质量问题、研发部门的生产设计问题、计划部门的生产安排问题等也会造成这些差异。

（3）变动制造费用差异分析。

变动制造费用差异是指实际变动制造费用与标准变动制造费用之间的差异，它也可以区分为"价格差异"和"数量差异"两部分。价差是指变动制造费用的实际小时分配率脱离标准，按实际小时计算的金额反映耗费水平的高低，称之为变动制造费用耗费差异；量差是指实际工时脱离标准工时，按标准的小时费用率计算确定金额反映工作效率变化引起的费用节约或超支，称之为变动制造费用效率差异。

变动制造费用耗费差异＝实际工时×（变动制造费用实际分配率－变动制造费用标准分配率）

变动制造费用效率差异＝（实际工时－标准工时）×变动制造费用标准分配率

【例4-5】ABC公司本月生产产品400件，实际使用工时890小时，实际发生的变动制造费用为1 958元；变动制造费用的单位产品标准成本为4元，即每件产品标准工时为2小时，标准分配率为2元/小时。

变动制造费用耗费差异＝890×（1 958÷890－2）＝178（元）

变动制造费用效率差异＝（890－400×2）×2＝180（元）

变动制造费用成本差异＝实际变动制造费用－标准变动制造费用

＝1 958－400×4＝358（元）

变动制造费用成本差异＝变动制造费用耗费差异＋变动制造费用效率差异

＝178＋180＝358（元）

①变动制造费用耗费差异，是实际支出与按实际工时和标准分配率计算的预算数之间的差额。由于后者承认实际工时是在必要的前提下计算出来的弹性预算数，因此该项差异反映耗费水平即小时业务量支出的变动制造费用脱离了标准。耗费差异是部门经理的责任，他们有责任将变动制造费用控制在弹性预算的限额之内。

②变动制造费用效率差异，是由于实际工时脱离了标准，多用工时导致了费用增加，因此其形成原因与直接人工效率差异相同，责任归属也相同。

3. 固定成本差异分析

标准成本中的固定成本主要指固定制造费用，其差异分析方法有两种，即二因素分析法和三因素分析法。

（1）二因素分析法。

二因素分析法是将固定制造费用分为耗费差异和能量差异两类。

固定制造费用耗费差异＝固定制造费用实际数－固定制造费用预算数

固定制造费用能量差异＝固定制造费用预算数－固定制造费用标准成本

＝固定制造费用标准分配率×设计生产能量－固定制造费用标准分配率×实际产量标准工时

＝（设计生产能量－实际产量标准工时）×固定制造费用标准分配率

【例4-6】ABC公司本月生产产品400件，发生固定制造费用1 424元，实际工时为890小时，企业设计生产能力为500件即1 000小时；每件产品固定制造费用标准成本为3元，即每件产品标准工时为2小时，标准分配率为1.5元/小时。

固定制造费用耗费差异=1 424-1 000×1.5=-76（元）

固定制造费用能量差异=1 000×1.5-400×2×1.5=300（元）

固定制造费用成本差异=实际固定制造费用-标准固定制造费用

$$=1\ 424-400×3=224（元）$$

固定制造费用成本差异=固定制造费用耗费差异+固定制造费用能量差异

$$=-76+300=224（元）$$

（2）三因素分析法。

三因素分析法是将固定制造费用成本差异中的能力差异细分为闲置能量差异和效率差异两种，最终将总差异分为耗费差异、闲置能量差异、效率差异三部分。

固定制造费用闲置能量差异=固定制造费用预算数-实际工时×固定制造费用标准分配率

$$=（生产能量-实际工时）×固定制造费用标准分配率$$

固定制造费用效率差异=（实际工时-实际产量标准工时）×固定制造费用标准分配率

依例【4-6】资料：

固定制造费用闲置能量差异=（1 000-890）×1.5=165（元）

固定制造费用效率差异=（890-400×2）×1.5=135（元）

固定制造费用能量差异=闲置能量差异+效率差异=165+135=300（元）

（三）标准成本的账务处理

作为一种内部管理手段，不同企业对标准成本进行账务处理的方式不同。有的企业仅将标准成本作为统计资料处理，并不记入账簿，作为提供财务控制的有关信息。但是，把标准成本纳入账簿体系不仅可以简化记账手续、提高成本计算的质量和效率，还可以将成本预算、成本核算、成本控制、成本分析有机结合，提高预算管理水平。

1. 标准成本账务处理的特点

为了同时提供标准成本、实际成本和成本差异的信息，标准成本的账务处理具有以下三个特点：

（1）标准成本的账户设置。

从预算管理的角度来看，存货分为采购期存货、生产期存货和销售期存货，标准成本法下的账务处理主要包括前两个阶段的存货。与实际成本法不同，从原材料到产成品的流转过程，标准成本法均使用标准成本，其涉及的账户包括"原材料""生产成本"和"库存商品"。

在这一点上，标准成本法与计划成本法不同。计划成本法下只有"原材料"用计划成本核算，实际成本脱离计划的差异在月末要结转到"生产成本"等账户中，从而保证资产负债表和利润表按实际成本而不是计划成本计量。

（2）成本差异的账户设置。

标准成本法下，原材料、生产成本和库存商品科目使用标准成本计量，实际成本与标准成本的差额即成本差异。有很多分类由于固定制造费用的计算可以采用二因素分析法和三因素分析法两种，因此成本差异可以分为 8 种或 9 种。本章后面的例题采用三因素分析法分析固定制造费用成本差异，因此需要设置 9 个成本差异账户，即"直接材料价格差异""直接材料数量差异""直接人工工资率差异""直接人工效率差异""变动制造费用耗费差异""变动制造费用效率差异""固定制造费用耗费差异""固定制造费用闲置能量差异""固定制造费用效率差异"。

为了便于分析、控制与考核，各成本差异账户在实践中可以按责任中心设置明细账，分别记录各部门的各种成本差异。

（3）会计期末对成本差异的账务处理

各成本差异账户的累计发生额，反映了财务预算与控制的业绩。企业在月末或年末对成本差异的处理方法有两种：

①结转本期损益法。

在此方法下，可以在会计期末将所有差异直接转入"本年利润"账户中，也可以先将差异转入"主营业务成本"账户，再随同已经销售产品的标准成本一起转至"本年利润"账户。

采用这种方法的假设前提是企业确信标准成本是真正的正常成本，成本差异是由不正常的低效率和浪费造成的，应当直接体现在当期损益之中，使利润能体现企业当期业绩的好坏。此外，这种方法的账务处理相对简便。

但是，如果制定的标准成本不符合实际的正常水平从而差异数额较大，则不仅会使存货成本严重脱离实际成本，而且会歪曲本期经营成果。因此，如果预算水平不高或处在建立预算体系的前期，企业成本差异较大，不适合采用此法。

②分摊法。

在此方法下，在会计期末将成本差异按比例在已经销售产品和存货成本之间分摊，由存货成本承担的差异反映在差异账户的期末余额上。

采用这种方法的依据是税法和会计准则均要求以实际成本反映存货成本和销货成本。本期发生的成本差异，应由存货和销货成本共同承担。

当然，这种方法会增加会计核算的工作量和主观性。此外，有些费用计入存货并不一定合理，例如固定制造费用闲置能量差异是一种损失，并不能在未来换取收益，作为资产计入存货明显不合理，作为期间费用或损失计入当期损益更加合理。

成本差异的账务处理方法选择要考虑很多因素，包括差异的类型（材料、人工和制造费用）、差异的大小、差异的成因、差异的时间（如季节性变动引起的非常性差异）等。因此，可以对各种成本差异采用不同的会计处理方法，如材料价格差异一般采用分摊法，由存货成本和销售成本共同承担，而固定制造费用闲置能量差异一般采用结转本期损益法，其他差异则可视企业的具体情况而定。需要强调的是，差异处理方法应该保持一贯性，以便使成本数据保持可比性，避免信息使用者产生误解。

（四）标准成本法计算及账务处理程序

下面通过举例说明的方式讲述标准成本的账务处理程序。

1. 已知条件

（1）费用预算。

生产能量 4 000 小时；变动制造费用 6 000 元，即变动制造费用标准分配率为 1.5 元/小时；固定制造费用 4 000 元，即固定制造费用标准分配率为 1 元/小时；变动销售费用 2 元/件，固定销售费用 24 000 元，管理费用 3 000 元。

（2）单位产品标准成本。

直接材料 30 元（100 千克×0.3 元/千克）；直接人工 32 元（8 小时×4 元/小时）；

变动制造费用 12 元（8 小时×1.5 元/小时）；固定制造费用 8 元（8 小时×1 元/小时）；

单位标准成本为 82 元。

（3）生产及销售情况。

①本月初在产品存货 50 件，原材料一次投入，其他成本项目采用约当产量法，在产品约当完工产品的系数为 0.5。本月投产 450 件，完工入库 430 件，月末在产品 70 件。

本月月初产成品存货 30 件，本月完工入库 430 件，本月销售 440 件，月末产成品存货 20 件。销售单价 125 元/件。

②原材料的购入与领用。

本月购入第一批原材料 30 000 千克，实际成本 0.27 元/千克，共计 8 100 元。

本月购入第二批原材料 20 000 千克，实际成本 0.32 元/千克，共计 6 400 元。

本月投产 450 件，领用原材料 45 500 千克。

③直接人工工资。本月实际使用直接人工 3 500 小时，支付工资 14 350 元，平均每小时 4.10 元/小时（14 350/3 500）。

④变动制造费用。本月实际发生变动制造费用 5 600 元，实际费用分配率为 1.6 元/小时（5 600/3 500）。

⑤固定制造费用。本实际发生固定制造费用 3 675 元，实际费用分配率为 1.05 元/小时（3 675/3 500）。

⑥本月发生变动销售费用 968 元，固定销售费用 2 200 元，管理费用 3 200 元。

2. 账务处理程序

（1）直接材料的账务处理。

本月购入第一批原材料时，其标准成本、实际成本和成本差异计算过程如下：

标准成本＝30 000×0.3＝9 000（元）

实际成本＝30 000×0.27＝8 100（元）

直接材料价格差异＝8 100-9 000＝-900（元）

其会计分录如下：

①借：原材料　　　　　　　　　　　　　　　　　　　　　9 000

　　　贷：直接材料价格差异　　　　　　　　　　　　　　　　　900

　　　　　应付账款　　　　　　　　　　　　　　　　　　　8 100

本月购入第二批原材料时，其标准成本、实际成本和成本差异计算过程如下：

标准成本＝20 000×0.3＝6 000（元）

实际成本＝20 000×0.32＝6 400（元）

直接材料价格差异＝6 400－6 000＝400（元）

其会计分录如下：

②借：原材料　　　　　　　　　　　　　　　　　　　　　6 000

　　　直接材料价格差异　　　　　　　　　　　　　　　　　400

　　　贷：应付账款　　　　　　　　　　　　　　　　　　　6 400

本月投产450件时领用原材料45 500千克，由于原材料一次性投入，则从原材料角度而言本月实际完成的约当产量就是450件，其标准成本、实际成本和成本差异计算过程如下：

标准成本＝450×100×0.3＝13 500（元）

实际成本＝45 500×0.3＝13 650（元）

直接材料价格差异＝13 650－13 500＝150（元）

其会计分录如下：

③借：生产成本　　　　　　　　　　　　　　　　　　　　13 500

　　　直接材料数量差异　　　　　　　　　　　　　　　　　150

　　　贷：应付账款　　　　　　　　　　　　　　　　　　　13 650

通过上述分析，可以印证前面谈到的"先价差后量差"原则，价格差异使用实际数量，数量差异使用标准价格。

（2）直接人工的账务处理。

直接人工的账务处理分两步，第一步是工资的发放，第二步是将工资计入生产成本。

假定当月工资当月发放，其账务处理如下：

④借：应付职工薪酬　　　　　　　　　　　　　　　　　　14 350

　　　贷：银行存款　　　　　　　　　　　　　　　　　　　14 350

为了确定应记入"生产成本"账户的标准成本数额，需要从直接人工的角度计算本月实际完成的约当产量，约当产量、标准成本、实际成本和直接人工成本差异等的计算过程如下：

约当产量＝70×0.5+430－50×0.5＝440（件）

标准成本＝440×8×4＝14 080（元）

实际成本＝3 500×4.1＝14 350（元）

直接人工成本差异＝14 350－14 080＝270（元）

直接人工工资率差异＝3 500×（4.1－4）＝350（元）

直接人工效率差异＝（3 500－440×8）×4＝－80（元）

其账务处理如下：

⑤借：生产成本     14 080

    直接人工工资率差异     350

    贷：应付职工薪酬     14 350

      直接人工效率差异     80

（3）变动制造费用的账务处理。

变动制造费用的账务处理也分为两步，即变动制造费用的归集与分配。

变动制造费用的归集的账务处理如下：

⑥借：变动制造费用     5 600

    贷：各相关账户     5 600

约当产量、标准成本、实际成本和成本差异计算过程如下：

约当产量＝70×0.5＋430－50×0.5＝440（件）

标准成本＝440×8×1.5＝5 280（元）

实际成本＝3 500×1.6＝5 600（元）

变动制造费用成本差异＝5 600－5 280＝320（元）

变动制造费用耗费差异＝3 500×（1.6－1.5）＝350（元）

直接人工效率差异＝（3 500－440×8）×1.5＝－30（元）

其账务处理如下：

⑦借：生产成本     5 280

    变动制造费用耗费差异     350

    贷：变动制造费用     5 600

      变动制造费用效率差异     30

（4）固定制造费用的账务处理。

固定制造费用的账务处理也分为两步，即固定制造费用的归集与分配。

制造费用的归集的账务处理如下：

⑧借：固定制造费用     3 675

    贷：各相关账户     3 675

由于固定制造费用与产量无关，故不需要计算约当产量，其标准成本、实际成本和成本差异计算过程如下：

标准成本＝440×8×1＝3 520（元）

实际成本＝3 500×1.05＝3 675（元）

固定制造费用成本差异＝3 675－3 520＝155（元）

固定制造费用耗费差异＝3 675－4 000＝－325（元）

固定制造费用闲置能量差异＝（4 000－3 500）×1＝500（元）

固定制造费用效率差异＝（3 500－440×8）×1＝－20（元）

其账务处理如下：

⑨借：生产成本      3 520

    固定制造费用闲置能量差异      500

    贷：固定制造费用      3 675

        固定制造费用耗费差异      325

        固定制造费用效率差异      20

（5）产成品入库的账务处理。

本月完工产成品的标准成本＝430×82＝35 260（元），其账务处理如下：

⑩借：库存商品      35 260

    贷：生产成本      35 260

（6）产品销售的账务处理。

本月销售收入＝440×125＝55 000（元）

⑪借：应收账款      55 000

    贷：主营业务收入      55 000

同时结转营业成本＝440×82＝36 080（元），其账务处理如下：

⑫借：主营业务成本      36 080

    贷：库存商品      36 080

（7）销售费用与营业费用的账务处理。

标准成本法下，销售费用和营业费用这两种经营费用是按实际成本计量的，因此其账务处理如下：

⑬借：变动销售费用      968

    固定销售费用      2 200

    管理费用      3 200

    贷：各相关账户      6 368

（8）结转成本差异的账务处理。

假定企业采用"结转本期损益法"处理成本差异：

⑭借：主营业务成本      395

    直接材料价格差异      500

    直接人工效率差异      80

    变动制造费用效率差异      30

    固定制造费用耗费差异      325

    固定制造费用效率差异      20

    贷：直接材料数量差异      150

        直接人工工资率差异      350

| 变动制造费用耗费差异 | 350 |
|---|---|
| 固定制造费用闲置能量差异 | 500 |

上述结转过程可见图4-3。

**图 4-3　标准成本系统账务处理程序**

# 第四节　关键业绩指标体系构建

## 一、关注的问题

通过财务分析、财务制度、财务控制等工作，企业获得了关键业绩指标的初步材料，为最终甄选，应该关注指标体系构建的问题：

（一）对具体原则理解偏差带来的指标过分细化问题

具体原则的本意是指绩效考核要切中特定的工作指标，不能笼统。但是，不少设计者理解成指标不能笼统的话，就应尽量细化。然而，过分细化的指标可能导致指标不能成为影响企业价值创造的关键驱动因素。比如，对办公室文员设定一个考核指标："办公用品发放态度"，相关人员对这一指标的解释是，为了取得员工的理解以便操作，对每个员工的工作都设定了指标，并对每个指标都进行了细化，力求达到具体可行。而实际上，这个指标尽管可以用来衡量文员的工作效果，但它对企业的价值创造并非关键的。因此，将该指标纳入关键业绩指标系统是不合适的。

（二）对可度量原则理解偏差带来的关键业绩指标遗漏问题

可度量原则是指绩效指标是数量化或者行为化的，验证这些绩效指标的数据或信息是可以获得的。可度量原则是所有关键业绩指标设计者应注重的一个灵魂性的原则，因为考核的可行性往往与这个原则的遵循有最直接的关系。然而，可度量并不是单纯指可量化，可度量原则并不要求所有的关键业绩指标都必须是量化指标。

但是，在关键业绩指标系统实际设计中，一些设计者却过分追求量化，尽力使所有的指标都可以量化。诚然，量化的指标更便于考核和对比，但过分追求指标的量化程度，往往会使一些不可量化的关键指标被遗漏在关键业绩指标系统之外。比如，销售部门的绝大多数指标是可以量化的，因此应尽量采用量化指标，而人力资源部门的某些工作是很难量化的。这时候，如果仍旧强调指标的可量化性，则会导致一些部门的关键业绩指标数量不足，不能反映其工作中的关键业绩。

（三）对可实现原则理解偏差带来的指标"中庸"问题

可实现原则是指绩效指标在付出努力的情况下可以实现，要避免设立过高或过低的目标。由于过高的目标可能导致员工和企业无论怎样努力都无法完成，这样指标就形同虚设，没有任何意义；而过低的目标设置又起不到激励作用，因此，关键业绩指标系统的设计者为避免目标设置的两极化，往往都趋于"中庸"，通常爱选择均值作为指标。但是，并非所有"中庸"的目标都是合适的，指标的选择需要与行业的成长性、企业的成长性及产品的生命周期结合起来考虑。比如，厦门某软件公司是一个成长型企业，本年的销售收入是 800 万元。在制定下年度 KPI 体系时，对于销售收入这一指标的确定，最初是定在 1 980 万元。咨询公司介入 KPI 体系设计后，指出这一目标定得太高，很难实现，会丧失激励作用。而后，该企业又通过市场调查，重新估算了明年的销售收入，认为应在 900 万元至 1 300 万元，并准备将两者的平均数 1 100 万元作为 KPI 考核指标。咨询公司在综合各方面因素，尤其是分析了公司的成长性后提出，1 100 万元这个看似"中庸"的目标对一个处在成长阶段的公司来说尽管高于上一年的销售收入，但与通过积极努力可以实现的 1 300 万元相比，激励仍显不足。咨询公司建议选择 1 300 万元作为 KPI 指标，该指标是在企业现有实力下，员工们经过努力，而且是巨大的努力才可以实现的。因此，对于可实现这一原则的理解，指标不仅要可以实现，还必须是经过巨大努力才可以实现的，这样考核才可以起到激励作用。

（四）对现实性原则回避而带来的考核偏离目标的问题

现实性原则指的是绩效指标实实在在，可以证明和观察。由于考核需要费用，而企业本身却是利益驱动性的，很多企业内部关键业绩指标体系设计者为了迎合企业希望尽量降低成本的想法，对于企业内部一些需要支付一定费用的关键业绩指标，采取了舍弃的做法，以便减少考核难度，降低考核成本，而他们的理由（或者说借口）往往是依据现实性这一原则，提出指标"不可观察和证明"。实际上，很多情况下，因这个借口被舍弃的指标对企业战略的达成是起到关键作用的。甚至，因这类指标被舍弃得过多导致关键业绩指标与公司战略目标脱离，它所衡量的职位的努力方向也将与公司战略目标的实现产生分歧。因此，如果由于企业内部的知识资源和技术水平有限暂时无法考核这一类指标，而这类指标又正是影响企业价值创造的关键驱动因素，那么，可以寻求外部帮助，比如聘请外部的专家或咨询公司进行 KPI 系统设计，不能因为费用问题阻止关键业绩指标的正确选择。

（五）对时限原则理解偏差带来的考核周期过短问题

时限原则是指注重完成绩效指标的特定期限，指标的完成不能遥遥无期。企业内部设计关键业绩指标系统时，有时会出现这种周期过短问题，有些关键业绩指标的设计者虽然是企业内的中高层管理人员，但是他们中的一些人并没有接受过系统的绩效考核培训，对考核的规律性把握不足，对考核认识不够深入。他们往往认为，为了及时了解员工状况及工作动态，考核的周期越短越好。这种认识较为偏颇。实践中，不同的指标应该有不同的考核周期，有些指标是可以短期看到成效的，可以每季度考核一次，而有些指标是需要长时间才可以看出效果的，则可能需要每年考核一次。但是，在一般情况下，KPI 指标不推荐每月考核，因为这会浪费大量的人力和物力，打乱正常的工作计划，使考核成为企业的负担，长此以往，考核制度势必流于形式。

## 二、各主要责任中心的关键业绩指标

全面预算管理在不同企业的差异加大，在实践分析和理论研究中，我们难以形成统一与标准的关键业绩指标框架，在此仅以某公司的重要岗位为例，列举并说明主要几个责任中心的关键业绩指标。

（一）研发系统

1. 组织增幅

指标名称：新产品销售额比率增长率和老产品市场增长率。

指标定义：年度新产品订货额占全部销售订货额比率的增长率，老产品的净增幅。

设立目的：反映产品研发的效果，体现公司后劲的增长，坚持产品的市场检验标准。

数据收集：财务部。

2. 生产率提高

指标名称：人均新产品毛利增长率。

指标定义：计划期内新产品销售收入减去新产品销售成本后的毛利与研发系统员工平均人数之比的增长率。

设立目的：反映研发系统人员的平均效率，控制研发系统人员结构和改善研发管理。

数据收集：人力资源部。

3. 成本控制

（1）指标名称：老产品技术优化及物料成本降低额。

指标定义：计划期内，销售的老产品扣除可比采购成本升（降）因素后的物料成本降低额。

设立目的：促使研发部门不断完善和改进老产品，降低老产品物料成本，提高老产品竞争力。

数据收集：财务部。

（2）指标名称：运行产品故障数下降率。

指标定义：计划期内，网上运行产品故障总数的下降率。

设立目的：促使研发系统提高新、老产品的质量和稳定性，降低产品维护费用。

数据收集：市场部。

（二）营销系统

**1. 组织增幅**

（1）指标名称：销售额增长率。

指标定义：计划期内，分别按订货口径计算和按销售回款口径计算的销售额增长率。

设立目的：作为反映公司整体组织增幅和市场占有率提高的主要指标。

数据收集：财务部。

（2）指标名称：出口收入占销售收入比率增长率。

指标定义：计划期内，出口收入占销售收入比率的增长率。

设立目的：强调增加出口收入的战略意义，促进出口收入增长。

数据收集：财务部。

**2. 生产率提高**

指标名称：人均销售毛利增长率。

指标定义：计划期内，产品销售收入减去产品销售成本后的毛利与营销系统平均员工人数之比。

设立目的：反映营销系统货款回收责任的履行情况和效率，增加公司收入，改善现金流量。

数据收集：人力资源部。

**3. 成本控制**

（1）指标名称：销售费用率降低率。

指标定义：计划期销售费用支出占销售收入比率的降低率。

设立目的：反映销售费用投入产生销售收入的效果，促使营销系统更有效地分配和使用销售费用。

数据收集：财务部。

（2）指标名称：合同错误率降低率。

指标定义：计划期内发生错误的合同数占全部合同数的比率的降低率。

设立目的：促进营销系统减少合同错误，合理承诺交货期，从而提高整个公司的计划水平和经济效益。

数据收集：生产总部。

（三）采购系统

**1. 组织增幅**

指标名称：合格物料及时供应率提高率。

指标定义：计划期内，经 IQC 检验合格的采购物料及时供应的项次各占生产需求的物料采购项次的比率的提高率。

设立目的：反映采购系统管理供应商的能力，以及对均衡生产的保障能力和响应能力。

数据收集：生产总部。

2. 生产率提高

指标名称：人均物料采购额增长率。

指标定义：计划期内，到货的物料采购总额与采购系统平均员工人数之比。

设立目的：反映采购系统的生产率，促使其减人增效。

数据收集：人力资源部。

3. 成本控制

指标名称：可比采购成本降低率。

指标定义：按代表性物料品种（重点是 A 类物品）计算的与上年同期比较或与业界最佳水平比较的采购成本降低率，在采购成本中包含采购系统的费用分摊额。

设立目的：降低物料采购综合成本。

数据收集：生产总部。

（四）生产系统

1. 组织增幅

指标名称：及时齐套发货率增长率。

指标定义：指在计划期内生产系统按照订货合同及时齐套正确发货的产值占计划产值的比率。

设立目的：反映生产系统和公司整体的合同履约能力。

数据收集：市场部。

2. 生产率提高

指标名称：人均产值增长率。

指标定义：计划期内生产系统总产值与平均员工人数之比。

设立目的：反映生产系统的劳动生产率，促使其减人增效。

数据收集：人力资源部。

3. 成本控制

（1）指标名称：制造费用率降低率。

指标定义：产品制造成本中制造费用所占比率的降低率。

设立目的：促使生产系统降低制造费用。

数据收集：财务部。

（2）指标名称：产品制造直通率提高率。

指标定义：产品（含元器件）一次性通过生产过程各阶段检验的批次占全部生产批次的比率的提高率。

设立目的：提高制造质量，降低制造质量成本。

数据收集：管理工程部。

（五）财经管理系统

1. 组织增幅

指标名称：净利润增长率。

指标定义：计划期内，净利润增长率。

设立目的：旨在促进财经管理系统通过全面预算的有效控制和对货款回收的有效监控，促使公司最终成果的增长。

数据收集：管理工程部。

2. 生产率提高

指标名称：财经管理人员比例降低率。

指标定义：计划期内，华为技术财经管理系统人员平均数占公司员工平均数的比例降低率。

设立目的：旨在促进财经管理系统减人、增效。

数据收集：人力资源部。

3. 成本控制

指标名称：管理费用率降低率。

指标定义：计划期内，公司管理费用支出（不含研发费用）占销售收入的比率的降低率。

设立目的：促使财经管理系统通过全面预算管理，有效地提高管理费用支出效果和降低管理费用率。

数据收集：管理工程部。

# 第三篇
# 具体预算研究

全面预算包括经营预算、专门预算和财务预算，其中专门预算分为长期投资预算和筹资预算，前二者都是财务预算的基础工作，涉及企业管理的基础性工作，本书称之为具体预算，本篇就是对这些内容的详尽研究。

# 第五章  收入预算

收入中心是为企业带来直接收入的部门，负责完成马克思所言的"惊险跳跃"，在大多数企业中，主要是指销售部门。

销售部门的预算内容包括销售量预算、销售单价预算、销售费用预算、应收账款预算等。本章将重点研究销售量预算、销售单价预算和应收账款预算，销售费用预算将在第六章的成本费用预算中分析。

## 第一节  预算编制的起点与方法的选择

### 一、预算编制的起点

实务中，受企业产品在市场上的供求关系影响，预算编制的起点有两种，一是以生产预算为起点，二是以销售预算为起点。

在产品处于卖方市场的情况下，产品供不应求，企业生产多少就能销售多少，生产决定销售，如曾经的苹果手机。这种情况下，预算编制的起点自然是生产预算。

在产品处于买方市场的情况下，产品竞争激烈，销售决定生产。这时，企业的生产必须贴近市场、适应市场，必然以销售预算作为预算编制的起点。

在市场经济条件下，除少数垄断行业和特殊企业外，多数企业接受市场的竞争，因此本书对于经营预算的编制以销售预算为起点。

### 二、预算编制方法的选择

销售部门预算的编制涉及很多方面，如销售量预算、销售价格预算、销售费用预算、应收账款预算等。

第一章中谈及，在多种预算编制方法中，按与基期水平的关系，预算分为增量预算和零基预算。其中，增量预算，是以基期水平为基础，分析预算期内业务量水平及其他相关影响因素的变动情况，通过调整基期项目及数额而编制的预算。增量预算编制的有效性有两个前提，即现有业务活动是企业所必需的、原有业务是合理的。该方法主要适用于销售收入预算。零基预算是以零为基础编制的预算，预算编制时不考虑以往期间的项目和数额，而主要根据预算期内的需要和可能分析项目与数额的合理性，综合平衡编制预算。该方法主要适用于费用预算。

对销售预算而言，更多地应当选择"增量预算法"。这主要基于两个原因：一是增量预算法体现了企业不断增长的诉求，每个企业都希望在上年的基础上"芝麻开花节节高"，加上企业发展存在一定的惯性，可以使用增量预算；二是得益于中国经济的大环境，改革开放后尤其是 21 世纪以来，中国企业包括国有企业都取得了快速的发展。虽然近年来受世界经济危机、新冠肺炎疫情影响和欧美贸易保护主义的干扰，中国经济增速有所放缓，部分受西方经济思想影响的人不断宣称中国经济进入结构性减速的阶段，但是否如此，相信时间会让他们看到否定的答案。中国经济的长期中高速发展，为企业发展提供了良好的外部环境，整体蛋糕变大，即便市场占有率不变，企业仍可取得进展。因此，微观与宏观两个方面的原因，使得使用增量预算法编制销售预算成为必然。

## 第二节　销售量的预算方法

销售量预算是指在充分调查研究的基础上，预计市场对企业产品在未来期间的需求趋势。销售量预算主要有两大类方法，即定性预测法和定量预算法。

### 一、定性预测方法

定性预测方法是依据预算人员的实践经验、知识及分析能力，在充分考虑各种因素对企业经营活动影响的前提下，对预测目标的性质和发展趋势进行预测的分析方法。预算是一个计划的量化过程，即是一种定量的方法。但是，鉴于未来因素的千变万化和难以量化的原因，定性预测方法可以作为一种辅助方法使用，具体有高级经理意见法、销售人员意见法、购买者期望法和德尔菲法。

高级经理意见法是依据销售经理或其他高级经理的经验与直觉，通过一个人或所有参与者的评价意见得出销售预测大体数值的方法。此方法不需要经过精确设计即可迅速简单地进行预测，在预测资料不足而预测者经验丰富的情况下，该方法非常实用。

销售人员意见法是利用销售人员的经验和直觉对未来销售进行预测。它既可以由每个销售人员单独做出预测，也可以由销售人员与销售经理共同讨论做出预测。预测结果层层汇总，最终得出企业的销售量预测结果。该方法简单明了、广泛，作为一种参与式预算使得销售目标的制定更具有群众基础。使用该方法时，需要避免"泛民主"的负面影响。

购买者期望法是通过征询客户的潜在需求或未来购买产品计划的情况，了解客户购买产品的活动变化及特征，然后在收集客户意见的基础上分析市场变化，预计未来的市场需求。在预测实践中，这种方法常用于中高档耐用消费品的销售预测。这种方法一般准确率较高，但不适用于长期预测。这是因为长期内市场变化因素大，消费者不一定能按长期购买产品计划安排实际购买活动。

德尔菲法亦称专家意见法，是根据有关专家的直接意见，采用系统的程序、互不见面和反复进行的方式，对某一未来问题进行判断的预算方法。其最大的优点是能够充分收集专家意见、把握市场特征，具有匿名性、费用低、节省时间的特点。但是，这种方法类似于高级经理意见法，主观性较强。

## 二、定量预算方法

定量预算方法依据过去比较完备的统计资料，应用一定的数学模型或数理统计方法对各种数量资料进行科学加工处理，借以揭示有关变量间的规律性联系，作为对未来事物发展趋势预测的依据。下面主要介绍四种方法，即趋势预测法、回归分析法、市场增量法、客户增量法。其中前两种方法偏重理论，后两种方法偏重实务，是典型的增量预算法。

### （一）趋势预测法

趋势预测法又称时间序列预测法，是将历史资料和数据按时间顺序排列成一组数字序列，根据时间顺序所反映的经济现象的发展过程、方向和趋势，将时间序列外推或延伸，利用变量与时间的相关关系，分析、预测未来数据的方法。该方法又分为简单平均法、移动平均法、指数平滑法。

（1）简单平均法就是通过计算预算期前若干期销售量的算术平均数，以此平均数作为预算期销售量预算数的方法。其计算公式如下：

$$y_t = \frac{x_{t-1} + x_{t-2} + \cdots + x_{t-n}}{n} = \frac{1}{n} \sum_{i=t-n}^{t-1} x_i$$

式中，$y_t$ 表示第 $t$ 期即预算期的销售量预算值，$x_i$ 表示第 $i$ 期的实际销售量，$n$ 为观察期期数，$n$ 的选择根据企业的经验自行确定。

（2）移动平均法是在计算平均数时，不同等地对待各时间序列的数据——给近期的数据比较大的比重，越接近预测期的数据，其权数越大，对预测值的影响也越大，使其对移动平均数有较大的影响，从而使预测值更接近于实际。

此种方法的关键是对每个时间序列的数据插上一个合适的加权系数，值得注意的是，每个时间序列的权数可以不同，但各时间序列的权数之和必须等于1。其计算公式如下：

$$y_t = \sum_{i=t-n}^{t-1} k_i x_i$$

式中，$y_t$ 表示第 $t$ 期即预算期的销售量预算值，$x_i$ 表示第 $i$ 期的实际销售量，$k_i$ 表示第 $i$ 期实际销售量的权重。

（3）指数平滑法是指以某种指标的本期实际数和本期预测数为基础，引入一个简化的加权因子，即平滑系数，以求得平均数的一种指数平滑预算法。它反映了近期事件的数值对预测值的影响。这是一种在移动平均法基础上发展起来的特殊加权移动平均法。

指数平滑法包括一次指数平滑法、二次指数平滑法和多次指数平滑法。一次指数平滑法适用于水平型变动的时间序列预测；二次指数平滑法适用于线性趋势型变动的时间序列预测；多次指数平滑法适用于非线性趋势变动的时间序列分析。仅以一次指数平滑法为例，其计算公式如下：

$$s_t = a\,x_{t-1} + (1 - a)\,s_{t-1}$$

式中，$s_t$ 表示第 $t$ 期销售量预算值，$x_{t-1}$ 表示第 $t-1$ 期实际销售量，$s_{t-1}$ 表示第 $t-1$ 期的销售量预测值，$a$ 表示指数平滑系数，取值范围为 $[0, 1]$。

应用一次指数平滑法进行预测，平滑系数 $a$ 的选择是关键。$a$ 取值不同，预测结果就不同。平滑系数越大，则近期倾向性变动影响越大，反之亦然。平滑系数 $a$ 的大小可以根据过去的预测数和实际数比较而定。

（二）回归分析法

回归分析法是利用事物发展的因果关系来推测事物发展趋势的方法。它一般是根据所掌握的历史资料，找出所要预测的变量与其相关变量之间的依存关系，来建立相应的因果预测的数学模型，最后通过该数学模型确定预算对象在预算期内的销售量或销售额。回归分析法试图找到自变量与因变量的因果关系，所以也被称作"因果预测分析法"，但是更多时候得到的不过是一种相关关系而已，因此称为"回归分析法"更为准确。按是否需要加入控制变量，回归分析法分为一元回归分析法和多元回归分析法。

一元回归分析法是根据直线方程，按照最小二乘法原理来确定一条能正确反映自变量 $x$ 与因变量 $y$ 之间的最小离差平方和的直线进行预测。其数学表达式为：$y = a + bx$。其中 $a$ 和 $b$ 是需要估计的待定参数。第四章例 4-3 就是一元回归分析法的一个最简单的例子。

现实中，由于影响因变量的因素不止一个，当研究某个因变量对自变量的影响时，为解决内生性问题，需要加入其他因变量，一般称为控制变量，一元回归方程的数学表达式可以扩展为

$$y = \beta_0 + \beta_1 x_1 + \beta_2 x_2 + \cdots \beta_n x_n$$

式中，$y$ 为因变量，$x_1$ 为自变量，$x_2$ 至 $x_n$ 为控制变量，$\beta_0$ 至 $\beta_n$ 为需要估计的待定参数。

对于上述两类定量分析法，无论是时间序列预测法还是回归分析预测法，其优缺点在统计学和计量经济学的书籍中会有更详尽的说明，限于篇幅关系，本书不再做相关叙述。

（三）市场增量法

市场增量法（market base budgeting），亦称宏观预算法，是指预算单位对宏观经济带来的市场空间以及所处行业的竞争态势进行分析，进而确定销售量或销售额期望值的一种预算方法。其计算公式如下：

预算期市场成长增量＝基期本区域生产总值×预算期生产总值预期增长率×行业相关系数×本企业市场份额

其中行业相关系数是指所处行业产值占该区域生产总值的比重。

【例5-1】2015年四川生产总值总量为30 103亿元，智能手机占5%，市场份额统计如表5-1所示，请计算小米公司2016年的预测销售额。

表5-1　智能手机业市场份额

| 厂商 | 市场份额/% | 应完成的销售收入/亿元 |
|------|-----------|---------------------|
| 华为 | 19 | |
| 三星 | 15.4 | |
| 苹果 | 7.6 | |
| OPPO | 5 | |
| 小米 | 4 | |
| 其他 | 52 | |

根据上表可知，小米公司在四川地区的预计销售额＝30 103×5%×4%＝60（亿元）。

如果2016年四川省生产总值增速可达10%，则小米公司2016年的市场成长量＝60×10%＝6（亿元）

在收入中心的预算编制中，销售部门还要与市场部门一起研究另一个重要领域，即研究如何从竞争对手手中抢占份额，这就是"竞争回报增量/额"。

竞争回报增额＝竞争性投入÷边际贡献率

边际贡献率＝（销售收入－变动成本）÷销售收入

上述公式的含义是要计算出需要多少销售增量才可以将投入赚回来，达到盈亏平衡。同时说明，如果企业固定成本比重较高的话，需要的回报会减少。我们在之后有关费用中心预算的内容中会说明，企业从稳健性的角度出发，要将固定费用比重增加。

仍以小米公司为例。其本年售出小米5手机360万台，经市场调研，公司决定将该型号手机由原来的2 000元降价5%，同时增加广告费1 500万元，如果该型号手机的边际贡献率为40%，请计算竞争回报增量。

竞争性投入＝360×2 000×5%+1 500＝37 500（万元）

竞争回报增额＝37 500÷40%＝93 750（万元）

竞争回报增量＝93 750÷（2 000×95%）≈49（万台）

也就是说小米公司必须多卖出49万台手机才能弥补降价损失和广告投入。

对于上述例子，还要注意一点，若同学们习惯了会计对已确认项目的精确性的渴望，经常会追求小数点后至少两位数，比如本例中的精确计算是 49.34 万台。但是，需要牢记的是，小数点后的两位数基本没有管理价值。管理追求的是价值，而不是精细。一项管理活动的价值在于这项活动对人的行为的指导与改变。

市场增量法是从宏观角度考虑问题的，但是，当企业达不到一定规模水平的话，该方法很难实施。

### （四）客户增量法

客户增量法也称微观增量法，是按照企业所面向的客户群体设定增量期望值的一种预算方法，它实际上是前面谈到的定性预测方法中的购买者期望法的一种量化过程。

"顾客是上帝"说明只有客户存在，企业才能存在。销售量完全是客户规模派生的，所以，销售量预算实际上就是客户量预测。客户增量法就是把销售量预算编制到客户的一种方法。

客户群体分为三种，即市场客户、工作客户、购买客户。

①市场客户平台（marketing platform，MP），即某种产品或服务的潜在受众群体。市场客户的数量是由产品和服务的设计定位来决定的，任何产品都必须有特定的客户指向，所谓老少皆宜、男女通用、包治百病的产品是不可能成功的。

在市场客户平台上，市场部门需要通过各种手段让受众群体了解企业的产品或服务。这个阶段要花钱，有些产品要花很多钱，营销预算就是为搭建这个平台所准备的，这个时期的费用支出称为"客户影响成本"，市场部的主要考核指标是"客户访问量/竞争投入量"。

②工作客户是指那些对企业某种产品或服务有所了解并有购买意向的人。在工作客户平台（working platform，WP）上，销售部门需要花费销售费用，其费用支出称为"客户开发成本"，销售部门的主要考核指标是"销售费用/WP 客户总量"。

③购买客户是已经购买了企业某项产品或服务的客户。这些客户是需要予以售后服务的群体，他们是服务与技术支持部门的工作指向，在购买客户平台（buying platform，BP）上，服务与技术支持部门的费用支出称为"客户维护成本"，该成本用于考核老客户的维护有效性，成本数额会因为销售量的增加而增大。

客户影响成本、客户开发成本、客户维护成本，三者构成了营销成本或销售费用，这种划分方法有利于责任中心的确定。很多现代企业，制造成本甚至低于营销成本，所以企业丝毫不需要因为在制造成本方面降低几个百分点而沾沾自喜。

上述的三种客户可以简称为 MP 客户、WP 客户和 BP 客户。企业要增加销量，必然是需要交易量的增加，而交易量来自客户，更直接说是 BP 客户。维持与不断壮大 BP 客户是销售预算的重心，BP 客户形成的交易量源于两个：一是 BP 客户的反复购买次数的增加，二是 WP 客户的转入。如苹果公司通过更新系统的方法增加"果粉"购买次数，通过产品创新和广告宣传吸引安卓客户转投 IOS 系统。

销售预算的公式如下：

销售预算 = $\sum$（BP 客户上年交易量 + BP 客户明年新增交易量 + WP 客户转入量）

客户增量法弥补了市场增量法的不足，同时也汲取了市场增量法的优点，使得销售量预算更为理性和具有针对性。市场增量法和客户增量法建立了一个重要的平台，迫使企业市场部门、销售部门永远紧盯市场、紧盯竞争对手，迫使他们去研究和把握企业的发展机会和现实空间，去考虑在机会和空间面前能做什么和该做什么。

此外，区分新老客户，是客户增量预算方法的重要一环，需要针对不同客户的增量对销售部门等责任中心实行不同的奖励。

## 第三节　销售价格的预算

销售额是销售数量和销售价格的乘积，在销量一定的情况下，产品价格的高低直接决定着企业销售收入的高低和盈利的多少。因此，科学合理地制定销售价格是编制销售预算的另一项重要内容。

### 一、影响销售价格的因素

（一）产品成本

马克思主义理论告诉我们，商品的价值是价格的基础。商品的价值由 $C$、$V$ 和 $M$ 构成，其中 $C$ 和 $V$ 是生产过程中物化劳动转移的价值和劳动力的使用价格，它们是构成成本的因素，并会影响产品的定价。

企业在实践中，通常按成本、税金和利润三部分制定产品价格。根据有关资料统计，目前我国国内工业制成品的成本占出厂价格的 70% 左右，因此产品成本是构成产品价格的重要因素之一，这也是销售价格定价方法中"成本导向定价法"的成因。

但是，有个基本的观念必须澄清。定价时要考虑成本，否则所有企业都会亏损。然而，在市场竞争条件下，市场承认的是社会必要劳动时间而不是个别劳动时间。除了垄断企业，其他企业没有资格或能力说"因为成本提高了所以要提高价格"，如果成本提高就要提高价格，那么实质上是将成本转嫁给消费者，那么还有亏损企业吗？

（二）市场需求

价格是以价值为中心并受到供求的影响而波动的，这里就不再赘述"供求定理"。

（三）竞争因素

不同的市场类型，竞争程度不同。完全竞争和完全垄断是两个极端的情形。现实中更多存在的是不完全竞争，在此条件下，竞争的强度对企业产品定价策略影响重大。在不同的竞争条件下进行产品价格制定时，企业首先要了解市场竞争的强度，这主要取决于产品制作技术的难易、是否有专利保护、供求形势、竞争格局等；其次要了解竞争对手的价格策略和对手的实力；最后要了解企业在市场中的经济地位。

（四）技术因素

技术是提高竞争能力的关键之一，企业产品技术主要表现在四个方面，即关键技术的先进性、功能增强型技术、外观改进型技术、品质保证型技术。这些问题我们将在后面的"技术定价法"中详细说明。

## 二、产品定价方法

产品定价方法的种类有很多，在学习了销售价格的影响因素之后，我们将主要介绍三种产品定价方法，即成本导向定价法、技术导向定价法和市场导向定价法。

（一）成本导向定价法

成本是企业生产和销售产品所耗费的各项费用之和，它是构成价格的基本要素。所谓成本导向定价法，就是以成本为基础，加上预期利润来制定价格的一种方法。它操作简单，是一种常用的定价方法。

在实际应用过程中，成本导向定价法还可以细分为成本加成定价法、边际贡献定价法和目标利润定价法。

（1）成本加成定价法是在产品成本的基础上，加上一定比例的利润作为产品销售价格的一种方法。其计算公式如下：

$$产品价格 = 产品成本 \times （1 + 成本加成率） + 单位产品税金及附加$$

其中：

①增值税是价外税，不包含在税金及附加之内，因此产品价格是不含增值税的价格。

②作为加成基础的产品成本是由完全成本构成的，包括产品制造成本、管理费用、销售费用和财务费用。

③单位税金及附加是公司应交消费税、城建税和教育费附加。

④成本加成率就是企业产品成本利润率，其具体数额可以在行业水平的基础上结合企业实际情况确定，其计算公式为

$$成本加成率 = 预期利润 \div 产品成本总额 \times 100\%$$

成本加成定价法是一种最普遍的定价方法，它适用于产品成本相对稳定、市场竞争较弱行业的产品定价。其优点是定价方法简单易行，缺点是只从卖方和成本角度考虑价格，忽视了市场需求和竞争。

（2）边际贡献定价法是在产品单位变动成本的基础上，加上一定边际贡献率来核定产品价格的一种方法。其计算公式如下：

$$产品价格 = 产品单位变动成本 \div 变动成本率 = 产品单位变动成本 \div （1 - 边际贡献率）$$

其中：

边际贡献率＝边际贡献÷产品价格

边际贡献＝产品价格－产品变动成本－单位产品税金及附加

边际贡献定价法的内涵是：只要所定的产品价格高于产品的变动成本，企业即可获得对固定成本的边际贡献。而当企业获得边际贡献总额超过固定成本总额时，企业就可以获得利润。

当企业生产能力过剩，而客户又不愿意接受正常产品销售价格时，采用边际贡献法进行产品报价可以防止客户的流失。有时，在市场竞争激烈时要进入某个客户市场领域，也可以采用边际贡献定价法。

**【例 5-2】** ABC 公司甲产品的设计生产能力为 100 万台，产品成本构成情况如表 5-2 所示。

表 5-2　ABC 公司甲产品成本构成情况表（设计生产能力：100 万）

| 项目 | 产品总成本/万元 | | | 产品单位成本/元 | | |
|---|---|---|---|---|---|---|
| | 固定成本 | 变动成本 | 总成本 | 固定成本 | 变动成本 | 总成本 |
| 制造成本 | 1 600 | 5 600 | 7 200 | 16 | 56 | 72 |
| 销售费用 | 100 | 200 | 300 | 1 | 2 | 3 |
| 管理费用 | 200 | 200 | 400 | 2 | 2 | 4 |
| 财务费用 | 100 | 0 | 100 | 1 | 0 | 1 |
| 税金及附加 | 0 | 0 | 0 | 0 | 0 | 0 |
| 产品总成本 | 2 000 | 6 000 | 8 000 | 20 | 60 | 80 |

显然，当公司每月产品的产销量达到 100 万台时，60 元的销售价格是该公司的停止生产点；当售价高于 60 元时，公司的固定成本可得到不同程度的补偿；如果售价高于 80 元，公司即可开始获利。

假定 10 月份 ABC 公司已经确定了 70 万台甲产品的订单，产品价格按照 20% 的成本加成率定价，则甲产品的单价＝80×（1+20%）＝96（元/台）。

再假定又接到另一客户 20 万台的甲产品订单，但客户提出的最高价格为 70 元/台，需要公司决定是否接受这个订单。

显然，按照成本加成定价法，70 元的价格低于产品的单位制造成本 72 元，公司是不会接受此订单的。但是，采用边际贡献定价法后发现：

边际贡献＝70-60＝10（元/台）

边际贡献率＝10÷70＝14.3%

在 10 月份生产任务不足的情况下，是否接受该订单需要比较以下利润情况：

①不接受订单，10 月份的利润情况为

产品销售收入＝70×96＝6 720（万元）

产品成本＝固定成本+变动成本＝2 000+70×60＝6 200（万元）

甲产品利润＝6 720-6 200＝520（万元）

②接受订单，则 10 月份的利润情况为

产品销售收入＝70×96+20×70＝8 120（万元）

产品成本＝固定成本+变动成本＝2 000+（70+20）×60＝7 400（万元）

甲产品利润＝8 120-7 400＝720（万元）

很明显，企业应该接受 70 元/台的第二笔订单。

（3）目标利润定价法是根据企业产品总成本和预算销售量，确定一个目标利润率，并以此为定价标准。其计算公式如下：

$$产品价格＝产品总成本×（1+目标利润率）÷销售数量$$

从本质上看，目标利润定价法也是一种成本加成定价法。

（二）技术导向定价法

成本是产品定价时考虑的首要因素，但是如果希望永不亏损，就必须将成本完全转嫁给消费者或下游企业，能做到这一点的只有垄断企业。当然，在某些企业某些时候存在短期的超额利润计划的情况下，也可能出现此种情况，如前几年的苹果手机，再如胡庆余堂的"真不二价"。对于后一种情形，能卖出高价的产品或服务都有一个重要的支柱，即技术。

技术导向定价法就是按照产品或服务的技术价值来确定销售价格的一种方法。这种定价方法实际上是将研发部门引入定价团队，并对企业产品的技术性做出评估。需要回答的问题主要包括四个方面：

一是关键技术领先。技术越先进，产品价值越高，产品销售价格就越高，这是经济学的常识。比如 2010 年苹果公司推出的 iPhone4 手机，其产品设计优良、操作系统流畅，堪称当年手机的楷模。因此，苹果手机超高的售价、高额的利润率就不足为奇了。苹果手机的成本比售价低许多，却仍有广阔的销售市场，这是因为决定价格是需求而不是成本。

二是功能增强型技术。产品技术是产品功能的基础，产品功能是产品技术的体现，所以产品技术创新必须在产品功能上有不同程度的体现。一个产品的基本功能、辅助功能越多，可以满足或开发的需求也就会越多，客户自然越多，确定较高价格的可能性就越大。相反，如果一种产品功能越少，市场就越小，需求就越小，价格自然会更低。这个特点在今天的智能手机上被体现得淋漓尽致。所以，虽然一些企业的核心技术不再先进了，但因为其附加功能很多，在市场上仍会占有一席之地。

三是外观改进型技术。同样的技术、同样的功能，外观不同，价格可能存在天壤之别，计划经济年代的茅台酒就曾经遇到过这样的尴尬。而韩国的产品，小到手机、大到汽车，大多以形象取胜。三星手机没有最新的核心技术，没有开发最新的功能，其曾经受欢迎的原因就是美观。

四是品质保证型技术。一分钱一分货，在保证品质的前提下取得成功是一种重要的经营手段。曾经的手机业巨头诺基亚，其研发投入的主攻点是两个，即品质和成本。

总之，研发预算是销售价格预算的一个重要组成部分，其回答的问题是研发投入的价值取向问题。这一点我们将在第六章专门预算中详细说明。当然，研发部门虽然可以根据竞争产品的情况对本企业产品做出技术评估，但是，技术、功能、外观和品质究竟与价格变动有多大的相关性，研发部门并不清楚，这时需要市场部门和销售部门参与进来，共同研究市场价格与产品技术间的关系，确定技术因素与产品价格的关联系数。

【例5-3】ABC公司研发部门与市场部门对乙产品所做的关联系数表和价格决策表如表5-3所示。

表5-3　乙产品销售价格预算表

| 技术因素 | 衰败程度 | 关联系数 | 价格变动幅度 | 基期价格/元 | 预算价格/元 |
|---|---|---|---|---|---|
| 关键技术 | −10% | 0.2 | −2% | | |
| 功能增强 | −20% | 0.4 | −8% | | |
| 外观改进 | −40% | 0.3 | −12% | | |
| 品质保证 | 0 | 0.1 | 0 | | |
| 价格调整 | | | −22% | 3 000 | 2 340 |

通过表5-3可以看出，ABC公司经过研发部门和市场部门的共同评估后，从技术层面看，明年的销售价格应该从3 000元降至2 340元，降幅高达22%，一般而言，产品降价达到这个程度时，就意味着该产品已经进入衰败期，公司应该考虑让其慢慢退市了。

技术导向定价法的意义在于，该方法从四个方面向研发部门和市场部门提出了应该关注的问题，这对研发部门未来产品研发方向的确定具有重要意义。

（三）市场导向定价法

中国有句俗话："没有卖不出的东西，只有卖不出的价格。"成本导向定价法是从企业成本利润角度考虑产品定价的，技术导向定价法是从技术角度并在理性的基础上给产品定价的。但是，产品究竟能卖到什么价格，最终还是由市场说了算，从根本上说是由市场供求关系决定的。因此，不少企业采用市场导向定价法。

市场导向定价法是依据客户对产品价值的感受和对产品的需求程度来定价的。其主要包括理解价值定价法、需求差别定价法、市场需求定价法、随行就市定价法、竞争导向定价法等。

1. 市场定价法的分类

（1）理解价值定价法，亦称认知价值法，根据购买者对产品价值的认识和理解来确定价格。产品的价格并不取决于卖方的成本，而是取决于购买者对产品价值的理解和认知，卖方可以运用各种营销策略与手段，如优美的装修、高雅的环境和周到的服务，去影响买方对产品的认知和感受，使之形成对卖方有利的价值观念，然后再根据产品在买方心目中的价值来定价。

购买者对产品价值的理解与感受，很多时候不是由产品成本所决定的。例如，一瓶雪花勇闯啤酒，在超市的价格是 5 元，在一般的饭店的价格是 10 元，而在五星级酒店的价格是 30 元。环境气氛、服务等因素提高了产品的附加价值，使顾客愿意支付更高的价格，这就是购买者理解价值定价法。该方法定价的关键是准确估计购买者对企业产品的理解价值，然后根据这一点确定产品的价格。

（2）需求差别定价法是根据购买者对产品需求的强弱不同，定出不同的价格。需求强则定价高，需求弱则定价低。需求差别定价可以分为以顾客为基础、以产品为基础、以地域为基础和以实践为基础四种类型。

（3）市场需求定价法是指企业根据市场能够接受的价格来确定产品价格，即企业先了解市场环境，确定市场上可以销售出去的产品零售价格，在这个市场零售价格的基础上，对各种中间费用和利润进行扣除，得到产品的出厂价，这个出厂价即对产品的定价。

（4）随行就市定价法是指企业将本行业的平均价格水平作为产品定价的标准。在产品市场竞争激烈、成本复杂、需求弹性难以确定时，随行就市可以反映本行业的集体智慧和市场供求情况，既能保证适当的利益，又能依照现有行情定价，同时易于处理与同行间的关系，避免恶性竞争的出现。

（5）竞争导向定价法主要是以竞争者的价格为定价基础，以成本和需求为辅助因素进行产品定价，使本企业的产品价格与竞争者的价格类似或保持一定的距离。其特点是，只要竞争者价格不变，即使成本或需求发生变动，本企业的价格也不变，反之亦然。

2. 市场导向定价法的操作

基于上述对市场导向定价法的分类，我们可以看出，市场导向定价法就是从市场层面理解产品销售价格的一种方法。定价主要基于两个方面的因素，一是消费者的购买力，二是产品的竞争力。购买力的变化是改变供求关系的直接动力，竞争则是购买力再分配的重要手段。

要提高企业产品的竞争力，市场部门必须认清企业产品的竞争对手。通常情况下，在同一地区、同一客户群、同一价位上，竞争对手只有三五个。市场部门需要随时关注这些竞争对手的各种竞争动作，并随时评价这些竞争动作可能给本企业产品带来的价格压力。

竞争压力的大小取决于竞争对手对市场的影响力和控制力。市场部门在进行市场定价时，必须充分考虑竞争对手可能推出的新的竞争手段及其对本企业产品所产生的影响，从而随时调整本企业产品的价格。当然，市场部门也可以采取主动出击的方法，设计先发制人的竞争动作及期望得到的市场反应。

【例 5-4】针对乙产品，ABC 公司市场部门对明年市场购买力和竞争力做了分析，明年市场需求会增加 30%，竞争对手会降价 5%，具体情况如表 5-4 所示。

表 5-4　乙产品销售价格预算表

| 市场因素 | 影响程度 | 关联系数 | 价格变动幅度 | 基期价格 | 预算价格 |
|---|---|---|---|---|---|
| 购买力 | 30% | 0.4 | 12% | | |
| 竞争力 | -5% | 0.6 | -3% | | |
| 价格调整 | | | 9% | 3 000 | 3 270 |

对比表 5-3，从技术层面上看，ABC 公司的乙产品应该降价 22%，但是从市场化层面上看，应该涨价 9%，那么市场部门应该如何决策？一般而言，在具备涨价空间的市场面前，同时企业具有闲置生产能力或快速扩张供给能力的情况下，通常企业会选择以价换量，即不追求价格上涨，而是追求销量扩大。当然，这还取决于产品的需求弹性和所处行业的特征。

## 第四节　应收账款预算

### 一、应收账款预算的特点

应收账款预算是反映预算期内企业应收账款的发生额、回收额及期末余额的预算。在买方市场的情形下，企业为了扩大销售，提高市场占有率，往往大量采用赊销的方式销售产品，所以当期的销售货款往往有一部分不能立即收回，从而形成应收账款。也就是说，企业预算期内的销售回款数额并不等于销售收入，而是等于销售收入减去应收账款的增加额，这点在第八章年度预算中我们也会做具体说明。

为了管理和控制预算期内销售货款的应收及回收情况，同时为了编制现金收入预算，企业在销售预算编制完成后，还需要编制应收账款预算。

### 二、应收账款预算的编制

应收账款预算一般由销售部门和财务部门共同编制。主要的编制依据是预算期内的销售收入、现金需求、产品供求关系、应收账款政策、客户期初拖欠货款数额、客户付款能力及信用情况等信息资料。因为企业的应收账款是按照客户名称设置明细账户，所以编制预算时，应按客户名称进行排序，同时反映销售的内容，包括年销售额、累计销售额和累计销售比重，以便与销售收入预算相衔接。

当企业的应收账款客户过多时，可采用重点管理法编制预算。具体做法是：首先，对所有客户按年销售额大小排序；其次，计算各个客户累计销售额占企业销售总额的比重；最后，根据客户排序进行分类管理编制预算。其中，对累计销售占企业销售总额 80% 左右的客户实行重点管理（这个比例因企业而不同），在应收账款预算中要细化到每一个客户；对于其他客户群体，则实行一般性管理，在应收账款预收中按销售区域、销售部门或产品类别进行汇总列示。

此外，需要说明的是，为了全面反映预算期内应收账款的数额，企业应将预算期的销售收入全部纳入应收账款预算，会计人员做账时，也应将销售收入全部过渡到应收账款账户中，还要注意，应收账款预算中的销售收入是含税的销售收入。

应收账款预算表如表5-5所示。

表 5-5  应收账款预算表

| 序号 | 客户名称及分类 | 业务内容 | 2022 年预算 | | | |
|------|------|------|------|------|------|------|
| | | | 期初余额 | 本期应收 | 本期收现 | 期末余额 |
| 一 | 重点客户 | | | | | |
| 1 | 甲公司 | A/B 产品 | | | | |
| 2 | 乙公司 | A/B/C 产品 | | | | |
| …… | | | | | | |
| 7 | 庚公司 | B/C 产品 | | | | |
| 二 | 一般客户 | | | | | |
| 1 | 东北 21 户 | A/B/C 产品 | | | | |
| 2 | 华北 13 户 | A/B/C 产品 | | | | |
| 3 | 西南 21 户 | A/B/C 产品 | | | | |
| …… | | | | | | |
| 8 | 华南 10 户 | A/B/C 产品 | | | | |
| 三 | 合计 | | | | | |

# 第六章　成本费用预算

成本中心与费用中心有一定的类似性，实践中经常被合并为成本中心或成本费用中心。但是，从全面预算管理的角度，二者具有较大的差异性，有必要将其分开。本章研究的成本中心预算主要涉及产量、直接材料、直接人工、制造费用和产品成本预算；费用中心主要涉及工资费用、差旅费、会议费、培训费、业务招待费、车辆费、期间费用的预算。此外，还涉及与成本中心和费用中相关的应付账款和应交税费的预算。

## 第一节　成本预算

成本中心的范围很广，主要涉及生产部门、采购部门和研发部门等。其预算的内容包括产量预算、直接材料预算、直接人工预算、制造费用预算、产品成本预算等。

### 一、产量预算

一般而言，产量预算是由企业生产部门为主导编制的，在以销定产的前提下，其编制的直接依据是销售量预算，同时考虑企业的生产能力、存货数量、生产工艺、设备修理等因素，有的企业还要考虑季节性因素的影响。

因此，编制产量预算需要统筹规划，维持产品生产与销售及存货间的平衡，预算期内产品产量预算的基本公式为

$$产量=销售量+期末存货数量-期初存货数量$$

上式中的销售量可以直接从销售量预算中取得；对于预算期内产品期初、期末的库存量，一般可以根据产品的生产周期、一次发货量、发货时间等因素合理确定，同时兼顾季节性生产或要求集中供货的订单的影响。其基本要求是，既不能耽搁销售，又不能造成存货积压。

### 二、直接材料预算

直接材料预算是以产量预算为基础编制的企业在预算期内各种直接材料消耗量

及其成本的预算。直接材料是企业产品制造成本的主要组成部分，搞好直接材料预算的编制，不仅可以保证预算期内产品生产的材料需要，而且可以通过严格的材料消耗定额和预算单价的控制有效降低产品的制造成本。

编制直接材料预算涉及产品产量、材料消耗定额、材料预算价格三类数据资料。其基本计算公式如下：

$$产品直接材料的消耗量 = \sum（产品产量 \times 材料消耗定额）$$

$$产品直接材料的消耗额 = \sum（产品产量 \times 材料消耗定额 \times 材料预算价格）$$

（一）材料消耗定额的预算编制

材料消耗定额是指在一定的生产技术组织条件下，制造单位产品或完成单位劳务所必须消耗的物资数量标准。按照不同的要求，成本可以分为计划成本、定额成本和标准成本等，这一部分的内容我们将在第八章财务控制中做详细说明。

材料消耗定额包括主要原材料、辅助材料、燃料、动力等材料消耗定额。其制定的原则是：在保证产品质量的前提下，根据生产部门的具体条件，结合产品结构和工艺要求，以理论计算和技术测定为主，以经验估计和统计分析为辅来制定先进合理的消耗定额，其编制部门主要是生产部门和研发部门。

（二）材料预算价格

直接材料预算中的材料成本总额是由材料消耗量乘以材料预算价格得来的。因此材料预算价格的高低，将直接影响直接材料预算的数量和产品制造成本的高低。

材料预算价格是指企业编制直接材料预算、核算产品生产的材料成本时所采用的价格，是不含税的材料价格，一般由买价加运输费、装卸费、保险费、包装费、仓储费、运输途中的合理损耗、入库前的挑选整理费用和按规定应计入成本的税金组成。

编制直接材料预算所用的材料预算价格一般采用企业内部的计划价格或标准价格。这是由于，编制预算期内直接材料预算时，材料的实际价格不可能确定下来，只能采用计划价格或标准价格。另外，生产部门在实际核算产品制造成本时，应采用计划价格或标准价格核算材料消耗成本，以保持材料消耗成本计算与直接材料消耗预算口径的可比性。材料预算主要的编制部门是采购部门。

### 三、直接人工预算

直接人工预算是企业在预算期内为完成产量预算所需的直接人工工资和福利的预算。直接人工范围应确定在基本生产车间、辅助生产车间中直接参加产品或劳务活动的工人的工资与福利。车间管理人员和技术人员的工资与福利在制造费用中体现；公司职能管理部门人员工资与福利在管理费用中列支；销售人员工资与福利在销售费用中列支；基建项目人员工资与福利在在建工程中列支。

编制直接人工预算涉及产品产量、生产工时定额、工资预算三类数据资料。

计算每种产品的直接人工总工时公式如下：

$$产品直接人工的工时 = \sum (产品产量 \times 单位生产工时定额)$$

其中，产品产量可以从产量预算中直接获得；单位生产工时定额可以在综合考虑企业现有生产技术条件的基础上，根据直接生产人员生产单位产品所需要的合理时间来确定，该"合理时间"包括直接加工操作必不可少的时间以及必要的休息时间和设备调整时间。

计算产品耗用的直接工资公式如下：

$$产品直接人工的数额 = \sum (产品产量 \times 生产工时定额 \times 小时工资率)$$

上式中的小时工资率会因企业的工资制度而存在差异。

若采用计时工资制，小时工资率应根据正常生产技术条件下，一定时间的工资总额和一定时间内的工时量来确定。

若采用计件工资制，小时工资率为每生产一件合格产品预定的工资除以产品单位生产工时定额，它由不同技术等级工人的生产效率所决定。

直接人工工时预算一般由生产部门制定，小时工资率的预算由人力资源部门制定。对于其他岗位人员的工资我们将在本章第四节"费用预算"中说明。

### 四、制造费用预算

制造费用是企业各个生产部门（分厂、车间）为组织和管理生产而发生的各项费用。在企业生产机械化、自动化程度越来越高的情况下，生产设备的价值也越来越高，设备折旧费、维修费、保险费也会相应增加，车间管理人员、技术人员比重也越来越高，因此制造费用在产品制造成本中的比重越来越大，制造费用的预算与控制日益成为成本管理的重点。

制造费用属于成本，是资产类要素，计划成本法下可能有期末余额，代表了多种产品的在产品余额，所以制造费用预算属于成本预算，而不是费用预算。

由于制造费用属于生产部门发生的费用，最终会对象化到产品成本中，其预算一般由生产部门负责编制，财务部门负责指导与协助。

制造费用的预算编制远比直接材料和直接人工复杂，直接材料和直接人工作为变动成本，与产量存在直接的线性关系，而制造费用与产量间缺乏直接的因果关系，而且制造费用既有付现成本也有沉没成本，既有变动成本也有固定成本。更为复杂的是，制造费用中的很多项目以混合成本的形式出现，这需要通过高低点法、最小二乘法等方法将其分解为变动制造费用和固定制造费用。

在实务中，制造费用的编制方法有三种：

①变动成本法，即利用成本性态分析原理，将制造费用按其性态区分为变动制造费用和固定制造费用两个部分。其中，变动制造费用以产量预算为基础编制，如果企业拥有完善的标准成本资料，用单位产品的变动制造费用定额或变动制造费用

标准分配率等系数与产量相乘，即可得到相应的预算金额，其编制原理和直接材料、直接人工预算类似。固定制造费用一般与产量不存在因果关系，需要运用零基预算法逐项测算。

②作业成本法，即运用作业预算的思想，分析成本动因，然后根据成本动因与制造费用间的因果关系，分别编制作业预算，再进一步汇总为制造费用预算。

③综合法，是一种对变动成本法和作业成本法折中运用的方法，首先将制造费用分解为可控项目和不可控项目，然后对可控项目中那些数额较大或较为重要的项目分别编制业务活动计划，据以计算相应可控制造费用项目的数额；对于不可控项目，则按零基预算等方法逐项进行测算。

上述三种方法中，更常用的是第一种方法，即将制造费用分为变动制造费用与固定制造费用两个部分，分类时应注意尽量将更多的制造费用确定为固定成本以便于成本费用的控制与考核，这一点我们将在本章第四节费用预算中做更详尽的说明。

## 五、产品成本预算

产品成本预算是反映预算期内为完成产量预算而发生的各种生产耗费的预算。它是在产品产量预算、直接材料预算、直接人工预算和制造费用预算的基础上汇总编制的，用以反映各种产品的总成本与单位成本。因此，当直接材料预算、直接人工预算和制造费用预算编制完成并加总后可得到产品单位成本，然后乘以产量预算数额即可得到产品总成本。

## 六、成本中心预算的责任归属

完成成本中心的预算编制，需要进一步说明产品成本各组成部分的责任归属问题。

直接材料、直接人工和变动制造费用的预算均包括数量与单价两个部分，由于受到不同部门的影响，其责任中心不同。对直接材料的消耗量、直接人工工时数、变动制造费用标准分配率、固定制造费用而言，很多人可能马上想到生产部门，这是合理的，本书将在第九章"财务控制"中详细分析；工资率的确定与人力资源部有关，本书将在本章第四节"费用预算"中说明。

这里重点说明研发部门和采购部门，采购部门主要对材料单价负责，而研发部门会影响直接材料、直接人工和制造费用的数量与价格。

（一）采购部门的预算控制问题

很多人对企业的采购部门有些误解，认为花钱比赚钱容易，所以采购比销售好做得多。很多人还把采购看成肥差，认为采购中存在很多寻租空间，而且很难控制采购人员中饱私囊的行为。有的企业只好由一把手亲自出马，或者让亲信出面，或者实行"人盯人"的防守。其实从控制原理上看，这些措施意义不大，因为利益对每个人都有诱惑，有的企业一把手亲自主管采购，也亲自贪污受贿。所以，要想阻止采购部门中饱私囊现象的产生，唯一正确的管理措施是实行预算控制。

在经济学的学习中，同学们对"买方垄断"这一概念并不陌生，比如美国的三大汽车公司对众多的零部件供应商而言就有买方垄断的优势，因此很多同学可能自然地认为下游企业比上游企业的利润高。但是，中国的现实情况却是，以汽车行业为例，汽车制造企业的毛利率一般是15%～20%，而零部件供应企业的毛利率一般为30%～40%，即上游企业的毛利率是下游企业的两倍。

产生这一现象的原因主要有两个方面：

第一，中国企业的采购部门还没有建立起像销售部门那样合理的业绩考核制度，没有建立起良好的积压供应商的机制。

第二，作为第一个原因的延续，采购人员未能履行好自身的职责。很多人认为，采购人员吃回扣是个普遍现象，其实在真实采购实践中，拿回扣的情况还是少数，更多的是"人情采购"，即和自己朋友所在的企业做生意，一方面放心，另一方面也安心。谈钱会伤感情，但是谈感情就会伤钱。当朋友所在的企业出现资金困难时，还会出现采购人员以各种理由诱导财务部门提早付款的情况，比如强调该供应商的重要性，如果不付款，对方就无法正常供货了。如果企业想压低供应商的价格，采购人员也会出来劝说，比如再压价对方就不挣钱了。因此，很多时候，公司采购部门成了供应商的"保护伞"。

那么如何杜绝这些现象的发生？答案是建立起合理的预算管理体系，找到问题的核心与抓手，这种方法有的时候叫作"杠杆预算"。采购预算的关键在于采购价格，而企业中最了解价格的当然是采购人员。那么如何让采购人员避免人情采购，主动压低原材料的采购价格呢？这需要对原材料进行合理的分类，对供应市场建立预算评价方案，而不是一味地"乱砍价"。这种评价方案如表6-5所示。

表6-5 供应市场分析方案

| 材料名称 | 规格 | 主要供应商 | 供应市场评价 | | | | | 采购定型 | 采购应对 | | | | |
|---|---|---|---|---|---|---|---|---|---|---|---|---|---|
| | | | 供求关系 | 市场主导 | 价格走势 | 现行价格 | 价格预测 | | 抢购 | 预定 | 竞价 | 延迟付款 | 其他 |
| | | | | | | | | | | | | | |
| | | | | | | | | | | | | | |

公司所需的原材料中，并不是每种材料都能降价，而且采购人员也不是任何时候都能因其是消费者而以上帝自居。所以，原材料的价格主要取决于供求关系和企业的主导能力。

首先，需要把公司预算年度的采购材料列一个清单，包括采购的品种、数量、主要供应商，并将那些没有预算价值的零星小额采购合并到"其他项目"之中。清单列好后，可以组织采购部门相关人员，对每一种材料的市场供应关系进行评价，包括材料的市场供应总量、市场主导能力、与供应商的关系、价格预测等。

做好上述工作后，接下来需要对采购进行分类，大体上说有两大类，即供应型采购和成本型采购。供应型采购就是以保证供应为主，供应商处于主导地位，能买到就是胜利，可以用抢购、预付款等方式获得原材料；成本型采购的材料具有与供应商谈判的空间，也是采购预算控制的重点。

在对采购进行分类的基础上，就可以开始根据采购方式调整预算方案的制订了。在这个方案里，针对不同的材料制定不同的采购方法、付款方法、经济订货批量等，同时明确招标、竞价、谈判等具体手段。

通过上述分析，企业也可以同时明确预算期每一种原材料的采购价格、控制目标和执行方案。

（二）研发部门的预算控制问题

一说到降低产品制造成本，很多人马上就会想到生产部门，似乎生产部门是成本上升的罪魁祸首。所以，很多企业会把车间主任送出去培训，学习生产组织、现场管理、精益生产等。学成归来，就让他们在车间里大干快干。结果却是，成本并没有怎么降低。

事实上，生产部门对生产成本的控制能力是低下的，真正起作用的是研发部门。变动成本通常在工业设计阶段就已经基本确定，通常，产品成本中 80%～90% 的份额是由研发设计系统固化而来的，如果设计环节出现成本浪费，其损失是惊人而持久的，并且具有极强的隐蔽性。目前，设计环节的腐败也很严重，有的供应商买通企业的设计人员，在产品设计环节将其产品设计进去，在规格、品质上进行唯一设计，使得后续供应没有选择，采购部门有苦难言。研发部门人为地将成本型采购变为供应型采购，严重增加了后续成本。

那么，如何杜绝这些现象的发生？让研发部门自省吗？医者难自医，更何况还有那么多的利益诱惑。让生产部门给研发部门提意见吗？事实是，研发人员往往和生产部门的工作人员缺乏主动交流。研发部门之所以没有降低成本的意愿，从制度层面来看，就是因为他们没有降低成本的目标和任务。因此，必须编制成本优化研发预算方案，给研发部门压力，研发部门也就自然有了降低成本的动力。预算方案如表 6-6 所示。

表 6-6　研发部门成本优化预算

| 项目负责人 | 项目前期投入 | 本年项目预算 | | | | | | | | | | | |
| --- | --- | --- | --- | --- | --- | --- | --- | --- | --- | --- | --- | --- | --- |
| | | 材料预算 | | 人工预算 | | 制造费用预算 | | 其他支出 | | 投入合计 | 成本降低预算 | | |
| | | 标准 | 金额 | 标准 | 金额 | 标准 | 金额 | 标准 | 金额 | | 保守 | 进取 | 挑战 |
| | | | | | | | | | | | | | |
| | | | | | | | | | | | | | |
| | | | | | | | | | | | | | |

## 第二节　费用预算

费用是企业为了获利而产生的必要的支出，是为了办事而提供的条件。企业中的费用中心主要有行政部门、财务部门、人力资源部门等，而非营利组织如行政单位、部分事业单位，也可以认为是费用中心。本节的内容主要包括费用预算的基本原则、费用的分类方法以及各种费用预算的编制方法。

### 一、费用预算的基本原则

费用预算是对人财物等资源消耗的事前配置，其基本原则是：从"办事结果"出发，同时考虑"办事条件"，避免"先资源还是先目的的争论"。

如果企业的费用预算均以"资源"为起点，以追求资源节省为目的，必然会进入从"少花钱、少办事"到"少办事、少花钱"的怪圈，最终变成"不花钱、不办事"。很多企业之所以走入如此怪圈，就是因为其热衷于将费用和目标的完成程度相关联，如将销售费用和销售目标联系起来，其基本理念是"只有挣到钱才可以花钱"，如此理念必然造成销售部门在"抢占商机"和"节约费用"间抉择，而抉择的结果多是"节约费用"，最终造成企业丧失商机。国有企业缺乏冒险精神、创新能力偏弱其实也是这一理念的一种结果。这就是第二章所谈的"韦尔奇死结"的一种表现。

此外，本期的费用支出与上期费用支出无关，本期费用支出与本期业绩无关，与本期费用真正相关的是办事的过程。如果费用预算采用增量预算法，那么如果出现"两抢预算"，即"年初抢指标、年末抢花钱"，费用的增长会远远超过收入的增长，这是"韦尔奇死结"的另一种表现。因此，费用预算尤其是固定费用预算的编制应主要采用零基预算法。

### 二、费用的分类

#### （一）分类的方法

费用有三种分类方法，即按业务环节分类、按费用性态分类、按费用的经济内容分类。

按业务环节的不同，费用可以分为采购费用、研发费用、制造费用、销售费用、管理费用、技术支持费用等。

按费用性态的不同，费用可以分为变动费用和固定费用，这类似于本章第二节中的变动成本与固定成本的分类。

按费用的经济内容的不同，费用可以分为工资性费用、差旅费、会议费、培训费、业务招待费、电话费、文具费等。其中工资性费用分为工资与奖金，工资是刚性费用或不可控费用，而奖金和其他费用均属于可控费用。

从预算管理的角度看，费用分类的着眼点应该是费用性态，不同的费用采用不同的预算编制方法。而在预算的具体编制中，则应按照经济内容的不同，编制不同费用的预算。

（二）费用预算编制中需要注意的问题

（1）费用预算编制过程中，费用的处理方法与会计核算过程中的处理方法不同。如在成本会计中，车间一线生产工人工资，无论是固定工资还是变动工资，均记录于基本生产成本的"直接人工"的明细科目中。而费用预算编制中需要将二者分开，比如，生产工人的计件工资等变动性项目，应列入变动成本下的直接人工，而底薪部门则作为固定成本处理。再比如，宾馆的费用预算中，所有公共区域的电费应该按照固定费用处理，而客房的电费则属于变动费用，应在会计核算中统一作为"电费"处理。

（2）与制造费用类似（注意，制造费用是成本），很多费用项目并不能简单地划分为固定费用和变动费用，而是表现为混合费用或半变动费用。当然，可以采用一定的技术方法，如高低点法、最小二乘法等将其分开。当然，技术的方法无法做到精确，不过这对预算影响不大，因为预算管理本身也不追求精确。

针对这种情况，国外企业有一种惯例，即如果某项费用在业务停止后，仍会有20%左右的费用发生，那么这种费用就是固定费用，否则即为变动费用。这种划分方法的基本原则是尽可能多地将混合费用归类为固定费用。这样做的原因有二：

一是将费用的控制方式由相对控制改为绝对控制。固定费用的控制是绝对的，预算确定后，无论业务量发生何种变化，固定费用都会受到总额的绝对控制；而变动费用的控制是相对的，主要控制的是费用与业务量的关系。从财务控制的效果看，绝对控制要好于相对控制。

二是符合稳健性原则。在财务管理和管理会计的相关学科中，学过经营杠杆系数（DOL）、保本点分析等，应该知道固定费用越大，企业的盈亏平衡点越高、经营风险越大。如果将混合费用过多地定义为变动费用，就会造成经营错觉，低估企业的实际负担，不符合稳健性原则。

$$DOL = （息税前利润+固定成本）÷息税前利润$$

$$盈亏平衡点销售量=固定成本÷（销售单价-单位变动成本）$$

（3）变动费用预算的特点。变动费用是指与企业业务发展直接相关的支出，即业务量越大，变动费用越大。比较常见的变动费用有销售佣金、保修费用、业绩奖金等。变动费用不可能进行绝对额预算控制，因为它不可能固定在一个数据上，而是随着业务量的变化而变化，所以，变动费用预算需要确定的不是某一个绝对额，而是变化的程度。

在变动费用预算中，关注的重点是因变量（变动费用）与自变量的关系，而非自变量本身。即 $f: X \rightarrow Y$ 这个映射。"$f$"的设定与不同的自变量有关，如销售佣金与销量的关系由公司销售政策决定；销售费用与效率的关系由市场情况和公司的可接受能力决定；保修费用根据历史数据和公司政策等因素来预测。

（4）固定费用预算的特点。固定费用是指企业某项业务停止后仍会继续发生财务支出的费用，即在一定范围内不随销售量的变动而变动的费用。根据费用发生的强度，可以进一步将固定费用分类为刚性费用和柔性费用。刚性费用指已经支付、无法放弃或压缩的费用，如工资费用、折旧费用等。柔性费用是企业即期支付、即期承担的费用，如差旅费等，这些费用可以压缩，但难以停止。在企业实务中，为控制刚性费用的过度增长，有企业将费用分为工资性费用与非工资性费用。

此外，固定费用预算切忌使用弹性预算法。一是模糊了费用的习性，将所有费用都视为变动费用，随销售收入增长，无法合理控制费用增长。二是明年的费用预算建立在本年的实际支出基础上，从而出现"两抢预算"，即"年初抢资源、年末抢花钱"。

### 三、费用预算的编制

（一）工资性费用预算

1. 工资性费用的特点

工资性费用由工资和奖金两部分组成，二者性质差异很大，切忌将其混为一谈。

工资属于刚性费用，随着经济的发展、人民生活水平的提高，工资只能上涨不能下降。有一种观点是"工资是老板给的"，其实这是大错特错的，工资是员工用劳动力使用权换来的，通俗地说就是员工自己赚的。工资的多少并不是企业可以决定的，而是由劳动力市场供求和劳动力技能水平决定的。一个企业想付出低于市场水平的工资去雇佣人力，它唯一的选择就是雇佣劳动技能差的员工。

奖金是变动费用，将奖金与工资混为一谈，比如压低工资、提高奖金，这其实是违背经济规律的，是将风险从企业向员工转移。虽然这种情况目前在保险、房屋中介等行业比较常见，但它不可能长久。工资是一种先行承诺的财务支出，由劳动力市场决定；奖金是由业绩决定的，员工的业绩越好，奖励的水平就应该越高。压低工资，尤其是工资低于主要竞争对手，这对企业来说是极度危险的，可能造成高水平员工的大量流失。

2. 工资性费用预算编制

工资性费用预算通常由人力资源部门主持完成，其预算编制主要包括以下四个方面：

（1）以业务为基础、以做事情为目的，合理确定企业的组织机构。预算编制的首要工作是根据企业预算期内经营目标，调整和完善组织机构。

（2）以业务量为前提，确定合理的用工人数。预算中既要考虑撤销人浮于事、冗员过度的岗位，同时也要将需要增加的岗位列入其中。

（3）以市场规律为指引，确定合理的工资水平。及时了解劳动力市场的价格水平，尤其是主要竞争对手的工资水平，是人力资源部门一项长期而持续的工作。在工资预算中，人力资源部门必须对所有员工的工资水平进行市场对照，对那些明显低于市场水平的岗位及时进行工资调整。全员涨薪的做法是错误的，是违背市场规律的行为，起不到提高业绩的作用。

（4）严格按照国家法律规定，确定员工的基本社会福利。五险一金已经推行了很多年，在国有企业中早就得以执行，但是在部分私企中，少缴甚至不缴的情况仍然存在。对此，企业必须执行国家的规定，做到基本的责任。工资费用预算中应该考虑未来年份计算基数的变化。

我们可以通过表6-7了解工资预算的编制情况。

表6-7　ABC公司销售部工资性费用预算表　　金额单位：元

| 岗位名称 | 当前人数 | 岗位调整 | 预算人数 | 基本工资 | 职务工资 | 市场价格 | 偏离率 | 预算调整比率 | 预算年度水平 |
|---|---|---|---|---|---|---|---|---|---|
| 经理 | 1 | | 1 | 5 000 | 4 000 | 11 000 | 18% | 10% | 9 900 |
| 副经理 | 2 | | 2 | 4 000 | 3 500 | 9 000 | 17% | 10% | 8 250 |
| 助理 | 1 | 1 | 2 | 3 500 | 3 000 | 8 000 | 19% | 10% | 7 150 |
| 科长 | 8 | | 8 | 3 000 | 2 500 | 7 000 | 21% | 10% | 6 050 |
| 副科长 | 8 | -1 | 7 | 2 500 | 2 500 | 5 500 | 9% | 10% | 5 500 |
| 职员 | 93 | 7 | 100 | 1 800 | 1 200 | 1 200 | 25% | 20% | 3 600 |
| 合计 | 113 | 7 | 120 | 227 900 | 165 600 | 539 500 | | | 487 600 |

可以看出，ABC公司销售部工资偏离问题极大，这是危险的，必须给予及时的纠正。

（二）差旅费预算

差旅费在很多企业中实行总量控制，其属于固定费用的柔性费用，是最容易引发争夺的领域。

比如ABC公司西南销售分部，原有销售人员18人，2019—2022年销售额为500万元、700万元、960万元、1 550万元，差旅费分别为50万元、90万元、130万元、150万元。2023年销售人员将增加至20人，销售预算2 400万元，同学们认为2017年销售部门的差旅费应是多少？不管是"拍脑袋"，还是高低点或最小二乘法的计算结果，肯定都要比2016年的150万元高。

上述思维就是不知不觉将增量预算法的思想应用到了固定费用预算中来。长此以往，费用会越来越高，即便以后对其控制，依然会比以前更高。

因此，差旅费的预算必须使用零基预算法，即一切从零开始，既不考虑过去花了多少钱，也不考虑将来完成什么任务，因为差旅费只和明年做事的过程相关。但是，零基预算如果从零开始，其抓手是什么？

还是以销售部门为例，去年差旅费的数额与去年的出差次数相关，而今年的差旅费数额肯定和去年出差次数没有直接的因果关系，进而和去年的差旅费数额没有关系。因为去年去过的地方并不代表今年还要去，而且今年销售任务的良好完成情况也不代表出差次数多，因为如果是老客户的话，可能打电话就能解决问题，一分钱的差旅费都不需要。如果是销售新产品或开拓新客户，就需要多次出差，最坏的情况是一分钱的销售都没有实现。但是，进一步来想，没有销售就不出差了吗？恰恰相反，要出更多的差，花更多的差旅费。

因此，零基预算的关键或抓手就在于寻找做事与花钱的因果关系，这个因果关系被称为"成本动因（cost drivers）"。

那么，差旅费的成本动因是什么呢？如果询问销售部门全体人员，你们出差的动因是什么？估计他们很难回答。但是，如果征求每个单独的销售人员的意见，理由就很多也很明确了，比如拜访客户，外地客户越多、出差要求越多，距离越远、交通费越高，等等。

因此零基预算的第一要务是"岗位预算"。差旅费的成本动因主要包括：

①外地客户量：外地客户越多，出差越多。

②出差时间：时间越长，差旅费越高。

③出差次数：次数越多，差旅费越高。

④出差距离：出差距离决定交通方式，坐飞机肯定比坐汽车的费用高。

⑤出差标准：职位越高，标准越高。

根据上述成本动因，对不同销售人员进行单独的"岗位预算"，最终合并为销售部门的差旅费预算。

**（三）会议费预算**

会议费是企业为了某种目的组织的群体活动而发生的各项支出。会议是群体活动，没有个人负责，因此群体活动很容易变成集体消费，从而失去控制。

**1. 会议费预算编制应考虑的因素**

①会议目的。让资源的使用直接体现目的，是最有效率的，也是最大的节约。会议费预算首先要明确会议的目的、会议要解决的问题。

②会议的规模。会议的规模包括会议地点、场所的选择、与会人数等，在预算中必须考虑会议的规模和需要解决的问题之间的关联程度，防止将会议变成"福利会议"，如借机旅游等。

③对会议支出进行事前设定。

④明确会议费预算包括的内容，主要目的是防止会计核算时与其他费用发生混淆，如会议的"资料费"很容易和"办公用品"相混淆，从而影响预算执行的核算与考核。

**2. 会议费的成本动因**

会议费的成本动因包括参会人数、交通费、住宿费、餐费、设备及场地租赁费、资料费等，其中最根本的动因是参会人数。会议费的责任中心可以放在举办部门。

表 6-8 是 ABC 公司的会议费预算表。

表 6-8　会议费预算表

| 会议名称 | 举办部门 | 举办地点 | 参加人数 | 制作费用 | 场租费 | 礼品费 | | 餐饮费 | | 娱乐费 | | 其他 | 小计 |
|---|---|---|---|---|---|---|---|---|---|---|---|---|---|
| | | | | | | 标准 | 金额 | 标准 | 金额 | 标准 | 金额 | | |
| | | | | | | | | | | | | | |
| | | | | | | | | | | | | | |
| 合计 | | | | | | | | | | | | | |

会议费的责任归属是个具有争议的话题，有人认为应该由企业总预算承担，也有人认为应该由举办单位预算承担。对此，同学们可以自行考虑。

（四）培训费、业务招待费、车辆费预算

1. 培训费预算

培训是提高员工人力资本价值的一种手段，在知识经济时代越来越受到重视。

（1）原则：坚持向骨干倾斜，向有提升空间的人倾斜。

（2）切忌：普及教育；干活的人没时间培训，不干活的人天天培训。

（3）会计核算：将所有与培训相关的费用计入其中，这类似于会议费，如不能将会议中的教材费列入"办公用品"，也不能将"培训差旅费"列入"商务差旅费"。

2. 业务招待费预算

招待费是社会关系的"润滑剂"，对于高档白酒行业，它甚至是扩大内需的手段。业务招待费预算主要是控制招待的频率、标准和人数。

3. 车辆费预算

车辆费预算需要按照岗位预算的方法编制。需要注意的问题有：

第一，做好车辆相关费用的划分，变动费用如油费、保养费；固定费用如保险、"五路一桥"费等。另外，还要考虑车型、新旧程度、油价波动程度等。

第二，重点关注保险费和保养费，多年前这曾经是专职司机收入的重要来源之一，是预算编制与控制的重点。

（五）电话费与文具费预算

之所以将这两种费用预算放在一起谈，是因为电话费和文具费都是公司中的"小钱"，对其加强预算管理的目的主要不是合理分配资源，而是改变资源使用风气、提倡节约。

1. 电话费预算

（1）明确电话费的种类。市话、国内长途、国际长途、手机信息费是电话费的组成部分，或许这种分类有点过时了，毕竟国内长途正在成为历史，而国际长途费用降低或许是遥遥无期——一方面打国际长途电话的人少，不是社会关注的重点；另一方面随着网络视频的普及，国际长途业务也逐渐减少。

（2）确定开通权限。这里的重点当然还是国际长途。一个国际部经理，原本每月通话费用为1.5万元，实行预算后只需1 000元，你能想到为什么吗？

（3）确定合理通话时间。电话联系超过半小时，不如改用其他通信方式。

2. 文具费预算

（1）特点：属于个体开支，但必须避免"100-1＝0"的问题，如高档的打印机配低档的打印纸。

（2）注意：该费用有的时候不好控制，那么就不用控制了，比如控制成本远远高于文具费本身时。这其实也是一个经济学原理，比如烧烤店里餐巾纸可以收费，但是盐不会收费。

总之，对于小的费用，不要以滴水不漏的管理为目标，请永远记住那句名言"水至清则无鱼，人至察则无徒"。

## 第三节　其他相关预算

前面研究的成本预算与费用预算，是从成本中心和费用中心的角度，研究相关预算的编制问题。但是，企业业务预算涵盖的内容极为广泛，结合企业实践，本节研究与成本中心和费用中心相关的管理费用、销售费用、财务费用、应交税费、应付账款等预算的编制问题。

### 一、管理费用预算

管理费用预算是预算期内企业为了维持基本组织结构和经营能力，保证生产经营活动正常进行而发生的各项费用支出的预算安排。管理费用的内容繁杂，包括董事会和行政管理部门在企业经营管理中发生的，或者应由企业统一负担的公司经费、工会经费、待业保险费、劳动保险费、董事会费、咨询费、诉讼费、业务招待费、房产税、车船使用税、土地使用税、印花税、技术转让费、无形资产摊销、职工教育经费、研发费用、排污费、存货盘盈和盘亏等。

管理费用预算由各个管理部门负责编制，其基本程序是：

首先，由财务部门将管理费用划分为变动费用和固定费用。

其次，将变动费用项目分解到各个相关职能部门进行编制。对于固定费用，区分两种情形进行不同处理：一是与各职能部门直接相关的费用由归口管理部门核定分解后落实到各部门，如工资、福利、工会经费、劳动保险费等与员工人数相关的固定费用应首先由财务部门或人力资源部门核定每个部门的费用数额，然后分解到各个部门；二是与各职能部门不直接相关的费用由归口管理部门负责核定但不予分解，而是将总额留在归口管理部门或设置一个综合账户专门填列费用，如税金、无形资产摊销、矿产资源补偿费等与每个部门不直接相关的费用。

最后，由财务部门汇总编制整个企业的管理费用预算。

管理费用预算编制应该采用零基预算法，按管理费用的可控性差异分为约束性管理费用和酌量性管理费用，进行编制。具体案例可见第四章例4-6和表4-9。同时，本章第四节关于费用中心的预算编制，大多属于管理费用预算，如文具费、会议费、业务招待费等。

### 二、销售费用预算

销售费用也称营业费用，是指企业在销售产品或提供劳务过程中发生的各项费用以及专设销售机构的各项费用。具体包括应由企业负担的运输费、装卸费、包装费、保险费、展览费、销售佣金、委托代理手续费、广告费、租赁费、销售服务费，专设销售机构人员工资、福利费、差旅费、办公费、折旧费、修理费、材料消耗、低值易耗品摊销及其他费用。

销售费用预算是为了实现销售预算而需支付的费用预算。正常情况下，销售收入与销售费用成正比，加大销售力度必然会增加销售费用，不能盲目地压缩该项费用。编制销售费用预算时，必须与销售预算相互协调与配合。

销售费用预算的编制需要以销售收入预算为基础，分析销售收入与销售费用间的关系，力求达到销售费用投入产出的最佳效果。具体编制方法有三种，即销售百分比法、零基预算法和弹性预算法。后两种方法的基本原理我们在前面已经介绍过，这里主要说明销售百分比法。

销售百分比法是指用基期销售费用与基期销售收入的百分比，结合预算期的销售收入预算编制销售费用预算的方法。其基本公式如下：

销售费用预算＝预算期销售收入×（基期销售费用÷基期销售收入）

采用销售百分比法编制销售费用预算时，要注意以下几点：

第一，销售费用中包含一些固定费用，一般不会随销售收入的变动而变动，因此销售百分比法的基本计算公式只适合于核定变动销售费用。编制销售费用预算时，先将销售费用划分为变动费用和固定费用，然后按上述公式核定出预算期内的变动费用，固定费用则可以采用零基预算的方法编制。

第二，为了防止基期销售百分比的偶然性，可以采用近几年的销售费用与销售收入百分比加权平均的办法核定预算期的销售费用。第八章编制年度预算时采用的就是此种方法。

第三，在市场竞争激烈的环境下，企业每年的销售费用一般波动较大，编制销售费用预算必须充分考虑企业在预算期内有无新产品投放市场、新客户的开发以及企业采取的营销策略和促销手段等因素，同时还要考虑企业加强内部管理、压缩各项费用的要求等情况。

因此，采用销售百分比法核定销售费用时，必须将基本公式计算得到的数据经过加减校正并结合零基预算法后才能作为销售费用预算。

### 三、财务费用预算

财务费用预算是预算期内企业为了维持正常生产经营活动筹集资金而发生的费用安排。其主要内容包括利息支出、利息收入、汇兑损益、相关手续费和其他财务费用。

财务费用预算比较单纯，要结合企业的融资活动，由财务部门负责编制。其编制的依据有：①预算期内企业向银行及其他金融机构借款的金额和利率；②预算期内企业应付债券的余额和利率；③预算期内企业在银行办理票据贴现的额度和贴现率；④预算期内企业在银行的平均存款余额和存款利率；⑤预算期内企业结汇、购汇、调汇的种类、额度和汇率；⑥预算期内各种外币账户的外币期末余额与折合为人民币的损益率；⑦预算期内利息资本化的数额；⑧其他为筹集资金而发生的手续费和财务费用。

编制财务费用预算时，首先要将上述基础资料和数据搞清楚，然后按照各自的计算公式测算财务费用。

对财务费用的计算，要严格按照财务制度规定，切实分清列支渠道，既不能将应在损益中列支的财务费用计入固定资产成本或挂账不列，也不能将本应资本化的借款利息、融资费用进行费用化。

【例6-5】ABC公司财务部根据预算期公司的借款额度、借款利率等各种情况编制2021年财务费用预算。其基础数据和预算结果如表6-9和表6-10所示。

表6-9　ABC公司2021年财务费用基础数据资料

| 项目 | 单位 | 一季度 | 二季度 | 三季度 | 四季度 |
|---|---|---|---|---|---|
| 银行借款 | 万元 | 2 000 | 2 200 | 1 900 | 2 000 |
| 借款利率 | % | 5 | 5 | 5 | 5 |
| 汇票贴现额 | 万元 | 0 | 200 | 300 | 400 |
| 汇票贴现天数 | 天 | | 30 | 40 | 60 |
| 汇票贴现率 | % | 4 | 4 | 4 | 4 |
| 结汇额度 | 万美元 | 50 | 80 | 100 | 60 |
| 预计汇率 | 人民币/美元 | 6.94 | 6.92 | 6.9 | 6.85 |
| 开具汇票额度 | 万元 | 200 | 300 | 200 | 300 |
| 汇票手续费 | % | 0.5 | 0.5 | 0.5 | 0.5 |
| 存款平均余额 | 万元 | 600 | 500 | 500 | 600 |
| 存款利率 | % | 0.49 | 0.49 | 0.49 | 0.49 |

表 6-10 财务费用预算表　　　　　　　　　　　　　单位：万元

| 项目 | 一季度 | 二季度 | 三季度 | 四季度 | 2017 年 |
|------|--------|--------|--------|--------|---------|
| 借款利息支出 | 100 | 110 | 95 | 100 | 405 |
| 利息收入 | −2.9 | −2.5 | −2.5 | −2.9 | −10.8 |
| 贴现利息支出 | 0 | 0.7 | 1.3 | 2.6 | 4.6 |
| 汇兑损益 | −1 | −0.8 | −1.1 | −1.2 | −4.1 |
| 汇票手续费 | 1 | 1.5 | 1 | 1.5 | 5 |
| 其他手续费 | 2 | 2.1 | 2.2 | 1.9 | 8.2 |
| 合计 | 99.1 | 110 | 96 | 101.9 | 407.9 |

#### 四、应交税费预算

应交税费预算是对企业预算期内发生的流转税、所得税、财产税、行为税、资源税和教育费附加进行规划与安排的一种经营预算。应交税费主要包括增值税、消费税、城市维护建设税、所得税、房产税、土地使用税、印花税、车船使用税、教育费附加等。该预算由财务部门负责。

编制应交税费的关键是准确确定预算期内企业应交税费的种类、计税依据和适用税率，并据此计算应交税费数额。此外，要根据国家税收政策和企业具体情况安排应交税费的现金支出。应交税费的内容包括期初和期末应交税费余额、预算期应交税费数额、预算期内上缴税费数额等事项。

（一）应交税费的计算方法

（1）增值税是以产品销售收入或劳务收入额为计税依据，并根据预算期内销售收入和材料采购金额分别计算销项税额和进项税额，二者相抵后即为应交增值税额。其编制依据是销售预算、材料采购预算中的相关数据。

（2）消费税以产品销售收入或销售数量为计税依据。增值税和消费税作为两种最为重要的流转税，编制的依据是销售预算的相关数据。

（3）城市维护建设税和教育费附加是以增值税和消费税的税额为计税依据，按规定税费率计税缴纳的税额。二者预算编制的依据是预算期内增值税和消费税预算。

（4）所得税是以企业一定时期的所得额为计税依据，按照规定税率计算缴纳的税金。其预算编制资料主要来源于利润预算。

（5）房产税、车船使用税、土地使用税是以企业所拥有或支配的财产为计税依据，按规定税率计算缴纳的税金。三类预算的资料来源主要是企业财务账目中有关房产、车船和土地的资料和数据。

（6）印花税是以企业经济活动中书立、领受的应税经济凭证为计税依据，按照规定税率计算缴纳的税金。编制印花税预算的资料来源主要是预算期内企业书立的具有合同性的凭证、产品转移书据和营业账簿。

需要指出的是，应交税费的种类繁多，本书介绍的只是一些重要的税种及其基本内容，同学们如果想详细了解税费构成及缴纳规定，还需要专门学习税法相关课程。

最终，企业预算期内的应交税费总额的计算公式如下：

$$应交税费总额 = \sum 计税（费）依据 \times 适用税（费）率（额）$$

（二）应交税费预算编制案例

编制应交税费预算如表 6-11 所示。

表 6-11　ABC 公司 2021 年应交税费预算　　　　　　　　　单位：元

| 项目 | 期初余额 | 计税依据 | 缴费标准 | 应交税费 | 上缴税费 | 期末余额 |
|---|---|---|---|---|---|---|
| 计算关系 | ① | ② | ③ | ④=②×③ | ⑤=①+④-② | ⑥ |
| 增值税 | 70 000 | 28 823 600 | 17% | 4 900 012 | 4 480 012 | 490 000 |
| 销项税额 | 150 000 | 60 000 000 | 17% | 10 200 000 | 9 330 000 | 1 020 000 |
| 减：进项税额 | 80 000 | 31 176 400 | 17% | 5 299 988 | 4 849 988 | 530 000 |
| 消费税 | 0 | 0 | | 0 | 0 | 0 |
| 城市维护建设税 | 4 900 | 4 900 012 | 7% | 343 000 | 313 600 | 34 300 |
| 房产税 | 0 | 7 000 000 | 1.2% | 84 000 | 84 000 | 0 |
| 印花税 | 0 | 5 000 000 | 1‰ | 5 000 | 5 000 | 0 |
| 土地使用税 | 0 | 600 000 m² | 1 元/m² | 600 000 | 600 000 | 0 |
| 车船使用税 | 0 | 10 辆 | 360 元/辆 | 3 600 | 3 600 | 0 |
| 企业所得税 | 100 000 | 5 800 000 | 25% | 1 450 000 | 1 822 600 | 191 400 |
| 教育费附加 | 2 100 | 4 900 012 | 3% | 147 000 | 134 400 | 14 700 |
| 地方教育费附加 | 1 400 | 4 900 012 | 2% | 98 000 | 89 600 | 9 800 |
| 合计 | 178 400 | | | 8 094 612 | 7 532 812 | 740 200 |

## 五、应付账款预算

应付账款预算是反映预算期内企业应付账款发生额、付款额及期末余额的预算。在买方市场的情况下，企业一般可以用赊购的方式购买到所需的材料物资，当期采购材料的货款不一定等于当期的全部支付，这样就产生了应付账款。为了管理和控制预算期内采购货款的应付及支付情况，同时也为了编制现金预算，企业在材料采购预算之后，需要编制应付账款预算。

应付账款预算一般由采购部门和财务部门共同编制。应付账款预算的主要编制依据是预算期内的材料采购预算、现金供给量、材料供应关系、货款支付政策、采购合同、期初应付账款余额等信息资料。因为企业的应付账款是按照供应商名称设置明细账户，所以编制应付账款预算时，也应按照供应商的名称进行排序，同时还要反映采购业务的内容，如材料采购额、累积采购额和累计采购比重等，一般与材料采购预算相衔接。企业应付账款户数较多时，可以采用上面提到的与应收账款预算类似的重点管理法编制应付账款预算。

需要说明两个问题：一是为了全面反映预算期内应付账款的数额，企业应将预算期内的材料采购货款全部纳入应付账款预算，会计人员做账时也应将采购货款全部过渡到应付账款账户；二是应付账款预算中的采购货款是含税的采购货款。

上述内容均与第五章第四节应收账款类似，应付账款的预算表如表6-12所示。

表6-12　应付账款预算表

| 序号 | 客户名称及分类 | 业务内容 | 2022年预算 | | | |
|---|---|---|---|---|---|---|
| | | | 期初余额 | 本期应付 | 本期付现 | 期末余额 |
| 一 | 重点客户 | | | | | |
| 1 | 甲公司 | X/Y产品 | | | | |
| 2 | 乙公司 | X/Y/Z产品 | | | | |
| …… | | | | | | |
| 7 | 庚公司 | Y/Z产品 | | | | |
| 二 | 一般客户 | | | | | |
| 1 | 东北20户 | X/Y/Z产品 | | | | |
| 2 | 华北15户 | X/Y/Z产品 | | | | |
| 3 | 西南22户 | X/Y/Z产品 | | | | |
| …… | | | | | | |
| 8 | 华南9户 | X/Y/Z产品 | | | | |
| 三 | 合计 | | | | | |

# 第七章　长期投资预算

长期投资预算是全面预算管理中的专门预算。

## 第一节　长期投资预算概述

### 一、长期投资概述

长期投资是指企业以收回本金并获利为基本目的，将货币、实物资产等作为资本投放于某一特定对象，以在未来较长时间获取预期经济利益的经济行为。按照不同标准，企业长期投资分为以下三类。

（一）项目投资与证券投资

按投资活动与企业本身的生产经营活动的关系以及投资对象存在的经济形态和性质，企业投资分为项目投资与证券投资。

项目投资，也称直接投资，是指将资金直接投放于形成生产经营能力的实体性资产，直接谋取经营利润的企业投资。项目投资的目的在于改善生产条件、扩大生产能力，以期实现企业发展战略并获得更多的利润。

证券投资，也称间接投资，是指将资金投放于股票、债券等权益性资产，通过证券资产上赋予的权利获取投资收益的企业投资。

（二）独立投资与互斥投资

按投资项目之间的相互关联关系，企业投资可以分为独立投资和互斥投资。

独立投资是相容性投资，各个投资项目之间互不关联、互不影响，可以并存。例如建造一个酿酒厂和一个纺织厂，它们之间并不冲突，可以同时进行。对于独立投资项目而言，其他投资项目是否被采纳或放弃，对本项目的决策并无显著影响，其投资决策的目的是就各独立项目在融资约束的前提下选择投资顺序。

互斥投资是非相容性投资，各个投资项目之间相互替代，不能并存。例如新旧固定资产更新决策中，购买新资产还是继续使用旧资产就是互斥的。对于一个互斥投资项目而言，其他投资项目是否被采纳或放弃，直接影响本项目的决策，是一种多选一的决策。

## 二、长期投资预算概述

长期投资预算，亦称资本预算，是指预算期内企业进行长期投资活动的总体安排，它涉及企业对长期投资活动进行规范、评价、决策、实施的全过程。

（一）长期投资预算的内容

（1）固定资产投资预算，是指企业在预算期内为构建、改建、扩建、更新固定资产而进行的资本投资预算，其主要根据企业相关投资决策资料和预算期内固定资产投资计划编制。由于固定资产投资过程中，经常涉及无形资产、流动资产等投资的配合，实务中也经常将固定资产投资预算称为项目投资预算。

（2）权益性资本投资预算，是指企业在预算期内为获得其他企业的股权及收益分配权而进行的资本投资预算，其主要根据企业相关投资决策资料和预算期内权益性资本投资计划编制。

（3）债权性资本投资预算，是指企业在预算期内购买国债、企业债券、金融债券及委托贷款等的预算，其主要根据企业相关投资决策资料和预算期内债权性资本投资计划编制。

（4）研发投资预算，是指企业在预算期内为取得专利权、非专利技术，研发新产品等而进行的资本支出预算，其主要根据企业相关投资决策和预算期内研发投资计划编制。

（二）长期投资预算的特点

长期投资预算的特点源于长期投资活动的特性，与经营预算相比，长期投资预算具有以下特点：

（1）长期投资预算的对象具有一次性特点，随着长期投资活动的完成，针对该项目的长期投资预算也随之结束。

（2）长期投资预算的编制具有很强的专业技术性。长期投资活动不仅涉及基本建设、更新改造、研发等技术性很强的活动，而且涉及股票、债券等专业特点明显的资本运作，这就决定了长期投资预算编制的专业性和技术性。

（3）长期投资预算具有风险性。其预算编制的依据主要是现金流量分析研究报告和企业长期投资决策，而现金流量都是根据大量预测结果得出的，预测结果具有不确定性。此外，无论是对内的项目投资，还是对外的股权投资，不仅需要大量投入资金，而且投资项目完成后会形成大量的沉没成本和长期资产，若市场、技术、价格等外部经济环境发生变化，都会给企业的长期投资带来风险。这些都决定了长期投资预算的风险性和不确定性。

（4）长期投资预算期间具有长期性。长期投资活动通常跨越数年，其预算期间与长期投资活动的周期保持一致，而且不受会计期间的制约。

本章以长期投资预算的内容分类为基础，依次研究债券投资预算、股票投资预算、项目投资预算和研发预算。

## 第二节　债券投资预算

### 一、债券投资的特点

债券投资是指企业通过证券市场购买各种债券（如国库债、金融债券、公司债券及短期融资券等）进行的投资。相对于股票投资而言，债券投资一般具有以下五个特点：

第一，债券投资属于债权性投资。虽然债券投资与股票投资都属于证券投资，但投资的性质不同：债券投资属于债权性投资，债券持有人作为发行公司的债权人，定期获取利息并到期收回本金，但无权参与公司的经营管理；股票投资属于权益性投资，股票持有人作为发行公司的股东，有权参与公司的经营管理。因此，债券体现债权、债务关系，股票体现所有权关系。

第二，债券投资的风险小。由于债券具有规定的还本付息日，并且其求偿权也位于股东之前，因此债券投资到期能够收回本金（或部分本金），其风险较股票投资小。特别是政府发行的债券，由于有国家财力作后盾，其本金的安全性非常高，通常被视为无风险证券。

第三，债券投资的收益稳定。债券投资的收益是按票面金额和票面利率计算的利息收入及债券转让的价差，受发行公司的经营状况影响较小，因而其投资的收益比较稳定。

第四，债券价格的波动较小。债券的市场价格尽管有一定的波动性，但由于前述原因，债券的价格毕竟不会偏离其价值太多，因此，其波动相对较小。

第五，市场流动性好。许多债券具有较好的流动性，政府及大企业发行的债券一般都可在金融市场上迅速出售，流动性很好。

### 二、债券价格的确定

投资者进行债券投资，是为了在未来获取增值收入，即未来期间的利息收入及转让价差。于是，债券的价值应该是按投资者要求的必要收益率对未来的上述增值收入及到期收回（或中间转让）的本金的折现值。投资者如果以等于债券价值的价格购买债券，他将获得预期的投资报酬（达到了投资者所要求的投资收益率）；如果以小于债券价值的价格购买债券，他将获得高于预期的投资报酬（超过了投资者所要求的投资收益率）；如果以大于债券价值的价格购买债券，他将不能获得预期的投资报酬（达不到投资者所要求的投资收益率）。可见，债券价值主要由两个因素决定：债券的预期总收入（利息收入、转让价差与本金之和）和投资者要求的投资收益率。

由于债券利息的计算方法不同，债券价值的计算方法也就不同，目前主要有以下几种基本计算方法。

（一）债券价格确定的基本公式

债券价格确定的基本公式是指在复利方式下，通过计算债券各期利息的现值及债券到期收回面值的现值来确定债券价格的估价方式。其一般计算公式为

$$P = \sum_{t=1}^{n} \frac{F \cdot i}{(1+K)^t} + \frac{F}{(1+K)^n} = \sum_{t=1}^{n} \frac{I}{(1+K)^t} + \frac{F}{(1+K)^n}$$
$$= I \cdot \text{PVIFA}_{k,n} + F \cdot \text{PVIF}_{k,n}$$

式中，$P$——债券价格；

$i$——债券票面利息率；

$F$——债券面值；

$I$——每年利息；

$K$——市场利率或投资人要求的投资收益率；

$n$——付息总期数。

【例 7-1】某债券面值为 1 000 元，票面利率为 8%，期限为 6 年，某企业要对这种债券进行投资，当前的市场利率为 10%，问债券价格为多少时才能进行投资？

根据上述公式得

$P = 1\,000×8\%×\text{PVIFA}_{10\%,6}+1\,000×\text{PVIF}_{10\%,6}$

$= 80×4.355+1\,000×0.564$

$= 912.40$（元）

即这种债券的价格必须低于 912.40 元时，该企业才能购买。

（二）期末一次还本付息且不计复利时债券价格确定的公式

我国目前发行的债券大多属于一次还本付息且不计复利的债券，其估价计算公式为

$$P = \frac{F + F \cdot i \cdot n}{(1+K)^n} = (F + F \cdot i \cdot n) \cdot \text{PVIF}_{k,n}$$

公式中的符号含义同前式。

【例 7-2】某企业拟购买一种利随本清的企业债券，该债券面值为 800 元，期限为 6 年，票面利率为 8%，不计复利，当前市场利率为 10%，该债券发行价格为多少时，企业才能购买？

由上述公式可知

$$P = \frac{800 + 800 × 8\% × 6}{(1+10\%)^6} = (800 + 800 × 8\% × 6) × 0.564 = 667.78 \text{（元）}$$

即债券价格必须低于 667.78 元时，企业才能购买。

（三）折现发行时债券价格确定的公式

有些债券以折现方式发行，没有票面利率，到期按面值偿还。这些债券的估价

模型为

$$P = \frac{F}{(1 + K)^n} = F \times \text{PVIF}_{k, n}$$

公式中的符号含义同前式。

【例7-3】某债券面值为1 000元，期限为6年，以折现方式发行，期内不计利息，到期按面值偿还，当时市场利率为6%，其价格为多少时，企业才能购买？

由上述公式得

$P = 1\ 000 \times \text{PVIF}_{6\%, 6} = 1\ 000 \times 0.705 = 705$（元）

该债券的价格只有低于705元时，企业才能购买。

### 三、债券投资收益

债券投资收益包括两个部分：一部分为转让价差（债券到期按债券面额收回的金额或到期前出售债券的价款与购买债券时投资金额之差，转让价差为正时为收益，相反则为损失），另一部分为利息收入。通常我们用债券投资收益率来衡量债券投资收益的高低。债券投资收益率是一定时期内债券投资收益与投资额的比率，是衡量债券投资是否可行的重要指标。

由于债券投资收益的主要部分是利息，因此计息方式的不同必然影响投资收益的计算。下面就按不同的计息方式分别介绍附息债券和贴现债券的投资收益的计算。

#### （一）附息债券投资收益率的计算

附息债券是指在债券券面上附有各种息票的债券。息票上标明应付利息额和支付利息的期限。息票到期时，只要将息票从债券上剪下来就可以据以领取本期利息。附息债券投资收益率的计算又可以分为两种情况。

1. 单利计息的附息债券投资收益率

附息债券一般采用单利计息的方法，每期利息额都是相等的。在用单利计息方法计算债券投资收益率时，如果不考虑债券利息的再投资收益，则债券投资收益率的计算公式为

$$R = \frac{P + \dfrac{S_n - S_0}{n}}{S_0} \times 100\%$$

式中，$R$——债券的年投资收益率；

$S_n$——债券到期时的偿还金额或到期前出售的价款；

$S_0$——债券投资时购买债券的金额；

$P$——债券年利息额；

$n$——债券的持有期限（以年为单位）。

附息债券投资收益率也可以用下列公式计算。

$$R = \frac{M - S_0}{n \times S_0} \times 100\%$$

式中：$M$——债券持有期间所取得的本利之和。

其他符号含义同前。

【例 7-4】某企业于 2013 年 10 月 1 日购入面额为 500 元的附息债券 50 张，票面利率为年利率 6%，以发行价格每张 510 元买入，到期日为 2015 年 10 月 1 日。要求计算该债券到期时的投资收益率。

$$R = \frac{500 \times 50 \times 6\% + (500 \times 50 - 510 \times 50) \div 2}{510 \times 50} \times 100\% = 4.9\%$$

2. 复利计息的附息债券投资收益率

当投资决策采用复利计息，并且考虑债券的利息收入和转让价差及再投资收益时，债券投资收益率的计算公式为

$$R = \sqrt[n]{\frac{S_n + P \sum_{t=1}^{n} (1 + i)^{t-1}}{S_0}} - 1$$

式中，$I$——债券利息的再投资收益率，一般可用市场利率；

$\sum_{t=1}^{n} (1+i)^{t-1}$——年金终值系数；

$P \sum_{t=1}^{n} (1+i)^{t-1}$——债券利息的年金终值；

其他符号的含义同前。

【例 7-5】某企业于 2012 年 10 月 1 日购入面额为 1 000 元的附息债券 100 张，票面利率为年利率 10%，以发行价格每张 1 020 元买入，到期日为 2014 年 10 月 1 日。如果市场利率为年利率 9%，要求用复利计息的方法计算该债券的投资收益率。

$$R = \sqrt[n]{\frac{S_n + P \sum_{t=1}^{n} (1 + i)^{t-1}}{S_0}} - 1$$

$$= \sqrt{[1\,000 \times 100 + 1\,000 \times 100 \times 10\% \times \sum_{t=1}^{2} (1 + 9\%)^{t-1}] \div (1\,020 \times 100) - 1}$$

$$= 8.87\%$$

从上述两个例题可知，采用单利与复利两种计息方法，计算出来的债券投资收益率是有差异的，但两年的差异并不大，期限越长，其差异越大。一般在进行债券投资决策时，最好采用复利计息的方法计算债券投资收益率，因为这种方法考虑到了货币时间价值，特别是当债券的投资期限较长时，债券利息的再投资收益就不能不加以考虑。

## （二）贴现债券投资收益率

贴现债券是指券面上不附息票，发行时按规定的折扣率，以低于票面面值的价格折价发行，到期时按票面面值偿还本金的债券。这种债券无票面利率。发行价格与票面面值的差价就是债券的利息。贴现债券投资收益率也可以按单利和复利两种方法计算。

1. 单利计息的贴现债券投资收益率

贴现债券在债券持有期间无利息，只有在债券到期时或转让债券时能取得价差收益。在按单利计息时，贴现债券投资收益率的计算公式为

$$R = \frac{S_n - S_0}{n \times S_0} \times 100\%$$

公式中的符号与前面公式的符号含义相同。

【例7-6】某一投资者在债券发行时购买一张面值为1 000元，期限为2年的贴现债券，其发行价格为860元。要求按单利计息方法计算该债券的投资收益率。

根据上面的计算公式，该债券的投资收益率为

$$R = \frac{1\ 000 - 860}{2 \times 860} \times 100\% = 8.14\%$$

2. 复利计息的贴现债券投资收益率

在投资决策中，也可以按复利计息的方法计算贴现债券投资收益率，尤其是对于期限较长的贴现债券，一般都应采用这种方法。其计算公式为

$$R = \left( \sqrt[n]{S_n \div S_0} - 1 \right) \times 100\%$$

公式中的符号含义同前。

【例7-7】如果上例中的债券采用复利计息方法，则其投资收益率可计算如下：

$$R = \left( \sqrt[n]{S_n \div S_0} - 1 \right) \times 100\% = \left( \sqrt{1\ 000 \div 860} - 1 \right) \times 100\% \approx 7.83\%$$

可见，采用复利计息方法计算的贴现债券投资收益率要比单利计息方法计算的投资收益率低一些。

### 四、债券投资的风险分析

进行债券投资与进行其他投资一样，在获得未来投资收益的同时，也要承担一定的风险。风险与报酬是对应的：高风险意味着高报酬，低风险则意味着低报酬。因此，风险与报酬的分析是债券投资（乃至所有投资）决策必须考虑的重要因素。债券投资要承担的风险主要有违约风险、利率风险、流动性风险、通货膨胀风险和汇率风险等。

（一）违约风险

违约风险是指债券的发行人不能履行合约规定的义务，无法按期支付利息和偿还本金而产生的风险。不同种类的债券违约风险是不同的。一般来讲，政府债券以

国家财政为担保，一般不会违约，可以看作无违约风险的债券；由于金融机构的规模较大并且信誉较好，因此其发行的债券的风险较政府债券高但又低于企业债券；工商企业的规模及信誉一般较金融机构差，因而其发行的债券的风险较大。形成违约风险的原因大致有以下五个：① 政治、经济形势发生重大变化。② 自然灾害或其他非常事故，如水灾、火灾、风灾等。③ 企业在竞争中失败，丧失生存和发展的机会。④ 企业经营不善，发生重大亏损。⑤ 企业资金调度失灵，缺乏足够的现金清偿到期债务。违约风险的大小，通常通过对债券的信用评级表现出来，高信用等级的债券违约风险要比低信用等级的债券小。由于在未来较长的期间内，企业的经营状况可能会发生变化，其债券的信用等级也会有所改变，因此投资者应密切关注债券信用等级变化的情况。

（二）利率风险

利率风险是指由于市场利率上升而引起的债券价格下跌，从而使投资者遭受损失的风险。债券的价格随着市场利率的变动而变动。一般来说，市场利率与债券价格成反比变化，市场利率上升，会引起债券市场价格下跌；市场利率下降，会引起债券市场价格上升。当金融市场上资金供大于求时，市场利率就会下降，当其下跌到低于债券利率时，将会导致债券价格上升；相反，当市场利率上升到高于债券利率时，投资者将转向更有利可图的投资机会，从而导致债券价格下跌。此外，债券利率风险与债券持有期限的长短密切相关，期限越长，利率风险越大。因此，即使债券的利息收入是固定不变的，但因市场利率的变化，其投资收益也是不确定的。

（三）流动性风险

流动性风险是指债券持有人打算出售债券获取现金时，其所持债券不能按目前合理的市场价格在短期内出售而形成的风险，又称变现风险。如果一种债券能在较短的时间内按市价大量出售，则说明这种债券的流动性较强，投资于这种债券所承担的流动性风险较小；反之，如果一种债券按市价卖出很困难，则说明其流动性较差，投资者会因此而遭受损失。一般来说，政府债券以及一些著名的大公司债券的流动性较好，而不为人们所了解的小公司的债券的流动性就较差。

（四）通货膨胀风险

通货膨胀风险又称购买力风险，是指由于通货膨胀而使债券到期或出售时所获得的现金的购买力降低的风险。在通货膨胀比较严重的时期，通货膨胀风险对债券投资者的影响比较大，因为投资于债券只能得到一笔固定的利息收益，而由于货币贬值，这笔现金收入的购买力会下降。一般而言，在通货膨胀的情况下，固定收益证券要比变动收益证券承受更大的通货膨胀风险，因此普通股票被认为比公司债券和其他有固定收益的证券能更好地避免通货膨胀风险。

（五）汇率风险

汇率风险是指由于外汇汇率的变动而给外币债券的投资者带来的风险。当投资者购买了某种外币债券时，本国货币与该外币的汇率变动会使投资者不能确定未来的本币收入。如果在债券到期时，该外币贬值，就会使投资者遭受损失。

### 五、债券投资决策分析

债券投资的决策是一个非常复杂的问题，但是对于投资者来说又是十分重要的。一般来说，债券投资的决策应在上述分析的基础上，进行进一步的深入分析后做出。这时，应主要进行以下分析。

（一）基本分析

基本分析是指对影响债券价格的各种基本因素（如经济增长、利率水平、通货膨胀、企业财务状况等）进行的分析，因为一个公司未来的发展前景实际上是由这些基本因素所决定的。基本分析既包括对宏观经济形势（如经济增长、经济周期、利率水平、通货膨胀、货币金融政策、财政政策、产业政策等）进行的分析，也包括对公司财务状况（如资产结构、偿债能力、盈利能力等）进行的分析。宏观经济形势对整个证券市场都会产生影响。它主要影响证券市场的基本走势，因此对宏观经济形势的基本面进行分析，有利于从战略上把握债券投资的方向。在宏观经济形势已经确定的情况下，对公司状况的分析就更加重要。公司分析主要应对公司的财务状况和公司的经营状况进行分析。对公司财务状况的分析主要是通过公司定期公布的财务报告进行，对公司经营状况的分析主要了解公司的内部管理是否有效率、公司的商品和劳务的销售情况、市场占有率、产品的生命周期、公司的投资计划、公司未来新的利润增长点、公司的发展前景等。

（二）技术分析

技术分析是指运用数学和逻辑上的方法，通过对证券市场过去和现在的市场行为进行分析，从而预测证券市场上债券价格的未来变化趋势。技术分析是在证券市场上广泛使用的一种分析方法，是长期以来证券投资者进行证券投资的经验总结。技术分析对证券投资是大有裨益的，作为一个证券投资者，有必要熟练掌握技术分析的基本方法。

在上述综合分析的基础上，投资者就能做出是否进行某种债券投资的决策。

## 第三节　股票投资预算

股票是股份公司为了筹集自有资金而发行的代表所有权的有价证券，购买股票是企业投资的一种重要形式。股票投资的目的主要有两种：一是获利，即作为一般的证券投资，获取股利收入及股票买卖差价；二是控股，即利用购买某一企业的大量股票达到控制该企业的目的。这种投资相对于债券投资风险更大。

## 一、股票投资的特点

股票投资和债券投资都属于证券投资。证券投资与其他投资相比，总的说来都具有高风险、高收益、易于变现的特点。但股票投资相对于债券投资而言，又具有以下特点：

第一，股票投资是权益性投资。股票投资与债券投资虽然都是证券投资，但投资的性质不同：股票投资属于权益性投资，股票是代表所有权的凭证，持有人作为发行公司的股东，有权参与公司的经营决策；而债券投资属于债权性投资，债券是代表债权债务的凭证，持有人作为发行公司的债权人，可以定期获取利息，但无权参与公司经营决策。

第二，股票投资的风险大。投资者购买股票之后，不能要求股份公司偿还本金，只能在证券市场上转让。因此，股票投资者至少面临两方面的风险：一是股票发行公司经营不善所形成的风险。如果公司经营状况较好，盈利能力强，则股票投资者的收益就多；如果公司的经营状况不佳，发生了亏损，就可能没有收益；如果公司破产，由于股东的求偿权位于债权人之后，因此，股东可能部分甚至全部不能收回投资。二是股票市场价格变动所形成的价差损失风险。股票价格的高低，除了取决于公司经营状况外，还受政治、经济、社会等多种因素的影响，因而股票价格经常处于变动之中，其变动幅度往往高于债券价格的变动幅度。股票价格的变动既能为股东带来价格上升的收益，也会带来价格下跌的损失。

第三，股票投资的收益高。由于投资的高风险性，股票作为一种收益不固定的证券，其收益一般高于债券。股票投资收益的高低，取决于公司的盈利水平和整体经济环境的好坏。当公司经营状况好、盈利水平高而社会经济发展繁荣稳定时，股东既可以从发行公司领取高额股利，也可因股票升值获取转让收益。

第四，股票投资的收益不稳定。股票投资的收益主要是公司发放的股利和股票转让的价差收益，相对债券而言，其稳定性较差。股票股利直接与公司的经营状况相关，公司的盈利多，就可能多发放股利，公司的盈利少，就可能少发或不发股利；股票转让的价差收益主要取决于股票市场的行情，股市行情好，出售股票就可以得到较大的价差收益，股市低迷时，出售股票将会遭受损失。

第五，股票价格的波动大。股票价格既受发行公司经营状况的影响，又受股市投机等因素的影响，波动极大。这就决定了不宜冒险的资金最好不要用于股票投资，而应选择风险较小的债券投资。

## 二、股票价格的确定

股票价格的确定实际上是对股票投资价值进行的评估。股票价格受多种因素的影响，其中公司的内在品质，如公司的财务状况、盈利能力、成长性等，对股票价格具有举足轻重的作用。实务中形成了以下常用的股票估价方法。

（一）长期持有股票、股利稳定不变的股票估价模型

股票价格的高低，同债券价格一样，取决于股票持有期间的现金流量的现值。对于长期持有某种股票的股东来说，它从发行公司取得的现金流量，就是无休止的股利。因此，股票的价格就是永续股利年金的现值之和。

于是，股票价格的估价模型可表述为

$$V = \frac{d}{k}$$

式中，$V$——股票现在价格；

$d$——每年固定股利；

$k$——投资人要求的收益率。

【例7-8】某企业购入一种股票准备长期持有，预计每年股利为4元，预期收益率为10%，则该种股票的价格为

$V = 4 \div 10\% = 40$（元）

（二）长期持有股票、股利固定增长的股票估计模型

发行公司如果经营状况很好，其股利分派一般呈现逐年增长的态势。这种股票的估价就比较困难，只能计算近似数。

假设某公司最近一年支付的股利为$d_0$，预期股利增长率为$g$，则

$$V = \frac{d_0(1 + g)}{k - g} = \frac{d_1}{k - g}$$

将上述公式进行转换，可计算出预期收益率。

$$k = \frac{d_1}{V} + g$$

式中，$d_1$——第1年的股利。

【例7-9】A公司准备投资购买H股份有限公司的股票，该股票上年每股股利为4.8元，预计以后每年以5%的增长率增长，A公司经分析后，认为必须得到10%的报酬率才能购买H股份有限公司的股票，则该种股票的价格应为

$$V = \frac{4.8 \times (1 + 5\%)}{10\% - 5\%} = 100.8$$（元）

即H公司的股票价格在100.8元以下时A公司才能购买。

【例7-10】如果A公司以80元的价格购买H公司的股票，预期股利为每股4.8元，股利每年以5%的速度递增。则预期收益率为

$k = （4.8 \div 80）\times 100\% + 5\% = 11\%$

（三）短期持有股票、未来准备出售的股票估价模型

在现实生活中，大部分投资者并不准备永久持有某种股票，而是准备在持有一段时期后再转让出售，他们不仅希望得到股利收入，还希望在未来出售股票时从股票价格的上涨中获得好处。于是，投资者获得的未来现金流量就包括两个部分：股

利和股票转让收入。这时，股票价格的计算公式为

$$V = \sum_{t=1}^{n} \frac{d_t}{(1+k)^n} + \frac{V_n}{(1+k)^n}$$

式中，$V$——股票现在的价格；

$V_n$——未来出售时预计的股票价格；

$K$——投资人要求的必要收益率；

$d_t$——第 $t$ 期的预期股利；

$n$——预计持有股票的期数。

【例 7-11】某公司拟购买 Z 公司发行的股票，预计 4 年后出售可得收入 2 500 元，该批股票在 4 年中每年可得股利收入 150 元，该股票预期收益率为 16%。则其价格为

$$V = \sum_{t=1}^{4} \frac{150}{(1+16\%)^4} + \frac{2\,500}{(1+16\%)^4} = 150 \times 2.798 + 2\,500 \times 0.552$$

$$\approx 1\,799.70\ （元）$$

从以上的计算可以看出，股票估价的关键在于确定一个能把风险因素考虑在内的、合适的收益率。为此，必须对股票投资的风险有足够的估量。

### 三、股票投资的收益

投资者进行股票投资的最终目的是取得投资收益。投资收益又因发行公司的未来获利状况和股价变动情况而变动，因此，投资收益的计算必须考虑上述因素的影响。

（一）不考虑时间价值因素时的长期股票投资收益率

计算股票投资收益必须将股价与收益结合起来进行衡量，如果不考虑时间价值因素，长期股票投资收益率可以采用下面的公式进行计算。

$$R = \frac{A + S_1 + S_2 + S_3}{P} \times 100\%$$

式中，$R$——股票投资收益率；

$P$——股票购买价格；

$A$——每年收到的股利；

$S_1$——股价上涨的收益；

$S_2$——新股认购收益；

$S_3$——公司无偿增资收益。

【例 7-12】某公司于 2010 年年初以每股 1.5 元的价格购入 10 000 股面值 1 元的 B 公司股票，该股票每年每股分派股利 0.25 元。由于 B 公司经营效益好，该公司股票价格每年上涨 8%。则截至 2013 年年底，该批股票的投资收益率为

$$R = \frac{10\,000 \times 0.25 + 10\,000 \times 1.5 \times \left[ (1 + 8\%)^4 - 1 \right]}{10\,000 \times 1.5} \times 100\%$$

$$= \frac{2\,500 + 10\,000 \times 1.5 \times (1.37 - 1)}{15\,000} \times 100\% = 52.67\%$$

这个指标表明了投资某一种股票所取得的综合收益，很显然，该指标越高，说明股票投资的收益越好。

（二）考虑时间价值因素时的长期股票投资收益率

如果考虑时间价值因素，长期股票投资收益率应为该股票投资净现值为零时的折现率（内部收益率）。在各年股利不等的情况下，其基本计算公式为

$$V = \sum_{j=1}^{n} \frac{D_j}{(1 + i)^j} + \frac{F}{(1 + i)^n}$$

式中，$V$——股票的购买价格；

$F$——股票的出售价格；

$D_j$——第 $j$ 年股利；

$n$——投资期限；

$i$——股票投资收益率。

【例 7-13】中盛公司于 2011 年 2 月 1 日以每股 3.2 元的价格购入 H 公司股票 500 万股，2018 年、2019 年、2020 年分别收到分派的现金股利每股 0.25 元、0.32 元、0.45 元，并于 2020 年 4 月 2 日以每股 3.5 元的价格售出，要求计算该项投资的收益率。

首先，采用测试法进行测试（详见表 7-1）。

表 7-1　测试表　　　　　　　　　　　　　　　　　单位：万元

| 年度 | 股利及出售股票的现金流量 | 测　试 | | 测　试 | | 测　试 | |
|---|---|---|---|---|---|---|---|
| | | 系数 10% | 现值 | 系数 12% | 现值 | 系数 14% | 现值 |
| 2018 | −1 600 | 1 | −1 600 | 1 | −1 600 | 1 | −1 600 |
| 2019 | 125 | 0.909 | 113.625 | 0.893 | 111.625 | 0.877 | 109.625 |
| 2020 | 160 | 0.826 | 132.16 | 0.797 | 127.52 | 0.769 | 123.04 |
| 2021 | 1 975 | 0.751 | 1 483.225 | 0.712 | 1 406.2 | 0.675 | 1 333.125 |
| | — | | 129.01 | | 45.345 | | −34.21 |

其次，采用插值法计算投资收益率。由于折现率为 12% 时净现值为 45.345 万元，折现率为 14% 时净现值为 −34.21 万元，因此，该股票投资收益率必然介于 12% 与 14% 之间。这时，可以采用插值法计算投资收益率。

$$R = \frac{45.345 - 0}{45.345 - (-34.21)} \times (14\% - 12\%) + 12\% \approx 13.14\%$$

（三）短期股票投资收益率

短期股票投资一般持有期间比较短，因而其收益率的计算通常不考虑时间价值

因素，其基本计算公式为

$$R = \frac{S_1 - S_0 + P}{S_0} \times 100\%$$

式中，$R$——股票投资收益率；

$S_1$——股票出售价格；

$S_0$——股票购买价格；

$P$——股票股利。

【例7-14】某公司于2020年10月1日以每股85元的价格购买A公司股票共计85 000元，2021年2月该公司每股获现金股利5.4元；2021年3月5日，该公司以每股98元的价格将A公司股票全部售出，则该批股票的投资收益率为

$$R = \frac{98 \times 1\,000 - 85\,000 + 5.4 \times 1\,000}{85\,000} \times 100\% = 21.65\%$$

### 四、证券投资组合

人们进行证券投资的直接动机就是获得投资收益，所以投资决策的目标就是使投资收益最大化。由于投资收益受许多不确定性因素的影响，因此投资者在确定投资决策时，只能根据经验和所掌握的资料对未来的收益进行估计。因为不确定性因素的存在，有可能使将来得到的投资收益偏离原来的预期，甚至可能发生亏损，这就是证券投资的风险。因此，人们在进行证券投资时，总是希望尽可能减少风险，增加收益。

（一）证券投资组合的风险

证券投资组合理论旨在探索如何通过有效的方法来消除投资风险。证券投资组合的风险可以分为两种性质完全不同的风险，即非系统性风险和系统性风险。

1. 非系统性风险

非系统性风险又叫可分散风险或公司特别风险，是指某些因素对单个证券造成经济损失的可能性，如公司在市场竞争中的失败等。这种风险，可通过证券持有的多样化来抵消。即多买几家公司的股票，其中某些公司的股票收益上升，另一些股票的收益下降，从而将风险抵消。因而，这种风险称为可分散风险。

当然，并不是任何股票的组合都能降低非系统性风险。一般来讲，只有呈负相关关系的股票（一种股票的报酬上升时，另一种股票的报酬下降，则这两种股票呈负相关关系）进行组合才能降低非系统性风险，而呈正相关关系的股票（一种股票的报酬与另一种股票的报酬同升同降，则这两种股票呈正相关关系）进行组合不能降低非系统性风险。因此，股票投资的风险应通过多种股票的合理组合予以降低。

2. 系统性风险

系统性风险又称不可分散风险或市场风险，是指由于某些因素给市场上所有的证券都带来经济损失的可能性。如宏观经济状况的变化、国家税法的变化、国家财

政政策和货币政策的变化、世界能源状况的改变和全球性金融危机等都会使股票收益发生变动。这些风险影响到所有的证券，因此，不能通过证券组合分散掉。对投资者来说，这种风险是无法消除的，故称不可分散风险。不可分散风险的程度，通常用 β 系数来计量。

投资者进行证券的组合投资，正是为了分散非系统性风险。实践证明，只要科学地选择足够多的证券进行组合投资，就能基本分散掉大部分非系统性风险。简而言之，就是不要把全部的资金都投资于一种证券，而应根据各种证券的具体情况和投资者本人对收益与风险的偏好，来选择若干种最理想的证券作为投资对象，形成一个投资组合。

（二）证券投资组合的风险收益

证券组合的风险收益是投资者因承担不可分散风险而要求的，超过时间价值的那部分额外收益。

$$R_p = \beta_p \cdot (K_m - R_F)$$

式中，$R_p$——证券组合的风险收益率；

$\beta_p$——证券组合的 $\beta$ 系数；

$K_m$——所有股票的平均收益率，简称市场收益率；

$R_F$——无风险收益率。

（三）风险和收益率的关系

在西方金融学和财务管理中，有许多模型论述风险和收益率的关系，其中一个最重要的模型为资本资产定价模型（CAPM），这一模型为

$$K_i = R_F + \beta_i(K_m - R_F)$$

式中，$K_i$——第 $i$ 种股票或第 $i$ 种证券组合的必要收益率；

$R_F$——无风险收益率；

$\beta_i$——第 $i$ 种股票或第 $i$ 种证券组合的 $\beta$ 系数；

$K_m$——所有股票或所有证券的平均收益率。

【例7-15】某公司购买甲、乙、丙三种股票进行投资组合，它们的 $\beta$ 系数分别为 1.5、1.2 和 0.5，三种股票在投资组合中的比重分别为 40%、30% 和 30%，股票的市场收益率为 15%，无风险收益率为 8%。要求：计算该投资组合的风险收益率和投资收益率。

首先，计算出该投资组合的 $\beta$ 系数。

$\beta = 40\% \times 1.5 + 30\% \times 1.2 + 30\% \times 0.5 = 1.11$

其次，计算该投资组合的风险收益率。

$R_P = 1.11 \times （15\% - 8\%） = 7.77\%$

最后，计算该投资组合的投资收益率。

$K = R_F + R_P = 8\% + 7.77\% = 15.77\%$

证券投资组合的风险收益率计算的关键，在于组合中各种证券 $\beta$ 系数和所占比

重的确定，同时，要掌握投资组合的投资收益率与风险收益率的关系。

（四）证券投资组合的策略

证券投资组合策略是投资者根据市场上各种证券的具体情况以及投资者对风险的偏好与承担能力，选择相应证券进行组合时所采用的方针。常见的证券投资组合策略有以下三种。

1. 保守的投资组合策略

该组合策略要求尽量模拟证券市场现状（无论是证券种类还是各证券的比重），将尽可能多的证券包括进来，以便分散掉全部可分散风险，从而得到与市场平均报酬率相同的投资报酬率。这种投资组合是一种比较典型的保守型投资组合策略，其所承担的风险与市场风险相近。保守型的投资组合策略基本上能分散掉可分散的风险，但所得到的收益也不会高于证券市场的平均收益。

2. 冒险的投资组合策略

该组合策略要求尽可能多地选择一些成长性较好的股票，而尽可能少地选择低风险、低报酬的股票，这样就可以使投资组合的收益高于证券市场的平均收益。这种组合的收益高，风险也高于证券市场的平均风险。采用这种投资组合，如果做得好，可以取得远远超过市场平均报酬的投资收益，但如果失败，则会发生较大的损失。

3. 适中的投资组合策略

该组合策略认为，股票的价格主要由企业的经营业绩决定，只要企业的经济效益好，其股票的价格终究会体现其优良的业绩。所以在进行股票投资时，要全面深入地进行证券投资分析，选择一些品质优良的股票组成投资组合，如果做得好，就可以获得较高的投资收益，而又不会承担太大的投资风险。

（五）证券投资组合的具体方法

证券投资是一个充满风险的投资领域，由于风险的复杂性和多样性，投资者进行投资时必须防范风险，没有风险的证券投资是不存在的。而防范风险的最有效方法就是进行证券投资组合，以分散全部可分散风险。常用的证券投资组合方法主要有以下四种。

1. 投资组合的三分法

比较流行的投资组合三分法是：1/3 的资金存入银行以备不时之需，1/3 的资金投资于债券、股票等有价证券，1/3 的资金投资于房地产等不动产。同样，投资于有价证券的资金也要进行三分，即 1/3 投资于风险较大的有发展前景的成长性股票，1/3 投资于安全性较高的债券或优先股等有价证券，1/3 投资于中等风险的有价证券。

2. 按风险等级和报酬高低进行投资组合

证券的风险大小可以分为不同的等级，收益也有高低之分。投资者可以测定出自己期望的投资收益率和所能承担的风险程度，然后在市场中选择相应风险和收益的证券形成投资组合。一般来说，在选择证券进行投资组合时，同等风险的证券应尽可能选择报酬高的；同等报酬的证券应尽可能选择风险低的；并且要选择一些风险呈负相关关系的证券进行投资组合。

3. 选择不同行业、区域和市场的证券作为投资组合

这种投资组合的做法如下。

（1）尽可能选择足够数量的证券进行投资组合，这样可以分散掉大部分可分散风险。根据投资专家们的估算，在美国纽约证券市场上随机地购买40种股票，就可以分散掉大部分可分散风险。

（2）选择证券的行业也应分散，不可集中投资于同一个行业的证券。这是为了避免行业不景气，而使投资遭受重大损失。

（3）选择证券的区域也应尽可能分散，这是为了避免因地区市场衰退而使投资遭受重大损失。

（4）将资金分散投资于不同的证券市场，这样可以防范同一证券市场的可分散风险。因为不同证券市场具有较大的独立性，即便在同一个国家，有时也可能一个市场强、一个市场弱。如在我国，深圳证券市场和上海证券市场有时就表现为一强一弱，同时在这两个证券市场上进行证券投资可以降低投资风险。

4. 选择不同期限的证券进行投资组合

这种投资组合要求投资者根据未来的现金流量来安排各种不同投资期限的证券，进行长、中、短期相结合的投资组合。同时，投资者可以根据可用资金的期限来安排投资，长期不用的资金可以进行长期投资，以获取较大的投资收益，近期就可能要使用的资金，最好投资于风险较小、易于变现的有价证券。

## 第四节　项目投资预算

固定资产投资预算，在实务中经常被称为项目投资预算，它主要包括四个方面的内容，一是现金流量估计，二是投资项目评价，三是项目风险评估，四是项目预算表的编制。

### 一、项目投资的现金流量分析

现金流量，在投资决策中是指特定投资项目引起的现金流出量、现金流入量和现金净流量。在项目投资决策中，决策分析所依据的基础数据不是基于权责发生制确认的收入、成本和利润，而是以收付实现制来计算的现金流入、现金流出和净现金流量。这主要基于两个原因：①现金流量不受会计方法选择等主观因素的影响，具有客观性；②基于收付实现制分析确定的现金流量排除了企业信用政策等非系统因素的影响，既有利于按照统一基础和标准来计算时间价值指标，也有利于在不同

企业甚至不同行业之间比较项目的预期效益。

需要注意的是，全面预算管理的"现金流量"概念与会计学中的"现金流量"概念有相似的地方，即收付实现制。但是，二者间也有重大差异——全面预算管理的现金流量与财务管理的现金流量类似，包括机会成本，而会计学则不考虑该问题。

1. 现金流量的内容

（1）按项目类型考察的现金流量。

投资项目有不同的类型，而不同类型项目的现金流量在内容上存在着差异。

①单纯固定资产投资项目的现金流量。

单纯固定资产投资项目是指只涉及固定资产投资，而不涉及其他长期投资和营运资金垫支的建设项目，其特点是：在投资中只包括为取得固定资产而发生的垫支资本投入而不涉及周转资本的投入。单纯固定资产投资项目的现金流入量包括该项投资新增的营业收入、回收固定资产余值等；现金流出量包括固定资产投资、新增经营成本以及增加的各项税款等。

②完整工业投资项目的现金流量。

完整工业投资项目也称新建项目，它是以新增工业生产能力为主的投资项目，其特点是：不仅包括固定资产投资，还涉及营运资金垫支以及其他长期资产（如无形资产、长期待摊费用等）的投资。

完整工业投资项目的现金流入量包括：营业收入、回收固定资产余值、回收营运资金垫支和其他现金流入量；现金流出量包括：建设投资、流动资金垫支、经营成本、维持运营投资、各项税款和其他现金流出。

③固定资产更新改造投资项目的现金流量。

固定资产更新改造投资项目可分为以恢复固定资产生产效率为目的的更新项目和以改善企业经营条件为目的的改造项目两种类型。

固定资产更新改造的现金流入量包括：因使用新固定资产而增加的营业收入、处置旧固定资产的变现净收入和新旧固定资产回收余值的差额等；现金流出量包括：购置新固定资产的投资、因使用新固定资产而增加的经营成本、因使用新固定资产而增加的营运资金垫支和增加的各项税款等内容。其中，因提前报废旧固定资产所发生的清理净损失而发生的抵减当期所得税额用负值表示。

（2）按时间考察的现金流量。

项目投资的现金流量除按项目类型区分外，还可以按时间划分为初始现金流量、营业现金流量和终结现金流量。

①初始现金流量是指在项目建设期内所发生的现金流量，它包括固定资产投资、无形资产投资、营运资金垫支等；

②营业现金流量是指在项目建成投入运营后，在整个经营期间发生的现金流量，它可以按照下面的公式计算：

营业现金流量=营业收入−付现成本

=营业收入−（营业成本−非付现成本）

=营业利润+非付现成本

③终结现金流量是指在项目寿命周期结束时发生的现金流量，它包括固定资产余值收入、回收所垫支的营运资金等。

2. 现金流量的估算

在项目进行投入和回收的各个阶段，都有可能发生现金流量，因此，企业应当估计每一时点上的现金流入量和现金流出量。下面以完整工业投资项目为例介绍现金流量的估算方法。

（1）现金流入量的估算。

如前所述，完整工业投资项目的现金流入量包括：营业收入、回收固定资产余值、回收营运资金和其他现金流入量。其中，营业收入是运营期内最主要的现金流入量，应按项目在运营期内有关产品的各年预计单价和预测销售量进行估算；回收固定资产余值需要根据固定资产技术特征、要素市场价格预测以及财务制度规定等因素进行估算；回收营运资金等于各年垫支的营运资金的合计数。

（2）现金流出量的估算。

①建设投资的估算。建设投资主要应当根据项目规模和投资计划所确定的各项建筑工程费用、设备购置成本、安装工程费用和其他费用的预算资料进行估算。

无形资产投资和开办费投资，应根据需要和可能，逐项按有关的资产评估方法和计价标准进行估算。

在估算构成固定资产原值的资本化利息时，可根据建设期长期借款本金、建设期和借款利息率按复利方法计算，且假定建设期资本化利息只计入固定资产的原值。

②营运资金垫支的估算。首先，应根据与项目有关的经营期每年流动资产需用额和该年流动负债可用额的差额来确定本年营运资金需用额，然后将本年营运资金需用额减去截至上年末的营运资金占用额（以前年度已经投入的流动资金累计数），差额即为本年需要追加的营运资金。

本年营运资金追加额=本年营运资金需用额−截至上年末的营运资金占用额

本年营运资金需用额=本年流动资产需用额−该年流动负债可用额

其中，流动资产需考虑存货、货币资金、应收账款和预付账款等内容；流动负债需考虑应付账款和预收账款等。

③付现成本的估算。付现成本是指在经营期内为满足正常生产经营而动用货币资金支付的成本费用。它可以按照以下公式估算：

预算期付现成本=预算期的总成本费用（含期间费用和所得税）−预算期固定资产折旧额和无形资产摊销额−该年计入财务费用的利息支出

预算期付现成本也可以采用分项列示的方法进行估算：

预算期付现成本=预算期外购材料燃料和动力费+工资及福利费+维修费+其他费用

其中，其他费用是指从制造费用、管理费用和销售费用中扣除了折旧费、摊销费、材料费、维修费、工资及福利费以后的剩余部分。

④税金及附加的估算。在项目投资决策中，应按在预算期内应交纳的消费税、土地增值税、资源税、城市维护建设税和教育费附加等估算。

3. 估算投资项目现金流量时应注意的问题

为正确估算投资项目的增量现金流量，需要正确识别引起企业总现金流量变动的支出项目，对此，我们需要考虑以下几个方面的原则：

（1）区分相关成本和非相关成本。

相关成本是指与特定决策有关的、在分析评价时必须加以考虑的成本，如差额成本、未来成本、重置成本、机会成本等。相反，非相关成本是指与特定决策无关的、在分析评价时无须考虑的成本，如沉没成本、账面成本等。

（2）不要忽视机会成本。

在投资方案的选择中，如果选择了一个投资方案，则必须放弃投资于其他途径的机会，而其他投资机会可能取得的收益就是选择本方案的一种代价，其便被称为该投资方案的机会成本。机会成本不是我们通常意义上的"成本"，它不是一种实际发生的费用或支出，而是一项失去的潜在收益。

（3）要考虑投资方案对公司其他部门或其他产品的影响。

当我们采纳一个新的投资方案后，要重视该方案可能对公司其他部门造成的有利或不利的影响。例如，某企业开发的新能源项目产品上市后，该企业原有其他产品的销售量可能减少，而且整个企业的销售额也许不增反减。因此在进行投资分析时，企业不能简单地将新能源项目的销售收入作为增量收入处理，而是应当扣除其他产品因此减少的销售收入。

（4）要考虑投资方案对净营运资金的影响。

一方面，随着项目投资的完成和销售额的不断扩大，存货和应收账款等流动资产的需求也会增加，公司必须筹措新的资金以满足这种额外需求；另一方面，公司扩充的结果，使应付账款与一些应付费用等流动负债也会同时增加，从而降低公司流动资金的实际需要。所谓净营运资金的需要，是指增加的流动资产与增加的流动负债之间的差额。

相对而言，项目投资涉及面广，其基础资料的搜集和现金流量的估算需要由企业内部的众多部门和人员共同参与，各司其职，各负其责。例如，产品售价和销量的预测一般需由销售人员负责，产品研制、设备购建等资本性支出的估算需要项目技术人员负责，财务部门的职责是根据各个相关部门和人员的预测和估算，对项目的财务效益进行综合性评价。

**二、项目投资的财务评价**

项目投资的财务评价就是借助特定的评价指标，对项目的预期收益和价值进行定量测算，判断项目的财务可行性，据以为项目投资决策提供依据。项目投资财务评价的指标主要有两大类，即非贴现类指标和贴现类指标，前者包括静态投资回收期、投资收益率等，后者包括净现值、净现值率、获利指数、内部收益率和动态投资回收期等。非贴现类指标和贴现类指标的主要区别在于前者没有考虑资金的时间价值，后者则考虑了资金的时间价值因素。

1. 静态投资回收期

静态投资回收期是指在不考虑资金时间价值的情况下，通过投资项目的经营净现金流量收回全部原始投资所需要的时间，通常以"年"表示。该指标能够反映项目投资的回收能力，回收期越短，表明资金回收越快，项目不可预见的风险也就越小。静态投资回收期又可以分为"包括建设期的投资回收期（PP）"和"不包括建设期的投资回收期（PP'）"两种形式。

静态投资回收期指标的计算方法可以分为公式法和列表法。

（1）公式法。

如果某一项目的投资均集中发生在建设期内，投产后若干年（设为 $m$ 年）内每年经营净现金流量相等，并且 $m$ 年×投产后 $m$ 年内每年相等的净现金流量（NCF）≥原始总投资，则可按以下简化公式直接计算静态投资回收期：

不包括建设期的回收期（PP'）=原始总投资合计÷投产后若干年内相等的净现金流量

包括建设期的回收期（PP）=不包括建设期的回收期+建设期（PP＝PP'+s）

【例7-16】某企业拟建造一项生产用固定资产，需要一次性投入资金1 000万元，建设期为1年，建设期的资本化利息为100万元。该固定资产预计寿命为10年，按直线折旧法计提折旧，预计净残值为100万元。预计投产后2~10年净现金流量 $\mathrm{NCF}_{2~10}$ ＝200万元。预计投产后每年可获息税前利润100万元。

要求：判断是否可利用公式法计算静态回收期，如果可以请计算其结果。

解答：依题意，建设期 $s$＝1年，投产后第2~10年净现金流量相等，$m$＝9年，经营期前9年每年净现金流量 $\mathrm{NCF}_{2~10}$＝200万元，原始投资 $I$＝1 000万元。

由于 $m$×经营期前 $m$ 年每年相等的净现金流量＝9×200＝1 800万元>原始投资1 000万元，故可以使用简化公式计算静态回收期。

不包括建设期的投资回收期PP'＝1 000÷200＝5年

包括建设期的投资回收期PP＝PP'+s＝5+1＝6年

（2）列表法。

列表法是指通过列表计算"累计净现金流量"的方式，来确定包括建设期的投资回收期，进而再推算出不包括建设期的投资回收期的方法。无论什么情况下，都可以用列表法来计算静态投资回收期。

该法的原理是：按照回收期的定义，包括建设期的投资回收期（PP）满足以下关系式：$\sum_{t=0}^{pp} \mathrm{NCF}_t = 0$。

该式表明在现金流量表的"累计净现金流量"一栏中，包括建设期的投资回收期 PP 恰好是累计净现金流量为零的年限。

如果无法在"累计净现金流量"栏上找到零，则必须按下式之一计算包括建设期的投资回收期 PP：

①包括建设期的投资回收期（PP）＝最后一项为负值的累计净现金流量对应的年数＋（最后一项为负值的累计净现金流量绝对值÷下年净现金流量）

②包括建设期的投资回收期（PP）＝（累计净现金流量第一次出现正值的年份－1）＋（该年初尚未回收的投资÷该年净现金流量）

【例 7-17】根据【例 7-16】资料，可编制"累计净现金流量"表 7-2 如下：

表 7-2　投资项目累计净现金流量表　　　　　　　　　单位：万元

| 项目计算期 | 建设期 | | 经营期 | | | | | | | | 合计 |
|---|---|---|---|---|---|---|---|---|---|---|---|
| | 0 | 1 | 2 | 3 | 4 | 5 | 6 | … | 10 | 11 | |
| … | … | … | … | … | … | … | … | … | … | … | … |
| 净现金流量 | -1 000 | 0 | 200 | 200 | 200 | 200 | 200 | … | 200 | 300 | 1 100 |
| 累计净现金流量 | -1 000 | -1 000 | -800 | -600 | -400 | -200 | 0 | … | +800 | +1 000 | / |

由表 7-2 可知，该项目第 6 年的累计净现金流量为零，故 $PP = 6$ 年，$PP' = 6-1 = 5$ 年。

相对而言，静态投资回收期指标的优点在于：①能够直观地反映原始总投资的返本期限；②便于理解，计算简单；③可以直接利用回收期之前的净现金流量信息。其缺点在于：①没有考虑货币时间价值因素；②不能正确反映投资方式的不同对项目的影响；③没有考虑回收期满后继续发生的净现金流量，可能导致错误的投资决策。

2. 投资收益率

投资收益率，又称投资报酬率（ROI），是指达产期正常年度的年息税前利润或运营期年均息税前利润占投资总额的百分比：

投资收益率（ROI）＝年息税前利润或年均息税前利润÷投资总额×100%

只有投资收益率大于或等于基准投资收益率（资本成本率）的投资项目才具有财务可行性。

【例 7-18】在【例 7-16】资料的基础上，假设项目投产后每年可获得息税前利润 100 万元，则该项目的投资收益率可计算如下：

年息税前利润 $P = 100$ 万元，项目总投资 $I' = 1 000 + 100 = 1 100$ 万元，则：

投资收益率（ROI）＝ $100 \div 1\ 100 \times 100\% \approx 9.09\%$

投资收益率的优点在于：简单易懂，容易计算。其缺点在于：①没有考虑货币时间价值因素；②没有反映建设期长短、投资方式等因素对项目的影响；③无法直接利用净现金流量信息；④分子、分母计算口径的可比性较差。

3. 净现值法

（1）净现值的含义及决策原则。

净现值（NPV），是指在项目计算期内，按行业基准收益率或其他设定贴现率计算的各年净现金流量现值的代数和。通过计算、比较投资方案的净现值，据以进行投资方案决策的方法即为净现值法。

运用该方法进行决策的基本原则是：

①对于独立方案决策来说，只要净现值为正值，就说明投资方案的预期报酬率高于基准收益率，方案可以接受；反之，若净现值是负值，则说明投资方案的预期报酬率低于基准收益率，方案应予拒绝。也就是说，只有净现值指标大于或等于零的投资方案才具有财务可行性，净现值越大，投资方案的预期效益越好。

②对于互斥方案决策来说，则应选择净现值相对较大的方案。所谓互斥方案决策，是指在存在多个备选方案的情况下，由于受资金规模、企业能力需求等因素的限制，企业只能选择其中之一，而不能同时选择多个方案的决策。

净现值的基本计算公式为

$$NPV = \sum_{t=0}^{n} (第\ t\ 年的净现金流量 \times 第\ t\ 年的复利现值系数)$$

影响净现值的因素主要有：①各年的预测现金流量；②预计现金流量发生的时间与持续期限（项目寿命周期）；③贴现率。贴现率是投资项目或方案的机会成本，它可以根据社会或者行业平均资金收益率来确定。

【例7-19】某企业拟购置设备以扩充生产能力。设备需投资30 000元，使用寿命预计为5年，采用直线法计提折旧，5年后设备无残值。5年中每年的销售收入为15 000元，每年的付现成本为5 000元。假设所得税税率为25%，资金成本率为10%。

要求：①计算方案的营业现金流量；②计算方案的净现值。

解答：①计算方案的营业现金流量，见表7-3。

表7-3 投资方案的营业现金流量计算表　　　　　　　单位：元

| 年份 | 1~5 |
|---|---|
| 销售收入 | 15 000 |
| 付现成本 | 5 000 |
| 折旧 | 6 000 |
| 税前利润 | 4 000 |
| 所得税 | 1 000 |
| 税后利润 | 3 000 |
| 年营业现金流量 | 9 000 |

②计算方案的净现值。

方案的净现值 $= 9\ 000 \times (P/A,\ 10\%,\ 5) - 30\ 000$

$\qquad\qquad\qquad = 9\ 000 \times 3.790\ 8 - 30\ 000$

$\qquad\qquad\qquad = 4\ 117.2\ (元)$

（2）不同情况下的净现值计算。

①建设期为零，投产后的净现金流量表现为普通年金形式。在这种情况下，净现值按下式计算：

$$NPV = NCF_0 + NCF_{1 \sim n} \times (P/A,\ i_c,\ n)$$

【例7-20】某企业拟购置一台不需安装的设备，预计买价100万元。设备预计使用寿命为10年，按直线法计提折旧，无残值。该设备投产后预计每年可增加企业净利润10万元。投资的机会成本率为10%。计算该项投资的净现值。

解答：$NCF_0 = -100$ 万元，$NCF_{1 \sim 10} = 10 + 100 \div 10 = 20$ 万元。

则，$NPV = -100 + 20 \times (P/A,\ 10\%,\ 10) = 22.891$ 万元。

本例中，假定固定资产预计残值收入为10万元，则该项投资的净现值计算如下：

$NCF_0 = -100$ 万元，$NCF_{1 \sim 9} = 10 + (100 - 10) \div 10 = 19$ 万元，$NCF_{10} = 19 + 10 = 29$ 万元。

则，$NPV = -100 + 19 \times (P/A, 10\%, 9) + 29 \times (P/F, 10\%, 10)$

或 $\qquad = -100 + 19 \times (P/A, 10\%, 10) + 10 \times (P/F, 10\%, 10) = 20.602$ 万元

②建设期不全为零，全部投资在建设期开始时一次性投入，投产后每年净现金流量为递延年金形式。在这种情况下，净现值按下式计算：

$$NPV = NCF_0 + NCF_{(s+1) \sim n} \times [(P/A,\ i_c,\ n) - (P/A,\ i_c,\ s)]$$

或 $\qquad = NCF_0 + NCF_{(s+1) \sim n} \times (P/A,\ i_c,\ n - s) \times (P/F,\ i_c,\ s)$

【例7-21】沿用上例资料，假定建设期为1年，无残值，其他条件不变。计算该项投资的净现值。

解答：$NCF_0 = -100$ 万元，$NCF_1 = 0$，$NCF_{2 \sim 11} = 20$ 万元。

则，$NPV = -100 + 20 \times [(P/A, 10\%, 11) - (P/A, 10\%, 1)] = 11.719\ 4$ （万元）

或 $\qquad = -100 + 20 \times (P/A, 10\%, 10) \times (P/F, 10\%, 1) = 11.719\ 4$ （万元）

③建设期不为零，全部投资在建设期内分次投入，投产后每年净现金流量为递延年金形式。在这种情况下，净现值按下式计算：

$$NPV = NCF_0 + NCF_1 \times (P/F,\ i_c,\ 1) + \cdots + NCF_s \times (P/F,\ i_c,\ s)$$
$$+ NCF_{(s+1) \sim n} \times [(P/A,\ i_c,\ n) - (P/A,\ i_c,\ s)]$$

【例7-22】沿用【例7-20】的资料，假定建设期为1年，无残值，建设资金分别于年初、年末各投入50万元，其他条件不变。计算该项投资的净现值。

解答：$NCF_{0 \sim 1} = -50$ 万元，$NCF_{2 \sim 11} = 20$ 万元。

则，$NPV = -50 - 50 \times (P/F, 10\%, 1) + 20 \times [(P/A, 10\%, 11) - (P/A, 10\%, 1)]$

$\qquad\qquad = 16.265$ （万元）

（3）净现值法的优点是：①综合考虑了货币时间价值，不仅估算了现金流量的数额，而且考虑了现金流量的时间和投资风险；②能够反映投资项目在其整个经济年限内的总效益；③能够体现企业价值最大化的财务目标。

（4）净现值法的缺点是：①无法从动态的角度直接反映投资项目的实际收益率水平；②它是一个绝对量指标，不便于比较不同投资项目的获利能力；③不能用于期限不同的投资方案的比较；④贴现率的选择往往具有主观性。

### 4. 净现值指数法

净现值指数（NPVR）又称净现值比、净现值率，是指投资项目的净现值占全部原始投资额现值之和的比率。

净现值指数（NPVR）＝项目的净现值÷原始投资额现值之和×100%

净现值指数表示单位投资额现值所获得的净现值。净现值指数小，单位投资的收益率就低，反之，单位投资的收益率高。利用净现值指数的决策原则是：只有净现值指数指标大于或等于0，投资项目才具有财务可行性，反之则应当拒绝投资。

【例7-23】根据【例7-22】的资料，计算该项目的净现值指数的方法如下：

净现值＝16.265（万元）

原始投资现值＝－[－50－50×$(P/F,10\%,1)$]＝95.455（万元）

NPVR＝16.265÷95.455≈0.170 4

净现值指数法的优点是：①可以从动态的角度反映项目的资金投入与净产出之间的关系，有利于在不同投资项目之间进行比较；②计算简单、易于理解。净现值指数法的缺点是：无法直接反映投资项目的实际收益率。

### 5. 现值指数

现值指数（PI）又称现值比率，是指投产后按行业基准收益率或设定贴现率折算的各年净现金流量的现值合计与原始投资的现值合计之比。

现值指数（PI）＝投产后各年净现金流量的现值合计÷原始投资的现值合计

现值指数与净现值指数的关系：现值指数＝1+净现值指数

利用现值指数的决策原则是当现值指数大于或等于1时，投资项目才具有财务可行性，反之则应当拒绝投资。

现值指数的优缺点与净现值指数基本相同。

### 6. 内部收益率

内部收益率（IRR）又称内部报酬率，是指能够使未来现金流入量现值等于现金流出量现值的贴现率，或者说它是能使投资项目的净现值等于零时的贴现率，可用以下公式表示：

$$\sum_{t=0}^{n}\left[\mathrm{NCF}_{t}\times(P/F,\ \mathrm{IRR},\ t)\right]=0$$

一般来说，内部收益率的计算需要逐次测试，然后再用插值法原理求解。逐次测试法就是要通过逐次测试找到两个相近的贴现率，一个能够使净现值大于零，另一个能够使净现值小于零，然后采用一定的计算方法，确定能使净现值等于零的贴现率——内部收益率 IRR 的方法。

（1）先设定一个贴现率 $r_1$，代入计算净现值的公式，求出按 $r_1$ 为贴现率的净现值 $NPV_1$，然后再进行下面的判断：①若净现值 $NPV_1 = 0$，则内部收益率 $IRR = r_1$，计算结束；②若净现值 $NPV_1 > 0$，则内部收益率 $IRR > r_1$，应重新设定 $r_2 > r_1$，再将 $r_2$ 代入有关计算净现值的公式，求出净现值 $NPV_2$，继续进行下一轮的判断；③若净现值 $NPV_1 < 0$，则内部收益率 $IRR < r_1$，应重新设定 $r_2 < r_1$，再将 $r_2$ 代入有关计算净现值的公式，求出 $r_2$ 的净现值 $NPV_2$，进行下一轮的判断。

（2）经过逐次测试判断，有可能找到内部收益率 IRR。每一轮判断的原则相同。若设 $r_j$ 为第 j 次测试的贴现率，$NPV_j$ 为按 $r_j$ 为贴现率计算的净现值，则有：①当 $NPV_j > 0$ 时，$IRR > r_j$，继续测试；②当 $NPV_j < 0$ 时，$IRR < r_j$，继续测试；③当 $NPV_j = 0$ 时，$IRR = r_j$，测试完成。

（3）若经过有限次测试，仍未从时间价值系数表中找到内部收益率 IRR，则可利用最为接近零的两个净现值正负临界值 $NPV_m$ 和 $NPV_{m+1}$ 及相应的贴现率 $r_m$ 和 $r_{m+1}$，应用内插法计算近似的内部收益率。即，如果 " $NPV_m > 0$，$NPV_{m+1} < 0$，$r_m < r_{m+1}$，$r_{m+1} - r_m \leq d$（$2\% \leq d < 5\%$）" 关系成立，则 $IRR = r_m + \dfrac{NPV_m - 0}{NPV_m - NPV_{m+1}} \times (r_{m+1} - r_m)$。

【例 7-24】某投资项目只能用一般方法计算内部收益率。按照逐次测试逼近法的要求，自行设定贴现率并计算净现值，据此判断调整贴现率。经过 5 次测试，得到表 7-4 所示的数据。

表 7-4　内部收益率计算测试表

| 测试次数 j | 设定贴现率 $r_j$ | 净现值 $NPV_j$（按 $r_j$ 计算） |
|---|---|---|
| 1 | 10% | +918.384 |
| 2 | 30% | −192.799 |
| 3 | 20% | +217.313 |
| 4 | 24% | +39.318 |
| 5 | 26% | −30.191 |

要求：计算该项目的内部收益率。

解答：因为 $NPV_m = +39.318 > NPV_{m+1} = -30.191$，$r_m = 24\% < r_{m+1} = 26\%$，故 $24\% < IRR < 26\%$

由内插法得出：

$$IRR = 24\% + \frac{39.318 - 0}{39.318 - (-30.191)} = 25.13\%$$

以上介绍了内部收益率计算的一般方法。当项目投产后的净现金流量表现为普通年金的形式时，可以直接利用年金现值系数计算内部收益率，其公式为

$$(P/A, \text{IRR}, n) = \frac{I}{\text{NCF}}$$

上式中，$I$ 为在建设期开始时一次投入的原始投资；$(P/A, \text{IRR}, n)$ 是期限为 $n$、贴现率为 IRR 的年金现值系数；NCF 为投产后 $1 \sim n$ 年每年相等的净现金流量（$\text{NCF}_1 = \text{NCF}_2 = \cdots = \text{NCF}_n$，NCF 为一常数，$\text{NCF} \geq 0$）。

运用该方法的条件有二：一是项目的全部投资均于建设期开始时一次性投入，建设期为零；二是投产后每年净现金流量相等。

【例 7-25】某投资项目在建设起点一次性投资 254 580 元，当年完工并投产，投产后每年可获净现金流量 50 000 元，经营期为 15 年。

要求：①判断该项目能否用内部收益率法；②计算该指标。

解答：①因为 $\text{NCF}_0 = -1$，$\text{NCF}_{1 \sim 15} = 50\ 000$，所以此题可采用内部收益率法来计算该项目的内部收益率 IRR；

② $(P/A, \text{IRR}, 15) = 254\ 580 \div 50\ 000 = 5.092$，查表可知 15 年的年金现值系数为 $(P/A, 18\%, 15) = 5.091\ 6$，所以最终得到：$\text{IRR} = 18\%$

7. 动态投资回收期

动态投资回收期，是指在考虑资金时间价值的情况下，通过投资项目的经营净现金流量收回全部原始投资所需要的时间，通常以"年"表示。该指标能够反映项目投资的回收能力，回收期越短，表明资金回收越快，项目不可预见的风险也就越小。

动态投资回收期就是从项目投建之日起，用项目各年的已贴现现金流量将全部投资现值收回所需的期限。表达式为

$$\sum_{t=0}^{n} \frac{(I_t - O_t)}{(1+i)^t}$$

式中，$n$ 为动态投资回收期（年）；$I_t$ 为第 $t$ 年的现金流入量；$O_t$ 为第 $t$ 年的现金流出量；$i$ 为贴现率。

【例 7-26】在贴现率为 10% 的情况下，现有一个投资方案，在年初投入 40 000 元，第一年净收益为 3 600 元，现金净流量为 23 600 元，第二年净收益为 6 480 元，现金净流量为 26 480 元。

要求：求其动态回收期。

解答：由公式 $\sum_{t=0}^{n} \frac{(I_t - O_t)}{(1+i)^t} = 0$ 求得贴现率为 0.909，该投资方案的现金流情况如表 7-5 所示。

表 7-5　现金流量表

| 方案 | 现金流量 | 回收额 | 未回收额 |
|---|---|---|---|
| 原始投资 | （40 000） | | |
| 第一年 | 23 600 | 21 454（23 600×0.909） | 18 546 |
| 第二年 | 26 480 | 21 884 | 0 |

回收期＝1+（18 546÷21 884）＝1. 85（年）

相对于静态投资回收期来说，动态投资回收期的最大优点是考虑了现金流量的取得时间。其缺点是计算工作比较复杂，同时依然未考虑回收期以后的现金流量，从而也可能导致错误的投资决策。

7. 基本贴现类指标之间的关系

（1）基本贴现类指标的变动关系。

从以上阐述可以看出，基本贴现类指标有净现值、净现值指数、现值指数和内部收益率，这些指标之间存在同方向变动关系。

当净现值>0 时，净现值指数>0，现值指数>1，内部收益率>基准收益率；

当净现值=0 时，净现值指数=0，现值指数=1，内部收益率=基准收益率；

当净现值<0 时，净现值指数<0，现值指数<1，内部收益率<基准收益率。

（2）基本贴现类指标的相同点。

①都考虑了资金的时间价值；②都考虑了项目计算期全部的现金流量；③都要受项目建设期长短、现金流量大小以及有无回收额等因素的影响；④都体现为正指标。在评价方案可行与否时，结论一致：当 NPV≥0 时，NPVR≥0，PI≥1，IRR≥Ic。

（3）基本贴现类指标间的区别如表 7-6 所示。

表 7-6　动态指标的区别点

| 指标 | 净现值 | 净现值率 | 获利指数 | 内部收益率 |
|---|---|---|---|---|
| 相对量指标/绝对量指标 | 绝对量指标 | 相对量指标 | 相对量指标 | 相对量指标 |
| 是否可以反映投入与产出的关系 | 不能 | 能 | 能 | 能 |
| 是否受设定贴现率的影响 | 是 | 是 | 是 | 否 |
| 能否反映投资项目本身的报酬率 | 否 | 否 | 否 | 是 |

### 三、项目投资的风险评价

由于项目投资涉及的时间比较长、面临的不确定性因素多、风险程度相对较大，因此我们需要运用一定的方法，对这些不确定性或者风险进行估量和评价。考虑了影响投资项目的不确定性因素的投资决策叫作风险投资决策。风险投资决策的方法主要有风险调整贴现率法、肯定当量法、决策树法、敏感性分析法、场景概况分析法及蒙特卡罗模型分析法等。本章主要对风险调整贴现率法、肯定当量法、决策树法和敏感性分析法进行介绍。

1. 风险调整贴现率法

我们知道，贴现率是投资者进行项目投资所要求的最低报酬率，它与项目的风险程度息息相关，即项目投资风险越大，贴现率越高，反之则贴现率越低。风险调整贴现率法就是根据这一理论，首先根据项目的风险程度调整贴现率，再根据调整后的贴现率计算投资项目的净现值，进而再根据该净现值进行投资决策。

根据风险调整贴现率的方法主要有以下几种：

（1）运用资本资产定价模型进行调整。

按照这种方法，特定投资项目的风险调整贴现率按下式计算：

$$k_j = r_f + \beta_j \times (k_m - r_f)$$

式中，$k_j$ 为项目 $j$ 的风险调整贴现率；$r_f$ 为无风险利率；$\beta_j$ 为项目 $j$ 的 $\beta$ 系数；$k_m$ 为所有项目的平均投资报酬率。

（2）根据投资项目的风险等级进行调整。

这种方法是对影响项目投资风险的各种因素进行评分，根据评分来确定风险等级，再根据风险等级来调整贴现率。表7-7、表7-8可以说明该方法的具体运用。

表7-7　投资项目风险状况及评分表

| 因素 | A | | B | | C | | D | | E | |
|---|---|---|---|---|---|---|---|---|---|---|
| | 状况 | 得分 | 状况 | 得分 | 状况 | 得分 | 状况 | 得分 | 状况 | 得分 |
| 市场竞争 | 无 | 1 | 较弱 | 2 | 一般 | 5 | 较强 | 8 | 很强 | 11 |
| 战略协调性 | 很好 | 1 | 较好 | 2 | 一般 | 5 | 较差 | 8 | 很差 | 11 |
| 投资回收期 | 1.5年 | 5 | 1年 | 1 | 2.5年 | 8 | 3年 | 9 | 4年 | 13 |
| 资源供应 | 一般 | 7 | 很好 | 1 | 较好 | 4 | 很差 | 15 | 较差 | 11 |
| 总分 | / | 14 | / | 6 | / | 22 | / | 40 | / | 46 |
| 贴现率 | | 9% | | 7% | | 12% | | 17% | | ≥25% |

表7-8　得分对应贴现率表

| 总分 | 风险等级 | 调整后的贴现率 |
|---|---|---|
| 0~8 | 很低 | 7% |
| 8~16 | 较低 | 9% |
| 16~24 | 一般 | 12% |
| 24~32 | 较高 | 15% |
| 32~40 | 很高 | 17% |
| 40分以上 | 最高 | 25%以上 |

表7-7中的分数、风险等级、贴现率的确定都是根据以往的经验来设定的，具体评分工作可由销售、生产、技术、财务等部门组成专家小组来进行。

（3）按投资项目的类别调整贴现率。

为满足项目投资决策的需要，对于经常发生的项目投资，企业可以根据经验或者历史资料预先按风险大小规定高低不等的贴现率。表7-9是某公司对不同类型的项目投资预先规定的贴现率。

**表 7-9　项目投资类别对应贴现率表**

| 投资项目类别 | 风险调整贴现率（边际资本成本+风险补偿率） |
|---|---|
| 重置型项目 | 10%+2%＝12% |
| 改造、扩充现有产品生产项目 | 10%+5%＝15% |
| 增加新生产线项目 | 10%+8%＝18% |
| 研发开发项目 | 10%+15%＝25% |

风险调整贴现率法的优点是：①容易理解；②企业可以根据自己对风险的偏好来确定风险调整贴现率，有利于实际运用。其缺点是：①贴现过程的计算较为复杂；②把风险因素和时间因素混为一谈，人为地假定风险随时间的延长而增大，这不一定符合实际情况。

2. 肯定当量法

项目的未来现金流量具有不确定性，使得项目投资存在投资风险。对此，除采用风险调整贴现率法外，还可以运用肯定当量法。肯定当量法的运用程序是：首先根据投资项目的风险程度将不确定的现金流量调整为确定的现金流量，其次将确定的现金流量按无风险报酬率进行折现，计算投资项目的净现值，最后根据该净现值来进行项目投资决策。肯定当量法的计算公式如下：

$$风险调整后的净现值 = \sum_{t=0}^{n} \frac{a_t \times 现金流量期望值}{(1 + 无风险报酬率)^t}$$

式中，$a_t$ 是 $t$ 年现金流量的肯定当量系数，它处于 0~1 之间。

肯定当量系数是指不确定的 1 元现金流量期望值相当于确定的现金流量的系数。运用该系数，可以将各年不确定的现金流量换算成确定的现金流量。

$$a_t = 肯定的现金流量 \div 不肯定的现金流量期望值$$

确定的 1 元钱比不确定的 1 元钱更受欢迎。不确定的 1 元钱，其价值要低于确定的 1 元钱的价值，两者的差额与不确定性程度高低有关。一般我们依据标准离差率来确定肯定当量系数，因为标准离差率能够较好地反映现金流量的不确定性程度。表 7-10 列示了变化系数（标准离差率）与肯定当量系数之间的经验关系。

**表 7-10　变化系数（标准离差率）与肯定当量系数的经验关系表**

| 变化系数 | 肯定当量系数 |
|---|---|
| 0.00~0.07 | 1 |
| 0.08~0.15 | 0.9 |
| 0.16~0.23 | 0.8 |
| 0.24~0.32 | 0.7 |
| 0.33~0.42 | 0.6 |
| 0.43~0.54 | 0.5 |
| 0.55~0.70 | 0.4 |

【例7-27】某企业准备进行一项投资，其各年的现金流量和分析人员确定的肯定当量系数如表7-11所示，无风险贴现率为10%，试判断此项目是否可行。

表7-11　现金净流量与肯定当量系数表

| 时间/年 | 0 | 1 | 2 | 3 | 4 |
|---|---|---|---|---|---|
| 现金净流量/元 | −20 000 | 7 000 | 9 000 | 8 000 | 8 000 |
| 肯定当量系数 $t$ | 1.0 | 0.95 | 0.9 | 0.85 | 0.8 |

解答：根据以上资料，计算项目净现值如下：

$$净现值 = \sum_{t=0}^{n} \frac{a_t \times 现金流量期望值}{(1 + 无风险报酬率)^t}$$

= 0.95×7 000×0.909+0.9×9 000×0.826+0.85×8 000×0.751+0.8×8 000×

0.683−20 000 = 2 219.40（元）

由于净现值为正，故项目可以投资。

肯定当量法的优点是：①计算比较简单；②克服了风险调整贴现率法夸大远期风险的缺点。其局限性在于：由于没有公认的客观准则，即便有变化系数与肯定当量系数的对照关系，准确合理地确定肯定当量系数仍是个十分困难的问题。

3. 决策树法

决策树法又称网络分析法，是通过分析投资项目未来各年各种可能的净现金流量及其发生的概率，并计算投资项目的期望净现值来评价风险投资的一种决策方法。决策树法考虑了投资项目未来各年现金流量之间的相互依存关系，涉及了条件概率和联合概率问题。为了便于考察项目未来各年可能的净现金流量及其发生的概率，我们往往使用决策树图形，以明确地说明投资项目各方案的情况。

应用决策树法的主要步骤是：

（1）画出决策树图形。

决策树图形用于反映某个决策问题的分析和计量过程，其主要分为以下几个部分：

①决策点，指几种可能方案选择的结果，即最后选择的决策方案，一般用"□"表示。

②方案枝，即决策点从左到右的若干条直线，代表一种备选方案。

③机会点，即代表备选方案的经济效果，是方案直线末端的一个圆"○"。

④概率枝，即代表各备选方案不同自然状态的概率，是机会点向右的若干条直线。

（2）预计各种状态可能发生的概率。

（3）计算期望值。

（4）选择最佳方案。

分别将各方案期望总和与投资总额之差标在机会点上方，并对各机会点的备选方案进行比较权衡，选择权益最大的方案为最佳方案。

【例7-28】ABC公司拟开发一种新产品，预计市场情况为：畅销的概率$p_1 = 0.6$，滞销的概率$p_2 = 0.4$。备选方案有：A方案，建造一个新车间，使用期为10年；B方案，对现有资产进行技术改造，既维持原来的生产，又组成新产品的生产线，使用期为10年；C方案，前期与B方案相同，如果市场情况好，3年后进行扩建，扩建项目使用期为7年。该公司要求的最低报酬率为10%，其他有关数据如表7-12所示。

表7-12　不同投资方案数据预测表　　　　　　单位：万元

| 方案 | 投资额 | | 年收益 | | | |
| --- | --- | --- | --- | --- | --- | --- |
| | 当前 | 三年后 | 前三年 | | 后七年 | |
| | | | 畅销 | 滞销 | 畅销 | 滞销 |
| A | 240 | 0 | 80 | −20 | 80 | −20 |
| B | 120 | 0 | 30 | 20 | 30 | 20 |
| C | 120 | 180 | 30 | 20 | 90 | 20 |

解答：首先，绘制决策树，如图7-1所示。

图7-1　决策树图

其次，计算各机会点的期望收益值：

机会点A的期望净现值 $= 80 \times (P/A, 10\%, 10) \times 0.6 + (-20) \times (P/A, 10\%, 10) \times 0.4 - 240$
$\qquad = 80 \times 6.145 \times 0.6 + (-20) \times 6.145 \times 0.4 - 240 = 5.78$（万元）

机会点B的期望净现值 $= 30 \times (P/A, 10\%, 10) \times 0.6 + 20 \times (P/A, 10\%, 10) \times 0.4 - 120$
$\qquad = 30 \times 6.145 \times 0.6 + 20 \times 6.145 \times 0.4 - 120 = 39.77$（万元）

机会点C的期望净现值：

点①期望净现值 $= 90 \times (P/A, 10\%, 7) \times (P/F, 10\%, 3) - 180 \times (P/F, 10\%, 3)$
$\qquad = 90 \times 4.868 \times 0.751 - 180 \times 0.751 = 193.85$（万元）

点②期望净现值 $= 30 \times (P/A, 10\%, 7) \times (P/F, 10\%, 3) - 0$
$\qquad = 30 \times 4.868 \times 0.751 - 0 = 109.73$（万元）

比较①和②的期望净现值，选择①。

机会点 C 的期望收益值 = ［193.96+30×（P/A，10%，3）］×0.6+20×（P/A，10%，10）×0.4-120=90.3（万元）

因为各个方案经营期一致，故可直接比较各方案期望收益值的大小，比较结果是放弃期望收益值较小的方案 A 和方案 B，选择期望收益值大的方案 C。

决策树法的优点是：①考虑了投资项目未来各年现金流量之间的相互依存关系；②为决策人员提供了投资项目未来各年所有可能的现金流量及其概率分布；③全面反映了投资项目的风险特征。决策树法的缺陷是：当项目的经济年限较长以及现金流量的可能性较多时，计算相对复杂，并且决策树图绘制的工作量较大。

4. 敏感性分析

敏感性分析是研究当制约投资项目评价指标（如 NPV、IRR 等）的内外部环境因素发生变动时，对评价指标所产生影响的一种定量分析方法。进行敏感性分析的基本步骤如下：

（1）确定影响项目评价的内外部环境因素，这些环境因素主要有市场需求、市场价格、成本水平等，它们构成了项目财务评价的各种环境变量。

（2）在保持其他条件不变的情况下，调整某个环境变量的取值，并计算环境变量调整后的项目评价指标。不断重复这一步骤，分别对各个变量进行分析，由此可以得到每一个环境变量的变动对 NPV 或 IRR 的影响。

（3）将项目评价指标的变动与对应的环境变量的变动联系起来，计算项目评价指标对环境变量的敏感系数，再根据敏感系数的大小判断项目的风险。

表 7-13 列举的是某投资项目的五个主要环境变量增长 1% 时对 NPV 的影响。

表 7-13　主要变量对净现值的影响（基本状态下 NPV = 200 000 元）

| 增长 1% 的主要环境变量 | NPV 增长量/元 | 增长百分比/% |
| --- | --- | --- |
| 销售增长率 | 2 328 | 1.16 |
| 营业利润率 | 3 644 | 1.82 |
| 资本投资 | -1 284 | -0.64 |
| 营运资金投资 | -1 412 | -0.71 |
| 贴现率 | -4 929 | -2.46 |

由上表可见，该项目评价指标对贴现率的变化最为敏感，其次是营业利润率，最后是销售增长率。也就是说，该项目的最大风险来自贴现率，即资本成本的变化，其次是营业成本水平。对此，企业应当有针对性地采取成本控制措施，努力降低成本，控制项目风险。

敏感性分析法是项目风险评价最常用的方法，它能够帮助我们找到导致项目风险的各主要因素，以便我们能够在事前制定风险防范和控制措施。但该方法仍存在着以下局限性：①该分析法提供了针对一组数值的分析结果，却无法给出每一个数值发生的可能性。②该方法假设其他环境变量保持不变的情况下，分别考察某一个环境变量发生变动对评价指标的影响，但在现实生活中这些环境变量通常是相互联系的，一个环境变量发生变动往往会同时引起其他变量发生变动。③对于同一个敏感性分析结果，一些决策者可能会拒绝该项目而其他决策者却可能接受这一项目，这往往取决于决策者对项目风险的厌恶程度。

### 四、项目投资决策例析

上面我们介绍了项目投资决策的一般原理和方法，下面我们将以例解的方式介绍项目投资决策方法在一些具体情况下的运用。

1. 期限不同的项目投资决策

前面已经讲到，净现值法不能应用于期限不同的投资方案的选择，原因在于净现值法没有考虑到期限较短的投资方案在寿命周期结束后的再投资问题，这样一来，如果简单地套用净现值比较，难免造成决策失误。

【例7-29】有甲、乙两个互斥的投资方案，所需一次性投资均为10 000元。甲方案预计使用8年，残值2 000元，年净利润3 500元；乙方案预计使用5年，无残值，第一年净利润3 000元，以后每年递增10%。假设资本成本率为10%，计算两个方案的净现值。

解答：

（1）现金流量分析。

甲、乙两方案初始现金流出量均为10 000元；

甲方案的营业现金净流量=3 500+（10 000-2 000）÷8=4 500（元）

乙方案各年营业现金流量的计算如下：

- 第一年=3 000+10 000÷5=5 000元
- 第二年=3 000×（1+10%）+10 000÷5=5 300（元）
- 第三年=3 000×（1+10%）$^2$+10 000÷5=5 630（元）
- 第四年=3 000×（1+10%）$^3$+10 000÷5=5 993（元）
- 第五年=3 000×（1+10%）$^4$+10 000÷5=6 392（元）

甲方案终结现金流入量2 000元，乙方案无终结现金流入量。

（2）计算净现值。

根据前述净现值的计算方法，可计算甲、乙两个方案的净现值分别为14 941.5元和11 213.77元。

如果仅仅按照净现值的大小来进行方案选择，那么本例无疑应当选择净现值较大的甲方案。然而，两个方案的期限不同，使得这种选择是错误的，因为它没有考虑期限为5年的乙方案在收回投资后的再投资问题。具体来说，乙方案在第5年末收回全部投资后，可以用于下一个周期的再投资，使其在第5年至第8年也能够获得净现金流入，但上述净现值法却未能考虑这部分现金流量。因此，当两个互斥投资方案的期限不同时，不能直接采用净现值法进行决策，对此，我们可采用年金净流量法或年营运成本法。

年金净流量法是净现值法的辅助方法。按照这种方法，首先需要计算年金净流量，计算公式为：年金净流量＝现金流量总现值/年金现值系数；其次根据年金净流量的大小进行方案选择，决策的原则是选择年金净流量大的方案。当各方案的寿命期限相同时，它实质上就是净现值法。

【例7-30】沿用【例7-29】的资料。

甲方案年金净流量＝14 941.5÷（P/A,10%,8）＝2 801（元）

乙方案年金净流量＝11 213.77÷（P/A,10%,5）＝2 958（元）

可见，尽管甲方案的现值大于乙方案，但乙方案的年金净流量大于甲方案，如果乙方案也按8年计算，则净现值为15 781元（2 958×5.335）。故本例应当选择乙方案。

年金净流量法是从现金流入的角度进行计算、比较和决策的。与此不同的另一种方法是年营运成本法，它是从现金流出的角度进行计算、比较和决策的，其具体运用我们结合固定资产更新决策进行介绍。

2. 固定资产更新决策

在项目投资决策中，固定资产更新决策相对比较频繁，其分析评价工作也较为复杂。下面我们通过简例来介绍固定资产更新决策问题。

【例7-31】ABC公司打算以新设备替换旧设备。旧设备的账面价值为220万元，预计售价为20万元；购买新设备的成本为130万元。新旧设备的预计未来使用年限均为10年。使用新设备年营业收入可增加14万元，可节约成本（未含折旧因素）11万元。假定所得税税率为25%，资本成本率为15%。要求计算该更新方案的净现值，并进行决策。有关现金流量的时间假设为：①年初用现金购买新设备；②年初销售旧设备并马上收到现金；③销售旧设备的所得税利益在年末实现；④未来10年每年的净现金流量均在年末收到。

解答：计算现金流量。

（1）初始现金流量的现值＝200 000－1 300 000＋800 000×0.869 6
$$=-404\ 320\ （元）$$

（2）年经营现金流量。

①年净收益增加额＝〔140 000（增加的收入）＋110 000（节约的不含折旧的成本）＋90 000（减少的折旧额）〕×（1－25%）＝255 000（元）

②年经营现金流量增加额＝255 000＋（－90 000）＝165 000（元）

或＝140 000＋110 000－85 000＝165 000（元）

③年经营现金流量增加额的现值＝165 000×4.833 2≈797 478（元）

④方案现金净现值＝797 478－404 320＝393 158（元）

由于以新换旧方案的净现值大于0，因此应选择以新设备替换旧设备的方案。

3. 综合例题

【例7-32】ABC公司是一家生产和销售软饮料的企业。该公司产销的甲饮料持续盈利，目前供不应求，公司正在研究是否扩充其生产的方案。有关资料如下：

（1）该种饮料批发价格为每瓶5元，变动成本为每瓶4.1元。本年销售400万瓶，已经达到现有设备的最大生产能力。

（2）市场预测显示明年销量可以达到500万瓶，后年将达到600万瓶，然后以每年700万瓶的水平持续3年。5年后的销售前景难以预测。

（3）投资预测：为了增加一条年产400万瓶的生产线，需要设备投资600万元；预计第5年末设备的变现价值为100万元；生产部门估计需要增加的营运资本为新增销售额的16%，在年初投入，在项目结束时收回；该设备能够很快安装并运行，可以假设没有建设期。

（4）设备开始使用前需要支出培训费8万元；该设备每年需要运行维护费8万元。

（5）该设备也可以通过租赁方式取得。租赁公司要求每年交纳租金123万元，租期5年，租金在每年年初支付，租赁期内不得退租，租赁期满设备所有权不转移。设备运行维护费由G公司承担。租赁设备开始使用前所需的培训费8万元由ABC公司承担。

（6）公司所得税税率为25%；税法规定该类设备使用年限为6年，采用直线法折旧，残值率为5%；假设该项目风险投资要求的最低报酬率为15%；银行借款（有担保）利息率为12%。

要求：①计算自行购置方案的净现值，并判断其是否可行。②根据我国税法的规定，该项设备租赁属于融资租赁还是经营租赁？具体说明判别的依据。③编制租赁的还本付息表，计算租赁相对于自购的净现值，并判断该方案是否可行，说明理由。

已知：

$(P/A,1\%,4)=3.902\,0,(P/A,2\%,4)=3.807\,7,(P/F,15\%,1)=0.869\,6$

$(P/F,15\%,2)=0.756\,1,(P/F,15\%,3)=0.657\,5,(P/F,15\%,4)=0.571\,8$

$(P/F,15\%,5)=0.497\,2,(P/F,9\%,1)=0.917\,4,(P/F,9\%,2)=0.841\,7$

$(P/F,9\%,3)=0.772\,2,(P/F,9\%,4)=0.708\,4$

解答：

（1）自行购置的净现值见表7-14。

表7-14　净现值计算表

| 时间（年末） | 0 | 1 | 2 | 3 | 4 | 5 |
|---|---|---|---|---|---|---|
| 营业收入 | | 500 | 1 000 | 1 500 | 1 500 | 1 500 |
| 税后收入 | | 375 | 750 | 1 125 | 1 125 | 1 125 |

表7-14(续)

| 时间(年末) | 0 | 1 | 2 | 3 | 4 | 5 |
|---|---|---|---|---|---|---|
| 税后付现成本 | | 4.1×100×(1-25%) =307.5 | 615 | 922.5 | 922.5 | 922.5 |
| 折旧抵税 | | 95×25%=23.75 | 23.75 | 23.75 | 23.75 | 23.75 |
| 税后维护费 | | 8×(1-25%)=6 | 6 | 6 | 6 | 6 |
| 税后培训费 | 8×(1-25%)=6 | | | | | |
| 税后营业现金流量 | -6 | 85.25 | 152.75 | 220.25 | 220.25 | 220.25 |
| 设备投资 | -600 | | | | | |
| 营运资本投资 | 500×16%=80 | 80 | 80 | | | |
| 回收残值流量 | | | | | | 106.25 |
| 回收营运资本 | | | | | | 240 |
| 项目增量现金流量 | -686 | 5.25 | 72.75 | 220.25 | 220.25 | 566.5 |
| 折现系数 | 1 | 0.869 6 | 0.756 1 | 0.657 5 | 0.571 8 | 0.497 2 |
| 现值 | -686 | 4.57 | 55.01 | 144.81 | 125.94 | 281.66 |
| 净现值 | -74.01 | | | | | |

说明：年折旧=600×（1-5%）÷6=95（万元）

终结点账面净值=600-5×95=125（万元），变现损失=125-100=25（万元）

回收残值流量=100+25×25%=106.25（万元）

（2）租赁的税务性质判别。

租赁期÷寿命期限=5÷6≈83.33%＞75%，所以应该属于融资租赁。

（3）编制租赁的还本付息表（表7-15），计算租赁相对于自购的净现值（表7-16），并判断该方案是否可行，说明理由。

设内含利息率为$i$，则：

$600=123+123×(P/A,i,4)$

即：$(P/A,i,4)=3.878,0$

由于$(P/A,1\%,4)=3.902,0$，$(P/A,2\%,4)=3.807,7$

所以：$(i-1\%)/(2\%-1\%)=(3.878,0-3.902,0)/(3.807,7-3.902,0)$

解得：$i=1.25\%$

**表 7-15  租赁的还本付息表**　　　　　　　单位：万元

| 时间（年末） | 0 | 1 | 2 | 3 | 4 |
|---|---|---|---|---|---|
| 支付租金 | 123 | 123 | 123 | 123 | 123 |
| 内含利息率 | 1.25% | 1.25% | 1.25% | 1.25% | 1.25% |
| 支付利息 | 0 | 5.963 | 4.5 | 3.018 | 1.519 |
| 归还本金 | 123 | 117.037 | 118.5 | 118.982 | 121.481 |

表7-15（续）

| 时间（年末） | 0 | 1 | 2 | 3 | 4 |
|---|---|---|---|---|---|
| 未还本金 | 600-123=477 | 359.963 | 241.463 | 121.481 | 0 |

说明：第五年初（第四年末）支付的利息是倒挤出来的，即123-121.481=1.519。

**表 7-16　租赁相对于自购的净现值**　　　　　　　　单位：万元

| 时间（年末） | 0 | 1 | 2 | 3 | 4 | 5 |
|---|---|---|---|---|---|---|
| 避免设备成本支出 | 600 | 0 | 0 | 0 | 0 | 0 |
| 租金支付 | -123 | -123 | -123 | -123 | -123 | 0 |
| 利息抵税 | 0 | 1.491 | 1.125 | 0.755 | 0.38 | 0 |
| 租赁期差额现金流量 | 477 | -121.509 | -121.875 | -122.245 | -122.62 | |
| 折现系数（9%） | 1 | 0.917 4 | 0.841 7 | 0.772 2 | 0.708 4 | |
| 租赁期差额现金流量现值 | 477 | -111.472 | -102.582 | -94.398 | -86.864 | |
| 丧失的回收残值流量 | 0 | 0 | 0 | 0 | 0 | -106.25 |
| 折现系数（15%） | — | — | — | — | — | 0.497 2 |
| 丧失的回收残值流量现值 | — | — | — | — | — | -52.828 |
| 租赁相对自购的净现值 | 28.86 | | | | | |

由于租赁方案的净现值为-74.01+28.86=-45.15万元，小于零，所以租赁方案也不可行。

说明：12%×（1-25%）=9%。

### 五、固定资产预算

固定资产投资是一种现金预支性支出，这意味着固定资产一旦投入，企业将承担其寿命期内所有预支的费用。无论该项固定资产是否使用，无论企业经营状况的好坏，企业都必须承担其寿命期内的"折旧费"。而且固定资产一旦运行，就必然会出现维护费用。这在前面的案例中都可以看出来。

固定资产预算的编制应该按岗位进行，这个岗位承担着对该资产使用、保管和维护的责任，这是固定资产管理的基础。在会计实务中，固定资产的编号、卡片也是在这个基础上建立的。对于一些共同使用的财产，如厂房、道路等，它们难以进行岗位化预算，故通常会将预算具体到某个群体，如财务部门、行政管理部门、工程维修部门等。

岗位化的固定资产预算，为固定资产折旧和维护找到了明确的责任中心。因此，固定资产折旧费用和维护费用的预算编制也可以直接归结到某个岗位、群体或责任中心。

ABC公司固定资产预算表如表7-17所示。

表 7-17　固定资产与折旧费用预算

| 机构名称 | 使用单位 | 预算编号 | 新增（减）固定资产 | | | | | 年末固定资产余额 | | | | | 预算期折旧预算 | | | | |
|---|---|---|---|---|---|---|---|---|---|---|---|---|---|---|---|---|---|
| | | | 资产名称 | 数量 | 预算金额 | 购置时间 | 分类标识 | 房屋及建筑物 | 机器设备 | 运输设备 | 办公设备 | 合计 | 房屋及建筑物 | 机器设备 | 运输设备 | 办公设备 | 合计 |
| 残值率 | | | | | | | | | | | | | | | | | |
| 折旧年限 | | | | | | | | | | | | | | | | | |
| 行政部门 | 总经理 | | | | | | | | | | | | | | | | |
| | 副总 | | | | | | | | | | | | | | | | |
| | 财务总监 | | | | | | | | | | | | | | | | |
| 生产部门 | 电器工 | | | | | | | | | | | | | | | | |
| | 装配工 | | | | | | | | | | | | | | | | |
| 销售部门 | 销售经理 | | | | | | | | | | | | | | | | |
| | 副经理 | | | | | | | | | | | | | | | | |
| 财务部门 | 财务经理 | | | | | | | | | | | | | | | | |
| | 成本主管 | | | | | | | | | | | | | | | | |
| | 总账主管 | | | | | | | | | | | | | | | | |
| …… | | … | … | … | … | … | … | … | … | … | … | … | … | … | … | … | … |
| 合计 | | | | | | | | | | | | | | | | | |

本例题中并未填列具体数值，主要是由于 ABC 公司固定资产众多，不可能一一列出，同学们只需要对其有一个大概的了解。在此，有以下几点需要说明：

（1）在固定资产预算的表格设计中，必须遵循固定资产管理理念和基本原则，即使使用岗位对资产负有保管、维护和使用的责任，该资产所在的责任中心也应承担该项资产的经济责任，如承担修理、维护、折旧费用等。

（2）表格中的第三列"预算编号"是该资产的唯一编号，如同人的身份证号。这样做是便于 ERP 系统进行有效的预算控制。通常情况下，预算批准后，进行预算控制设定时，企业要将所有预算指标进行系统设置，而固定资产预算设置就是其中的一项。所有已经列入预算的资产项目，系统都会按照预算编号输入。这样，当使用单位申请购置该项资产时，系统就会自动按照预算编号检索该资产项目。如果未检索到，系统会自动将该申请转入预算外审批程序。而当该项资产成功购置后，预算编号会自动转换为资产编号。因此，固定资产预算编号是系统控制、会计核算和资产管理的关键。

（3）表格中第七列"购置时间"是指某岗位或部门在预算中希望购买资产的月份。设置该项目的目的是便于财务部门调整现金支付节奏和编制折旧费用预算。这正是第五章经营预算中没有讲述"折旧费用预算"的原因，即固定资产预算与折旧预算是同时编制的。

（4）表格中的第八列"分类标识"是为了表明该项新增或新减资产的资产类别，从而便于系统进行主动归类，其一般使用字母标识。字母既可以是企业从 A 开始依次规定固定资产类别，也可以使用英文名字开头字母标识，如机器设备（machinery）可以用 M 标识，办公设备（office equipment）用 O 标识。在期末计算固定资产余额时，新增减的固定资产会通过"分类标识"自动加入某个资产类别，在 Excel 报表的输入公式为：机器设备＝if（分类标识＝"M"，"预算金额"，0）。

## 第五节　研发预算

企业针对新产品、新技术的研发周期通常超过一年，所以采用年度预算编制方式显然不合理，因此研发预算也属于长期投资预算的组成部分。而且，一个项目可能会研发好几年，企业需要持续地投入，不确定因素甚至未知因素很多，所以必须随着时间的推移、情况的变化，调整、修改、细化预算，这也是一种"滚动预算"。

在新产品、新技术领域推行预算管理的目的是通过预算控制研发的价值流向。正如第五章销售价格预算中技术导向定价法中所谈到的，产品价值由四个方面构成，即技术、功能、外观和品质。如果企业产品的重心在于关键技术，那么就必须保证研发投入持续集中在关键技术上，并且要评估企业持续投入的能力，如果不可能在这个方面做持续、大规模的投入，那么就必须果断停止投入。同时，企业必须将有限的资源集中到某个点上，只有这样才能有真正的新产品和新技术出现。研发预算控制方案如表 7-18 所示。

表 7-18　研发预算控制方案

| 研发项目 | 持续时间 | 投入预算 | | | | | | 价值流向 | | | | |
|---|---|---|---|---|---|---|---|---|---|---|---|---|
| | | 人力预算 | 材料预算 | 设备预算 | 费用预算 | 其他 | 合计 | 技术突破 | 功能改进 | 外观改进 | 品质改进 | 其他 |
| | | | | | | | | | | | | |
| | | | | | | | | | | | | |
| 合计 | | | | | | | | | | | | |

# 第八章　筹资预算

筹资预算是全面预算管理中的专门预算，本章研究分析筹资的渠道与方式、筹资的原则、筹资量的确定方法等与筹资预算相关的内容。

## 第一节　企业筹资概述

### 一、企业融资含义和分类

企业融资是指企业为了满足生产经营、对外投资和调整资本结构的需要，通过一定的渠道，采用适当的方式，筹措和集中所需资金的财务活动，它是企业资金运动的起点。企业融资的主要目的有：①满足企业生产经营活动的需要；②用于扩大生产经营规模；③用于追加对外投资；④调整和优化资本结构。融资活动是企业资金运动的起点，是决定资金运动规模和企业生产经营活动的重要环节。

企业融资可按不同的标准做以下分类：

（1）按照资金来源性质的不同，企业融资可分为所有者权益融资（以下简称权益融资）和负债融资。权益融资是指通过发行股票、吸收股东投资、企业内部积累等方式进行的融资。权益融资在企业账务上体现为权益资本，其特征是融资风险小，但资本成本相对较高。

负债融资通过发行债券、借款、融资租赁等方式进行。负债融资在企业账务上体现为债务资本，相对而言，它具有财务风险大、资本成本低的特征。

（2）按照资金使用期限的长短，企业融资可分为短期融资和长期融资。短期融资是指通过短期借款、短期债券和商业信用等方式筹集可供企业在一年以内使用的资金，它主要是为满足企业临时性流动资金需要而进行的融资活动。短期融资具有融资速度快、资本成本低、融资风险大等特征。长期融资是指通过吸收直接投资、发行股票、发行债券、长期借款、融资租赁和留存收益等方式筹集可供企业长期（一般为一年以上）使用的资本。长期融资主要用于企业新产品、新项目的开发投资，或者用于扩大生产经营规模，或者用于设备的更新与改造。相对而言，长期融资具有融资规模大、资本成本高、影响时间长等特征。

### 二、企业融资的渠道和方式

（一）融资渠道

融资渠道是指融资的方向与通道，其回答的问题是"钱在哪里？"。目前，我国企业的融资渠道主要有以下几种：

1. 国家财务资金

国家财务资金是代表国家投资的政府部门或者机构以国有资本投入企业的资金。国家财务资金大部分以直接投资的方式投入企业，其产权归属于国家。国家财务资金是国有企业特别是国有独资企业获得资金来源的重要渠道。

2. 银行信贷资金

银行信贷资金是企业重要的融资来源。在我国，银行一般可分为商业银行和政策性银行。商业银行是以盈利为目的的、从事信贷资金投放的金融机构，主要为企业提供各种商业贷款；政策性银行主要为特定企业提供政策性贷款。

3. 非银行金融机构资金

非银行金融机构是除商业银行和专业银行以外的所有金融机构，主要包括信托、证券、保险、融资租赁等机构以及农村信用社、财务公司等。它们为企业提供各种金融服务，包括信贷资金投放、物资融通、为企业承销证券等。

4. 其他企业资金

企业在生产经营过程中，往往有部分暂时闲置的资金，甚至有长期可使用资金，可以互相融通或投资。从其他企业融通资金不仅可以解决企业的资金需求，而且有利于企业之间加强经济联系。

5. 民间资金

企业职工和居民手中有暂时不用的结余资金，企业可通过发行股票、债券等方式，将民间的闲散资金集中起来，为企业所用。

6. 企业自留资金

企业自留资金，是企业内部形成的资金，主要包括提取公积金和未分配利润等。

（二）融资方式

融资方式是指企业融资所采取的具体形式，不同的融资方式形成不同性质的资金来源，回答的问题是"钱怎么来？"。目前，我国企业的融资方式主要有以下几种：①吸收直接投资；②发行股票；③收益留存；④利用商业信用；⑤银行借款；⑥发行债券；⑦融资租赁。其中，前三种方式为权益资金的筹集方式，后四种则是债务资金的筹集方式。

（三）融资渠道和融资方式的对应关系

融资渠道和融资方式之间存在着一定的对应关系，一般来说，一定的融资方式可能只适用于某一特定的融资渠道，但同一融资渠道的资金往往可以采用多种不同的方式取得。两者的对应关系如表8-1所示。

表8-1　融资渠道和融资方式的对应关系

| 融资渠道 | 吸收直接投资 | 发行股票 | 利用留存收益 | 利用商业信用 | 银行借款 | 发行债券 | 融资租赁 |
|---|---|---|---|---|---|---|---|
| 国家财务资金 | √ | √ | | | | | |
| 银行信贷资金 | | | | | √ | | |
| 非银行金融机构资金 | √ | √ | | | √ | √ | √ |
| 其他企业资金 | √ | √ | | √ | | √ | |
| 民间资金 | √ | √ | | | | √ | |
| 企业自留资金 | | | √ | | | | |

### 三、企业融资的原则

为了有效地筹集企业所需资金，企业融资应遵循三个原则。

（一）规模适当原则

资金既是企业生产经营的基础，也是财务能力的源泉。一般来说，企业可支配的资金越多，其财务能力越强，财务灵活性（弹性）越好。但企业资金并不是多多益善，而是有适度的规模限制。首先，企业融资规模的选择要受到注册资本、债务契约等制度性因素的约束，企业不能随心所欲；其次，企业融资规模的选择需要考虑生产经营和投资的实际需求，避免超需求的资金筹集和占用，否则只能导致资金闲置和浪费，降低资金效率。因此，企业在选择资金规模时，一方面要考虑法律、契约等制度性约束，另一方面则需要做好资金需要量的预测，确保资金具有适度性。

（二）适时筹措原则

企业融资不仅有规模限制，也有时间要求。相对于资金实际需求来说，融资时间超前，可能导致资金闲置，影响资金效益；而融资时间滞后，又可能导致资金供应中断，影响生产经营或投资的正常进行。因此，企业财务管理人员必须树立资金时间价值观念，根据资金需求的具体情况，合理安排资金的筹集时间，适时获取所需资金。

（三）结构合理原则

企业融资有不同的渠道和方式，并由此形成不同性质的资金：权益资金和债务资金。不同渠道、不同方式和不同性质的资金，有着不同的成本、不同的收益和不同的风险，进而会对企业价值产生不同的影响。因此，企业财务人员在选择融资渠道和方式时，应根据企业价值最大化的财务目标要求，认真研究资金市场环境，分析不同来源资金的成本、收益与风险，选择资金来源的最佳结构，即综合资本成本最低、企业价值最大的资本结构。

## 第二节　筹资预算

筹资预算是企业对预算期内资金筹资活动的总体安排。由于企业的日常经营活动和长期投资活动均需要资金的支持，因此筹资预算可以细分为经营筹资预算和长期投资筹资预算。因此，筹资预算的主要工作是在经营预算、长期投资预算和资金需要量预测的基础上，编制经营活动和长期投资活动的所需资金的预算。

### 一、筹资预算的编制依据

（1）企业关于资金筹措的决策资料。这些资料包括企业制定的财务战略、筹资战略、年度资金计划和企业决策层对财务部门筹资方案的审批意见。

（2）预算期企业经营预算和长期投资预算中对资金的需求情况。预算期经营预算的现金净流入对筹资预算的编制有重大影响，长期投资预算对项目资金的用途、使用时间、使用金额等事项均做了详细规划，这些都是决定企业筹资时间和筹资金额的主要依据。

（3）企业现有负债在预算期的偿还时间与金额。现有短期负债和一年内到期的长期负债的偿还时间和金额对企业筹资时间和金额同样具有重大影响，它们是筹资预算编制的依据。

（4）企业筹资渠道和方式的选择。筹资渠道回答的问题是"钱在哪里？"，筹资方式回答的问题是"钱怎么来？"。优序融资理论和企业实践经验都告诉我们，企业首选的融资是内部融资，主要包括实收资本、资本公积、未分配利润等所有者权益和企业通过计提折旧、摊销而形成的资金来源，因此企业要从挖掘内部资金潜力入手，筹集尽量多的内部资金。在外部筹资方面，企业应该在了解金融市场情况的基础上，对不同的筹资方式进行决策，尤其是已经取得发行股票和债券资格的企业，应根据股票和债券发行计划编制筹资预算。

（5）企业预算期内资金需求量预测。对生产经营活动需要的资金进行科学预测，是财务部门资金管理的一项重要内容，通过资金预测，企业可以做到心中有数，有效避免资金筹集的盲目性。这也是编制筹资预算的首要工作。

### 二、资金需求量预测

预测企业资金需求量的方法有定性预测法和定量预测法，其中，定性预测法是指预测人员根据历史资料和环境信息，凭借自身的知识、经验和能力，对企业未来资金需求量进行主观推测和判断的方法。定性预测法简便，易于组织和操作，但由于它不能揭示资金需求量与有关因素之间的数量关系，因此缺乏准确性和可靠性，一般适用于在缺乏完整、准确的历史资料时采用。定量预测法是指预测人员根据历史数据和环境信息，借助数学模型进行定量测算的方法，具体有比率预测法（主要是销售比率法）和资金习性预测法（高低点法和线性回归分析法）等。

（一）比率预测法

比率预测法，是依据有关财务比率与资金需求量之间的数量关系来预测资金需求量的方法。最常用的比率预测法是销售额比率法，它是以资金占用与销售额的比率为基础，对企业未来资金需求量进行预测的方法。

运用销售额比率法预测资金需要量是建立在以下假设基础上的：①企业的部分资产和负债与销售额同比率变化；②企业各项资产、负债与所有者权益结构已达到最优。

运用销售额比率法预测的一般步骤是：①预计销售额增长率；②确定随销售额变动而变动的资产、负债项目，这些项目通常只限于流动性项目；③根据历史数据，分别计算各变动性资产、负债项目对销售额的比率；④确定需要追加的营运资金净额（随销售额增加的流动资产减去随销售额增加的经营性流动负债）；⑤根据利润分配政策等约束条件，确定对外筹资额。

从企业内部来看，对外筹资额就是需要追加的营运资金净额与增加的留存收益的差额。有关的计算如下：

外部资金需要量=增加的资产−增加的负债−增加的留存收益

①增加的资产=销售的变动额×基期变动资产占基期销售额的百分比

=基期变动资产的合计数×销售增长率

②增加的负债=销售的变动额×基期变动负债占基期销售额的百分比

=基期变动负债的合计数×销售增长率

③增加的留存收益=预测期销售收入×销售净利率×收益留存比率

④上述销售额比率法的应用建立在企业的部分资产和负债与销售额同比率变化的基础上，实践中也应考虑非变动资产的变化。

$$外部资金需求量=A/S_1 \cdot \Delta S - B/S_1 \cdot \Delta S - S_2 \cdot P \cdot E + \triangle 非变动资产$$

上式中：$A$ 为随销售变化的资产（变动资产）；$B$ 为随销售变化的负债（变动负债）；$S_1$ 为基期销售额；$S_2$ 为预测期销售额；$\Delta S$ 为销售的变动额；$P$ 为销售净利润率；$E$ 为收益留存比率；$A/S_1$ 为单位销售额所需的资产数量，即变动资产占基期销售额的百分比；$B/S_1$ 为单位销售额所产生的自然负债数量，即变动负债占基期销售额的百分比。

【例 8-1】已知 ABC 公司 2022 年的销售收入为 20 000 万元，销售净利润率为 12%，净利润的 60%分配给投资者。公司 2022 年 12 月 31 日的资产负债表（简表）如下：

表 8-2　资产负债表　　　　　　　　　　　　　　　　　　　单位：万元

| 资产 | 期末余额 | 负债及所有者权益 | 期末余额 |
|---|---|---|---|
| 货币资金 | 1 000 | 应付账款 | 1 000 |
| 应收账款净额 | 3 000 | 应付票据 | 2 000 |
| 存货 | 6 000 | 长期借款 | 9 000 |
| 固定资产净值 | 7 000 | 实收资本 | 4 000 |
| 无形资产 | 1 000 | 留存收益 | 2 000 |
| 资产总计 | 18 000 | 负债与所有者权益总计 | 18 000 |

该公司 2023 年计划销售收入比上年增长 30%，为实现这一目标，公司需新增设备一台，价值 148 万元。据历年财务数据分析，公司流动资产与流动负债随销售额同比率增减。假定该公司 2023 年销售净利率和利润分配政策与上年保持一致。

根据销售额比率法预测 2023 年对外筹资额的步骤如下：

①分别确定随销售收入变动而变动的资产合计（$A$）和负债合计（$B$）。

变动资产额 = 1 000+3 000+6 000 = 10 000（万元）

变动负债额 = 1 000+2 000 = 3 000（万元）

②根据基期数据分别计算 $A$ 和 $B$ 占销售收入（$S_1$）的百分比（见表 8-3），并以此为依据计算在预测期销售收入（$S_2$）水平下资产和负债的增加数（如有非变动资产增加也应考虑）。

表 8-3　变动性资产、负责项目与销售额的比例

| 资产 | 占销售额的比例/% | 负债及所有者权益 | 占销售额的比率/% |
|---|---|---|---|
| 货币资金 | 5 | 应付账款 | 5 |
| 应收账款净额 | 15 | 应付票据 | 10 |
| 存货 | 30 | 长期借款 | 不变 |
| 固定资产净值 | 不变 | 实收资本 | 不变 |
| 无形资产 | 不变 | 留存收益 | 不变 |
| 资产总计 | 50 | 负债与所有者权益总计 | 15 |

预测期销售收入 = 20 000×（1+30%）= 26 000（万元）

预测期销售收入水平下需要增加的流动资产 = $A/S_1 \cdot \Delta S$ = 50%×6 000 = 3 000（万元）

预测期销售收入水平下需要增加的经营性流动负债 = $B/S_1 \cdot \Delta S$ = 15%×6 000 = 900（万元）

$\Delta$ 非变动资产 = 148（万元）

③确定预测期收益留存数（即 $S_2 \cdot P \cdot E$）

预测期收益留存数 = 20 000×（1+30%）×12%×（1-60%）= 1 248（万元）

④确定外部资金需求量

外部资金需求量$=A/S_1 \cdot \Delta S - B/S_1 \cdot \Delta S - S_2 \cdot P \cdot E + \Delta$ 非变动资产

$$=3\ 000-900+148-1\ 248=1\ 000（万元）$$

（二）资金习性预测法

资金习性预测法，是根据资金习性采用统计学原理预测未来资金需求量的一种方法。所谓资金习性，是指资金变动与产销量变动之间的依存关系。按照资金习性可将资金分为不变资金、变动资金和半变动资金。

不变资金是指在一定的产销量范围内，不随产销量变化而变化的那部分资金，包括为维持经营所需占用的最低数额的现金、原材料的保险储备、必要的成品储备，以及厂房、机器设备等固定资产占用的资金。

变动资金是随产销量的变动而同比率变动的那部分资金，包括直接构成产品实体的原材料、外购件等占用的资金，以及最低储备以外的现金、存货、应收账款等。

半变动资金指虽然受产销量变化影响，但不呈同比率变动的资金，如一些辅助材料所占用的资金。半变动资金可采用一定的方法分解为不变资金和变动资金两个部分。

资金习性预测法有两种形式：一种是根据资金占用总额与产销量的关系来预测资金需求量；另一种是采用先分项后汇总的方式预测资金需求量。

设产销量为自变量$x$，资金占用量为因变量$y$，它们之间的关系可用下列直线方程式表示：

$$y=a+bx$$

上式中，$a$ 为不变资金，$b$ 为单位产销量所需要的变动资金，它可以采用高低点法或回归直线法求得。

1. 高低点法

高低点法是根据两点可以决定一条直线的原理，首先确定产销业务量的历史高点和低点，再分别将高点和低点的相关数据（产销业务量及对应的资金占用量）代入直线方程，求出 $a$ 和 $b$。

最大产销业务量对应的资金占用量$=a+b×$最大产销业务量

最小产销业务量对应的资金占用量$=a+b×$最小产销业务量

解方程得：

$b=$（最大产销量业务对应的资金占用量-最小产销量业务对应的资金占用量）/（最大产销业务量-最小产销业务量）

$a=$最大产销业务量对应的资金占用量$-b×$最大产销业务量

或　　$=$最小产销业务量对应的资金占用量$-b×$最小产销业务量

应注意的是：高点产销业务量最大，但对应的资金占用量却不一定最大；同样，低点产销业务量最小，但对应的资金占用量也不一定最小。

【例8-2】某企业2017—2022年产销业务量与资金占用资料如表8-4所示。

表 8-4  产销量与资金占用变化情况表

| 年度 | 产销量/万件 | 资金占用/万元 |
|---|---|---|
| 2017 | 102 | 280 |
| 2018 | 100 | 300 |
| 2019 | 108 | 290 |
| 2020 | 111 | 310 |
| 2021 | 115 | 330 |
| 2022 | 120 | 350 |

预测 2023 年的产销量为 128 万件。

运用高低点法测算企业 2023 年资金需要量的步骤如下：

①根据历史资料，确定产销业务量的历史高点和低点，分别出现在 2020 年和 2016 年。

②将高、低点的产销业务量与资金占用量代入上述计算式，分别求出 $a$ 和 $b$。

$b=(350-300)\div(120-100)=2.5$

$a=350-2.5\times120=50$

③根据资金需要量的预测模型 $y=a+bx$ 预测 2023 年的资金需求量。

2023 年资金需求量 $=50+2.5\times128=370$（万元）

高低点法含义明确，简便易行，适用于资金变动趋势比较稳定的情况。

2. 回归分析法

回归分析法是根据若干期业务量和资金占用的历史资料，运用最小二乘法原理计算不变资金（$a$）和单位销售额变动资金（$b$）的一种资金习性分析方法。计算公式如下：

$$a=\frac{\sum x_i^2 \sum y_i - \sum x_i \sum x_i y_i}{n\sum x_i^2 - (\sum x_i)^2}$$

$$b=\frac{n\sum x_i y_i - \sum x_i y_i}{n\sum x_i^2 - (\sum x_i)^2}$$

$$或 =\frac{\sum y_i - na}{\sum x_i}$$

【例 8-3】ABC 公司 2018—2022 年产销量与资金占用资料如表 8-5 所示。

表 8-5  产销量与资金占用变化情况表

| 年度 | 产销量/万件 | 资金占用/万元 |
|---|---|---|
| 2018 | 6.0 | 500 |
| 2019 | 5.5 | 475 |

表8-5（续）

| 年度 | 产销量/万件 | 资金占用/万元 |
|------|------------|--------------|
| 2020 | 5.0 | 450 |
| 2021 | 6.5 | 520 |
| 2022 | 7.0 | 550 |

预测 2023 年的产销量为 8 万件。

运用回归直线法测算企业 2023 年的资金需求量的步骤如下：

①运用公式计算不变资金 $a$ 和单位销售额变动资金 $b$。

由上表可得：$\sum x_i = 30$ $\sum x_i^2 = 182.5$ $\sum y_i = 2\,495$ $\sum x_i y_i = 15\,092.5$

$$a = \frac{\sum x_i^2 \sum y_i - \sum x_i \sum x_i y_i}{n \sum x_i^2 - \left(\sum x_i\right)^2} = \frac{182.5 \times 2\,495 - 30 \times 15\,092.5}{5 \times 182.5 - (30)^2} = 205$$

$$b = \frac{n \sum x_i y_i - \sum x_i y_i}{n \sum x_i^2 - \left(\sum x_i\right)^2} = 49$$

②根据预测模型 $y = a + bx$ 预测资金需求量。

企业 2023 年资金需要量 = 205 + 49 × 8 = 597（万元）

### 三、筹资预算的编制方法

长期投资筹资预算和长期投资预算有明显的对应关系，本部分我们主要介绍经营筹资预算。在经营预算和经营所需资金预测完成后，企业的财务部门就可以着手编制经营筹资预算了。

1. 经营筹资预算的编制程序

（1）汇总经营预算中的各项现金收付事项及收付时间和金额，在审核无误后计算企业预算期内经营预算的现金余缺额。

（2）将经营预算中的现金余缺额与资金需求预测得出的资金需求量进行对比，如果二者有较大差异，应仔细分析并找出差异的原因。

（3）对企业在预算期内各项短期债务的种类、偿还时间和偿还金额进行排列，确定预算期内企业需要偿还的原有短期债务数量。

（4）将经营预算中的现金余缺额与企业在预算期内需要偿还的短期债务进行累加，确定企业预算期内的现金余缺总量。

（5）针对企业预算期内的现金余缺总量，结合预算期内资金市场总体情况的预测，制订预算期内具体的筹资方案。如果出现现金结余，应制订提前偿还借款或将结余的资金投向资本市场的方案；如果出现资金短缺，则应首先制定从企业内部挖掘自有资金潜力的措施，如清理应收账款、处理积压物资、压缩库存、盘活存量资产等，然后再根据预算期内资本市场情况和资金成本与风险制订外部举债的方案。

（6）在组织有关人员对预算期的筹资方案进行评审的基础上，编制经营筹资预算。

2. 经营筹资预算编制案例

【例8-4】ABC公司2023年经营预算编制完毕，财务部门编制经营筹资预算。公司在对2023年经营资金需求量进行预测的基础上，与经营预算的现金余缺额进行对比，最终确定2023年需要增加现金2 000万元，经营活动现金余额情况如表8-6所示。

表8-6　2023年经营活动现金余缺情况表　　　　　　单位：万元

| 项目 | 现金收入 | 现金支出 | 净流入 |
|---|---|---|---|
| 收入中心预算 | 20 000 | 500 | 19 500 |
| 成本中心预算 | 0 | 16 300 | −16 300 |
| 费用中心预算 | 0 | 200 | −200 |
| 经营预算小计 | 20 000 | 17 000 | 3 000 |
| 偿还建设银行借款 | 0 | 4 000 | −4 000 |
| 偿还农业银行借款 | 0 | 1 000 | −1 000 |
| 短期负债小计 | 0 | 5 000 | −5 000 |
| 合计 | 20 000 | 22 000 | −2 000 |

根据现金余缺情况的分析，财务部门提出如下筹资方案：①加强存量资金管理，压缩资金占用80万元，收回关联方长年应收账款20万元；②利用商业信用融资200万元；③利用银行信用筹资1 700万元。根据上述方案编制ABC公司2023年经营筹资预算表如8-7所示。

表8-7　ABC公司2023年经营筹资预测表　　　　　　单位：万元

| 项目 | 筹资方式 | 筹资费用率 | 金额 | 季度分解 | | | |
|---|---|---|---|---|---|---|---|
| | | | | 一季度 | 二季度 | 三季度 | 四季度 |
| 经营活动净支出 | | | −3 000 | −700 | −500 | −800 | −1 000 |
| 偿还到期借款 | 经营活动 | 0 | 5 000 | 2 200 | 1 000 | 1 000 | 800 |
| 现金短缺额 | | | 2 000 | 1 500 | 500 | 200 | −200 |
| 盘活存量资产 | 内部挖潜 | 0 | 80 | 20 | 20 | 20 | 20 |
| 清理应收账款 | 内部挖潜 | 0 | 20 | 20 | 0 | 0 | 0 |
| 内部筹资额 | | | 100 | 20 | 40 | 40 | 40 |
| 工商银行借款 | 短期借款 | 4% | 500 | 320 | 540 | 240 | −160 |
| 招商银行借款 | 短期借款 | 6% | 1 200 | 1 200 | 0 | 0 | 0 |
| 银行借款额 | | | 1 700 | 1 520 | 540 | 240 | −160 |
| 现金收支差额 | | | 0 | 0 | 0 | 0 | 0 |

# 第四篇
# 总预算研究

# 第九章　总预算的编制

## 第一节　总预算概述

### 一、总预算的概念与内容

总预算，亦称财务预算，是在预测与决策的基础上，围绕企业战略目标，对企业预算期的经营成果、财务状况及资金的取得与投放所做的总体安排。其内容主要包括反映企业经营成果的利润表预算、反映企业财务状况的资产负债表预算和反映现金收支活动的现金预算。

（1）利润表预算是按照利润表的内容和格式编制的，综合反映企业预算期内经营成果的预算。它以动态指标总括反映了企业预算期内执行经营预算和其他相关预算的效益情况。

（2）资产负债表预算是按照资产负债表的内容和格式编制的，综合反映企业预算期内期初与期末财务状况的预算。它以静态指标的形式反映了企业预算期内执行经营预算、长期投资预算和筹资预算前后财务状况的变动情况。

（3）现金预算是对预算期内企业现金收入、现金支出及现金余缺的投放与筹措等现金收付活动的具体安排。它以经营预算、长期投资预算、筹资预算、利润表预算、资产负债表预算为基础，反映了企业预算期内的现金流量及其结果。

### 二、总预算与具体预算的关系

经营预算、长期投资预算、筹资预算与财务预算共同组成了企业的全面预算体系，作为预算编制的最后环节，在全面预算体系中起到统驭全局的作用，是全面预算管理的核心，因此财务预算也被称为总预算，其他预算相应称为辅助预算、分预算或具体预算。

（1）经营预算的内容是总预算的展开与细化，其所有内容均被总预算所涵盖。尽管从表面而言总预算是对经营预算的汇总，但这种汇总绝不是简单的数字累加，而是按照企业战略目标对经营预算的深化、分析、修订和综合平衡，即总预算与经营预算是统驭与被统驭的关系。

（2）长期投资预算从属于总预算，并受到总预算的制约。长期投资预算是规划企业长期投资活动的预算，而企业进行长期投资活动的目的正是在长期中实现企业利润最大化。同时，长期投资预算还要受到资产负债表预算和现金预算的制约，如果企业资产负债表预算和现金预算所反映的企业财务状况不佳、现金流捉襟见肘，那么企业就没有能力或者没有必要进行长期投资活动。

（3）筹资预算是经营预算、长期投资预算的补充，并受制于总预算。企业运行需要资金支持，就本质而言，筹资预算就是经营预算和长期投资预算的有机组成部分，没有经营活动和长期投资活动，企业就不需要筹资。经营预算和长期投资预算从属于总预算，则筹资预算自然也从属于财务预算，并受总预算的制约。

### 三、年度预算与月度预算

总预算是按照年度定期编制的，年度总预算需要分解，如季度、月度、旬度甚至日度。在日常操作中，更多进行的是月度分解，本书研究的总预算分解主要是针对月度来分解的。将预算年度的收入、费用、利润、资产、负债、所有者权益在各个月度进行科学分解，可以对企业各个月度的经营成果、财务状况进行有效预测和合理控制。

总预算的分解更重要的目的在于月度资金计划管理，即现金预算的分解。现金是企业的血液，月度资金计划管理就是建立在全面预算管理基础之上并使之逐月落实的有效管理工具，它可以提高资金使用效率，降低企业财务风险，加强成本和费用控制，强化生产经营全过程控制，变"事后管理"为"事前管理"。

月度资金计划管理工作应当在年度预算的指导下，由总经理具体负责，计划部牵头会同财务部等部门共同开展。资金计划管理人员通过与目标管理、预算管理、项目成本管理等岗位的协调，实施资金计划管理，负责月度资金计划的编报工作。财务部是资金计划的执行部门，由专人对批准后的月度资金计划进行日常签批管理，各部门负责人是本部门资金计划的第一责任人，可以指派部门其他人员协助其工作。

在公司经营过程中，各部门按照实际业务制订月度工作计划，包括销售计划、生产计划、采购计划等。在开展市场调研与科学预测分析的基础上，本期预算工作计划开展所需的资金支出或可实现收入后填报资金计划表，应当保证资金计划指标数量的准确性和可操作性，并与本部门预算指标进行对比分析，严格控制预算支出，加快资金回流。计划部将各部门上报的资金计划进行初步审核，对与年度预算分解指标和公司总体资金管理要求相冲突的地方进行客观合理的调整，汇编成月度资金计划方案。方案由资金计划汇总表、各部门资金计划明细表、指标详细说明的支撑性附件以及对上月执行资金计划的总体分析说明等部分构成。资金计划汇总表应当反映经营活动、投资活动和筹资活动等资金收支情况，部门资金计划明细表中按照各部门年度预算中所列出的会计科目，反映以往年度的预算执行情况以及本期的资金计划的执行情况并与年度预算相对照，便于加强事中控制。部分费用应由各部门向归口管理部门汇总后上报资金计划。资金计划方案出台后报总经理审核，计划部在月初组织召开资金计划会，向各部门分析上月资金计划完成情况并下达本月资金计划，同时向财务部通报资金信息以利于其合理调度资金。

## 第二节　总预算编制的准备工作

总预算的编制，是企业每一会计年度的大事，必须进行扎实的准备工作，主要包括材料的准备和工具的准备。

### 一、材料的准备

总预算的编制，需要在预算管理委员会的领导下，相关部门通力配合，计算与分析相关的生产经营、财务与现金状况数据。其主要工作如表9-1所示。

表 9-1

| 工作内容 | 相关单位 | |
|---|---|---|
| | 发自 | 送达 |
| 当年财务状况分析报告 | 各责任中心 | 最高管理层 |
| 第四季度滚动预算 | 财务部、销售部 | 最高管理层 |
| 人力资源市场预测及薪金调查报告 | 人力资源部 | 最高管理层、各部门 |
| 市场预测和发展方案 | 企划部、市场部 | 最高管理层 |
| 公司发展战略修订 | 最高管理层 | 企划部、市场部 |
| 主要经营指标设想 | 最高管理层 | 市场部、销售部、财务部 |
| 市场竞争方案 | 企划部、市场部、销售部 | 最高管理层 |
| 价格调整方案 | 市场部、销售部、财务部 | 最高管理层、财务部 |
| 销售量及结构调整方案 | 市场部、销售部 | 财务部 |
| 生产方案 | 生产部、采购部、销售部 | 财务部 |
| 采购方案 | 生产部、采购部 | 财务部 |
| 生产组织结构及岗位配置 | 生产部 | 人力资源部 |
| 生产员工薪金调整方案 | 生产部 | 人力资源部 |
| 非工资性制造费用预算 | 生产部 | 财务部 |
| 生产用固定资产投入方案 | 生产部 | 财务部 |
| 生产设备维修方案 | 生产部 | 财务部 |
| 销售组织结构及岗位配置图 | 销售部 | 人力资源部 |
| 销售员工薪金调整方案 | 销售部 | 人力资源部 |

表9-1(续)

| 工作内容 | 相关单位 | |
|---|---|---|
| | 发自 | 送达 |
| 销售系统固定资产投入方案 | 销售部 | 财务部 |
| 非工资性销售费用预算 | 销售部 | 财务部 |
| 行政管理结构及岗位配置图 | 人力资源部 | |
| 行政管理部门员工新建调整方案 | 人力资源部 | |
| 行政管理部门非工资性费用预算 | 财务部 | |
| 行政管理部门固定资产投入方案 | 财务部 | |
| 产品新技术开发方案 | 研发部 | 市场部、企划部 |
| 研发部门组织结构及岗位配置图 | 研发部 | 人力资源部 |
| 研发人员薪金调整方案 | 研发部 | 人力资源部 |
| 研发部门固定资产投入方案 | 研发部 | 财务部 |
| 非工资性研发费用预算 | 研发部 | 财务部 |
| 对外投资方案 | 企划部、市场部 | 财务部 |
| 融资方案 | 财务部 | |

通过上述各部门的通力合作，最终为编制总预算确定了关键业绩指标（KPI），主要包括指标如表9-2所示。

**表9-2　关键绩效指标**（KPI，key performance indicator）

| 指标 | 保守型 | 进取型 | 挑战型 |
|---|---|---|---|
| 营业收入 | | | |
| 利润 | | | |
| 现金 | | | |
| 资本支出 | | | |
| 毛利率 | | | |
| 资金成本率 | | | |
| 存货周转率 | | | |
| 收账期 | | | |
| 还款期 | | | |
| …… | | | |

## 二、工具的准备

现实中，大型企业一般采用专门的预算软件，如 Oracle、SAP、用友、金蝶等，进行预算的编制工作。中小型企业可以采用最常用的 Excel，本书的研究主要介绍如何利用 Excel 进行手工预算编制，使读者了解预算编制的基本原理，也可以进一步规范和调整大型企业已有的预算软件。

建立一个工作簿，命名为"预算报表1"，并再将第一个工作表改名为"空白表"，其报表的设置如表9-2所示。

表9-2　预算报表格式

| 预算项目 | 2022年预算与执行情况 | | | | | | 2023年预算 | | |
| | 变量指标 | | | 标识 | 实际数 | 滚动预算 | 单位：万元 | | |
| | 实际变量 | 预测变量 | 预算变量 | | | | 利润表预算 | 资产负债表预算 | 现金预算 |
| | | | | | | | | | |
| | | | | | | | | | |
| | | | | | | | | | |
| | | | | | | | | | |
| | | | | | | | | | |
| | | | | | | | | | |

表9-2中的相关内容含义如下：

①预算项目，是指各项预算指标的名称。

②变量指标，是预算指标计算的依据，其中："实际变量"是根据预算编制年度年前三季度实际数计算的指标；"预测变量"是根据预算编制年度年前三季度预算执行情况和预算调整目标，对实际变量进行适当调整；"预算变量"是根据预算年度企业经营目标，在前期基础和行业分析的基础上确定的指标。

③标识，是指财务预算指标的数据来源，一般分为原生项目和派生项目两类，其中原生项目直接输入，派生项目依据原生项目、变量指标计算所得。标识方法并没有规定原则，实际工作中可以根据需要自行确定，本书将直接输入的原生项目标识为"A"，派生项目不做标识。

④实际数，由于预算编制时间是第四季度，因此实际数是预算编制年度前三季度已实现的财务指标数据。

⑤滚动预算，是指对预算编制年度剩余月份的财务指标预测，滚动预算不仅是对上年总预算的调整，也为下年总预算提供了期初金额。

本书将以一个真实公司（书中称为ABC公司）的案例为基础，在进行必要的数据修订后，按照由简入繁的顺序，研究总预算的编制与分解，本章主要研究总预算的编制，下章则研究总预算的分解。

## 第三节 总预算的编制过程

### 一、总体思路

2022 年第四季度，ABC 公司为完成 2023 年总预算的编制需要进行如下工作。

第一，获得 2022 年前三季度的财务数据并导入系统。

第二，根据已知数据，计算相关关键绩效指标，与上年编制的预算对比分析，对 2022 年的总预算进行调整。

第三，根据调整后的滚动预算，结合制定的 2023 年的关键绩效指标，编制 2023 年的总预算。

### 二、基本原理

实践中，总预算的编制过程较为复杂，要掌握这一工作，我们按照由简入繁、由原理到实践的过程，先从一个没有期初余额的假设出发，说明总预算的编制原理，然后加入期初余额，构建真实预算的编制过程。

（一）相关条件

ABC 公司 2023 年度的营业收入预算为 10 亿元，营业成本率为 70%，变动经营费用率为 8%，固定经营费用为 1.2 亿元，存货周转天数、应收账款周转天数、应付账款周转天数分别为 45 天、60 天、60 天，存货跌价率 4%，坏账率 6%，购买固定资产 1 000 万元，综合折旧率为 15%，借款 3 000 万元，利率为 6%，预提费用为 1 800 万元。

假定：ABC 公司 2023 年开业，固定资产年初购入并当月计提折旧，借款年初借入，年底不分红。

要求：根据已知条件，编制 2023 年 ABC 公司的总预算。

（二）编制思路

（1）由于假定预算编制期公司尚未开业，因此表 9-2 的第二、三、五、六列不需要填列数字。

（2）明确三个预算报表数值的正负关系：利润表中收入为正、费用为负；资产负债表中资产为正、负债与所有者权益为负；现金预算中现金流入为正、现金支出为负。

（3）建立三个预算报表的平衡关系：现金预算的现金净流入等于资产负债表的货币资金余额；利润表的净利润将结转到资产负债表的"留存收益"；资产负债表的合计数为"资产−负债−所有者权益=0"。

（4）明确预算编制的起点，即营业收入，在考虑营业收入的直接财务后果和间接财务后果后，填写相关预算项目内容与金额。

（5）明确预算编制流程，即营业收入→营业成本→经营费用→存货→应收账款→应付账款→固定资产与折旧费用→借款与利息→预提费用→损失与准备。

（三）具体编制过程

1. 建立一个33行7列的表格，同时建立三组平衡关系公式。如表9-3所示。其中：

（1）在A33单元格中填列预算项目"合计"，在H33、I33、J33中建立第5行至第32行的求和公式。

（2）在A32单元格中填列预算项目"本年利润结转"，在I32单元格中建立公式"=-H33"。

（3）在A22单元格中填列预算项目"货币资金"，在J22单元格中建立公式"=-J33"。

通过上述操作，可以将利润表、资产负债表和现金预算合计出来，同时将利润表中的本年利润结转到资产负债表中的"留存收益"，将现金预算中现金净流入结转到资产负债表中的"货币资金"。

2. 基本业务

基本业务的处理，包括营业收入、营业成本和经营费用。

（1）营业收入是预算报表编制的起点。收入的出现，会出现什么样的间接财务后果？希望读者思考一下再往后看。让你回答"营业成本"，说明你在以会计的思维考虑预算编制和财务问题。在预算的逐步编制过程中，读者会更加体会到财务关注"钱"、会计关注"利润"这句"老生常谈"。

正确的答案是"销售回款"，即收入转换成现金流入。在此，先假定全部为现金销售，而不存在赊销。

本例中，在A5单元格中输入预算项目"营业收入"，在H5单元格中直接输入"100 000"（预算表单位是万元），并在E5中输入标识"A"代表直接输入，同时在A13和A14单元格中分别输入预算项目"现金流入"和"销售回款"，在J14单元格中建立公式"=H5"。

（2）营业成本是利润表中的第二个变量。营业成本是一个概括性的项目，不同行业差异极大，如在零售业中，主要是各种采购成本，而在制造业中不仅包括原材料的采购成本，而且包括生产工人工资等项目，本书在此不做细化，而简单假设为全部是现金购入。因此，营业成本的间接财务后果就是现金预算中的"采购支出"。

本例中，在A6单元格中输入预算项目"营业支出"，在D6单元格中直接输入营业费用率"0.7"这一预算变量，在H6单元格中建立公式"=-A6 * D6"。作为间接财务后果，在A16和A17单元格中输入预算项目"现金流出"和"采购支出"，在J17单元格中建立公式"=H6"。

（3）经营费用是利润表中第三个基本变量。从财务会计的角度，它主要包括期间费用中的管理费用和销售费用；从成本习性的角度，它可以分为变动经营费用和固定经营费用两类。在预算管理中，更加关注的是后一个角度，而且应该将更多的混合型费用定义为固定经营费用，在国外企业中有一个惯例，即某项业务停止后，仍会有20%左右以上的费用发生，则将其视为固定费用，否则为变动费用。这样做的好处有二：一是体现谨慎性原则。固定费用大，则盈亏平衡点高、经营风险大、生产边际贡献量大，避免经营错觉，低估企业背负的实际包袱。二是将费用的控制方式由相对控制更多转变为绝对控制。变动费用的控制是相对的，主要控制的是费用与业务量之间的变动率，而固定费用的控制是绝对的，一旦确定，不论业务量如何变动，都受到总额的绝对控制。

经营费用若全部按变动费用计算，会有严重危害，一是忽视了经营费用中固定费用的存在，二是在每个月份中的月度预算中会出现严重的财务状况扭曲，如管理部门的职工薪酬，更多情况下其工资的大部分是按照月份固定发放的，而不随销售量的变动而变动。所以将本不应该变动的费用硬性做成变动费用，预算编制将偏离企业的基本事实，这也就失去了管理和控制的意义。

在本例中，在A7和A8单元格中输入预算项目"变动经营费用"和"固定经营费用"，在D7单元格中直接输入变动经营费用率"0.08"这一预算变量，在H7单元格中建立公式"＝-H5*D7"，在H8单元格中直接输入"-12 000"，并在E8单元格中输入标识"A"代表直接输入。

两类经营费用的间接财务后果是现金预算中费用支出的增加，因此完成上述操作后，在A19单元格中输入预算项目"费用支出"，在J19单元格中建立公式"＝H7+H8"。

通过对基本业务的预算编制，可以看出，预算年度10亿元的营业收入，在没有存货、应收与应付款项的前提下，可以带来1亿元的利润和现金。

3. 存货

存货是企业在生产经营过程中为销售或者耗用而储备的物资，其外延很广，如材料、燃料、低值易耗品、在产品、半成品、产成品等。20世纪60年代，日本丰田公司提出了著名的准时制（just in time，简称JIT）生产模式，也被称作零存货（zero inventories）模式。1973年以后，这种方式对丰田公司渡过第一次能源危机起到了突出的作用，后引起其他国家生产企业的重视，并逐渐在欧洲和美国的日资企业及当地企业中推行开来，这一方式与源自日本的其他生产、流通方式一起被西方企业称为"日本化模式"。

JIT的核心内容就是"零存货"，通俗地说就是在企业需要原材料时，采购人员通知供应商，就可以马上拿到存货。理论上，如此组织采购、生产和销售，效率是最高的。但是现实中为了保证生产和销售的稳定以及商业折扣等问题，JIT不过是一场梦而已，随着日本经济的衰落，JIT也被扔进了历史的垃圾堆。

存货是现代企业的一种必然的存在，同时它也是一个动态的指标，其余额与交易量和交易速度紧密相关。预算编制中，计算存货的方法类似于财务分析中的"运营能力指标"中存货周转率的公式。

$$存货周转天数 = 365 \div 存货周转次数$$
$$存货周转次数 = 营业成本 \div 存货余额$$
$$存货周转天数 = 365 \div 营业成本 \times 存货余额$$
$$存货余额 = 存货周转天数 \times （营业成本 \div 365）$$

通过上述公式推导，结合本例题的条件，在 A23 单元格中输入预算项目"存货"，在 D23 单元格中直接输入存货周转天数"45"这一预算变量，在 I24 单元格中建立公式"=-H6/365*D23"。存货的间接财务后果是引起采购支出的增加，即采购支出 = 营业支出 + 存货，考虑到正负号的问题，在 J17 单元格修改公式为"=H6-I23"。

当然，存货还有两个财务后果，即增加了存货跌价准备和存货跌价损失，鉴于对三张预算表的影响不同，本书将在后文中专门说明。

财务学中经常提到，存货会占用企业的资金，但是到底占用多少、占用到何种程度，很多财务初学者无法理解。通过这个部分的预算表编制，可以明显看出，由于存货的出现，企业货币资金从 1 亿元下降到 1 370 万元，剩余部分转化为流动性相对较差的存货。

结合财务报表比率分析，流动比率虽作为短期偿债能力的核心指标，但存在很多缺陷，其中存货就是一个重要内容。存货变现能力弱、估价方法影响存货余额、部分存货可能被抵押、残背冷次造成存货价值毁损四方面的原因，影响了流动比率衡量短期偿债能力的准确性，这才出现了速动比率指标。本例题中，超过 86% 的流动资产由现金转化为存货，极大地降低了企业的短期偿债能力。

4. 应收账款

应收账款是因对外销售产品、材料、供应劳务及其他原因，应向购货单位或接受劳务的单位及其他单位收取的款项。每个企业都希望现金销售，但是现实中由于商业竞争的原因，赊销成为扩大销售的重要手段。应收账款的存在增加了企业的机会成本、管理成本和坏账成本。与存货类似，应收账款也很难用一个定额来控制，它受到交易量、应收账款政策等因素的综合影响。预算编制中，计算应收账款类似于财务分析"运营能力指标"中应收账款周转率的公式。

$$应收账款周转天数 = 365 \div 应收账款周转次数$$
$$应收账款周转次数 = 营业收入 \div 应收账款余额$$
$$应收账款周转天数 = 365 \div 营业收入 \times 应收账款平均余额$$
$$应收账款平均余额 = 应收账款周转天数 \times （营业收入 \div 365）$$

通过上述公式推导，结合本例题的条件，在 A25 单元格中输入预算项目"应收账款"，在 D25 单元格中直接输入应收账款周转天数"60"这一预算变量，在 I25 单元格中建立公式"=H5/365*D25"。存货的间接财务后果是引起销售回款的减少，即销售回款＝营业收入－应收账款，在 J14 单元格修改公式为"＝H5－I25"。

当然，与存货类似，应收账款也还有两个财务后果，即增加了坏账准备和坏账损失，鉴于对三张预算表的影响不同，本书将在后文与存货的两个经济后果一起说明。

通过该部分的预算表编制可以明显看出，由于存货和应收账款的共同作用，虽然公司利润未发生变化，但使得企业资金链断裂，出现了超过 1.5 亿元的资金缺口，存货和应收账款对资金的影响可见一斑。同样结合财务报表比重分析中，从流动比率到速动比率的转化，主要是剔除了存货的影响，而从速动比率到超速动比率的转化，则主要是剔除了应收账款的影响。

解决资金链断裂问题，可以考虑增加存货和应收账款的周转率，比如将存货的周转天数降至 30 天，即将单元格 D23 的数值从 45 改为 30，资金缺口却减少至 1.2 亿元；再比如将应收账款的周转天数降至 40 天，即将单元格 D25 的数值从 50 改为 40，资金缺口将减少至 1 亿元之下。但需要指出的是，提高存货周转率需要在采购、生产、销售三个环节入手，实践中难度较大；提高应收账周转率，意味着增加现金销售比重或实行较为严格应收账款政策，这都会影响企业的销售，实践中难度也不低。因此，解决资金链断裂的问题，还要考虑融资问题。

5. 应付账款

应付账款是在商品交易中由于延迟付款所形成的企业间的借贷关系，它是商业信用的一种形式，是所谓的"自发性筹资"。前文的预算编制中，由于存货和应收账款的出现，使企业出现资金短缺，因此可以考虑通过融资解决。实践中的常用的融资手段无外乎三种，即应付账款、借款、发行股票，由于发行股票时间较长，短期而言企业经常在应付账款和银行借款之间选择。借款的成本很明显，即借款利率，而应付账款是否存在成本？当存在现金折扣时，会存在极大的机会成本即放弃现金折扣成本，而在不存在现金折扣的情况下，是否存在成本，大多数人会认为没有，但是实践中延期付款和立即付款，采购单价肯定有差异，这其实就是一种成本。因此，不论是否有现金折扣，应付账款的成本都是存在的，这点对预算的编制有一定的影响。

本例题中，假定企业首先选择的融资方式是应付账款。预算编制中，计算应付账款类似于财务分析"运营能力指标"中应付账款周转率的公式。

应付账款周转次数＝（营业成本＋存货期末余额－存货期初余额）÷应付账款平均余额

应付账款周转天数＝365÷应付账款周转次数

＝应付账款余额×［365÷（营业成本＋存货余额）］

应付账款余额＝应付账款周转天数×（营业成本＋存货余额）÷365

＝应付账款周转天数×采购支出÷365

通过上述公式推导，结合本例题的条件，在 A29 单元格中输入预算项目"应付账款"，在 D29 单元格中直接输入应付账款周转天数"50"这一预算变量，在 I29

单元格中建立公式"=J29/365 * D29"。应付账款的间接财务后果是引起"采购支出"现金流出的减少，为单独反映这一问题，在 A18 单元格中输入预算项目"付款延迟"，在 J18 单元格建立公式为"=-I29"。

通过该部分的预算表编制可以明显看出，由于应付账款这种自发性融资的出现，企业资金缺口大为缩减，短缺数减少至 2 143 万元。

6. 固定资产的财务后果

要完成 10 亿元的销售预算，必然有相应的人、财、物的资源支持，营业成本和经营费用就是一种对人财物耗费的费用性支出。固定资产则是资本性支出，是指企业使用期限较长、单位价值较高，并且在使用过程中保持原有实物形态的有形资产，包括房屋及建筑物、机器设备和运输设备等。固定资产的特点有二：一是使用寿命超过一个预算年度，二是为生产产品、提供劳务、出租或经营管理而非出售而持有。

本例中假设 ABC 公司 2022 年将有 1 000 万元的新增固定资产，那么编制预算时首先在 A27 单元格中输入预算项目"固定资产"，在 I27 单元格中直接输入"1 000"，并在 E8 单元格中输入标识"A"代表直接输入。新增固定资产引发的间接财务后果是现金流出的增加，因此需要在 A21 单元格中输入预算项目"资本支出"，并在 J21 单元格中建立公式"=-I27"。

当然，固定资产还有两个财务后果，即折旧费用和累计折旧，这将在后文和存货与应收账款的损失与准备中一起说明。

7. 银行借款的财务后果

通过固定资产部分的预算表编制，可以看出由于资本支出的增加，ABC 公司出现的资金缺口又开始放大，为弥补资金短缺，正如前文所言需要外部融资解决，在不考虑股票融资的前提下，需要在应付账款和银行借款两种筹资方式中选择。由于该公司已经存在仅 1.3 亿元的应付账款，占到采购支出的 16%，若进一步增加赊购力度，一方面供货商可能拒绝或者加价，另一方面应付账款还款期较短会增加公司的财务风险，因此在本例中假定 ABC 公司最终选择了银行借款 3 000 万元。

在预算编制中，首先在 A30 单元格中输入预算项目"银行借款"，在 I30 单元格中直接输入"-3 000"，并在 E30 单元格中输入标识"A"代表直接输入。银行借款的出现，会引发两个间接财务后果，即现金流入和利息费用的增加，因此要在 A15 单元格中输入预算项目"贷款注入"，在 J15 单元格中建立公式"=-I30"，然后在 A11 单元格中输入预算项目"利息费用"，在 D11 单元格中输入利率"0.06"这一预算变量，在 H11 单元格中建立公式"=I30 * D11"。最后修改 J19 单元格"费用支出"的计算公式为"=H7+H8+H11"，最终费用支出项目包含了经营费用和利息费用，从会计的角度而言，费用支出包括的是管理费用、销售费用和财务费用三类期间费用的付现部分。

通过该部分的预算表编制可以看出，基本业务→存货→应收账款→应付账款→固定资产→银行借款，利润首次发生变化，即减少了 180 万元，这是由于利息费用所致，而公司的现金流缺口接近弥合。

8. 预提费用的财务后果

预提费用是指企业按规定预先提取但尚未实际支付的各项费用，企业还没支付，但应该要支付的，属于负债的范畴。中国 2006 年企业会计准则已废除该科目，原属于预提费用的业务现应记入"其他应付款"科目。预提费用的特点是受益、预提在前，支付在后。作为内部管理活动，预算编制中可以保留该项目。预提费用的种类很多，在这里为便于理解，就以年终奖为例。即 2022 年的年终奖将于 2023 年初春节前发放，但费用归属于 2022 年。按照本例中的已知条件，在 A31 单元格中输入预算项目"预提费用"，在 I31 单元格中直接输入"-1 800"，并在 E31 单元格中输入标识"A"代表直接输入。预提费用的发生引发的间接财务后果是"费用支出"现金流出的减少，与应付账款引发"采购支出"减少类似，为单独反映这一问题，在A20 单元格中输入预算项目"付费延迟"，在 J20 单元格中建立公式为"=-I31"。"付费延迟"的概念类似于财务管理中的"非付现成本"。

通过该部分的预算表编制可以看出，公司的现金缺口得以弥补，并有了 1 447万元的现金流入。

9. 资产减值与固定资产折旧

按前文所述，存货、应收账款引发的间接财务后果还包括资产减值准备和减值损失，固定资产引发的间接财务后果还包括累计折旧和折旧费用，这三者对于预算报表的影响十分相似，因此在这里单独说明。

存货的财务风险有两方面，一是降低了资产的流动性，二是作为实物形态存在的有形资产，从物理的角度有毁损的风险，从价值的角度有滞库贬值风险。所以在预算编制中，必须考虑滞库贬值风险发生的概率和可能造成的危害，并在资产负债表中提取风险准备、在利润表中确认由此带来的损失。首先，在 A24 单元格中输入预算项目"存货跌价准备"，在 D9 单元格中输入存货跌价率"0.04"这一预算变量，在 I24 单元格中建立公式"=-I23 * D9"；其次，在 A9 单元格中输入预算项目"存货跌价损失"，在 H9 单元格中建立公式"=I24"。

应收账款的财务风险有三个方面，一是降低了资产的流动性，二是由于客户延迟付款可能造成公司资金链的紧张甚至断裂，三是债务人完全或部分丧失还款能力而造成公司全部或部分货款无法收回最终形成坏账。因此在预算编制中，必须考虑坏账发生的概率和可能造成的危害，并在资产负债表中提取风险准备、在利润表中确认由此带来的损失。首先在 A26 单元格中输入预算项目"坏账准备"，在 D10 单元格中输入坏账率"0.06"这一预算变量，在 I26 单元格中建立公式"=-I25 * D10"；然后在 A10 单元格中输入预算项目"坏账损失"，在 H10 单元格中建立公式"=I26"。

固定资产作为企业最重要的非流动资产之一，是企业提高生产能力的重要手段，因此企业扩大再生产必须投入一定数量的固定资产。但是固定资产的投入存在两类主要风险，即固化企业资金和贬值风险，这两点与存货类似，在编制预算表时应该考虑提取固定资产的减值准备和减值损失，为简化起见本书暂不考虑该问题。此外，固定资产的价值转移方式与存货不同，在长期的使用过程中，固定资产实物形态保持不变而价值逐渐转移到产品或劳务之中，因此固定资产需要提取折旧。依据例题的已知条件，首先在A28单元格中输入预算项目"累计折旧"，在D12单元格中输入综合折旧率"0.15"这一预算变量，在I28单元格中建立公式"＝-I27*D12"；然后在A12单元格中输入预算项目"折旧费用"，在H12单元格中建立公式"＝I28"。

通过该部分的预算表编制可以看出，资产减值损失和准备、固定资产折旧影响的是资产负债表和利润表，作为未实现的损失二者并不影响企业的现金流量，现金预算并未发生变化。

最终结果和计算公式如表9-4和9-5所示。

### 三、滚动预算的编制

前面研究了总预算编制的基本原理，下面将结合现实，研究正常的总预算编制工作。

（一）已知条件

目前是2022年第四季度，ABC公司已经将2022年第三季度末的数据导入系统，准备编制2023年的总预算。

此时，全年过去大半，2022年预算执行情况可见端倪，针对该年度公司内外环境变化，可能需要对最终预算进行调整，这就是滚动预算。

为简化研究，假定固定资产与银行借款均为年初发生，相关折旧和利息从年初计算；此外，公司不分红。相关数据见表9-6。

（二）计算实际变量

编制滚动预算，需要调整预测变量指标，而调整的前提是计算前三季度的实际变量指标，因此实际变量指标的计算是编制2022年滚动预算和2023年度预算的前提。

同时，明确预算报表数值的正负关系：利润表中收入为正、费用为负；资产负债表中资产为正、负债与所有者权益为负；现金预算中现金流入为正、现金支出为负。变量指标均为正数，因此计算过程中应注意相关的正负号。

①营业成本率＝营业成本÷营业收入，在B7单元格建立公式"＝-F7/F6"。

②变动经营费用率＝变动经营费用÷营业收入，在B8单元格建立公式"＝-F8/F6"。

③存货跌价率＝存货跌价准备÷存货，在B10单元格建立公式"＝-F26/F25"。

④坏账率＝坏账准备÷应收账款，在B11单元格建立公式"＝-F28/F27"。

⑤利息率＝利息费用÷银行借款，这里需要注意的问题是F12单元格的利息费用是前三季度的数额，而利息率是年利率，需要对时间进行调整，因此在B12单元格建立公式"＝F12/F32/B5*C5"。

⑥综合折旧率＝该年累计折旧÷固定资产，基于（5）的同样原因，需要对前三季度的累计折旧调整为全年数额，因此在 B13 单元格建立公式"＝-F30/F29/B5＊C5"。

⑦存货周转天数＝经营期天数÷存货周转次数

＝经营期天数÷（营业成本÷存货）

前三季度的天数是 273 天，因此在 B25 单元格建立公式"＝-B5/（F7/F25）"。

⑧应收账款周转天数＝经营期天数÷应收账款周转次数

＝经营期天数÷（营业收入÷应收账款）

前三季度天数是 273 天，因此在 B27 单元格中建立公式"＝B5/（F6/F27）"。

⑨应付账款周转天数＝经营期天数÷应付账款周转次数

＝经营期天数÷［（营业成本+存货）÷应付账款］

＝经营期天数÷（采购支出÷应付账款）

前三季度天数是 273 天，因此在 B31 单元格中建立公式"＝B5/（F19/F31）"。

编制公式和预算结果如表 7-22 和表 7-23 的"B 列"所示。

通过上述 9 个实际变量指标计算，我们可以看出前四个指标不受经营期的影响，属于"时点"数值，如跌价准备就是某个时点上资产的数额乘以跌价率；而后五个指标属于"时期"数值，需要考虑经营期的天数。

具体计算结果如表 9-7 所示。

（三）预测变量指标的估算

通过第三季度实际数值与 2022 年预算的对比，尤其是营业收入、利润、货币资金等关键绩效指标，ABC 公司可以推测出 2022 年度预算能否完成，并根据实际情况的变化做出预算的调整。本案例中，ABC 公司对比发现预算完成情况并不理想，为了年末完成预算或接近预算，需要在第四季度提高运营效率、增强盈利能力，对实际预算变量进行调整，如提高存货、应收账款、应付账款的周转率，降低费用率，其预测变量指标如表 9-8 列所示。此外，对 2022 年的营业收入和固定经营费用预算也进行了相应调整，如表 9-8 第 7 列所示。

（四）编制过程

滚动预算作为一种对年度剩余月份的调整预算，计算结果全部体现在预算表的"G 列"。该列有两个已知条件，即 G6 单元格 7 亿元的营业收入、G9 单元格 1.1 亿元的固定经营费用。计算依据是 D 列中的 9 个预测变量。其编制过程如下：

（1）营业成本的计算，在 G8 单元格中建立公式"＝-G6＊C7"。

（2）变动经营费用的计算，在 G9 单元格中建立公式"＝-G6＊C8"。

（3）存货的计算及其间接财务后果。在 G25 单元格中建立公式"＝-G7/365＊C25"得出存货余额，存货还有三个间接财务后果即存货跌价准备、存货跌价损失和采购支出，在 G26 单元格中建立公式"＝-G25＊C10"得出存货跌价准备，在 G10 单元格中建立公式"＝G26"得出存货跌价损失，在 G18 单元格中建立公式"＝G7-G25"得出采购支出。

需要提醒读者注意的是，滚动预算是对 2016 年度预算的调整，而不是第四季度预算，因此经营期天数为 365，而不是 92。下文中其他预算项目的计算也依据此原理。

（4）应收账款的计算及其间接财务后果。在 G27 单元格中建立公式"=G6/365 * C27"得出应收账款余额，应收账款也有三个间接财务后果即坏账准备、坏账损失和销售回款，在 G28 单元格中建立公式"=-G27 * C11"得出坏账准备，在 G11 单元格中建立公式"=G28"得出坏账损失，在 G15 单元格中建立公式"=G6-G27"得出销售回款。

（5）应付账款的计算及其间接经济后果。在 G31 单元格中建立公式"=G19/365 * C31"得出应付账款余额，应付账款的间接财务后果只有一个即付款延迟，在 G20 单元格中建立公式"=-G31"。

（6）固定资产计算及其间接财务后果。本案例中假定固定资产在 2016 年初已经购置，同时假定折旧当月增加当月计提，因此第四季度没有新增固定资产。在 G29 单元格中建立公式"=F29"得出固定资产余额，固定资产还有三个间接的财务后果即累计折旧、折旧费用、资本支出，在 G30 单元格中建立公式"=-G29 * C13"得出累计折旧，在 G13 单元格中建立公式"=G30"得出折旧费用，在 G23 单元格中建立公式"=-G29"得出资本支出。

（7）银行借款计算及其间接财务后果。本案例中假定银行借款发生于 2016 年初，第四季度没有新增借款。在 G32 单元格中建立公式"=F32"得出银行借款，银行借款还有三个间接财务后果即利息费用、贷款注入、费用支出，在 G12 单元格中建立公式"=G32 * C12"得出利息费用，在 G16 单元格中建立公式"=-G32"得出贷款注入，在 G21 单元格中建立公式"=G8+G9+G12"得出费用支出。

（8）预提费用计算及其经济后果。本案例中假定预提费用是留待 2017 年年初发放的 2016 年年终奖金。前三季度为 900 万元，第四季度为 300 万元，则在 G33 单元格中直接输入"-1 200"得到预提费用数额，作为预提费用的间接财务后果在 G22 单元格中"=-G33"得到付费延迟。

（9）股本与资本注入。本案例中假定股东平价购入股本并于 2016 年年初开业时注入资金，那么第四季度股本和资本注入并不发生变化，因此在 G35 单元格中建立公式"=F35"得到股本，在 G17 单元格中建立公式"=F17"或"=-G35"得出资本注入。

（10）三个平衡关系的构建。作为现金预算的结果，增加了公司的货币资金，因此在 G24 单元格中建立公式"=SUM（G15：G23）"得到 2016 年现金净流入，即货币资金余额；作为利润表的结果，增加公司留存收益，因此在 G34 单元格中建立公式"=-SUM（G6：G13）"得到 2016 年利润的负数，即本年利润结转；在最后一行 G36 单元格中建立公式"=SUM（G24：G35）"，此公式的原理是"资产-负债-所有者权益"，因此该数值必定为"0"，否则说明预算表编制中存在错误。

滚动预算的公式设置和编制结果如表 9-9 和表 9-10 的 G 列所示。

### 三、总预算的编制

滚动预算不仅起到调整 2022 年预算的作用，而且为 2023 年度预算提供了期初数额。在存在期初数的情况下，2023 年度预算将会发生重大变化。编制的思路与无期初余额的预算编制类似，下面我们将逐步编制，并在确定每个预算项目数额时思考一下和无期初余额的预算结果是否一致？如果一致，为什么？如果不一致，如何修改？

（一）基本业务的预算编制

如前文所述，基本业务包括营业收入、营业成本和经营费用。

营业收入和固定经营费用作为已知数额，当然不发生变化，即在 H6 单元格中直接输入数值"100 000"，在 H9 单元格中直接输入数值"−12 000"。

营业成本变不变？由于营业成本＝营业收入×营业成本率，营业成本率不变，营业成本当然也不发生变化，因此在 H7 单元格中建立公式"＝−H6＊D7"得到营业成本；同样的道理，变动经营费用率不变，变动经营费用也不发生变化，在 H8 单元格中建立公式"＝−H6＊D8"得到变动经营费用。

一言以蔽之，有无期初余额，基本业务并不发生变化。

（二）存货的财务后果

首先思考一下，当存在 5 216 万元的期初存货，期末存货数额是否变化？这需要考虑存货余额的计算方法，如前文所述，存货余额＝存货周转天数×（营业成本÷365），我们可以看到影响存货余额的三个变量，存货周转天数、营业成本、经营期都未发生变化，那么存货期末余额并不会因为有了期初余额而发生变化，因此在 I25 单元格中建立公式"＝−H7/365＊D25"得到存货余额。

存货的出现，会引发三个间接财务后果即存货跌价准备、存货跌价损失和采购支出。那么这三个预算项目会不会发生变化？

存货跌价准备＝存货余额×跌价率，也就是说，任何一个时点的准备数都是存货余额的一个比例，只要跌价率不变，同时存货也未因为期初余额的出现而改变，存货跌价准备数额肯定不变。因此在 I26 单元格中建立公式"＝−I25＊D10"得到存货跌价准备。

关于存货跌价损失的发生额，我们可以回顾一下财务会计的核算内容，每个月末提取存货跌价准备的时候，会计分录为

借：存货跌价损失

  贷：存货跌价准备

没有期初余额的前提下，发生额＝存货余额×跌价率，这和前文讲述一致。如果有期初余额，发生额＝存货跌价准备期末数−存货跌价准备期初数。也就是说当有期初余额时，存货跌价损失会发生变化。因此在 H10 单元格中建立公式"＝I26−G26"得到存货跌价损失。

采购支出＝营业成本+存货的增加，在没有期初余额的前提下，前文直接采用了"采购支出＝营业成本+存货"的公式，如果有期初余额，那么必须将期初余额减掉，从而使得采购支出发生了变化。因此在 J19 单元格中建立公式"＝H7−（I25−

G25）"得到采购支出。

这里要说明一点，在无期初余额的年度预算编制中，I26 和 H10 两个单元格的填列不存在先后顺序，因为存货跌价准备和存货跌价损失二者一定相等。但是存在期初数后，二者并不相等，鉴于后文介绍的月度预算，本书从此部分开始，"先计算准备后计算损失"。

（三）应收账款的财务后果

与存货一样，当出现 9 589 万元的期初数时，应收账款期末数是否发生变化，取决于应收账款的计算公式，即应收账款平均余额＝应收账款周转天数×（营业收入÷365）。通过公式可以发现，影响应收账款的三个变量即应收账款周转天数、营业收入、经营期均未发生变化，因此应收账款期末余额不会因为出现期初余额而发生变动，这点和存货完全一样。因此在 I27 单元格中建立公式 "＝H6/365*D27" 得到应收账款余额。

应收账款的出现会引发三个间接财务后果，即坏账准备、坏账损失和销售回款。那么这三个预算项目是否发生变化？当我们学习了存货的间接财务后果后，一定会感觉到原理完全一致，即坏账准备不变、坏账损失和销售回款会发生变化。因此，本着"先计算准备后计算损失"的原则，首先在 I28 单元格中建立公式 "＝-I27*D11" 得到坏账准备，然后在 H11 单元格中建立公式 "＝I28-G28" 得到坏账损失，最后在 J15 单元格中建立公式 "＝H6-（I27-G27）" 得到销售回款。

（四）应付账款的财务后果

编制完存货和应收账款的预算后，大多数人可能会很自然地认为应付账款也不会因为期初余额的出现而发生变化。但是问题的解决还是要看公式，应付账款余额＝应付账款周转天数×（营业成本+存货增加）÷365＝应付账款周转天数×采购支出÷365，存货有了期初数、采购支出变了，应付账款的余额也会变，当然变动原因不在于其本身的期初余额。因此，在 I31 单元格中建立公式 "＝J19/365*D31"，我们发现公式不变，但是数值发生了变化，原因是 J19 中采购支出的数值发生了变化。

应付账款只有一个间接财务后果即付款延迟，那么付款延迟变不变？这还是要看公式，付款延迟＝应付账款增加额，因此应付账款有了期初数，付款延迟肯定会发生变化，在 J20 单元格中建立公式 "＝-（I31-G31）" 得到付款延迟。

（五）固定资产的财务后果

首先，年初固定资产未被清理的前提下，一定会合并到本期的固定资产余额之中。同时固定资产有三个间接财务后果，即累计折旧、折旧费用、资本支出，这三个预算项目只有资本支出不变，因为不论去年买多少，今年花的钱不受去年的影响。鉴于后文讲述月度分解的需要，在这里确定一下四个预算项目的输入顺序，首先在 J23 单元格中直接输入 "-9 500" 表示资本支出数额，并在 D23 单元格中标识为 "A"；其次在 I29 单元格中建立公式 "＝-J23+G29" 得到固定资产余额；再次在 H13 单元格中建立公式 "＝-I29*D13" 得到折旧费用；最后在 I30 单元格中建立公式 "＝H13+G30" 得到累计折旧。这里注意对比一下存货与应收账款，其间接财务后果的输入方式是"先准备后损失"，而固定资产间接财务后果的输入方式是"先折旧费后累计折旧"。

此外，从简便的角度，本案例忽略了固定资产的减值准备与减值损失，我们可以在编制中自己加上。其原理与存货和应付账款完全一致，输入顺序也是"先准备后损失"。

（六）银行借款的财务后果

首先，假定年初银行借款并未到期或归还，其数额一定会合并到本期的银行借款余额之中。同时银行借款有三个间接经济后果即利息费用、贷款注入、费用支出，此三个预算项目中只有贷款注入不会因为期初有银行借款而发生变化。同样鉴于后文讲述月度分解的需要，在这里确定一下四个预算项目的输入顺序，首先在 J16 单元格中直接输入"1 500"表示贷款注入数额，并在 D16 单元格中标识为"A"；其次在 I32 单元格中建立公式"=−J16+G32"得出银行借款余额；再次在 I12 单元格中建立公式"=I32＊D12"得到利息费用；最后在 J21 单元格中建立公式"=H8+H9+H12"，将变动经营费用、固定经营费用与利息费用合计得到费用支出。

（七）预提费用的财务后果

预提费用在现行的会计准则中被合并到"其他应付款"中，其性质类似于"应付账款"，余额不受预提费用本身期初余额的影响。作为预提费用的间接财务后果只有一个，即付费延迟，其数值等于预提费用的增加。因此在预算编制中，首先在 I33 单元格中直接输入"−2 400"表示预提费用期末余额，并在 D23 单元格中标识为"A"；然后在 J22 单元格中建立公式"=−（I33−G33）"得到付费延迟。

（八）股本与资本注入

本例中 2017 预算年度未增发股票，因此 2017 年股本预算数等于期初数，资本注入项目发生额为 0。即预算编制中，仅在 I35 单元格中建立公式"=G35"。

（九）三个平衡关系的构建

作为现金预算的结果，增加了公司的货币资金，因此在 J36 单元格中建立公式"=SUM（J6：G35）"得到 2016 年现金净流入，进而在 I24 单元格中建立公式"=J36+G24"，即期初现金余额加上本期现金增加得到期末货币资金余额；作为利润表的结果，增加公司留存收益，因此在 H36 单元格中建立公式"=SUM（H6：H35）"得到 2016 年利润，进而在 I34 单元格中建立公式"=−H36+G34"，即期初未分配利润加上本年利润结转得到期末未分配利润；最后在最后一行 I36 单元格中建立公式"=SUM（G6：G35）"，此公式的原理是"资产＝负债+所有者权益"，因此该数值必定为"0"，否则说明预算表编制中存在错误。

上述业务的公式设置和编制结果如表 9-11 和表 9-12 所示。

## 四、总结

全预算管理是一种过程管理，必须建立全程的跟踪调控系统，因此必须将总预算分解到各个季度与月度之中，以便跟踪、分析与控制。

年度总预算中的现金预算和资产负债表预算，都表明企业拥有 8 732 万元的现金，那么如果联系到当年的 3 000 万元银行借款，可能很多人有疑问，既然企业有这么多的钱，还需要借钱吗？年度预算的现金仅仅是年终数值，我们无法从中得到各月的信息，加强资金管理就需要对总预算进行分解。

**表 9-3 预算报表模版**

| | A | B | C | D | E | F | G | H | I | J |
|---|---|---|---|---|---|---|---|---|---|---|
| 1 | ABC 公司 | | | | | | | 预算模式：进取型 | | |
| 2 | 2022 年预算与执行情况 | | | | | | | 2023 年预算 | | |
| 3 | 预算项目 | 变量指标 | | | 标识 | 实际数 | 滚动预算 | 单位：万元 | | |
| 4 | | 实际 | 预测 | 预算 | | | | 利润表 | 资产负债表 | 现金预算 |
| 5 | 营业收入 | | | | | | | | | |
| 6 | | | | | | | | | | |
| 7 | | | | | | | | | | |
| 8 | | | | | | | | | | |
| 9 | | | | | | | | | | |
| 10 | | | | | | | | | | |
| 11 | | | | | | | | | | |
| 12 | | | | | | | | | | |
| 13 | | | | | | | | | | |
| 14 | | | | | | | | | | |
| 15 | | | | | | | | | | |
| 16 | | | | | | | | | | |
| 17 | | | | | | | | | | |
| 18 | | | | | | | | | | |
| 19 | | | | | | | | | | |
| 20 | | | | | | | | | | |
| 21 | | | | | | | | | | |
| 22 | 货币资金 | | | | | | | | =J33 | |
| 23 | | | | | | | | | | |
| 24 | | | | | | | | | | |
| 25 | | | | | | | | | | |
| 26 | | | | | | | | | | |
| 27 | | | | | | | | | | |
| 28 | | | | | | | | | | |
| 29 | | | | | | | | | | |
| 30 | | | | | | | | | | |
| 31 | | | | | | | | | | |
| 32 | 本年利润结转 | | | | | | | | | |
| 33 | 合计 | | | | | | | =SUM(H5:H32) | =SUM(I5:I32) | =SUM(J5:J32) |

表 9-4　计算结果

| ABC 公司 | | | | | 预算模式：进取型 | | | |
|---|---|---|---|---|---|---|---|---|
| 2022 年预算与执行情况 | | | | | 2023 年预算 | | | |
| 预算项目 | 变量指标 | | | 标识 | 单位：万元 | | | |
| | 实际 | 预测 | 预算 | | 实际数 | 滚动预算 | 利润表 | 资产负债表 | 现金预算 |
| 营业收入 | | | | A | | | 100 000 | | |
| 营业成本 | | | 0.7 | | | | −70 000 | | |
| 变动经营费用 | | | 0.08 | | | | −8 000 | | |
| 固定经营费用 | | | | A | | | −12 000 | | |
| 存货跌价损失 | | | 0.04 | | | | −345 | | |
| 坏账损失 | | | 0.06 | | | | −986 | | |
| 利息费用 | | | 0.06 | | | | −180 | | |
| 折旧费用 | | | 0.15 | | | | −150 | | |
| 现金流入 | | | | | | | | | |
| 销售回款 | | | | | | | | | 83 562 |
| 贷款注入 | | | | | | | | | 3 000 |
| 现金流出 | | | | | | | | | |
| 采购支出 | | | | | | | | | −78 630 |
| 付款延迟 | | | | | | | | | 12 926 |
| 费用支出 | | | | | | | | | −20 180 |
| 付费延迟 | | | | | | | | | 1 800 |
| 资本支出 | | | | | | | | | −1 000 |
| 货币资金 | | | | | | | | 1 477 | |
| 存货 | | | 45 | | | | | 8 630 | |
| 存货跌价准备 | | | | | | | | −345 | |
| 应收账款 | | | 60 | | | | | 16 438 | |
| 坏账准备 | | | | | | | | −986 | |
| 固定资产 | | | | A | | | | 1 000 | |
| 累计折旧 | | | | | | | | −150 | |
| 应付账款 | | | 60 | | | | | −12 926 | |
| 银行借款 | | | | A | | | | −3 000 | |
| 预提费用 | | | | A | | | | −1 800 | |
| 本年利润结转 | | | | | | | | −8 338 | |
| 合计 | | | | | | | 8 338 | 0 | 1 477 |

**表 9-5　计算公式**

| 预算项目 | 变量指标 | | | 标识 | 实际数 | 滚动预算 | 利润表 | 资产负债表 | 现金预算 |
|---|---|---|---|---|---|---|---|---|---|
| | 实际 | 预测 | 预算 | | | | | | |
| ABC 公司 | | | | | | | 预算模式：进取型 | | |
| 2022 年预算与执行情况 | | | | | | | 2023 年预算 | | |
| | | | | | | | 单位：万元 | | |
| 营业收入 | | | | A | | | 100 000 | | |
| 营业成本 | | | 0.7 | | | | =−H5 * D6 | | |
| 变动经营费用 | | | 0.08 | | | | =−H5 * D7 | | |
| 固定经营费用 | | | | A | | | −12 000 | | |
| 存货跌价损失 | | | 0.04 | | | | =I24 | | |
| 坏账损失 | | | 0.06 | | | | =I26 | | |
| 利息费用 | | | 0.06 | | | | =I30 * D11 | | |
| 折旧费用 | | | 0.15 | | | | =I28 | | |
| 现金流入 | | | | | | | | | |
| 销售回款 | | | | | | | | | =H5−I25 |
| 贷款注入 | | | | | | | | | =−I30 |
| 现金流出 | | | | | | | | | |
| 采购支出 | | | | | | | | | =H6−I23 |
| 付款延迟 | | | | | | | | | =−I29 |
| 费用支出 | | | | | | | | | =H7+H8+H11 |
| 付费延迟 | | | | | | | | | =−I31 |
| 资本支出 | | | | | | | | | =−I27 |
| 货币资金 | | | | | | | | =J33 | |
| 存货 | | | 45 | | | | | =−H6/365 * D23 | |
| 存货跌价准备 | | | | | | | | =−I23 * D9 | |
| 应收账款 | | | 60 | | | | | =H5/365 * D25 | |
| 坏账准备 | | | | | | | | =−I25 * D10 | |
| 固定资产 | | | | A | | | | 1 000 | |
| 累计折旧 | | | | | | | | =−I27 * D12 | |
| 应付账款 | | | 60 | | | | | =J17/365 * D29 | |
| 银行借款 | | | | A | | | | −3 000 | |
| 预提费用 | | | | A | | | | −1 800 | |
| 本年利润结转 | | | | | | | | =−H33 | |
| 合计 | | | | | | | =SUM（H5:H32) | =SUM（I5:I32) | =SUM（J5:J32) |

表 9-6  2022 年实际数

| 营业收入 | 28 000 |
| --- | --- |
| 营业成本 | −19 040 |
| 变动经营费用 | −2 240 |
| 固定经营费用 | −4 300 |
| 利息费用 | −270 |
| 存货跌价损失 | −287 |
| 坏账损失 | −290 |
| 折旧费用 | −830 |
| 销售回款 | 22 600 |
| 贷款注入 | 3 200 |
| 资本注入 | 3 000 |
| 采购支出 | −21 910 |
| 付款延迟 | 5 300 |
| 费用支出 | −6 810 |
| 非付现费用 | 600 |
| 资本支出 | −4 500 |
| 货币资金 | 1 480 |
| 存货 | 2 870 |
| 存货跌价准备 | −287 |
| 应收账款 | 5 400 |
| 坏账准备 | −290 |
| 固定资产 | 4 500 |
| 累计折旧 | −830 |
| 应付账款 | −5 300 |
| 银行借款 | −3 200 |
| 预提费用 | −600 |
| 留存收益 | −743 |
| 股本 | −3 000 |

**表 9-7  实际变量指标计算结果**

| | |
|---|---|
| 经营天数 | 273 |
| 营业收入 | |
| 营业成本 | 0.68 |
| 变动经营费用 | 0.08 |
| 固定经营费用 | |
| 存货跌价损失 | 0.1 |
| 坏账损失 | 0.05 |
| 利息费用 | 0.11 |
| 折旧费用 | 0.25 |
| 现金流入 | |
| 销售回款 | |
| 贷款注入 | |
| 资本注入 | |
| 现金流出 | |
| 采购支出 | |
| 付款延迟 | |
| 费用支出 | |
| 付费延迟 | |
| 资本支出 | |
| 货币资金 | |
| 存货 | 41.15 |
| 存货跌价准备 | |
| 应收账款 | 52.65 |
| 坏账准备 | |
| 固定资产 | |
| 累计折旧 | |
| 应付账款 | 66.04 |
| 银行借款 | |
| 预提费用 | |
| 本年利润结转 | |
| 股本 | |
| 合计 | |

表 9-8　预测变量估算

| 预算项目 | 变量指标 | | | 标识 | 实际数 | 滚动预算 |
|---|---|---|---|---|---|---|
| | 实际 | 预测 | 预算 | | | |
| 经营天数 | 273 | 365 | | | | |
| 营业收入 | | | | A | 56 000 | 70 000 |
| 营业成本 | 0.68 | 0.68 | 0.7 | | −38 080 | |
| 变动经营费用 | 0.08 | 0.08 | 0.08 | | −4 480 | |
| 固定经营费用 | | | | A | −8 600 | −11 000 |
| 存货跌价损失 | 0.1 | 0.08 | 0.04 | | −574 | |
| 坏账损失 | 0.05 | 0.04 | 0.06 | | −580 | |
| 利息费用 | 0.11 | 0.1 | 0.06 | | −540 | |
| 折旧费用 | 0.25 | 0.2 | 0.15 | | −1 660 | |
| 现金流入 | | | | | | |
| 销售回款 | | | | | 45 200 | |
| 贷款注入 | | | | | 6 400 | |
| 资本注入 | | | | | 6 000 | |
| 现金流出 | | | | | | |
| 采购支出 | | | | | −43 820 | |
| 付款延迟 | | | | | 10 600 | |
| 费用支出 | | | | | −13 620 | |
| 付费延迟 | | | | | 900 | |
| 资本支出 | | | | | −9 000 | |
| 货币资金 | | | | | 2 660 | |
| 存货 | 41.15 | 40 | 45 | | 5 740 | |
| 存货跌价准备 | | | | | −574 | |
| 应收账款 | 52.65 | 50 | 60 | | 10 800 | |
| 坏账准备 | | | | | −580 | |
| 固定资产 | | | | A | 9 000 | |
| 累计折旧 | | | | | −1 660 | |
| 应付账款 | 66.04 | 70 | 60 | | −10 600 | |
| 银行借款 | | | | A | −6 400 | |
| 预提费用 | | | | A | −900 | |
| 本年利润结转 | | | | | −1 486 | |
| 股本 | | | | | −6 000 | |
| 合计 | | | | | 0 | |

**表 9-9  滚动预算公式设置**

| | A | B | C | D | E | F | G |
|---|---|---|---|---|---|---|---|
| 1 | | ABC 公司 | | | | | |
| 2 | | 2022 年预算与执行情况 | | | | | |
| 3 | 预算项目 | 变量指标 | | | 标识 | 实际数 | 滚动预算 |
| 4 | | 实际 | 预测 | 预算 | | | |
| 5 | 经营天数 | 273 | 365 | | | | |
| 6 | 营业收入 | | | | A | 56 000 | 70 000 |
| 7 | 营业成本 | 0.68 | 0.68 | 0.7 | | −38 080 | =−G6∗C7 |
| 8 | 变动经营费用 | 0.08 | 0.08 | 0.08 | | −4 480 | =−G6∗C8 |
| 9 | 固定经营费用 | | | | A | −8 600 | −11 000 |
| 10 | 存货跌价损失 | 0.1 | 0.08 | 0.04 | | −574 | =G26 |
| 11 | 坏账损失 | 0.05 | 0.05 | 0.06 | | −580 | =G28 |
| 12 | 利息费用 | 0.11 | 0.11 | 0.06 | | −540 | =G32∗C12 |
| 13 | 折旧费用 | 0.25 | 0.2 | 0.15 | | −1 660 | =G30 |
| 14 | 现金流入 | | | | | | |
| 15 | 销售回款 | | | | | 45 200 | =G6−G27 |
| 16 | 贷款注入 | | | | | 6 400 | =−G32 |
| 17 | 资本注入 | | | | | 6 000 | =−G35 |
| 18 | 现金流出 | | | | | | |
| 19 | 采购支出 | | | | | −43 820 | =G7−G25 |
| 20 | 付款延迟 | | | | | 10 600 | =−G31 |
| 21 | 费用支出 | | | | | −13 620 | =G8+G9+G12 |
| 22 | 付费延迟 | | | | | 900 | =−G33 |
| 23 | 资本支出 | | | | | −9 000 | =−G29 |
| 24 | 货币资金 | | | | | 2 660 | =SUM（G15:G23） |
| 25 | 存货 | 41.2 | 40 | 45 | | 5 740 | =−G7/365∗C25 |
| 26 | 存货跌价准备 | | | | | −574 | =−G25∗C10 |
| 27 | 应收账款 | 52.7 | 50 | 60 | | 10 800 | =G6/365∗C27 |
| 28 | 坏账准备 | | | | | −580 | =−G27∗C11 |
| 29 | 固定资产 | | | | A | 9 000 | =F29 |
| 30 | 累计折旧 | | | | | −1 660 | =−G29∗C13 |
| 31 | 应付账款 | 66 | 70 | 60 | | −10 600 | =G19/365∗C31 |
| 32 | 银行借款 | | | | A | −6 400 | =F32 |
| 33 | 预提费用 | | | | A | −900 | −1 200 |
| 34 | 本年利润结转 | | | | | −1 486 | =−SUM（G6:G13） |
| 35 | 股本 | | | | | −6 000 | =F35 |
| 36 | 合计 | | | | | 0 | =SUM（G24:G35） |

表 9-10  滚动预算编制结果

| | | | | | 单位：万元 | |
|---|---|---|---|---|---|---|
| | | ABC 公司 | | | | |
| | | 2022 年预算与执行情况 | | | | |
| 预算项目 | 变量指标 | | | 标识 | 实际数 | 滚动预算 |
| | 实际 | 预测 | 预算 | | | |
| 经营天数 | 273 | 365 | | | | |
| 营业收入 | | | | A | 56 000 | 70 000 |
| 营业成本 | 0.68 | 0.68 | 0.7 | | −38 080 | −47 600 |
| 变动经营费用 | 0.08 | 0.08 | 0.08 | | −4 480 | −5 600 |
| 固定经营费用 | | | | A | −8 600 | −11 000 |
| 存货跌价损失 | 0.1 | 0.08 | 0.04 | | −574 | −417 |
| 坏账损失 | 0.05 | 0.05 | 0.06 | | −580 | −479 |
| 利息费用 | 0.11 | 0.11 | 0.06 | | −540 | −704 |
| 折旧费用 | 0.25 | 0.2 | 0.15 | | −1 660 | −1 800 |
| 现金流入 | | | | | | |
| 销售回款 | | | | | 45 200 | 60 411 |
| 贷款注入 | | | | | 6 400 | 6 400 |
| 资本注入 | | | | | 6 000 | 6 000 |
| 现金流出 | | | | | | |
| 采购支出 | | | | | −43 820 | −52 816 |
| 付款延迟 | | | | | 10 600 | 10 129 |
| 费用支出 | | | | | −13 620 | −17 304 |
| 付费延迟 | | | | | 900 | 1 200 |
| 资本支出 | | | | | −9 000 | −9 000 |
| 货币资金 | | | | | 2 660 | 5 020 |
| 存货 | 41.2 | 40 | 45 | | 5 740 | 5 216 |
| 存货跌价准备 | | | | | −574 | −417 |
| 应收账款 | 52.7 | 50 | 60 | | 10 800 | 9 589 |
| 坏账准备 | | | | | −580 | −479 |
| 固定资产 | | | | A | 9 000 | 9 000 |
| 累计折旧 | | | | | −1 660 | −1 800 |
| 应付账款 | 66 | 70 | 60 | | −10 600 | −10 129 |
| 银行借款 | | | | A | −6 400 | −6 400 |
| 预提费用 | | | | A | −900 | −1 200 |
| 本年利润结转 | | | | | −1 486 | −2 399 |
| 股本 | | | | | −6 000 | −6 000 |
| 合计 | | | | | 0 | 0 |

## 表 9-11 总预算公式设置

| | A | B | C | D | E | F | G | H | I | J |
|---|---|---|---|---|---|---|---|---|---|---|
| 1 | ABC 公司 | | | | | | | 预算模式:进取型 | | |
| 2 | 2022 年预算与执行情况 | | | | | | | 2023 年预算 | | |
| 3 | 预算项目 | 变量指标 | | | 标识 | 实际数 | 滚动预算 | 单位:万元 | | |
| 4 | | 实际 | 预测 | 预算 | | | | 利润表 | 资产负债表 | 现金预算 |
| 5 | 经营天数 | 273 | 365 | | | | | | | |
| 6 | 营业收入 | | | | A | 56 000 | 70 000 | 100 000 | | |
| 7 | 营业成本 | 0.68 | 0.68 | 0.7 | | -38 080 | -47 600 | =-H6*D7 | | |
| 8 | 变动经营费用 | 0.08 | 0.08 | 0.08 | | -4 480 | -5 600 | =-H6*D8 | | |
| 9 | 固定经营费用 | | | | A | -8 600 | -11 000 | -12 000 | | |
| 10 | 存货跌价损失 | 0.1 | 0.08 | 0.04 | | -574 | -417 | =I26-G26 | | |
| 11 | 坏账损失 | 0.05 | 0.05 | 0.06 | | -580 | -479 | =I28-G28 | | |
| 12 | 利息费用 | 0.11 | 0.11 | 0.06 | | -540 | -704 | =I32*D12 | | |
| 13 | 折旧费用 | 0.25 | 0.2 | 0.15 | | -1 660 | -1 800 | =-I29*D13 | | |
| 14 | 现金流入 | | | | | | | | | |
| 15 | 销售回款 | | | | | 45 200 | 60 411 | | | =H6-(I27-G27) |
| 16 | 贷款注入 | | | | | 6 400 | 6 400 | | | 3 000 |
| 17 | 资本注入 | | | | | 6 000 | 6 000 | | | |
| 18 | 现金流出 | | | | | | | | | |
| 19 | 采购支出 | | | | | -43 820 | -52 816 | | | =H7-(I25-G25) |
| 20 | 付款延迟 | | | | | 10 600 | 10 129 | | | =-(I31-G31) |
| 21 | 费用支出 | | | | | -13 620 | -17 304 | | | =H8+H9+H12 |
| 22 | 付费延迟 | | | | | 900 | 1 200 | | | =-(I33-G33) |
| 23 | 资本支出 | | | | | -9 000 | -9 000 | | | -1 000 |
| 24 | 货币资金 | | | | | 2 660 | 5 020 | | =J36+G24 | |
| 25 | 存货 | 41.2 | 40 | 45 | | 5 740 | 5 216 | | =-H7/365*D25 | |
| 26 | 存货跌价准备 | | | | | -574 | -417 | | =-I25*D10 | |
| 27 | 应收账款 | 52.7 | 50 | 60 | | 10 800 | 9 589 | | =H6/365*D27 | |
| 28 | 坏账准备 | | | | | -580 | -479 | | =-I27*D11 | |
| 29 | 固定资产 | | | | A | 9 000 | 9 000 | | =-J23+G29 | |
| 30 | 累计折旧 | | | | | -1 660 | -1 800 | | =H13+G30 | |
| 31 | 应付账款 | 66 | 70 | 60 | | -10 600 | -10 129 | | =J19/365*D31 | |
| 32 | 银行借款 | | | | A | -6 400 | -6 400 | | =-I16+G32 | |
| 33 | 预提费用 | | | | A | -900 | -1 200 | | -1 800 | |
| 34 | 本年利润结转 | | | | | -1 486 | -2 399 | | =-H36+G34 | |
| 35 | 股本 | | | | | -6 000 | -6 000 | | =G35 | |
| 36 | 合计 | | | | | 0 | 0 | =SUM(H6:H35) | =SUM(I6:I35) | =SUM(J6:J35) |

表 9-12　ABC 公司 2023 年总预算

| ABC 公司 | | | | | | 预算模式:进取型 | | |
| 2022 年预算与执行情况 | | | | | | 2023 年预算 | | |
| 预算项目 | 变量指标 | | | 标识 | 实际数 | 滚动预算 | 单位:万元 | | |
| | 实际 | 预测 | 预算 | | | | 利润表 | 资产负债表 | 现金预算 |
|---|---|---|---|---|---|---|---|---|---|
| 经营天数 | 273 | 365 | | | | | | | |
| 营业收入 | | | | A | 56 000 | 70 000 | 100 000 | | |
| 营业成本 | 0.68 | 0.68 | 0.7 | | −38 080 | −47 600 | −70 000 | | |
| 变动经营费用 | 0.08 | 0.08 | 0.08 | | −4 480 | −5 600 | −8 000 | | |
| 固定经营费用 | | | | A | −8 600 | −11 000 | −12 000 | | |
| 存货跌价损失 | 0.1 | 0.08 | 0.04 | | −574 | −417 | 72 | | |
| 坏账损失 | 0.05 | 0.05 | 0.06 | | −580 | −479 | −507 | | |
| 利息费用 | 0.11 | 0.11 | 0.06 | | −540 | −704 | −564 | | |
| 折旧费用 | 0.25 | 0.2 | 0.15 | | −1 660 | −1 800 | −1 500 | | |
| 现金流入 | | | | | | | | | |
| 销售回款 | | | | | 45 200 | 60 411 | | | 93 151 |
| 贷款注入 | | | | | 6 400 | 6 400 | | | 3 000 |
| 资本注入 | | | | | 6 000 | 6 000 | | | |
| 现金流出 | | | | | | | | | |
| 采购支出 | | | | | −43 820 | −52 816 | | | −73 414 |
| 付款延迟 | | | | | 10 600 | 10 129 | | | 1 939 |
| 费用支出 | | | | | −13 620 | −17 304 | | | −20 564 |
| 付费延迟 | | | | | 900 | 1 200 | | | 600 |
| 资本支出 | | | | A | −9 000 | −9 000 | | | −1 000 |
| 货币资金 | | | | | 2 660 | 5 020 | | 8 732 | |
| 存货 | 41.2 | 40 | 45 | | 5 740 | 5 216 | | 8 630 | |
| 存货跌价准备 | | | | | −574 | −417 | | −345 | |
| 应收账款 | 52.7 | 50 | 60 | | 10 800 | 9 589 | | 16 438 | |
| 坏账准备 | | | | | −580 | −479 | | −986 | |
| 固定资产 | | | | A | 9 000 | 9 000 | | 10 000 | |
| 累计折旧 | | | | | −1 660 | −1 800 | | −3 300 | |
| 应付账款 | 66 | 70 | 60 | | −10 600 | −10 129 | | −12 068 | |
| 银行借款 | | | | A | −6 400 | −6 400 | | −9 400 | |
| 预提费用 | | | | A | −900 | −1 200 | | −1 800 | |
| 本年利润结转 | | | | | −1 486 | −2 399 | | −9 900 | |
| 股本 | | | | | −6 000 | −6 000 | | −6 000 | |
| 合计 | | | | | 0 | 0 | 7 501 | 0 | 3 712 |

# 第十章　总预算的分解

年度总预算需要进行分解才可以发挥作用，本章将在上一章年度总预算编制的基础上，讲述预算指标的分解方法，最终形成预算年度的月度预算报表。

## 第一节　年度预算指标的分解方法

正如上一章所指出的，年度总预算仅仅告诉我们 ABC 公司预算年度末的资金余额，但是年底有货币资金并不代表公司一年内的每个时点都有现金流，因此要搞清楚企业经营过程中的现金情况，唯一的途径就是将年度预算方案分解到各个月份。这一点对于第五章中谈到的经营预算一样适用。

年度预算指标分解的方法主要有两种，因为没有受到广泛接受的统一称谓，本书中就暂且称之为直线法和曲线法。

### 一、直线法

直线法就是简单平均，其重心是预算指标与预算期间的匹配。在财务报表分析的课程中，我们可能适应了一年 360 天，一年 12 个月，每月 30 天的概念。这是一种简化，同时与财务报表分析工作本身的特点有关。外部人阅读报表，不会因为一个月是 30 天还是 31 天，或者是 28 天还是 29 天而造成财务比率的误读，这是由于这一两天的差异会随着小数点后几位数而四舍五入。而预算工作虽然不能做到精确，但是在可能的情况下仍然要做到尽量精确。对于一个小微企业而言，一两天的差异或许影响甚微，但是对于大公司，细微的差异将对预算结果产生巨大影响。因此，直线法下，必须使用每月的实际天数进行指标分解，基本公式为

$$某月预算额 = 年度预算总额 \div 365 \times 本月实际天数$$

### 二、曲线法

直线法主要适用于固定费用预算，如基本工资、折旧费等。但是，很多预算指标会随着企业的产销量的波动而波动，直线法就不再适用，这时需要使用曲线法。

曲线法，就是将预算指标按照一定的规律、非直线地分解到各有关月份的预算分解方法。分解的目的是体现企业的经营规律，如淡旺季、节假日等，其首要工作即计算销售波动率。

某月销售波动率＝本月历史销售÷［（全年历史销售合计÷365）×本月天数］

上式中，小括号内的内容是指日平均销售额，方括号内的内容是考虑了本月实际天数的月均销售额。最终，某月销售波动率大于1，则属于销售旺季，否则就是淡季或者节假日过多。

此外，计算波动率所依据的历史数据不能只使用过去一年的数据，而至少应该是3~5年的平均数。就目前的经济形势看，一些受经济形势影响大的行业，如上游大型国企、房地产等行业，甚至要2008年以后的数据，对于受影响较小的行业，如影视、零售等，则使用较短期的数据则可。

## 第二节　月度预算的准备工作

月度预算是年度预算的继续，其准备工作主要有二：一是年度预算的合并，二是月度预算模板的设计。

### 一、年度预算的合并

鉴于第九章年度预算是按三列分别编制利润表、资产负债表和现金预算的，这对月度分解会造成不便，因此编制月度预算时，首先要将此三列数据合并为一列。其编制原理与滚动预算和未合并的年度预算完全一致。因此，我们可以借鉴第九章年度预算的基本数据和滚动预算的编制方法，先自己编制一下合并的年度预算报表。然后再和本章下文的内容进行对照。

公式设置和编制的结果如表10-1和表10-2所示。其基本步骤如下：

（一）基本业务的预算编制

正如上章所述，基本业务是指营业收入、营业成本和经营费用。

在H6单元格中直接输入数值"100 000"，在H9单元格中直接输入数值"-12 000"，分别表示营业收入和固定经营费用的金额。在H7单元格中建立公式"＝-H6*D7"得到营业成本；在H8单元格中建立公式"＝-H6*D8"得到变动经营费用。

（二）存货相关业务的预算编制

在H25单元格中建立公式"＝-H7/365*D25"得到存货余额；在H26单元格中建立公式"＝-H25*D10"得到存货跌价准备；在H10单元格中建立公式"＝H26-G26"得到存货跌价损失；在H19单元格中建立公式"＝H7-（H25-G25）"得到采购支出。

（三）应收账款相关业务的预算编制

在 H27 单元格中建立公式"＝H6/365＊D27"得到应收账款余额；在 H28 单元格中建立公式"＝－H27＊D11"得到坏账准备，然后在 H11 单元格中建立公式"＝H210－G28"得到坏账损失，最后在 H15 单元格中建立公式"＝H6－（H27－G27）"得到销售回款。

（四）应付账款相关预算的业务编制

在 H31 单元格中建立公式"＝H19/365＊D31"得到应付账款；在 H20 单元格中建立公式"＝－（H31－G31）"得到付款延迟。

（五）固定资产相关业务的预算编制

在 H23 单元格中直接输入"－9 500"表示资本支出数额，并在 D23 单元格中标识为"A"；在 H29 单元格中建立公式"＝－H23＋G29"得到固定资产余额；在 H13 单元格中建立公式"＝－H29＊D13"得到折旧费用；在 H30 单元格中建立公式"＝H13＋G30"得到累计折旧。

（六）银行借款相关业务的预算编制

在 H16 单元格中直接输入"1 500"表示贷款注入数额，并在 D16 单元格中标识为"A"；在 H32 单元格中建立公式"＝－H16＋G32"得出银行借款余额；在 H12 单元格中建立公式"＝H32＊D12"得到利息费用；在 H21 单元格中建立公式"＝H8＋H9＋H12"，将变动经营费用、固定经营费用与利息费用合计得到费用支出。

（七）预提费用相关业务的预算编制

在 H33 单元格中直接输入"－2 400"表示预提费用期末余额，并在 D23 单元格中标识为"A"；然后在 H22 单元格中建立公式"＝－（H33－G33）"得到付费延迟。

（八）股本与资本注入

预算年度未增发股票，因此仅在 H35 单元格中建立公式"＝G35"得到与期初相同的股本。

（九）三个平衡关系的建立

在 H24 单元格中建立公式"＝SUM（H15：H23）＋G24"得到期末货币资金余额；在 H34 单元格建立公式"＝－SUM（H6：H13）＋G34"得到期末未分配利润；在 H36 单元格中建立公式"＝SUM（H6：H35）"，其数值必为 0，否则说明预算报表编制存在错误。

通过上述 9 个步骤，完成了预算报表的合并，我们还可以将合并前后的预算表进行对比，看到其数值完全一致。具体见表 10-3。

## 二、月度预算模板的设计

在年度预算表的基础上，可以通过增加行和列的方式设计月度预算的模板。

（1）在经营天数后加入"累积经营天数"行，用于表示截止到预算年度某月底为止已经经历的天数，其在模板中属于第 6 行。

（2）加入"销售波动率"行，反映预算年度各月份销售波动的情况，其在模板中属于第 7 行。

（3）加入"存货周转天数""应收账款周转天数""应付账款周转天数"三行，反映各月份间的周转情况，并命名为"存货期""收款期"和"付款期"，其在模板中属于第 7~9 行。

（4）加入"累计营业收入"和"累计营业成本"行，用于表示截止到预算年度某月底的营业收入和营业成本数额，其在模板中属于第 11 和第 12 行。

（5）在年度预算所在列后加入 12 行，用于对年度预算进行月度分解，其在模板中属于第 I 列至第 T 列。

此外，为了验证分解是否准确，可以在 T 列后再加入 U 列。此列为可选项。

总之，需要将年度预算表中增加 7 行、12 列，具体模板如表 10-4 所示。

## 第三节　月度预算编制过程

月度预算是年度预算的继续，是在年度预算编制完成后将年度预算指标在 12 个月份间分别按直线法和曲线法分解的过程。其基本逻辑和年度预算类似，但有很多细节问题需要认真剖析。

### 一、经营天数与累积经营天数的填列

这一步很简单，和财务理论没有关系。只需要在 I5 至 T5 单元格中直接输入 1~12 月的每月实际天数，即可完成经营天数的填列。在 I6 单元格中建立公式" = I5"，在 J6 单元格中建立公式" = I6+J5"，然后拖动填充柄至 T6 单元格，即可完成累积经营天数的填列。

上述业务的公式设置和编制结果如表 10-5 和表 10-6 所示。

### 二、销售波动率的填列

通过历史数据计算所得销售波动率直接填列到 I7 至 T7 单元格则可。需要注意的是，由于四舍五入的关系，为保证月度分解数值的合计数等于年度预算数值，应尽量在小数点后多保留几位数，也可以仅就某个月的数值多保留几位数。本例中，在单元格 I7 至 T7 依次填入根据 ABC 公司以往五年历史数据计算出的 12 个月的销售波动率，其数值如表 10-7 所示。

需要说明的是，为保证分解后的合计数等于分解前的年度数，12 月的波动率为88.84%，表中以不保留小数点显示为 89%。此外，也是由于四舍五入的关系，U7单元格中显示的合计数是 1 198%，而不是 1 200%。

### 三、存货期、收款期、付款期的填列

这三类周转天数，均根据预算变量指标填列，即在单元格 I8~T8 全部填列 45，在单元格 I9~T9 全部填列 50，在单元格 I10~T10 当全部填列 50。

填列此三行的目的是可以随时调整每个月的周转率，并得出不同的预算结果。在第七章中已经说明，在现有的数据中，预算变量指标一共有 9 个，这里只填列 3 个的原因有二：一是基于讲课简化的考虑。二是其他 6 个变量指标实际上企业也很难改动，至少在短期内改动的困难较大，比如存货跌价率、坏账率产生的部分原因是不以企业意志为转移的；折旧率要遵循会计准则与财务制度，企业其中选择的空间很小；在银行与企业的博弈中，强势方一般是银行，企业想改变利率的难度很大；营业成本率与经营费用率，是企业运营能力的体现，就像企业在"练内功"一样，不可能一天将罗马建成。

当然，我们在做预算编制的时候，完全可以自己将其他六个变量指标的部分或全部加入报表的行中。

### 四、基本业务的分解与累计营业收入、累计营业成本

1. 基本业务的分解

基本业务还是营业收入、营业成本、变动经营费用和固定经营费用。其中，前三个属于变动费用，各月间的差异不仅在于天数的不同，而且和销售波动相关，应该采用曲线法分解；固定费用在各月间的差异仅与天数相关，应该采用直线法分解。

（1）营业收入的分解。某月的营业收入＝营业收入年度预算数÷365×该月实际天数×该月销售波动率。因此，首先在 I13 单元格中建立公式"＝$H$13/365 * I5 * I7"，然后拖动填充柄至 T13 单元格。

这里尤其需要强调的是，年度预算数额在公式中应当"绝对引用"而不是"相对引用"。月度分解中涉及绝对引用的情况很多，我们要注意相关公式，本书在后文将不再做提示。

此外，为了验证分解的准确性，需要将 I13 至 T13 这 12 个单元格的数值加总至单元格 U13，并与 H13 数值对应，如果相等就说明分解无误。

（2）营业成本的分解。某月的营业成本＝营业成本年度预算数÷365×该月实际天数×该月销售波动率。因此，首先在 I14 单元格中建立公式"＝$H$14/365 * I5 * I7"，然后拖动填充柄至 T13 单元格。当然，认为本例中各月的营业成本率不变，也可以采用简便的公式，即在 I14 单元格中建立公式"＝-I13 * $D$14"，然后拖动填充柄至 T14 单元格。同样，为了验证分解的准确性，需要将 I14 至 T14 这 12 个单元格的数值加总至单元格 U14，并与 H14 数值对应，如果相等就说明分解无误。

（3）变动经营费用的分解。其原理与营业成本分解完全一致，这里仅说明填列方法。即首先在 I15 单元格中建立公式"＝-I13 * $D$15"，然后拖动填充柄至 T15

单元格。同样，为了验证分解的准确性，需要将 I15 至 T15 这 12 个单元格的数值加总至单元格 U15，并与 H15 数值对应，如果相等就说明分解无误。

（4）固定经营费用的分解。由于固定费用与产销量无关，因此只需要按实际天数进行直接分解即可。先在 I16 单元格中建立公式"=$H$16/365 * I5"，然后拖动填充柄至 T16 单元格。为了验证分解的准确性，需要将 I16 至 T16 这 12 个单元格的数值加总至单元格 U16，并与 H15 数值对应，如果相等就说明分解无误。

2. 累计营业收入与累计营业成本

这两个预算项目分别指截止到某个月末，企业营业收入或营业成本的累计数额。填列这两个指标的目的是使后文计算更方便，这里暂不说明，我们在实际使用时自然会明白。

在 I11 单元格中建立公式"=I13"得到 1 月末的累计营业收入，其实就是 1 月的营业收入，在 J11 单元格中建立公式"=J13+I11"得到 2 月末的累计营业收入，即 1 月与 2 月的营业收入之和，然后拖动填充柄至 T11，T11 单元格中的数值就是全年的营业收入，一定等于 H13 单元格的数值。

同理，在 I12 单元格中建立公式"=I14"得到 1 月末累计营业成本，在 J11 单元格中建立公式"=J14+I12"得到 2 月末的累计营业收入，然后拖动填充柄至 T11，T11 单元格中的数值就是全年的营业成本，一定等于 H14 单元格的数值。

上述业务的公式设置和编制结果如表 10-8 和表 10-9 所示。

### 五、存货相关业务的分解

当企业出现存货时，其间接财务后果包括存货跌价准备、存货跌价损失和采购支出。因此需要对存货、存货跌价准备、存货跌价损失和采购支出这四个预算项目的年度预算进行分解。

1. 存货的分解

分解存货的方法，可以直接排除的是直线法，当然也不同于营业成本那样按销售波动率进行的曲线分解法。存货的分解仍然使用存货周转率的公式，但此时需要对公式进行重新表述：

某月存货余额=该月累计营业成本÷该月累计经营天数×存货周转天数

上式可以直接说明在月度预算时加入累计经营天数和累计营业成本的原因。因此，在 I32 单元格中建立公式"=-I12/I6 * I8"得到 1 月末的存货余额，然后拖动填充柄至 T32，其中 T32 单元格的数值就是 12 月末的存货余额，必然等于 2023 年度预算存货数值。在这一方面，存货分解的正确性验证不同于营业成本，后者是将 12 个月的数值相加等于全年数值，而存货则是 12 月底的数值等于全年数值，这正是利润表和资产负债表的差异，利润表是动态报表，其数值是一年内的流量，而资产负债表是静态报表，其数值是某一个时点上的资产、负债和所有者权益的数值，则 12 月末的数值就是年底数值。

## 2. 存货跌价准备的分解

正如上章所谈，存货跌价准备的数值，在任何一个时点上，都等于存货余额与存货跌价率的乘积。因此，存货分解完成后，存货跌价准备的分解就变得异常简单，即每个月的存货跌价准备等于该月存货余额乘以存货跌价率。在 I33 单元格中建立公式"=-I32*$D$17"，然后拖动填充柄至 T33，其中 T33 单元格数值即为 12 月末的存货跌价准备，其数值必然等于 H33。

## 3. 存货跌价损失的分解

存货跌价损失等于存货跌价准备的期末数减期初数。其中期末数很明确，即本月底数值，而期初数是年初数，还是月初数？这是需要考虑的。由于利润表每月都需要结转，因此此时的期初数一定是月初数，首先在 I17 单元格中建立公式"=I33-G33"得到 1 月份存货跌价损失，然后拖动填充柄至 T17，其中 T17 单元格的数值为 12 月份存货跌价损失，将 I17 至 T17 数值加总至 U17 单元格，其数值必然与 H17 相等，否则说明分解错误。

## 4. 采购支出的分解

采购支出属于现金预算。月度分解问题分析到目前为止，仅涉及了利润表和资产负债表。在分解后的验证过程中，我们可以发现这样一个规律，就是资产负债表的预算项目 12 月份数值等于年度预算数，而利润表的年度预算数等于 12 个月相加。那么，在现金预算中是什么样的情形？我们可以先思考，留下疑问待后文继续分析。

采购支出等于营业成本加上存货的增加，这一内容上一章已经说得很清楚。但是，现在的问题有两个，一是营业成本是累计数，还是当月数？二是存货增加等于存货期末数减期初数，那么这个期初数是月初数，还是年初数？正确的答案在采购支出的公式中可以看出：

某月采购累计支出＝本月累计营业成本+存货增加额

＝本月累计营业成本+（存货本月期末余额-存货年初数）

因此，首先在 I26 单元格中建立公式"=I12-（I32-$G$32）"得到 1 月份采购支出，拖动填充柄至 T26，比对 T26 和 H26 数值，马上可以看出二者相同，即 12 月份的采购支出即为全年的采购支出，这说明现金流量表更接近于资产负债表。在后文的计算中，我们可以发现这个规律。可以先在这里说一下，资产负债表和现金流量表的年度预算数等于 12 月份的月度预算数，而利润表的年度预算数等于 12 个月的月度预算数相加。

上述业务的公式设置和编制结果如表 10-10 和表 10-11 所示。

## 六、应收账款相关业务的分解

与存货类似，当企业出现应收账款时，其间接财务后果包括坏账准备、坏账损失和销售回款。因此，需要对应收账款、坏账准备、坏账损失和销售回款四个预算项目的年度预算进行分解。

1. 应收账款的分解

与存货一样，应收账款余额是通过应收账款周转率的公式推导得出的，但是涉及累计数和当月数的区分，需要将公式重新表述一下：

某月应收账款余额=本月累计营业收入÷本月累计经营天数×应收账款周转天数

因此在 I34 单元格中建立公式"=I11/I6＊I9"得出 1 月份的应收账款，然后拖动填充柄至 T34，其中 T34 单元格数值等于 H34 单元格数值，是 12 月末即年末的应收账款数额。

2. 坏账准备的分解

坏账准备在任何时点都等于应收账款的余额与坏账率的乘积。因此完成应收账款分解后，坏账准备的分解就迎刃而解。在 I35 单元格中建立公式"=-I34＊$D$18"得出 1 月末的坏账准备，然后拖动填充柄至 T35，其中 T35 单元格的数值等于 H35 单元格的数值，是 12 月末即年末的坏账准备数额。

3. 坏账损失的分解

某月的坏账损失=该月坏账准备期末余额-坏账准备月初数

在 I18 单元格中建立公式"=I35-G35"得到 1 月份坏账损失，然后拖动填充柄至 T18，其中 T18 单元格的数值为 12 月份坏账损失，将 I18 单元格至 T18 单元格的数值加总至 U18 单元格，其数值必然与 H18 单元格相等，否则说明分解错误。

4. 销售回款的分解

某月累计销售回款=本月累计营业收入-应收账款增加额

＝本月累计营业收入-（应收账款本月期末余额-应收账款年初数）

首先在 I22 单元格中建立公式"=I11-（I34-$G$34）"得到 1 月份销售回款数值，然后拖动填充柄至 T22，其中 T22 单元格为 12 月底累计销售回款数值，必然等于 H22 的年度预算数。

上述业务的公式设置和编制结果如表 10-12 和表 10-13 所示。

## 七、应付账款相关业务的分解

应付账款会带来一个间接财务后果，即付款延迟。应付账款相关业务的分解就包括应付账款的分解与付款延迟的分解。

1. 应付账款的分解

某月应付账款余额=该月累计采购支出÷该月累计经营天数×应付账款周转期

根据公式，首先在 I38 单元格中建立公式"=I26/I6＊I10"得到 1 月末的应付账款余额，然后拖动填充柄至 T38，其中 T38 单元格的数值为 12 月末即年末应付账款余额，其数值必然等于 H38 单元格数值。

2. 付款延迟的分解

某月累计延迟付款=应付账款本月期末余额-应付账款年初数

根据公式，首先在 I27 单元格中建立公式"=-（I310-$G$38）"得到 1 月份的付款延迟数，然后拖动填充柄至 T27，其中 T27 单元格的数值必然等于 H27 单元格的数值，表示截止到 12 月底即年末付款延迟的数额。

上述业务的公式设置和编制结果如表 10-14 和表 10-15 所示。

### 八、固定资产相关业务的分解

当企业出现固定资产，会带来三个间接财务后果即资本支出、折旧费用和累计折旧。按照顺序，固定资产相关业务的分解包括资本支出、固定资产、折旧费用和累计折旧的分解。

（1）由于假定固定资产在年初就已经购进，因此资本支出发生在 1 月份，以后月份再未发生过资本支出，由于现金流量表数值是当年的累计数，因此在 I30 单元格中直接输入"-9 500"，然后拖动填充柄至 T30，得到 12 个月的累计资本支出数额。

（2）固定资产的分解根据资本支出的分解进行，首先在 I36 单元格中建立公式"=$G$36-I30"得到 1 月末的固定资产数额，然后拖动填充柄至 T36，其中 T36 单元格数值必然等于 H36 单元格数值，表示 12 月底即年末固定资产数额。

（3）由于假定当月增加固定资产当月计提折旧，同时折旧费用作为固定费用应该按直线法分解，因此在 I20 单元格中建立公式"=-I36*$D$20/365*I5"得到 1 月份的折旧费用，然后拖动填充柄至 T20，其中 T20 单元格数值为 12 月份的折旧费用，将 I20 至 T20 单元格的数值相加至单元格 U20，其数值必然等于 H20 单元格的数值。

（4）在未发生固定资产减少的情况下，累计折旧等于本月折旧费用加上累计折旧期初数。因此首先在 I37 单元格中建立公式"=G37+I20"得到 1 月末的累计折旧，然后拖动填充柄至 T37，其中 T37 单元格为 12 月末即年底的累计折旧数额，这个数值必然等于 H37 单元格数值。

上述业务的公式设置和编制结果如表 10-16 和表 10-17 所示。

### 九、银行借款相关业务的分解

当企业出现银行借款，其间接财务后果有三，即贷款注入、利息费用与费用支出，因此需要对银行借款、贷款注入、借款利息、费用支出四个预算项目的年度预算进行月度分解。

1. 贷款注入的分解

由于假定预算年度银行借款在年初借入，并且未归还前年度借款，因此，贷款注入发生于 1 月份，其他月份注入数为零，每月累计贷款注入数均为本年借款数，在 I23 单元格中直接输入"1 500"，考虑到后文对预算的调整，J23 至 T23 均直接输入"1 500"。

### 2. 银行借款的分解

鉴于贷款注入分解同样的理由，在 I39 单元格中建立公式"=$G$39-I23"得到 1 月末的借款数额，然后拖动填充柄至 T39，其中 T39 单元格的数值为 12 月底即年末银行借款数额，必然等于 H39 单元格的数值。

### 3. 借款利息的分解

由于贷款数额在预算年度的 12 个月均相同，因此利息费用就成为固定费用，需要运用直线法进行分解。首先在 I19 单元格中建立公式"=I39*$D$19/365*I5"得到 1 月份的利息费用，然后拖动填充柄至 T19，其中 T19 为 12 月份的借款费用，将 I19 至 T19 单元格数值加总至 U19 单元格，其数值必然等于 H19 单元格中的年度预算数。

### 4. 费用支出的分解

当变动经营费用、固定经营费用和利息费用的月度预算编制完成后，即可以编制现金预算中的费用支出预算。首先在 I28 单元格中建立公式"=I15+I16+I19"得出 1 月份的费用支出数，然后在 I29 单元格中建立公式"=J15+J16+J19+I28"得到截止到 2 月底的费用支出数，即前两个月的费用支出，最后拖动填充柄至 T29，其中 T29 单元格数值为截至 12 月底即整个预算年度的费用支出总额，必然等于 H29 单元格数值。

上述业务的公式设置和编制结果如表 10-18 和表 10-19 所示。

## 十、预提费用相关业务的分解

现行的企业会计准则已经取消了预提费用，而更多的企业将原本使用预提费用的业务改用"其他应付款"核算，从这个角度也可以说明预提费用类似于"应付账款"。其相关业务的分解包括预提费用和付费延迟的分解。

### 1. 预提费用的分解

本例中的预提费用，使用预提年终奖的例子，因此需要从 1 月份开始，每个月底计提一次。如此来说，预提费用就成了固定费用，应该采用直线法进行分解。因此，首先在 I40 单元格中建立公式"=$H$40/365*I6"得到 1 月末的预提费用数值，然后拖动填充柄至 T40，其中 T40 的单元格中的数值为 12 月底即年末预提费用数值，必然等于 H40 单元格的数值。

### 2. 付款延迟的分解

$$某月付费延迟=该月预提费用余额-预提费用年初数$$

根据公式，首先在 I27 单元格中建立公式"=-（I310-$G$38）"得到 1 月份的付款延迟，然后拖动填充柄至 T27 单元格得到 12 月末即整个预算年度的付款延迟数额。

上述业务的公式设置和编制结果如表 10-20 和表 10-21 所示。

对于表 10-21 的结果，很多人可能会疑惑，即前六个月的付费延迟均为负数。这一现象的成因很明显，即预算年度不仅要按月预提年终奖形成现金流入，而且在预算年度的 1 月份要发放 2022 年的年终奖而形成现金流出，这种抵消一直要持续要 7 月份才能变为净流入。至年末，预提 2023 年年终奖 2 400 万元，而发放 2022 年年终奖 1 200 万元，最终付费延迟带来的现金净流入为 1 200 万元。

### 十一、股本的处理

由于本年未增发新股，因此股本及其引发的资本注入处理极为简单，资本注入额全年为零，每个月自然为零。每月股本均延续年初数则可，即在 I41 单元格中建立公式 "=H42" 然后拖动填充柄至 T41。

### 十二、三个平衡关系的处理

1. 对于货币资金而言，其计算公式为

某月货币资金余额＝截至该月末现金净流入+货币资金年初额

根据公式，首先在 I31 单元格中建立公式 "=SUM（I22：I30）+$G$31" 得到 1 月末的货币资金，然后拖动填充柄至 T31，其中 T31 单元格的数值表示 12 月底即预算年度年底的现金余额，其数值必然等于 H31 单元格的数值。

2. 对于本年利润结转而言，其计算公式为

本年利润结转＝本月利润的负数+月初未分配利润

根据公式，首先在 I41 单元格中建立公式 "=−SUM（I13：I20）+G41" 得到 1 月底利润结转数额，然后在 J41 单元格中建立公式 "=−SUM（J13：J20）+I41" 得到 2 月底利润结转数额，最后拖动填充柄至 T41，其中 T41 单元格数值为 12 月末即预算年度所有者权益中留存收益的数额，其数值必然等于 H41 单元格的数值。

3. 将资产负债表按照 "资产−负债−所有者权益＝0" 的基本公式，在 I43 单元格建立公式 "=SUM（I31：I42）"，然后拖动填充柄至 T43。看到 I43 至 T43 数值均为零，则说明月度预算成功完成。

上述业务的公式设置和编制结果如表 10-22 和表 10-23 所示。

表 10-1  年度预算合并公式

| 序号 | A | B | C | D | E | F | G | H |
|---|---|---|---|---|---|---|---|---|
| 1 | ABC 公司 | | | | | | | |
| 2 | 2022 年预算与执行情况 | | | | | | | 2023 年预算 |
| 3 | 预算项目 | 变量指标 | | | 标识 | 实际数 | 滚动预算 | 2023 年预算 |
| 4 | | 实际 | 预测 | 预算 | | | | |
| 5 | 经营天数 | 273 | 365 | | | | | |
| 6 | 营业收入 | | | | A | 56 000 | 70 000 | 100 000 |
| 7 | 营业成本 | 0.68 | 0.68 | 0.7 | | −38 080 | −47 600 | =−H6*D7 |
| 8 | 变动经营费用 | 0.08 | 0.08 | 0.08 | | −4 480 | −5 600 | =−H6*D8 |
| 9 | 固定经营费用 | | | | A | −8 600 | −11 000 | −12 000 |
| 10 | 存货跌价损失 | 0.1 | 0.08 | 0.04 | | −574 | −417 | =H26−G26 |
| 11 | 坏账损失 | 0.05 | 0.05 | 0.06 | | −580 | −479 | =H210−G28 |
| 12 | 利息费用 | 0.11 | 0.11 | 0.06 | | −540 | −704 | =H32*D12 |
| 13 | 折旧费用 | 0.25 | 0.2 | 0.15 | | −1 660 | −1 800 | =−H29*D13 |
| 14 | 现金流入 | | | | | | | |
| 15 | 销售回款 | | | | | 45 200 | 60 411 | =H6−(H27−G27) |
| 16 | 贷款注入 | | | | A | 6 400 | 6 400 | 3 000 |
| 17 | 资本注入 | | | | | 6 000 | 6 000 | |
| 18 | 现金流出 | | | | | | | |
| 19 | 采购支出 | | | | | −43 820 | −52 816 | =H7−(H25−G25) |
| 20 | 付款延迟 | | | | | 10 600 | 10 129 | =−(H31−G31) |
| 21 | 费用支出 | | | | | −13 620 | −17 304 | =H8+H9+H12 |
| 22 | 付费延迟 | | | | | 900 | 1 200 | =−(H33−G33) |
| 23 | 资本支出 | | | | A | −9 000 | −9 000 | −1 000 |
| 24 | 货币资金 | | | | | 2 660 | 5 020 | =SUM(H15:H23)+G24 |
| 25 | 存货 | 41.2 | 40 | 45 | | 5 740 | 5 216 | =−H7/365*D25 |
| 26 | 存货跌价准备 | | | | | −574 | −417 | =−H25*D10 |
| 27 | 应收账款 | 52.7 | 50 | 60 | | 10 800 | 9 589 | =H6/365*D27 |
| 28 | 坏账准备 | | | | | −580 | −479 | =−H27*D11 |
| 29 | 固定资产 | | | | | 9 000 | 9 000 | =−H23+G29 |
| 30 | 累计折旧 | | | | | −1 660 | −1 800 | =H13+G30 |
| 31 | 应付账款 | 66 | 70 | 60 | | −10 600 | −10 129 | =H19/365*D31 |
| 32 | 银行借款 | | | | | −6 400 | −6 400 | =−H16+G32 |
| 33 | 预提费用 | | | | A | −900 | −1 200 | −1 800 |
| 34 | 本年利润结转 | | | | | −1 486 | −2 399 | =−SUM(H6:H13)+G34 |
| 35 | 股本 | | | | | −6 000 | −6 000 | =G35 |
| 36 | 合计 | | | | | 0 | 0 | =SUM(H24:H35) |

表 10-2　年度预算合并结果

| ABC 公司 | | | | | | 2023 年 |
| 2022 年预算与执行情况 | | | | | | 进取型预算 |
| 预算项目 | 变量指标 | | | 标识 | 单位:万元 | |
| | 实际 | 预测 | 预算 | | 实际数 | 滚动预算 | |
| 经营天数 | 273 | 365 | | | | | |
| 营业收入 | | | | A | 56 000 | 70 000 | 100 000 |
| 营业成本 | 0.68 | 0.68 | 0.7 | | −38 080 | −47 600 | −70 000 |
| 变动经营费用 | 0.08 | 0.08 | 0.08 | | −4 480 | −5 600 | −8 000 |
| 固定经营费用 | | | | A | −8 600 | −11 000 | −12 000 |
| 存货跌价损失 | 0.1 | 0.08 | 0.04 | | −574 | −417 | 72 |
| 坏账损失 | 0.05 | 0.05 | 0.06 | | −580 | −479 | −507 |
| 利息费用 | 0.11 | 0.11 | 0.06 | | −540 | −704 | −564 |
| 折旧费用 | 0.25 | 0.2 | 0.15 | | −1 660 | −1 800 | −1 500 |
| 现金流入 | | | | | | | |
| 销售回款 | | | | | 45 200 | 60 411 | 93 151 |
| 贷款注入 | | | | A | 6 400 | 6 400 | 3 000 |
| 资本注入 | | | | | 6 000 | 6 000 | |
| 现金流出 | | | | | | | |
| 采购支出 | | | | | −43 820 | −52 816 | −73 414 |
| 付款延迟 | | | | | 10 600 | 10 129 | 1 939 |
| 费用支出 | | | | | −13 620 | −17 304 | −20 564 |
| 付费延迟 | | | | | 900 | 1 200 | 600 |
| 资本支出 | | | | A | −9 000 | −9 000 | −1 000 |
| 货币资金 | | | | | 2 660 | 5 020 | 8 732 |
| 存货 | 41.2 | 40 | 45 | | 5 740 | 5 216 | 8 630 |
| 存货跌价准备 | | | | | −574 | −417 | −345 |
| 应收账款 | 52.7 | 50 | 60 | | 10 800 | 9 589 | 16 438 |
| 坏账准备 | | | | | −580 | −479 | −986 |
| 固定资产 | | | | | 9 000 | 9 000 | 10 000 |
| 累计折旧 | | | | | −1 660 | −1 800 | −3 300 |
| 应付账款 | 66 | 70 | 60 | | −10 600 | −10 129 | −12 068 |
| 银行借款 | | | | | −6 400 | −6 400 | −9 400 |
| 预提费用 | | | | A | −900 | −1 200 | −1 800 |
| 本年利润结转 | | | | | −1 486 | −2 399 | −9 900 |
| 股本 | | | | | −6 000 | −6 000 | −6 000 |
| 合计 | | | | | 0 | 0 | 0 |

**表 10-3　年度报表合并前后对比**

| ABC 公司 | | | | | | 2023年进取型预算 | 预算模式：进取型 | | |
|---|---|---|---|---|---|---|---|---|---|
| 2022 年预算与执行情况 | | | | | | | 2023 年预算 | | |
| 预算项目 | 变量指标 | | | 标识 | 单位：万元 | | | 单位：万元 | | |
| | 实际 | 预测 | 预算 | | 实际数 | 滚动预算 | | 利润表 | 资产负债表 | 现金预算 |
| 经营天数 | 273 | 365 | | | | | | | | |
| 营业收入 | | | | A | 56 000 | 70 000 | 100 000 | 100 000 | | |
| 营业成本 | 0.68 | 0.68 | 0.7 | | −38 080 | −47 600 | −70 000 | −70 000 | | |
| 变动经营费用 | 0.08 | 0.08 | 0.08 | | −4 480 | −5 600 | −8 000 | −8 000 | | |
| 固定经营费用 | | | | A | −8 600 | −11 000 | −12 000 | −12 000 | | |
| 存货跌价损失 | 0.1 | 0.08 | 0.04 | | −574 | −417 | 72 | 72 | | |
| 坏账损失 | 0.05 | 0.05 | 0.06 | | −580 | −479 | −507 | −507 | | |
| 利息费用 | 0.11 | 0.11 | 0.06 | | −540 | −704 | −564 | −564 | | |
| 折旧费用 | 0.25 | 0.2 | 0.15 | | −1 660 | −1 800 | −1 500 | −1 500 | | |
| 现金流入 | | | | | | | | | | |
| 销售回款 | | | | | 45 200 | 60 411 | 93 151 | | | 93 151 |
| 贷款注入 | | | | A | 6 400 | 6 400 | 3 000 | | | 3 000 |
| 资本注入 | | | | | 6 000 | 6 000 | | | | |
| 现金流出 | | | | | | | | | | |
| 采购支出 | | | | | −43 820 | −52 816 | −73 414 | | | −73 414 |
| 付款延迟 | | | | | 10 600 | 10 129 | 1 939 | | | 1 939 |
| 费用支出 | | | | | −13 620 | −17 304 | −20 564 | | | −20 564 |
| 付费延迟 | | | | | 900 | 1 200 | 600 | | | 600 |
| 资本支出 | | | | A | −9 000 | −9 000 | −1 000 | | | −1 000 |
| 货币资金 | | | | | 2 660 | 5 020 | 8 732 | | 8 732 | |
| 存货 | 41.2 | 40 | 45 | | 5 740 | 5 216 | 8 630 | | 8 630 | |
| 存货跌价准备 | | | | | −574 | −417 | −345 | | −345 | |
| 应收账款 | 52.7 | 50 | 60 | | 10 800 | 9 589 | 16 438 | | 16 438 | |
| 坏账准备 | | | | | −580 | −479 | −986 | | −986 | |
| 固定资产 | | | | | 9 000 | 9 000 | 10 000 | | 10 000 | |
| 累计折旧 | | | | | −1 660 | −1 800 | −3 300 | | −3 300 | |
| 应付账款 | 66 | 70 | 60 | | −10 600 | −10 129 | −12 068 | | −12 068 | |
| 银行借款 | | | | | −6 400 | −6 400 | −9 400 | | −9 400 | |
| 预提费用 | | | | A | −900 | −1 200 | −1 800 | | −1 800 | |
| 本年利润结转 | | | | | −1 486 | −2 399 | −9 900 | | −9 900 | |
| 股本 | | | | | −6 000 | −6 000 | −6 000 | | −6 000 | |
| 合计 | | | | | 0 | 0 | 0 | 7 501 | 0 | 3 712 |

表10-4 月度预算模板

| 序号 | A | B | C | D | E | F | G | H | I | J | K | L | M | N | O | P | Q | R | S | T | U |
|---|---|---|---|---|---|---|---|---|---|---|---|---|---|---|---|---|---|---|---|---|---|
| 1 | ABC公司 | | | | | | | 年度预算 | 2023年预算模式:进取型 | | | | | | | | | | | | |
| 2 | 2022年预算与执行情况 | | | | | | 单位:万元 | | 月度分解 | | | | | | | | | | | | |
| 3 | 预算项目 | 变量指标 | | | 标识 | | 滚动预算 | 年度预算 | 1 | 2 | 3 | 4 | 5 | 6 | 7 | 8 | 9 | 10 | 11 | 12 | 合计 |
| 4 | | 实际 | 预测 | 预算 | 实际数 | | | | | | | | | | | | | | | | |
| 5 | 经营天数 | | | | | | | | | | | | | | | | | | | | |
| 6 | 累计经营天数 | | | | | | | | | | | | | | | | | | | | |
| 7 | 销售波动率 | | | | | | | | | | | | | | | | | | | | |
| 8 | 存货周转天数 | | | | | | | | | | | | | | | | | | | | |
| 9 | 收款期 | | | | | | | | | | | | | | | | | | | | |
| 10 | 付款期 | | | | | | | | | | | | | | | | | | | | |
| 11 | 累计营业收入 | | | | | | | | | | | | | | | | | | | | |
| 12 | 累计营业成本 | | | | | | | | | | | | | | | | | | | | |
| 13 | 营业收入 | | | | | | | | | | | | | | | | | | | | |
| 14 | 营业成本 | | | | | | | | | | | | | | | | | | | | |
| 15 | 变动经营费用 | | | | | | | | | | | | | | | | | | | | |
| 16 | 固定经营费用 | | | | | | | | | | | | | | | | | | | | |
| 17 | 存货跌价损失 | | | | | | | | | | | | | | | | | | | | |
| 18 | 坏账损失 | | | | | | | | | | | | | | | | | | | | |
| 19 | 利息费用 | | | | | | | | | | | | | | | | | | | | |
| 20 | 折旧费用 | | | | | | | | | | | | | | | | | | | | |
| 21 | 现金流入 | | | | | | | | | | | | | | | | | | | | |
| 22 | 销售回款 | | | | | | | | | | | | | | | | | | | | |

表10-4（续）

| 序号 | A | B | C | D | E | F | G | H | I | J | K | L | M | N | O | P | Q | R | S | T | U |
|---|---|---|---|---|---|---|---|---|---|---|---|---|---|---|---|---|---|---|---|---|---|
| 23 | 贷款注入 | | | | | | | | | | | | | | | | | | | | |
| 24 | 资本注入 | | | | | | | | | | | | | | | | | | | | |
| 25 | 现金流出 | | | | | | | | | | | | | | | | | | | | |
| 26 | 采购支出 | | | | | | | | | | | | | | | | | | | | |
| 27 | 付款延迟 | | | | | | | | | | | | | | | | | | | | |
| 28 | 费用支出 | | | | | | | | | | | | | | | | | | | | |
| 29 | 付费延迟 | | | | | | | | | | | | | | | | | | | | |
| 30 | 资本支出 | | | | | | | | | | | | | | | | | | | | |
| 31 | 货币资金 | | | | | | | | | | | | | | | | | | | | |
| 32 | 存货 | | | | | | | | | | | | | | | | | | | | |
| 33 | 存货跌价准备 | | | | | | | | | | | | | | | | | | | | |
| 34 | 应收账款 | | | | | | | | | | | | | | | | | | | | |
| 35 | 坏账准备 | | | | | | | | | | | | | | | | | | | | |
| 36 | 固定资产 | | | | | | | | | | | | | | | | | | | | |
| 37 | 累计折旧 | | | | | | | | | | | | | | | | | | | | |
| 38 | 应付账款 | | | | | | | | | | | | | | | | | | | | |
| 39 | 银行借款 | | | | | | | | | | | | | | | | | | | | |
| 40 | 预提费用 | | | | | | | | | | | | | | | | | | | | |
| 41 | 本年利润结转 | | | | | | | | | | | | | | | | | | | | |
| 42 | 股本 | | | | | | | | | | | | | | | | | | | | |
| 43 | 合计 | | | | | | | | | | | | | | | | | | | | |

表 10-5　经营天数的公式设置

| 序号 | A | …… | H | I | J | K | L | M | N | O | P | Q | R | S | T | U |
|---|---|---|---|---|---|---|---|---|---|---|---|---|---|---|---|---|
| 1 | ABC 公司 2022 年 | | | 2023 年预算模式：进取型 | | | | | | | | | | | | 合计 |
| 2 | …… | | 年度预算 | 月度分解 | | | | | | | | | | | | |
| 3 | 预算项目 | | | 1 | 2 | 3 | 4 | 5 | 6 | 7 | 8 | 9 | 10 | 11 | 12 | |
| 4 | | | | | | | | | | | | | | | | |
| 5 | 经营天数 | | | 31 | 28 | 31 | 30 | 31 | 30 | 31 | 31 | 30 | 31 | 30 | 31 | |
| 6 | 累计经营天数 | | | =I5 | =I6+J5 | =J6+K5 | =K6+L5 | =I6+M5 | =M6+N5 | =N6+O5 | =O6+P5 | =P6+Q5 | =Q6+R5 | =R6+S5 | =S6+T5 | |
| …… | …… | | | | | | | | | | | | | | | |
| 43 | 合计 | | | | | | | | | | | | | | | |

表 10-6　经营天数的预算结果

| ABC 公司 2022 年 | …… | 年度预算 | 2023 年预算模式：进取型 | | | | | | | | | | | | 合计 |
|---|---|---|---|---|---|---|---|---|---|---|---|---|---|---|---|
| | | | 月度分解 | | | | | | | | | | | | |
| 预算项目 | | | 1 | 2 | 3 | 4 | 5 | 6 | 7 | 8 | 9 | 10 | 11 | 12 | |
| 经营天数 | | | 31 | 28 | 31 | 30 | 31 | 30 | 31 | 31 | 30 | 31 | 30 | 31 | |
| 累计经营天数 | | | 31 | 59 | 90 | 120 | 151 | 181 | 212 | 243 | 273 | 304 | 334 | 365 | |
| …… | | | | | | | | | | | | | | | |
| …… | | | | | | | | | | | | | | | |
| 合计 | | | | | | | | | | | | | | | |

**表 10-7 销售波动率预算结果**

| ABC 公司 2022 年 | 年度预算 | 2023 年预算模式:进取型<br>月度分解 | | | | | | | | | | | | 合计 |
| 预算项目 | …… | 1 | 2 | 3 | 4 | 5 | 6 | 7 | 8 | 9 | 10 | 11 | 12 | |
| 经营天数 | | 31 | 28 | 31 | 30 | 31 | 30 | 31 | 31 | 30 | 31 | 30 | 31 | |
| 累计经营天数 | | 31 | 59 | 90 | 120 | 151 | 181 | 212 | 243 | 273 | 304 | 334 | 365 | |
| 销售波动率 | | 97% | 63% | 83% | 90% | 106% | 120% | 110% | 104% | 140% | 102% | 94% | 89% | 1 198% |
| …… | | | | | | | | | | | | | | |
| 合计 | | | | | | | | | | | | | | |

表10-8 基本业务月度分解公式设置

| 序号 | A | …… | D | …… | H | I | J | K | L | M | …… | T | U |
|---|---|---|---|---|---|---|---|---|---|---|---|---|---|
| 1 | ABC公司2022年 | | | | | | | | | | | | |
| 2 | | | | | 年度预算 | | | 2023年预算模式:连联型 月度分解 | | | | | 合计 |
| 3 | 预算项目 | | | | | 1 | 2 | 3 | 4 | 5 | …… | 12 | 合计 |
| 4 | | | | | | …… | …… | …… | …… | …… | …… | …… | …… |
| 5 | 经营天数 | | | | | 31 | 28 | 31 | 30 | 31 | …… | 31 | |
| 6 | 累计经营天数 | | | | | =I5 | =I6+J5 | =J6+K5 | =K6+L5 | =L6+M5 | …… | =S6+T5 | =SUM(I7:T7) |
| 7 | 销售波动率 | | | | | 0.97 | 0.63 | 0.83 | 0.9 | 1.06 | …… | 0.8884 | |
| 8 | 存货周转天数 | | | | | 45 | 45 | 45 | 45 | 45 | …… | 45 | |
| 9 | 收款期 | | | | | 60 | 60 | 60 | 60 | 60 | …… | 60 | |
| 10 | 付款期 | | | | | 60 | 60 | 60 | 60 | 60 | …… | 60 | |
| 11 | 累计营业收入 | | | | | =I13 | =J13+I11 | =K13+J11 | =L13+K11 | =M13+L11 | …… | =T13+S11 | |
| 12 | 累计营业成本 | | | | | =I14 | =I12+J14 | =J12+K14 | =K12+L14 | =L12+M14 | …… | =S12+T14 | |
| 13 | 营业收入 | | | | 100 000 | =$H$13/365*I5*I7 | =$H$13/365*J5*J7 | =$H$13/365*K5*K7 | =$H$13/365*L5*L7 | =$H$13/365*M5*M7 | …… | =$H$13/365*T5*T7 | =SUM(I13:T13) |
| 14 | 营业成本 | | 0.7 | | =-H13*D14 | =-I13*$D$14 | =-J13*$D$14 | =-K13*$D$14 | =-L13*$D$14 | =-M13*$D$14 | …… | =-T13*$D$14 | =SUM(I14:T14) |
| 15 | 变动经营费用 | | 0.08 | | =-H13*D15 | =-I13*$D$15 | =-J13*$D$15 | =-K13*$D$15 | =-L13*$D$15 | =-M13*$D$15 | …… | =-T13*$D$15 | =SUM(I15:T15) |
| 16 | 固定经营费用 | | | | -12 000 | =$H$16/365*I5 | =$H$16/365*J5 | =$H$16/365*K5 | =$H$16/365*L5 | =$H$16/365*M5 | …… | =$H$16/365*T5 | =SUM(I16:T16) |
| …… | …… | | | | | | | | | | | | |
| 43 | 合计 | | | | | | | | | | | | |

表 10-9　基本业务月度预算

| ABC 公司 2022 年 预算项目 | 年度预算 | 2023 年预算模式：进取型 月度分解 | | | | | | | | | | | | 合计 |
|---|---|---|---|---|---|---|---|---|---|---|---|---|---|---|
| | | 1 | 2 | 3 | 4 | 5 | 6 | 7 | 8 | 9 | 10 | 11 | 12 | |
| 经营天数 | | 31 | 28 | 31 | 30 | 31 | 30 | 31 | 31 | 30 | 31 | 30 | 31 | |
| 累计经营天数 | | 31 | 59 | 90 | 120 | 151 | 181 | 212 | 243 | 273 | 304 | 334 | 365 | |
| 销售波动率 | | 97% | 63% | 83% | 90% | 106% | 120% | 110% | 104% | 140% | 102% | 94% | 89% | 1 198% |
| 存货周转天数 | | 45 | 45 | 45 | 45 | 45 | 45 | 45 | 45 | 45 | 45 | 45 | 45 | |
| 收款期 | | 60 | 60 | 60 | 60 | 60 | 60 | 60 | 60 | 60 | 60 | 60 | 60 | |
| 付款期 | | 60 | 60 | 60 | 60 | 60 | 60 | 60 | 60 | 60 | 60 | 60 | 60 | |
| 累计营业收入 | | 8 238 | 13 071 | 20 121 | 27 518 | 36 521 | 46 384 | 55 726 | 64 559 | 76 066 | 84 729 | 92 455 | 100 000 | |
| 累计营业成本 | | -5 767 | -9 150 | -14 084 | -19 262 | -25 564 | -32 468 | -39 008 | -45 191 | -53 246 | -59 310 | -64 718 | -70 000 | |
| 营业收入 | 100 000 | 8 238 | 4 833 | 7 049 | 7 397 | 9 003 | 9 863 | 9 342 | 8 833 | 11 507 | 8 663 | 7 726 | 7 545 | 100 000 |
| 营业成本 | -70 000 | -5 767 | -3 383 | -4 935 | -5 178 | -6 302 | -6 904 | -6 540 | -6 183 | -8 055 | -6 064 | -5 408 | -5 282 | -70 000 |
| 变动经营费用 | -8 000 | -659 | -387 | -564 | -592 | -720 | -789 | -747 | -707 | -921 | -693 | -618 | -604 | -8 000 |
| 固定经营费用 | -12 000 | -1 019 | -921 | -1 019 | -986 | -1 019 | -986 | -1 019 | -1 019 | -986 | -1 019 | -986 | -1 019 | -12 000 |
| …… | | | | | | | | | | | | | | |
| …… | | | | | | | | | | | | | | |
| 合计 | | | | | | | | | | | | | | |

## 表 10-10　存货相关业务月度分解公式设置

| 序号 | A | D … | G | H | I | J | K | …… | T | U |
|---|---|---|---|---|---|---|---|---|---|---|
| 1 | ABC 公司 2022 年 | | | | | | | | | |
| 2 | | | 滚动预算 | 年度预算 | | | 月度分解 — 2023 年预算模式:进取型 | | | 合计 |
| 3 | 预算项目 | 预测变量 | | | 1 | 2 | 3 | …… | 12 | |
| 4 | | | | | | | | | | |
| 5 | 经营天数 | | | | 31 | 28 | 31 | | 31 | |
| 6 | 累计经营天数 | | | | =I5 | =I6+J5 | =J6+K5 | | =S6+T5 | |
| 7 | 销售波动率 | | | | 0.97 | 0.63 | 0.83 | | 0.888 4 | =SUM(I7:T7) |
| 8 | 存货周转天数 | | | | 45 | 45 | 45 | | 45 | |
| … | | | | | | | | | | |
| 12 | 累计营业成本 | | | | =I14 | =I12+J14 | =J12+K14 | | =S12+T14 | |
| 13 | 营业收入 | | 70 000 | 100 000 | =$H$13/365*I5*I7 | =$H$13/365*J5*J7 | =$H$13/365*K5*K7 | | =$H$13/365*T5*T7 | =SUM(I13:T13) |
| 14 | 营业成本 | 0.7 | =-G13*C14 | =-H13*D14 | =-I13*$D$14 | =-J13*$D$14 | =-K13*$D$14 | | =-T13*$D$14 | =SUM(I14:T14) |
| 15 | 变动经营费用 | 0.08 | =-G13*C15 | =-H13*D15 | =-I13*$D$15 | =-J13*$D$15 | =-K13*$D$15 | | =-T13*$D$15 | =SUM(I15:T15) |
| 16 | 固定经营费用 | | -11 000 | -12 000 | =$H$16/365*I5 | =$H$16/365*J5 | =$H$16/365*K5 | | =$H$16/365*T5 | =SUM(I16:T16) |
| 17 | 存货跌价损失 | 0.04 | =G33 | =H33-G33 | =I33-G33 | =J33-I33 | =K33-J33 | | =T33-S33 | =SUM(I17:T17) |
| … | …… | | | | | | | | | |
| 26 | 采购支出 | | =G14-G32 | =H14-(H32-G32) | =I12-(I32-G$32) | =J12-(J32-G$32) | =K12-(K32-G$32) | | =T12-(T32-$G$32) | |
| … | | | | | | | | | | |
| 32 | 存货 | 45 | =-G14/365*C32 | =-H14/365*D32 | =-I12/I6*I8 | =-J12/J6*J8 | =-K12/K6*K8 | | =-T12/T6*T8 | |
| 33 | 存货跌价准备 | | =-G32*C17 | =-H32*D17 | =-I32*$D$17 | =-J32*$D$17 | =-K32*$D$17 | | =-T32*$D$17 | |
| … | | | | | | | | | | |
| 43 | 合计 | | | | | | | | | |

表 10-11　存货相关业务月度预算结果

ABC公司　　2023 年预算模式：进取型　　单位：万元

| 预算项目 | 2022年预算与执行情况 变量指标 实际 | 预测 | 预算 | 标识 | 实际数 | 年度预算 滚动预算 | 年度预算 | 月度分解 1 | 2 | 3 | 4 | 5 | 6 | 7 | 8 | 9 | 10 | 11 | 12 | 合计 |
|---|---|---|---|---|---|---|---|---|---|---|---|---|---|---|---|---|---|---|---|---|
| 经营天数 | 273 | 365 | | | | | | 31 | 28 | 31 | 30 | 31 | 30 | 31 | 31 | 30 | 31 | 30 | 31 | |
| 累计经营天数 | | | | | | | | 31 | 59 | 90 | 120 | 151 | 181 | 212 | 243 | 273 | 304 | 334 | 365 | |
| 销售波动率 | | | | | | | | 97% | 63% | 83% | 90% | 106% | 120% | 110% | 104% | 140% | 102% | 94% | 89% | 1 198% |
| 存货周转天数 | | | 45 | | | | | 45 | 45 | 45 | 45 | 45 | 45 | 45 | 45 | 45 | 45 | 45 | 45 | |
| …… | | | | | | | | | | | | | | | | | | | | |
| 累计营业成本 | | | | | | | | −5 767 | −9 150 | −14 084 | −19 262 | −25 564 | −32 468 | −39 008 | −45 191 | −53 246 | −59 310 | −64 718 | −70 000 | |
| 营业收入 | | | | A | 56 000 | 70 000 | 100 000 | 8 238 | 4 833 | 7 049 | 7 397 | 9 003 | 9 863 | 9 342 | 8 833 | 11 507 | 8 663 | 7 726 | 7 545 | 100 000 |
| 营业成本 | 0.68 | 0.68 | 0.7 | | −38 080 | −47 600 | −70 000 | −5 767 | −3 383 | −4 935 | −5 178 | −6 302 | −6 904 | −6 540 | −6 183 | −8 055 | −6 064 | −5 408 | −5 282 | −70 000 |
| 变动经营费用 | 0.08 | 0.08 | 0.08 | | −4 480 | −5 600 | −8 000 | −659 | −387 | −564 | −592 | −720 | −789 | −747 | −707 | −921 | −693 | −618 | −604 | −8 000 |
| 固定经营费用 | | | | A | −8 600 | −11 000 | −12 000 | −1 019 | −921 | −1 019 | −986 | −1 019 | −986 | −1 019 | −1 019 | −986 | −1 019 | −986 | −1 019 | −12 000 |
| 存货跌价损失 | 0.10 | 0.08 | 0.04 | | −574 | −417 | 72 | 82 | 56 | −3 | −7 | −16 | −18 | −8 | −4 | −16 | 0 | 2 | 4 | 72 |
| …… | | | | | | | | | | | | | | | | | | | | |
| 采购支出 | | | | | −43 820 | −52 816 | −73 414 | −8 922 | −10 912 | −15 910 | −21 269 | −27 966 | −35 324 | −42 072 | −48 344 | −56 806 | −62 873 | −68 221 | −73 414 | −73 414 |
| 存货 | 41.15 | 40 | 45 | | 5 740 | 5 216 | 8 630 | 8 371 | 6 979 | 7 042 | 7 223 | 7 619 | 8 072 | 8 280 | 8 369 | 8 777 | 8 779 | 8 720 | 8 630 | 8 630 |
| 存货跌价准备 | | | | | −574 | −417 | −345 | −335 | −279 | −282 | −289 | −305 | −323 | −331 | −335 | −351 | −351 | −349 | −345 | −345 |
| …… | | | | | | | | | | | | | | | | | | | | |
| 合计 | | | | | | | | | | | | | | | | | | | | |

表 10—12　应收账款相关业务月度分解公式设置

| 序号 | A | D ... | G | H | I | J | K | ...... | T | U |
|---|---|---|---|---|---|---|---|---|---|---|
| 1 | ABC 公司 2022 年 | | | | | | | | | |
| 2 | | | 滚动预算 | 年度预算 | 2023 年预算模式：进取型 | | | | | 合计 |
| 3 | 预算项目 | 预测变量 | | | 月度分解 | | | | | |
| 4 | | | | | 1 | 2 | 3 | ...... | 12 | |
| 5 | 经营天数 | | | | 31 | 28 | 31 | | 31 | |
| 6 | 累计经营天数 | | | | =I5 | =I6+J5 | =J6+K5 | | =S6+T5 | |
| 7 | 销售波动率 | | | | 0.97 | 0.63 | 0.83 | | 0.888 4 | =SUM(I7:T7) |
| 8 | 存货周转天数 | | | | 45 | 45 | 45 | | 45 | |
| 9 | 收款期 | | | | 60 | 60 | 60 | | 60 | |
| 10 | 付款期 | | | | 60 | 60 | 60 | | 60 | |
| 11 | 累计营业收入 | | | | =I13 | =J13+I11 | =K13+J11 | | =T13+S11 | |
| 12 | 累计营业成本 | | | | =I14 | =I12+J14 | =J12+K14 | | =S12+T14 | |
| 13 | 营业收入 | | 70 000 | 100 000 | =$H$13/365 * I5 * I7 | =$H$13/365 * J5 * J7 | =$H$13/365 * K5 * K7 | | =$H$13/365 * T5 * T7 | =SUM(I13:T13) |
| 18 | ……坏账损失 | 0.06 | =G35 | =H35-G35 | =I35-G35 | =J35-I35 | =K35-J35 | | =T35-S35 | =SUM(I18:T18) |
| 22 | ……销售回款 | | =G13-G34 | =H13-(H34-G34) | =I11-(I34-$G$34) | =J11-(J34-$G$34) | =K11-(K34-$G$34) | | =T11-(T34-$G$34) | |
| 34 | 应收账款 | 60 | =G13/365 * C34 | =H13/365 * D34 | =I11/I6 * I9 | =J11/J6 * J9 | =K11/K6 * K9 | | =T11/T6 * T9 | |
| 35 | 坏账准备 | | =-G34 * C18 | =-H34 * D18 | =-I34 * $D$18 | =-J34 * $D$18 | =-K34 * $D$18 | | =-T34 * $D$18 | |
| 43 | ……合计 | | | | | | | | | |

表10-13　应收账款相关业务月度预算结果

单位:万元

| 预算项目 | 变量指标-实际 | 变量指标-预测 | 变量指标-预算 | 标识 | 2022年预算与执行情况-实际数 | 2022年预算与执行情况-滚动预算 | 年度预算 | 1 | 2 | 3 | 4 | 5 | 6 | 7 | 8 | 9 | 10 | 11 | 12 | 合计 |
|---|---|---|---|---|---|---|---|---|---|---|---|---|---|---|---|---|---|---|---|---|
| 经营天数 | 273 | 365 | | | | | | 31 | 28 | 31 | 30 | 31 | 30 | 31 | 31 | 30 | 31 | 30 | 31 | |
| 累计经营天数 | | | | | | | | 31 | 59 | 90 | 120 | 151 | 181 | 212 | 243 | 273 | 304 | 334 | 365 | |
| 销售波动率 | | | | | | | | 97% | 63% | 83% | 90% | 106% | 120% | 110% | 104% | 140% | 102% | 94% | 89% | 1 198% |
| 存货周转天数 | | | | | | | | 45 | 45 | 45 | 45 | 45 | 45 | 45 | 45 | 45 | 45 | 45 | 45 | |
| 收款期 | | | | | | | | 60 | 60 | 60 | 60 | 60 | 60 | 60 | 60 | 60 | 60 | 60 | 60 | |
| 付款期 | | | | | | | | 60 | 60 | 60 | 60 | 60 | 60 | 60 | 60 | 60 | 60 | 60 | 60 | |
| 累计营业收入 | | | | | | | | 8 238 | 13 071 | 20 121 | 27 518 | 36 521 | 46 384 | 55 726 | 64 559 | 76 066 | 84 729 | 92 455 | 100 000 | |
| 累计营业成本 | | | | | | | | −5 767 | −9 150 | −14 084 | −19 262 | −25 564 | −32 468 | −39 008 | −45 191 | −53 246 | −59 310 | −64 718 | −70 000 | |
| 营业收入 | | | | A | 56 000 | 70 000 | 100 000 | 8 238 | 4 833 | 7 049 | 7 397 | 9 003 | 9 863 | 9 342 | 8 833 | 11 507 | 8 663 | 7 726 | 7 545 | 100 000 |
| …… | | | | | | | | | | | | | | | | | | | | |
| 坏账损失 | 0.05 | 0.05 | 0.06 | | −580 | −479 | −507 | −477 | 159 | −7 | −21 | −45 | −52 | −24 | −10 | −47 | 0 | 7 | 10 | −507 |
| 销售回款 | | | | | 45 200 | 60 411 | 93 151 | 1 882 | 9 367 | 16 296 | 23 348 | 31 598 | 40 597 | 49 544 | 58 207 | 68 937 | 77 595 | 85 435 | 93 151 | |
| 应收账款 | 52.65 | 50 | 60 | | 10 800 | 9 589 | 16 438 | 15 945 | 13 293 | 13 414 | 13 759 | 14 511 | 15 376 | 15 772 | 15 940 | 16 718 | 16 723 | 16 609 | 16 438 | 16 438 |
| 坏账准备 | | | | | −580 | −479 | −986 | −957 | −798 | −805 | −826 | −871 | −923 | −946 | −956 | −1 003 | −1 003 | −997 | −986 | −986 |
| …… | | | | | | | | | | | | | | | | | | | | |
| 合计 | | | | | | | | | | | | | | | | | | | | |

表 10-14　应付账款相关业务月度分解公式设置

| 序号 | A | ... | D | ... | G | H | I | J | K | ... | T | U |
|---|---|---|---|---|---|---|---|---|---|---|---|---|
| 1 | ABC 公司 2022 年 | | | | | | 2023 年预算模式:进取型 | | | | | |
| 2 | 预算项目 | | 预测变量 | | 滚动预算 | 年度预算 | 月度分解 | | | | | 合计 |
| | | | | | | | 1 | 2 | 3 | ...... | 12 | |
| 5 | 经营天数 | | | | | | 31 | 28 | 31 | | 31 | |
| 6 | 累计经营天数 | | | | | | =I5 | =I6+J5 | =J6+K5 | | =S6+T5 | =SUM(I7:T7) |
| 7 | 销售波动率 | | | | | | 0.97 | 0.63 | 0.83 | | 0.888 4 | |
| 8 | 存货周转天数 | | | | | | 45 | 45 | 45 | | 45 | |
| 9 | 收款期 | | | | | | 60 | 60 | 60 | | 60 | |
| 10 | 付款期 | | | | | | 60 | 60 | 60 | | 60 | |
| 11 | 累计营业收入 | | | | | | =I13 | =J13+I11 | =K13+J11 | | =T13+S11 | |
| 12 | 累计营业成本 | | | | | | =I14 | =I12+J14 | =J12+K14 | | =S12+T14 | |
| 13 | 营业收入 | | | | 70 000 | 100 000 | =$H$13/365*I5*I7 | =$H$13/365*J5*J7 | =$H$13/365*K5*K7 | | =$H$13/365*T5*T7 | =SUM(I13:T13) |
| 14 | 营业成本 | | 0.7 | | =-G13*C14 | =-H13*D14 | =-I13*$D$14 | =-J13*$D$14 | =-K13*$D$14 | | =-T13*$D$14 | =SUM(I14:T14) |
| ... | ...... | | | | | | | | | | | |
| 27 | 付款延迟 | | | | =-G38 | =-(H310-G38) | =-(I310-$G$38) | =-(J310-$G$38) | =-(K310-$G$38) | | =-(T310-$G$38) | |
| ... | | | | | | | | | | | | |
| 32 | 存货 | | 45 | | =-G14/365*C32 | =-H14/365*D32 | =-I12/I6*I8 | =-J12/J6*J8 | =-K12/K6*K8 | | =-T12/T6*T8 | |
| ... | | | | | | | | | | | | |
| 38 | 应付账款 | | 60 | | =G26/365*C38 | =H26/365*D38 | =I26/I6*I10 | =J26/J6*J10 | =K26/K6*K10 | | =T26/T6*T10 | |
| ... | | | | | | | | | | | | |
| 43 | 合计 | | | | | | | | | | | |

表 10-15　应付账款相关业务月度预算结果

**ABC 公司**　　单位:万元　　2023 年预算模式:进取型

表头分组:2022 年预算与执行情况(变量指标:实际/预测/预算,标识,实际数)；年度预算(滚动预算,年度预算)；2023 年月度分解(1—12 月)；合计

| 预算项目 | 实际 | 预测 | 预算 | 标识 | 实际数 | 滚动预算 | 年度预算 | 1 | 2 | 3 | 4 | 5 | 6 | 7 | 8 | 9 | 10 | 11 | 12 | 合计 |
|---|---|---|---|---|---|---|---|---|---|---|---|---|---|---|---|---|---|---|---|---|
| 经营天数 | 273 | 365 |  |  |  |  |  | 31 | 28 | 31 | 30 | 31 | 30 | 31 | 31 | 30 | 31 | 30 | 31 | 365 |
| 累计经营天数 |  |  |  |  |  |  |  | 31 | 59 | 90 | 120 | 151 | 181 | 212 | 243 | 273 | 304 | 334 | 365 |  |
| 销售波动率 |  |  |  |  |  |  |  | 97% | 63% | 83% | 90% | 106% | 120% | 110% | 104% | 140% | 102% | 94% | 89% | 1 198% |
| 存货周转天数 | 0.68 | 0.68 | 0.7 |  |  |  |  | 45 | 45 | 45 | 45 | 45 | 45 | 45 | 45 | 45 | 45 | 45 | 45 | 45 |
| 收款期 | 41.15 | 40 | 45 |  |  |  |  | 60 | 60 | 60 | 60 | 60 | 60 | 60 | 60 | 60 | 60 | 60 | 60 | 60 |
| 付款期 | 66.04 | 70 | 60 |  |  |  |  | 60 | 60 | 60 | 60 | 60 | 60 | 60 | 60 | 60 | 60 | 60 | 60 | 60 |
| 累计营业收入 |  |  |  |  |  |  |  | 8 238 | 13 071 | 20 121 | 27 518 | 36 521 | 46 384 | 55 726 | 64 559 | 76 066 | 84 729 | 92 455 | 100 000 | 100 000 |
| 累计营业成本 |  |  |  |  |  |  |  | -5 767 | -9 150 | -14 084 | -19 262 | -25 564 | -32 468 | -39 008 | -45 191 | -53 246 | -59 310 | -64 718 | -70 000 | -70 000 |
| 营业收入 |  |  |  | A | 56 000 | 70 000 | 100 000 | 8 238 | 4 833 | 7 049 | 7 397 | 9 003 | 9 863 | 9 342 | 8 833 | 11 507 | 8 663 | 7 726 | 7 545 |  |
| 营业成本 |  |  |  |  | -38 080 | -47 600 | -70 000 | -5 767 | -3 383 | -4 935 | -5 178 | -6 302 | -6 904 | -6 540 | -6 183 | -8 055 | -6 064 | -5 408 | -5 282 |  |
| …… |  |  |  |  |  |  |  |  |  |  |  |  |  |  |  |  |  |  |  |  |
| 付款延迟 |  |  |  |  | 10 600 | 10 129 | 1 939 | 7 139 | 968 | 478 | 506 | 983 | 1 581 | 1 778 | 1 807 | 2 356 | 2 280 | 2 126 | 1 939 | 1 939 |
| …… |  |  |  |  |  |  |  |  |  |  |  |  |  |  |  |  |  |  |  |  |
| 存货 |  |  |  |  | 5 740 | 5 216 | 8 630 | 8 371 | 6 979 | 7 042 | 7 223 | 7 619 | 8 072 | 8 280 | 8 369 | 8 777 | 8 779 | 8 720 | 8 630 | 8 630 |
| …… |  |  |  |  |  |  |  |  |  |  |  |  |  |  |  |  |  |  |  |  |
| 应付账款 |  |  |  |  | -10 600 | -10 129 | -12 068 | -17 268 | -11 097 | -10 607 | -10 635 | -11 113 | -11 710 | -11 907 | -11 937 | -12 485 | -12 409 | -12 255 | -12 068 | -12 068 |
| …… |  |  |  |  |  |  |  |  |  |  |  |  |  |  |  |  |  |  |  |  |
| 合计 |  |  |  |  | -6 000 | -6 000 | -6 000 | -6 000 | -6 000 | -6 000 | -6 000 | -6 000 | -6 000 | -6 000 | -6 000 | -6 000 | -6 000 | -6 000 | -6 000 | -6 000 |

**表 10-16　固定资产相关业务公式设置**

| 序号 | A | … | D | … | G | H | I | J | K | …… | T | U |
|---|---|---|---|---|---|---|---|---|---|---|---|---|
| 1 | ABC 公司 2022 年 | | | | | | | | | | | |
| 2 | | | | | 滚动预算 | 年度预算 | 2023 年预算模式:进取型 月度分解 | | | | | 合计 |
| 3 | 预算项目 | | 预测变量 | | | | 1 | 2 | 3 | …… | 12 | 合计 |
| 4 | | | | | | | | | | | | |
| 5 | 经营天数 | | | | | | 31 | 28 | 31 | | 31 | |
| 6 | 累计经营天数 | | | | =G37 | | =I5 | =I6+J5 | =J6+K5 | | =S6+T5 | |
| 7 | 销售波动率 | | | | | | 0.97 | 0.63 | 0.83 | | 0.888 4 | =SUM（I7:T7） |
| 8 | 存货周转天数 | | | | | | 45 | 45 | 45 | | 45 | |
| 9 | 收款期 | | | | | | 60 | 60 | 60 | | 60 | |
| 10 | 付款期 | | | | | | 60 | 60 | 60 | | 60 | |
| 11 | 累计营业收入 | | | | | | =I13 | =J13+I11 | =K13+J11 | | =T13+S11 | |
| 12 | 累计营业成本 | | | | | | =I14 | =I12+J14 | =J12+K14 | | =S12+T14 | |
| … | …… | | | | | | | | | | | |
| 20 | 折旧费用 | | 0.15 | | =G37 | =-H36 * D20 | =-I36 * $D$20/365 * I5 | =-J36 * $D$20/365 * J5 | =-K36 * $D$20/365 * K5 | | =-T36 * $D$20/365 * T5 | =SUM（I20:T20） |
| 30 | 资本支出 | | | | =-C36 | -1 000 | =H30 | =I30 | =J30 | | =S30 | |
| … | …… | | | | | | | | | | | |
| 36 | 固定资产 | | | | =F36 | =-H30+G36 | =$G$36-I30 | =$G$36-J30 | =$G$36-K30 | | =$G$36-T30 | |
| 37 | 累计折旧 | | | | =-G36 * C20 | =H20+G37 | =G37+I20 | =I37+J20 | =J37+K20 | | =S37+T20 | |
| … | …… | | | | | | | | | | | |
| 43 | 合计 | | | | | | | | | | | |

表10-17　固定资产相关业务月度预算结果

| 预算项目 | 2022年预算与执行情况 变量指标 实际 | 变量指标 预测 | 变量指标 预算 | 标识 | 实际数 | 滚动预算 | 年度预算（单位:万元） | 1 | 2 | 3 | 4 | 5 | 6 | 7 | 8 | 9 | 10 | 11 | 12 | 合计 |
|---|---|---|---|---|---|---|---|---|---|---|---|---|---|---|---|---|---|---|---|---|
| 经营天数 | 273 | 365 | | | | | | 31 | 28 | 31 | 30 | 31 | 30 | 31 | 31 | 30 | 31 | 30 | 31 | |
| 累计经营天数 | | | | | | | | 31 | 59 | 90 | 120 | 151 | 181 | 212 | 243 | 273 | 304 | 334 | 365 | |
| 销售波动率 | | | | | | | | 97% | 63% | 83% | 90% | 106% | 120% | 110% | 104% | 140% | 102% | 94% | 89% | 1 198% |
| 存货周转天数 | | | | | | | | 45 | 45 | 45 | 45 | 45 | 45 | 45 | 45 | 45 | 45 | 45 | 45 | |
| 收款期 | | | | | | | | 60 | 60 | 60 | 60 | 60 | 60 | 60 | 60 | 60 | 60 | 60 | 60 | |
| 付款期 | | | | | | | | 60 | 60 | 60 | 60 | 60 | 60 | 60 | 60 | 60 | 60 | 60 | 60 | |
| …… | | | | | | | | | | | | | | | | | | | | |
| 累计营业收入 | | | | | | | | 8 238 | 13 071 | 20 121 | 27 518 | 36 521 | 46 384 | 55 726 | 64 559 | 76 066 | 84 729 | 92 455 | 100 000 | |
| 累计营业成本 | | | | | | | | -5 767 | -9 150 | -14 084 | -19 262 | -25 564 | -32 468 | -39 008 | -45 191 | -53 246 | -59 310 | -64 718 | -70 000 | |
| …… | | | | | | | | | | | | | | | | | | | | |
| 折旧费用 | 0.25 | 0.2 | 0.15 | | -1 660 | -1 800 | -1 500 | -127 | -115 | -127 | -123 | -127 | -123 | -127 | -127 | -123 | -127 | -123 | -127 | -1 500 |
| 资本支出 | | | | A | -9 000 | -9 000 | -1 000 | -1 000 | -1 000 | -1 000 | -1 000 | -1 000 | -1 000 | -1 000 | -1 000 | -1 000 | -1 000 | -1 000 | -1 000 | |
| …… | | | | | | | | | | | | | | | | | | | | |
| 固定资产 | | | | | 9 000 | 9 000 | 10 000 | 10 000 | 10 000 | 10 000 | 10 000 | 10 000 | 10 000 | 10 000 | 10 000 | 10 000 | 10 000 | 10 000 | 10 000 | |
| 累计折旧 | | | | | -1 660 | -1 800 | -3 300 | -1 927 | -2 042 | -2 170 | -2 293 | -2 421 | -2 544 | -2 671 | -2 799 | -2 922 | -3 049 | -3 173 | -3 300 | |
| …… | | | | | | | | | | | | | | | | | | | | |
| 合计 | | | | | | | | | | | | | | | | | | | | |

表10-18 银行借款相关业务公式设置

| 序号 | A | … | D | … | G | H | I | J | K | … | T | U |
|---|---|---|---|---|---|---|---|---|---|---|---|---|
| 1 | ABC公司2022年 | | | | | | 2023年预算模式:进取型 | | | | | |
| 2 | | | | | 滚动预算 | 年度预算 | | | 月度分解 | | | 合计 |
| 3 | 预算项目 | | 预测变量 | | | | 1 | 2 | 3 | … | 12 | |
| 4 | | | | | | | | | | | | |
| 5 | 经营天数 | | | | | | 31 | 28 | 31 | … | 31 | |
| 6 | 累计经营天数 | | | | | | =I5 | =I6+J5 | =J6+K5 | … | =S6+T5 | |
| 7 | 销售波动率 | | | | | | 0.97 | 0.63 | 0.83 | … | 0.888 4 | =SUM(I7:T7) |
| … | …… | | | | | | | | | | | |
| 11 | 累计营业收入 | | | | | | =I13 | =J13+I11 | =K13+J11 | … | =T13+S11 | |
| 12 | 累计营业成本 | | | | | | =I14 | =I12+J14 | =J12+K14 | … | =S12+T14 | |
| 13 | 营业收入 | | | | 70 000 | 100 000 | =$H$13/365*I5*I7 | =$H$13/365*J5*J7 | =$H$13/365*K5*K7 | … | =$H$13/365*T5*T7 | =SUM(I13:T13) |
| 14 | 营业成本 | | 0.7 | | =-G13*C14 | =-H13*D14 | =-I13*$D$14 | =-J13*$D$14 | =-K13*$D$14 | … | =-T13*$D$14 | =SUM(I14:T14) |
| … | …… | | | | | | | | | | | |
| 19 | 利息费用 | | 0.06 | | =G39*C19 | =H39*D19 | =I39*$D$19/365*I5 | =J39*$D$19/365*J5 | =K39*$D$19/365*K5 | … | =T39*$D$19/365*T5 | =SUM(I19:T19) |
| … | …… | | | | | | | | | | | |
| 23 | 贷款注入 | | | | =-G39 | 3 000 | 3 000 | 3 000 | 3 000 | … | 3 000 | |
| … | …… | | | | | | | | | | | |
| 28 | 费用支出 | | | | =G15+G16+G19 | =H15+H16+H19 | =I15+I16+I19 | =J15+J16+J19+I28 | =K15+K16+K19+J28 | … | =T15+T16+T19+S28 | |
| … | …… | | | | | | | | | | | |
| 39 | 银行借款 | | | | =F39 | =-H23+G39 | =$G$39-I23 | =$G$39-J23 | =$G$39-K23 | … | =$G$39-T23 | |
| … | …… | | | | | | | | | | | |
| 43 | 合计 | | | | | | | | | | | |

表 10-19 银行借款相关业务月度预算结果

ABC公司　　单位：万元

| 预算项目 | 2022年预算与执行情况 变量指标 实际 | 预测 | 预算 | 实际数 | 滚动预算 | 标识 | 年度预算 | 1 | 2 | 3 | 4 | 5 | 6 | 7 | 8 | 9 | 10 | 11 | 12 | 合计 |
|---|---|---|---|---|---|---|---|---|---|---|---|---|---|---|---|---|---|---|---|---|
| 经营天数 | 273 | 365 | | | | | | 31 | 28 | 31 | 30 | 31 | 30 | 31 | 31 | 30 | 31 | 30 | 31 | |
| 累计经营天数 | | | | | | | | 31 | 59 | 90 | 120 | 151 | 181 | 212 | 243 | 273 | 304 | 334 | 365 | |
| 销售波动率 | | | | | | | | 97% | 63% | 83% | 90% | 106% | 120% | 110% | 104% | 140% | 102% | 94% | 89% | 1 198% |
| 累计营业收入 | | | | | | | | 8 238 | 13 071 | 20 121 | 27 518 | 36 521 | 46 384 | 55 726 | 64 559 | 76 066 | 84 729 | 92 455 | 100 000 | |
| 累计营业成本 | | | | | | | | −5 767 | −9 150 | −14 084 | −19 262 | −25 564 | −32 468 | −39 008 | −45 191 | −53 246 | −59 310 | −64 718 | −70 000 | |
| 营业收入 | | | | 56 000 | 70 000 | A | 100 000 | 8 238 | 4 833 | 7 049 | 7 397 | 9 003 | 9 863 | 9 342 | 8 833 | 11 507 | 8 663 | 7 726 | 7 545 | 100 000 |
| 营业成本 | | | | −38 080 | −47 600 | | −70 000 | −5 767 | −3 383 | −4 935 | −5 178 | −6 302 | −6 904 | −6 540 | −6 183 | −8 055 | −6 064 | −5 408 | −5 282 | −70 000 |
| …… | | | | | | | | | | | | | | | | | | | | |
| 利息费用 | 0.68 | 0.68 | 0.7 | −540 | −704 | A | −564 | −48 | −43 | −48 | −46 | −48 | −46 | −48 | −48 | −46 | −48 | −46 | −48 | −564 |
| …… | | | | | | | | | | | | | | | | | | | | |
| 贷款注入 | | | | 6 400 | 6 400 | A | 3 000 | 3 000 | 3 000 | 3 000 | 3 000 | 3 000 | 3 000 | 3 000 | 3 000 | 3 000 | 3 000 | 3 000 | 3 000 | 3 000 |
| …… | | | | | | | | | | | | | | | | | | | | |
| 资本支出 | | | | −9 000 | −9 000 | A | −1 000 | −1 000 | −1 000 | −1 000 | −1 000 | −1 000 | −1 000 | −1 000 | −1 000 | −1 000 | −1 000 | −1 000 | −1 000 | −1 000 |
| …… | | | | | | | | | | | | | | | | | | | | |
| 银行借款 | 0.11 | 0.11 | 0.06 | −6 400 | −6 400 | | −9 400 | −9 400 | −9 400 | −9 400 | −9 400 | −9 400 | −9 400 | −9 400 | −9 400 | −9 400 | −9 400 | −9 400 | −9 400 | |
| 合计 | | | | | | | | | | | | | | | | | | | | |

# 表 10-20 预提费用相关业务公式设置

| 序号 | A | ... | D | ... | G | H | I | J | K | ... | T | U |
|---|---|---|---|---|---|---|---|---|---|---|---|---|
| 1 | ABC 公司 2022 年 | | | | | | | | 2023 年预算模式：进取型 | | | |
| 2 | | | | | 滚动预算 | 年度预算 | | | 月度分解 | | | 合计 |
| 3 | 预算项目 | | 预测 | | | | 1 | 2 | 3 | ...... | 12 | |
| 4 | | | 变量 | | | | | | | | | |
| 5 | 经营天数 | | | | | | 31 | 28 | 31 | | 31 | |
| 6 | 累计经营天数 | | | | | | =I5 | =I6+J5 | =J6+K5 | | =S6+T5 | |
| 7 | 销售波动率 | | | | | | 0.97 | 0.63 | 0.83 | | 0.888 4 | =SUM(I7:T7) |
| 8 | 存货周转天数 | | | | | | 45 | 45 | 45 | | 45 | |
| 9 | 收款期 | | | | | | 60 | 60 | 60 | | 60 | |
| 10 | 付款期 | | | | | | 60 | 60 | 60 | | 60 | |
| 11 | 累计营业收入 | | | | | | =I13 | =J13+I11 | =K13+J11 | | =T13+S11 | |
| 12 | 累计营业成本 | | | | | | =I14 | =I12+J14 | =J12+K14 | | =S12+T14 | |
| 13 | 营业收入 | | | | 70 000 | 100 000 | =$H$13/365 * I5 * I7 | =$H$13/365 * J5 * J7 | =$H$13/365 * K5 * K7 | | =$H$13/365 * T5 * I7 | =SUM(I13:T13) |
| 14 | 营业成本 | | 0.7 | | =-G13 * C14 | =-(H13 * D14) | =-I13 * $D$14 | =-J13 * $D$14 | =-K13 * $D$14 | | =-T13 * $D$14 | =SUM(I14:T14) |
| ... | ...... | | | | | | | | | | | |
| 27 | 付款延迟 | | | | =-G38 | =-(H310-G38) | =-(I310-$G$38) | =-(J310-$G$38) | =-(K310-$G$38) | | =-(T310-$G$38) | |
| ... | ...... | | | | | | | | | | | |
| 40 | 预提费用 | | | | -1 200 | -1 800 | =$H$40/365 * I6 | =$H$40/365 * J6 | =$H$40/365 * K6 | | =$H$40/365 * T6 | |
| ... | | | | | | | | | | | | |
| 43 | 合计 | | | | | | | | | | | |

表10-21 预提费用相关业务预算结果

ABC公司　　单位:万元　　2023年预算模式:进取型

| 预算项目 | 2022年预算与执行情况 变量指标 实际 | 预测 | 预算 | 标识 | 实际数 | 滚动预算 | 年度预算 | 月度分解 1 | 2 | 3 | 4 | 5 | 6 | 7 | 8 | 9 | 10 | 11 | 12 | 合计 |
|---|---|---|---|---|---|---|---|---|---|---|---|---|---|---|---|---|---|---|---|---|
| 经营天数 | 273 | 365 | | | | | | 31 | 28 | 31 | 30 | 31 | 30 | 31 | 31 | 30 | 31 | 30 | 31 | |
| 累计经营天数 | | | | | | | | 31 | 59 | 90 | 120 | 151 | 181 | 212 | 243 | 273 | 304 | 334 | 365 | |
| 销售波动率 | | | | | | | | 97% | 63% | 83% | 90% | 106% | 120% | 110% | 104% | 140% | 102% | 94% | 89% | 1 198% |
| 存货周转天数 | | | | | | | | 45 | 45 | 45 | 45 | 45 | 45 | 45 | 45 | 45 | 45 | 45 | 45 | |
| 收款期 | | | | | | | | 60 | 60 | 60 | 60 | 60 | 60 | 60 | 60 | 60 | 60 | 60 | 60 | |
| 付款期 | | | | | | | | 60 | 60 | 60 | 60 | 60 | 60 | 60 | 60 | 60 | 60 | 60 | 60 | |
| 累计营业收入 | | | | | | | | 8 238 | 13 071 | 20 121 | 27 518 | 36 521 | 46 384 | 55 726 | 64 559 | 76 066 | 84 729 | 92 455 | 100 000 | |
| 累计营业成本 | | | | | | | | -5 767 | -9 150 | -14 084 | -19 262 | -25 564 | -32 468 | -39 008 | -45 191 | -53 246 | -59 310 | -64 718 | -70 000 | |
| 营业收入 | | | | A | 56 000 | 70 000 | 100 000 | 8 238 | 4 833 | 7 049 | 7 397 | 9 003 | 9 863 | 9 342 | 8 833 | 11 507 | 8 663 | 7 726 | 7 545 | 100 000 |
| 营业成本 | 0.68 | 0.68 | 0.7 | | -38 080 | -47 600 | -70 000 | -5 767 | -3 383 | -4 935 | -5 178 | -6 302 | -6 904 | -6 540 | -6 183 | -8 055 | -6 064 | -5 408 | -5 282 | -70 000 |
| …… | | | | | | | | | | | | | | | | | | | | |
| 付贷延迟 | | | | | 900 | 1 200 | 600 | -1 047 | -909 | -756 | -608 | -455 | -307 | -155 | -2 | 146 | 299 | 447 | 600 | |
| …… | | | | | | | | | | | | | | | | | | | | |
| 预提费用 | | | | A | -900 | -1 200 | -1 800 | -153 | -291 | -444 | -592 | -745 | -893 | -1 045 | -1 198 | -1 346 | -1 499 | -1 647 | -1 800 | |
| …… | | | | | | | | | | | | | | | | | | | | |
| 合计 | | | | | | | | | | | | | | | | | | | | |

表 10-22　月度预算公式设置表

| 序号 | A 预算项目 | D 预测变量 | G 滚动预算 | H 年度预算 | I (1) | J (2) | K (3) | …… | T (12) | U 合计 |
|---|---|---|---|---|---|---|---|---|---|---|
| 1 | ABC 公司 2022 年 | | | | | | | | | |
| 2 | | | 滚动预算 | 年度预算 | 2023 年预算模式:进取型 | | | | | 合计 |
| 3 | 预测项目 | 预测变量 | | | 月度分解 | | | | | |
| 4 | | | | | | | | | | |
| 5 | 经营天数 | | | | 31 | 28 | 31 | | 31 | |
| 6 | 累计经营天数 | | | | =I5 | =I6+J5 | =J6+K5 | | =S6+T5 | =SUM(I7:T7) |
| 7 | 销售波动率 | | | | 0.97 | 0.63 | 0.83 | | 0.888 4 | |
| 8 | 存货周转天数 | | | | 45 | 45 | 45 | | 45 | |
| 9 | 收款期 | | | | 60 | 60 | 60 | | 60 | |
| 10 | 付款期 | | | | 60 | 60 | 60 | | 60 | |
| 11 | 累计营业收入 | | | | =I13 | =J13+I11 | =K13+J11 | | =T13+S11 | |
| 12 | 累计营业成本 | | | | =I14 | =I12+J14 | =J12+K14 | | =S12+T14 | |
| 13 | 营业收入 | 0.7 | 70 000 | 100 000 | =$H$13/365*I5*I7 | =$H$13/365*J5*J7 | =$H$13/365*K5*K7 | | =$H$13/365*T5*T7 | =SUM(I13:T13) |
| 14 | 营业成本 | | =-G13*C14 | =-H13*D14 | =-I13*$D$14 | =-J13*$D$14 | =-K13*$D$14 | | =-T13*$D$14 | =SUM(I14:T14) |
| 15 | 变动经营费用 | 0.08 | =-G13*C15 | =-H13*D15 | =-I13*$D$15 | =-J13*$D$15 | =-K13*$D$15 | | =-T13*$D$15 | =SUM(I15:T15) |
| 16 | 固定经营费用 | | -11 000 | -12 000 | =$H$16/365*I5 | =$H$16/365*J5 | =$H$16/365*K5 | | =$H$16/365*T5 | =SUM(I16:T16) |
| 17 | 存货跌价损失 | 0.04 | =G33 | =H33-G33 | =I33-G33 | =J33-I33 | =K33-J33 | | =T33-S33 | =SUM(I17:T17) |
| 18 | 坏账损失 | 0.06 | =G35 | =H35-G35 | =I35-G35 | =J35-I35 | =K35-J35 | | =T35-S35 | =SUM(I18:T18) |
| 19 | 利息费用 | 0.06 | =G39*C19 | =H39*D19 | =I39*$D$19/365*I5 | =J39*$D$19/365*J5 | =K39*$D$19/365*K5 | | =T39*$D$19/365*T5 | =SUM(I19:T19) |
| 20 | 折旧费用 | 0.15 | =G37 | =-H36*D20 | =-I36*$D$20/365*I5 | =-J36*$D$20/365*J5 | =-K36*$D$20/365*K5 | | =-T36*$D$20/365*T5 | =SUM(I20:T20) |
| 21 | 现金流入 | | | | | | | | | |
| 22 | 销货回款 | | =G13-G34 | =H13-(H34-G34) | =I11-(I34-G34) | =J11-(J34-G34) | =K11-(K34-G34) | | =T11-(T34-G34) | |
| 23 | 货款注入 | | =-G39 | 3 000 | 3 000 | 3 000 | 3 000 | | 3 000 | |
| 24 | 资本注入 | | | | | | | | | |
| 25 | 现金流出 | | =-G42 | | | | | | | |

表10-22（续）

| 序号 | A | ... | D | G | H | I | J | K | ...... | T | U |
|---|---|---|---|---|---|---|---|---|---|---|---|
| 26 | 采购支出 | | | =G14-G32 | =H14-(H32-G32) | =I12-(I32-$G$32) | =J12-(J32-$G$32) | =K12-(K32-$G$32) | | =T12-(T32-$G$32) | |
| 27 | 付款延迟 | | | =-G38 | =-(H310-G38) | =-(I310-$G$38) | =-(J310-$G$38) | =-(K310-$G$38) | | =-(T310-$G$38) | |
| 28 | 费用支出 | | | =G15+G16+G19 | =H15+H16+H19 | =I15+I16+I19 | =J15+J16+J19+J28 | =K15+K16+K19+K28 | | =T15+T16+T19+S28 | |
| 29 | 付费延迟 | | | =-G40 | =-(H40-G40) | =-(I40-$G$40) | =-(J40-$G$40) | =-(K40-$G$40) | | =-(T40-$G$40) | |
| 30 | 资本支出 | | | =-G36 | -1 000 | =H30 | =I30 | =J30 | | =S30 | |
| 31 | 货币资金 | | | =SUM(G22:G30) | =SUM(H22:H30)+G31 | =SUM(I22:I30)+$G$31 | =SUM(J22:J30)+$G$31 | =SUM(K22:K30)+$G$31 | | =SUM(T22:T30)+$G$31 | |
| 32 | 存货 | | 45 | =-G14/365 * C32 | =-H14/365 * D32 | =-I12/I6 * I8 | =-J12/J6 * J8 | =-K12/K6 * K8 | | =-T12/T6 * T8 | |
| 33 | 存货跌价准备 | | | =-G32 * C17 | =-H32 * D17 | =-I32 * $D$17 | =-J32 * $D$17 | =-K32 * $D$17 | | =-T32 * $D$17 | |
| 34 | 应收账款 | | 60 | =G13/365 * C34 | =H13/365 * D34 | =I11/I6 * I9 | =J11/J6 * J9 | =K11/K6 * K9 | | =T11/T6 * T9 | |
| 35 | 坏账准备 | | | =-G34 * C18 | =-H34 * D18 | =-I34 * $D$18 | =-J34 * $D$18 | =-K34 * $D$18 | | =-T34 * $D$18 | |
| 36 | 固定资产 | | | =F36 | =-H30+G36 | =$G$36-I30 | =$G$36-J30 | =$G$36-K30 | | =$G$36-T30 | |
| 37 | 累计折旧 | | | =-G36 * C20 | =H20+G37 | =G37+I20 | =I37+J20 | =J37+K20 | | =S37+T20 | |
| 38 | 应付账款 | | 60 | =G26/365 * C38 | =H26/365 * D38 | =I26/I6 * I10 | =J26/J6 * J10 | =K26/K6 * K10 | | =T26/T6 * T10 | |
| 39 | 银行借款 | | | =F39 | =-H23+G39 | =$G$39-I23 | =$G$39-J23 | =$G$39-K23 | | =$G$39-T23 | |
| 40 | 预提费用 | | | -1 200 | -1 800 | =$H$40/365 * I6 | =$H$40/365 * J6 | =$H$40/365 * K6 | | =$H$40/365 * T6 | |
| 41 | 本年利润结转 | | | =-SUM(G13:G20)+G41 | =-SUM(H13:H20)+G41 | =-SUM(I13:I20)+G41 | =-SUM(J13:J20)+I41 | =-SUM(K13:K20)+J41 | | =-SUM(T13:T20)+S41 | |
| 42 | 股本 | | | =F42 | =G42 | =H42 | =I42 | =J42 | | =S42 | |
| 43 | 合计 | | | =SUM(G31:G42) | =SUM(H31:H42) | =SUM(I31:I42) | =SUM(J31:J42) | =SUM(K31:K42) | | =SUM(T31:T42) | |

**表 10-23　ABC 公司 2023 年月度预算表**

| 预算项目 | 实际 | 预测 | 预算 | 标识 | 实际数 | 滚动预算 | 年度预算 | 1 | 2 | 3 | 4 | 5 | 6 | 7 | 8 | 9 | 10 | 11 | 12 | 合计 |
|---|---|---|---|---|---|---|---|---|---|---|---|---|---|---|---|---|---|---|---|---|
| | ABC 公司 2022 年预算与执行情况 变量指标 | | | | 年度预算 单位:万元 | | | 月度分解 2023 年预算模式:进取型 | | | | | | | | | | | | |
| 经营天数 | 273 | 365 | | | | | | 31 | 28 | 31 | 30 | 31 | 30 | 31 | 31 | 30 | 31 | 30 | 31 | 365 |
| 累计经营天数 | | | | | | | | 31 | 59 | 90 | 120 | 151 | 181 | 212 | 243 | 273 | 304 | 334 | 365 | |
| 销售波动率 | | | | | | | | 97% | 63% | 83% | 90% | 106% | 120% | 110% | 104% | 140% | 102% | 94% | 89% | 1 198% |
| 存货周转天数 | | | | | | | | 45 | 45 | 45 | 45 | 45 | 45 | 45 | 45 | 45 | 45 | 45 | 45 | |
| 收款期 | | | | | | | | 60 | 60 | 60 | 60 | 60 | 60 | 60 | 60 | 60 | 60 | 60 | 60 | |
| 付款期 | | | | | | | | 60 | 60 | 60 | 60 | 60 | 60 | 60 | 60 | 60 | 60 | 60 | 60 | |
| 累计营业收入 | | | | | | | 100 000 | 8 238 | 13 071 | 20 121 | 27 518 | 36 521 | 46 384 | 55 726 | 64 559 | 76 066 | 84 729 | 92 455 | 100 000 | 100 000 |
| 累计营业成本 | | | | | | | −70 000 | −5 767 | −9 150 | −14 084 | −19 262 | −25 564 | −32 468 | −39 008 | −45 191 | −53 246 | −59 310 | −64 718 | −70 000 | −70 000 |
| 营业收入 | 0.68 | 0.68 | 0.7 | A | 56 000 | 70 000 | 100 000 | 8 238 | 4 833 | 7 049 | 7 397 | 9 003 | 9 863 | 9 342 | 8 833 | 11 507 | 8 663 | 7 726 | 7 545 | 100 000 |
| 营业成本 | 0.08 | 0.08 | 0.08 | | −38 080 | −47 600 | −70 000 | −5 767 | −3 383 | −4 935 | −5 178 | −6 302 | −6 904 | −6 540 | −6 183 | −8 055 | −6 064 | −5 408 | −5 282 | −70 000 |
| 变动经营费用 | 0.08 | 0.08 | 0.08 | | −4 480 | −5 600 | −8 000 | −659 | −387 | −564 | −592 | −720 | −789 | −747 | −707 | −921 | −693 | −618 | −604 | −8 000 |
| 固定经营费用 | | | | A | −8 600 | −11 000 | −12 000 | −1 019 | −921 | −1 019 | −986 | −1 019 | −986 | −1 019 | −1 019 | −986 | −1 019 | −986 | −1 019 | −12 000 |
| 存货跌价损失 | 0.10 | 0.08 | 0.04 | | −574 | −417 | 72 | 82 | 56 | −3 | −7 | −16 | −18 | −8 | −4 | −16 | 0 | 2 | 4 | 72 |
| 坏账损失 | 0.05 | 0.05 | 0.06 | | −580 | −479 | −507 | −477 | 159 | −7 | −21 | −45 | −52 | −24 | −10 | −47 | 0 | 7 | 10 | −507 |
| 利息费用 | 0.11 | 0.11 | 0.06 | | −540 | −704 | −564 | −48 | −43 | −48 | −46 | −48 | −46 | −48 | −48 | −46 | −48 | −46 | −48 | −564 |
| 折旧费用 | 0.25 | 0.2 | 0.15 | A | −1 660 | −1 800 | −1 500 | −127 | −115 | −127 | −123 | −127 | −123 | −127 | −127 | −123 | −127 | −123 | −127 | −1 500 |
| 现金流入 | | | | | | | | | | | | | | | | | | | | |
| 销售回款 | | | | A | 45 200 | 60 411 | 93 151 | 1 882 | 9 367 | 16 296 | 23 348 | 31 598 | 40 597 | 49 544 | 58 207 | 68 937 | 77 595 | 85 435 | 93 151 | 93 151 |
| 贷款注入 | | | | | 6 400 | 6 400 | 3 000 | 3 000 | 3 000 | 3 000 | 3 000 | 3 000 | 3 000 | 3 000 | 3 000 | 3 000 | 3 000 | 3 000 | 3 000 | 3 000 |
| 资本注入 | | | | A | 6 000 | 6 000 | | | | | | | | | | | | | | |

表10-23（续）

ABC公司　　2023年预算模式：进取型

| 项目 | | | | | | | | | | | | | | | | | | |
|---|---|---|---|---|---|---|---|---|---|---|---|---|---|---|---|---|---|---|
| **现金流出** | | | | | | | | | | | | | | | | | | |
| 采购支出 | | | | -43 820 | -52 816 | -73 414 | -8 922 | -10 912 | -15 910 | -21 269 | -27 966 | -35 324 | -42 072 | -48 344 | -56 806 | -62 873 | -68 221 | -73 414 |
| 付款延迟 | | | | 10 600 | 10 129 | 1 939 | 7 139 | 968 | 478 | 506 | 983 | 1 581 | 1 778 | 1 807 | 2 356 | 2 280 | 2 126 | 1 939 |
| 费用支出 | | | | -13 620 | -17 304 | -20 564 | -1 726 | -3 077 | -4 708 | -6 332 | -8 119 | -9 941 | -11 756 | -13 529 | -15 482 | -17 243 | -18 893 | -20 564 |
| 付费延迟 | | | | 900 | 1 200 | 600 | -1 047 | -909 | -756 | -608 | -455 | -307 | -155 | -2 | 146 | 299 | 447 | 600 |
| 资本支出 | | | A | -9 000 | -9 000 | -1 000 | -1 000 | -1 000 | -1 000 | -1 000 | -1 000 | -1 000 | -1 000 | -1 000 | -1 000 | -1 000 | -1 000 | -1 000 |
| 货币资金 | | | | 2 660 | 5 020 | 8 732 | 4 345 | 2 457 | 2 419 | 2 663 | 3 060 | 3 624 | 4 359 | 5 160 | 6 170 | 7 078 | 7 913 | 8 732 |
| 存货 | 41.15 | 40 | 45 | 5 740 | 5 216 | 8 630 | 8 371 | 6 979 | 7 042 | 7 223 | 7 619 | 8 072 | 8 280 | 8 369 | 8 777 | 8 779 | 8 720 | 8 630 |
| 存货跌价准备 | | | | -574 | -417 | -345 | -335 | -279 | -282 | -289 | -305 | -323 | -331 | -335 | -351 | -351 | -349 | -345 |
| 应收账款 | 52.65 | 50 | 60 | 10 800 | 9 589 | 16 438 | 15 945 | 13 293 | 13 414 | 13 759 | 14 511 | 15 376 | 15 772 | 15 940 | 16 718 | 16 723 | 16 609 | 16 438 |
| 坏账准备 | | | | -580 | -479 | -986 | -957 | -798 | -805 | -826 | -871 | -923 | -946 | -956 | -1 003 | -1 003 | -997 | -986 |
| 固定资产 | | | | 9 000 | 9 000 | 10 000 | 10 000 | 10 000 | 10 000 | 10 000 | 10 000 | 10 000 | 10 000 | 10 000 | 10 000 | 10 000 | 10 000 | 10 000 |
| 累计折旧 | | | | -1 660 | -1 800 | -3 300 | -1 927 | -2 042 | -2 170 | -2 293 | -2 421 | -2 544 | -2 671 | -2 799 | -2 922 | -3 049 | -3 173 | -3 300 |
| 应付账款 | 66.04 | 70 | 60 | -10 600 | -10 129 | -12 068 | -17 268 | -11 097 | -10 607 | -10 635 | -11 113 | -11 710 | -11 907 | -11 937 | -12 485 | -12 409 | -12 255 | -12 068 |
| 银行借款 | | | | -6 400 | -6 400 | -9 400 | -9 400 | -9 400 | -9 400 | -9 400 | -9 400 | -9 400 | -9 400 | -9 400 | -9 400 | -9 400 | -9 400 | -9 400 |
| 预提费用 | | | A | -900 | -1 200 | -1 800 | -153 | -291 | -444 | -592 | -745 | -893 | -1 045 | -1 198 | -1 346 | -1 499 | -1 647 | -1 800 |
| 本年利润结转 | | | | -1 486 | -2 399 | -9 900 | -2 622 | -2 822 | -3 168 | -3 612 | -4 337 | -5 281 | -6 110 | -6 845 | -8 157 | -8 868 | -9 421 | -9 901 |
| 股本 | | | | -6 000 | -6 000 | -6 000 | -6 000 | -6 000 | -6 000 | -6 000 | -6 000 | -6 000 | -6 000 | -6 000 | -6 000 | -6 000 | -6 000 | -6 000 |
| 合计 | | | | 0 | 0 | 0 | 0 | 0 | 0 | 0 | 0 | 0 | 0 | 0 | 0 | 0 | 0 | 0 |

## 第四节　月度预算的解读

### 一、预算期基本财务状况解读

从 ABC 公司 2023 年年度预算和月度预算的结果，可以首先归结出利润表、资产负债表和现金预算中的三个关键指标，即利润、资产负债率和现金余额的分月数和年度数，这可以通过表 10-24 看出。

**表 10-24　基本财务数据**

| 项目 | 1 | 2 | 3 | 4 | 5 | 6 | 7 | 8 | 9 | 10 | 11 | 12 | 全年 |
|------|-----|-----|-----|-----|-----|-----|-----|-----|-----|-----|-----|-----|------|
| 资产合计 | 35 443 | 29 610 | 29 619 | 30 238 | 31 594 | 33 283 | 34 462 | 35 380 | 37 388 | 38 177 | 38 724 | 39 169 | 39 168 |
| 负债合计 | 26 821 | 20 788 | 20 451 | 20 627 | 21 257 | 22 002 | 22 353 | 22 535 | 23 231 | 23 308 | 23 302 | 23 268 | 23 268 |
| 负债率 | 76% | 70% | 69% | 68% | 67% | 66% | 65% | 64% | 62% | 61% | 60% | 59% | 59% |
| 利润 | 223 | 199 | 347 | 443 | 725 | 944 | 829 | 735 | 1 313 | 711 | 553 | 479 | 7 501 |
| 现金 | 4 345 | 2 457 | 2 419 | 2 663 | 3 060 | 3 624 | 4 359 | 5 160 | 6 170 | 7 078 | 7 913 | 8 732 | 8 732 |

表中数据可以明显看出，ABC 公司的资产负债率水平一直保证相对稳定的水平，从 1 月份最高的 76% 逐渐下降至年底的 59%；从利润的角度，每月均处于盈利状态；从资金的角度，由于二月份进入淡季，现金比一月份大幅下降，而后逐步上升，至年末达到 8 732 万元。

### 二、现金安全存量

在前文的叙述中，一直未提及现金安全存量的问题。企业基于交易性需求、预防性需求和投机性需求，要保有一定的现金余额，财务学中称之为最佳现金持有量。在财务管理的教科书中都讲述了四种确定现金安全存量的方法，即成本分析模式、存货模式和现金周转模式，但是由于过于理论化，而且将最困难的年现金需求量作为已知条件处理，使得这四种方法缺乏现实应用的基础。企业实践中现金安全存量的方法很多，经验估计就是其中一种，这里介绍一种常用的方法，其公式如下：

现金安全存量＝刚性现金流出量÷累积经营天数×应收账款周转天数

刚性现金流出很难准确地估计，本例中可以用经营费用支出替代，其计算结果见表 10-25。

表 10-25　现金安全存量与现金余缺

| 项目 | 1 | 2 | 3 | 4 | 5 | 6 | 7 | 8 | 9 | 10 | 11 | 12 | 全年 |
|---|---|---|---|---|---|---|---|---|---|---|---|---|---|
| 累积经营天数 | 31 | 59 | 90 | 120 | 151 | 181 | 212 | 243 | 273 | 304 | 334 | 365 | 365 |
| 变动经营费用 | 659 | 387 | 564 | 592 | 720 | 789 | 747 | 707 | 921 | 693 | 618 | 604 | 8 000 |
| 固定经营费用 | 1 019 | 921 | 1 019 | 986 | 1 019 | 986 | 1 019 | 1 019 | 986 | 1 019 | 986 | 1 019 | 12 000 |
| 合计 | 1 678 | 1 307 | 1 583 | 1 578 | 1 739 | 1 775 | 1 767 | 1 726 | 1 907 | 1 712 | 1 604 | 1 623 | 20 000 |
| 累计支出 | 1 678 | 2 985 | 4 569 | 6 147 | 7 886 | 9 661 | 11 428 | 13 154 | 15 061 | 16 773 | 18 377 | 20 000 | 2 000 |
| 现金安全存量 | 3 248 | 3 036 | 3 046 | 3 073 | 3 134 | 3 203 | 3 234 | 3 248 | 3 310 | 3 310 | 3 301 | 3 288 | 3 288 |
| 现金预算 | 4 345 | 2 457 | 2 419 | 2 663 | 3 060 | 3 624 | 4 359 | 5 160 | 6 170 | 7 078 | 7 913 | 8 732 | 8 732 |
| 现金余缺 | 1 097 | −579 | −626 | −410 | −74 | 422 | 1 125 | 1 912 | 2 860 | 3 768 | 4 612 | 5 444 | 5 444 |

表中数据可以看出，在 2~5 月份，企业现金低于安全存量，需要通过挖掘内部潜力或外部融资的方式解决。

### 三、借款和还款日期的选择与营运资金政策的调整

在第七章结尾时提及，预算年度的现金余额为 8 732 万元，而且预算期内计划借款 3 000 万元，当时可能存在疑问，既然有了这么多的现金，还需要动用企业的融资能力吗？通过表 10-25 明显可以看出：

第一，若不考虑现金安全存量，企业需要在 2 月份开始借款，还款期可以在 5 月份。

第二，如果考虑现金安全存量，企业年初就需要借款，最早在 10 月份还清全部款项。

如果只有年度预算，企业是不可能做出合理的资金安排的。只有进行月度分解，编制出月度预算，企业才可以在年度经营过程中调整和控制运营节奏，从而从容地面对供应市场和销售市场的变化。

针对供销市场变动，企业可以调整自身的营运资金政策，如在上半年放松应收账款政策，而在下半年加紧收款；也可以考虑在销售的旺季放松应收账款政策，在淡季加大收款力度。当然这都需要资金的支持，营运资金政策与外部融资策略相结合。

### 四、存货的问题

存货是一个外延宽泛的概括性项目。从财务会计的角度，存货分为材料、燃料、低值易耗品、在产品、半成品、产成品等；而从预算管理的角度，存货分为采购阶段存货、生产阶段存货和销售阶段存货，不同阶段存货的责任主体不同，编制预算时有必要分开考虑。

采购阶段是从原材料入库到被生产部门领用之间的阶段，该阶段的主要责任中

心是采购部门。采购阶段存货决策不能走两个极端：一是一味地考核采购单价而驱使采购部门不顾生产需求而进行大批量采购；二是不能搞丰田式的零库存模式，原因前文已经谈及。因此采购阶段应该坚持经济订货批量原则，编制采购期预算时考虑四个问题：一是考虑库存物品的物理特性，采购期不能超出材料保存期；二是考虑采购量的性价比，即商业折扣问题；三是考虑市场供求情况；四是考虑企业的现金支付能力。

生产阶段是从生产部门应用到产成品验收入库的阶段，该阶段的主要责任中心是生产部门。生产阶段存货的多少与生产组织、工艺流程、物流方式等相关，该阶段存货过多或过少都会给采购部门传递错误信息，同时在产品存量大占用资金就大，企业会付出过高的融资成本；而且在产品存量大从某种意义上说明企业的生产效率低下，因此必须控制这一阶段的在产品存量。

销售阶段是从产成品验收入库到销售合同签订取得价款或债权的阶段。产成品存货数量受到生产和销售速度的影响，销售慢于生产则产成品增加。在"以销定产、以产订购"的运作方式下，生产部门的生产组织是以销售为导向的，因此，该阶段的主要责任中心是销售部门。销售期预算要考虑销售速度、生产速度、产成品保存期、安全存量等因素。

# 第五篇
# 实践问题研究

　　企业全面预算体系的构建，是个实践性很强的课题。在本篇中，我们结合电力系统的实际情况，研究全面预算管理中的相关问题。

# 第十一章　新形势下电网公司
# 预算体系分析与完善

党的十九大和中央经济工作会议指出我国经济由高速增长阶段向高质量发展阶段转变是新形势下我国经济发展的基本特征。这就需要企业转变经济增长方式、调整经济增长动力、优化经济发展结构，企业的长远发展需要来自自身的内在驱动力。党的十九届五中与六中全会精神、政府工作报告精神、双循环、十四五规划与2035年远景目标、新预算法与实施条例等一系列信息无不说明预算在企业中发挥着举足轻重的作用。

## 一、全面预算管理的政策与理论

### （一）预算政策基础

2000年9月，国务院发布的《国有大中型企业建立现代企业制度和加强管理的基本规范》，要求企业在实践中贯彻执行预算管理制度，以现金流为核心全面推行预算的编制、执行、分析与考核。2002年6月，财政部的《关于企业实行财务预算管理的指导意见》明确指出企业要加强财务预算管理工作，在企业经营管理活动中应该将以财务预算管理为主要内容的全面预算管理落到实处。2007年6月，国务院国资委发布的《中央企业财务预算管理暂行办法》，明确指出中央企业在生产经营过程中实施全面预算管理的具体要求，如企业根据国家财务会计制度规定和相关制度要求统一编报财务预算报告等。2010年4月，在财政部、证监会等五部委颁布的《企业内部控制应用指引》中，提出全面预算管理是企业内部控制的重要手段之一，应建立预算管理体制并明确各预算执行单位的职责权限。2014年9月，国务院颁布《关于深化预算管理制度改革的决定》，进一步指出预算管理制度的改革是我国深化财税体制改革、完善公共财政体系以及完善社会主义市场经济体制的重点工作。现阶段，2020年10月实施的《中华人民共和国预算法实施条例》，进一步增强地方管理活动、规范预算管理，增强了预算编制和执行的科学性。

我国政府在不同时期颁布与实施的各类政策法规，说明无论是什么组织形态，在组织运营管理中都十分重视预算管理的重要性，这也是企业全面步入新形势发展的必然要求。

（二）预算与战略理念

全面预算管理作为现代企业经营管理的重要指导思想，其理论丰富了企业内部控制的手段，是企业具有现代化管控能力的重要标志。而企业战略解决的是企业的发展目标、战略如何定位，以及战略实施路径、战略管理模式选择等问题。成功的经营管理来自"战略—战略实施路径—运营与管理模式"三者的高度结合，预算模式是管理模式的重要内容，换言之，将以战略为导向的预算有机嵌入运营与管理模式之中，形成纵横贯通的全面预算管理体系，再通过统一预算管理体系分配和调度企业的各项资源，有序有效地实现企业战略目标。

企业的战略规划、经营计划与预算管理是息息相关的。战略规划是在有限资源下做出的战略决策与行动方案。企业在外部环境与内部条件分析的基础上，制定公司战略目标，再细化为三年左右中长期计划。然后根据上年预算以及前期的实际情况估算次年的收入与现金流，建立预算数据，通过滚动预算或弹性预算动态控制未来一期各项支出，合理配置资源。通过预算管理以满足资本性支出与日常经营活动的资金需求；通过预算监督了解战略目标实施的具体情况及具体进度，实现业务的有序性、成本的可控性、战略的系统性。一个无使命感的企业，不会有明确的战略方向与目标，则资源的初次分配缺乏资金保证与物质基础，预算管理也失去了存在的意义。战略预算的理念就是要使企业更好统筹发展和保障安全、更加注重发展质量和效率。预算与战略的关系如图11-1所示。

**图11-1　预算与战略的关系**

## 二、电网公司预算管理的必要性分析

（一）以风险管理实现源头治理

预算管理通过决策、管理、执行三个环节约束责权利的关系，确保资金在预算体系内运行，从业务流程源头开始实施合规风险管控。传统观念一直认为预算管理就是用一套标准的预算制度与预算方法来制约企业资金运转，以预算的"不变"应对经营活动的"万变"。随着企业环境不断变化及复杂性不断增加，预算常常被认为限制了企业业务活动的灵活性，缺少对不可预测状况的应对能力，因此预算保持"不变"难以适应"万变"的环境，它需要结合现实、结合风险管理适时调整对企业的影响。

企业风险管理主要包括风险识别、风险评估、风险控制与应对等环节，风险管理强调通过事前的风险识别与评估，来确定如何应对，这与预算管理的基本思想，即通过预算达到事前控制基本一致。一方面，预算管理如果不考虑企业经营风险对企业战略的影响，就会形成预算资金缺口，预算的可执行性和控制力会下降；另一方面，企业的风险管理并不是单一风险的控制，而是整体风险对企业的影响，涉及的风险因素多，这需要在预算启动前作认真分析，预算是风险控制的重要手段。现阶段电网公司对预算管理与风险控制进行有机融合，对战略、业务层面的关键风险点进行构建，在预算管理体系中增加了经营风险关键指标及标准、建立风险预警指标以及风险评价指标体系等，借鉴历年预算与实际的偏差判断关键风险，借助预算管理将资金相关的风险由事中控制提至事前控制，从而达到了预算风险源头治理的目的。

（二）以业务设计实现预算嵌入

公司原有的预算管理体系较为完备，已形成相对全面的预算管理制度，并已得到有效的实施。同时，公司各职能部门相互协调，形成了良性的业务循环，生产工艺流程较为规范，而且公司实施了一系列的技术改造保障技术的先进性，为预算的嵌入提供了可能。

公司通过业务部门与财务部门之间的业财整合，加强信息沟通，定期按月或按季进行预算沟通，财务部门负责人向业务部门负责人反馈上一阶段的预算执行情况，业务部门则根据反馈信息判断业务进度是否恰当，是否存在执行偏差，进而了解财务视角的预算控制点及预算要求；而财务人员则走向前端充分了解业务基本流程，了解供应与销售，从而加强资金管理与成本控制。

业务、财务预算图如图 11-2 所示。

**图 11-2　业务、财务预算图**

（三）以战略参与平衡发展

战略与预算属于企业管理过程中的两套系统，二者看似独立，但实则密不可分。

企业战略是综合了各项因素后提出的企业长远发展的规划，是预算管理的基础。预算一旦脱离战略，就失去存在的意义，因此预算是从战略角度出发，通过与战略的协调参与平衡企业的发展。其具体思路体现为：

首先，战略层面是布局，主要从四个方面来进行设计：治理结构、战略定位、目标设定及预算分工。企业从战略层面出发追求企业的可持续发展，实现企业价值最大化而非谋求短期利润，关注未来企业发展定位。而预算管理是落实企业战略的具体实现步骤，通过有效分解战略将战略目标量化，并且在当期有效执行，预算是公司战略贯彻实现的有效工具。其次，战术层面是组织：从资源配置、组织设计、预算过程管理三个角度进行设计。将抽象的战略目标变得具体化，根据各部门业务性质与特征，合理配置企业资源，分步骤、分阶段实施预算过程管理，是战略目标实现的大纲安排。最后，战斗层次是管控：预算的集权与分权的设计、计划与预算的调整、预算绩效与考核的支持等。战略的制定是当时企业的内外部环境分析综合判断的结果，通过预算执行落地时难免会与实际情况存在偏差。当预算执行结果出现偏差时，找出预算执行偏差的原因，及时调整预算，促进企业战略具有可持续性，它是战略执行的细节安排。

战略预算的内容如图 11-3 所示。

**图 11-3　战略预算的内容**

### 三、电网公司预算管理的现状分析

（一）预算基本流程

首先，为了全面统筹企业的预算管理工作，电网公司建立健全预算编制、实施、监督和考评方面的制度，以及设立预算组织机构包括预算管理委员会及日常工作小组，负责企业预算日常管理工作、年度预算编制的组织协调工作以及预算决算的分析工作。其次，结合企业的战略规划，将战略规划分解，并结合预算环境制定预算目标。电网公司、各单位以及项目和职能部门皆为预算编制主体，其第一责任人是公司及单位或项目负责人，编制内容包括但不限于收入预算、人员成本预算、固定资产投资预算、成本费用预算、资本预算以及资金预算。各单位及部门根据分解预算总体目标编制分级预算，将预算指标细化。各预算主体依据权责执行预算，其实际支出原则上不得超过相关预算金额。对未能如期完成预算任务的单位或部门，分析查找原因，及时进行预算调整。在预算执行的全过程中，预算部门对预算执行实施动态管理，对执行结果的偏差如完成数大于预算5%或实际完成数小于预算10%以上的需责任人上报情况说明，包括原因分析以及相应解决办法。最后，对各部门预算执行情况进行行业绩考核，并制定相应的奖惩机制，有效推进预算目标的实现从而达成预算绩效管理。

预算基本流程如图 11-4 所示，预算组织结构如图 11-5 所示。

**图 11-4　预算基本流程**

**图 11-5　预算组织结构**

（二）预算执行现状

电网公司在编制预算时，各单位以业务活动为起点，将业务活动计划与财务预算进行有效衔接，转变业务与预算脱节，计划与预算脱钩的现象。从预期可提供交易服务的角度编制预算收入、预算成本、细化预算编报具体内容，同时与上年度数据进行对比，分析预算变化的合理性。同时由各单位各专业部门明确预期业务工作量，根据本量利模型计算业务活动量及直接成本预算，由财务部门重点补充其他业务收入、标准固定成本明细预算、专项成本费用预算和各项基本成本费用预算，改变以往人员、规模、资产等动因测算的业务总成本，按成本性态进行分析后，确保预算与业务活动的逻辑性。

预算的基本内容如图 11-6 所示。

**图 11-6　预算的基本内容**

各单位各专业部门全员深度参与预算的编制与执行，将预算安排从效益目标出发指导业务。电网公司根据经营发展目标向各单位进行分解，各单位以业务量为基础，明确下一年度预期每条业务线可能发生的业务工作量，结合市场测算的业务量单价，通过公式计算得出下一年度的预期收入。业务直接成本是由业务驱动的成本，随着业务量的变化发生调整，各单位根据自身业务特点，将每类业务活动相关的直接成本列示，各单位根据公司已有的规范标准测算业务活动的直接成本进行弹性预算的编制。标准固定成本则结合各单位人员规模、资产规模、业务规模、作业动因及政策因素等测算固定成本；再根据业务预算编制规则确定业务专项成本。公司对各单位提交的收入与成本预算进行检查，各单位根据情况补充相关的可控成本预算及专项预算，汇总分析本单位年度预算收支情况，判断其是否满足财务目标及考核要求。年度预算调整主要包括两个部分，其一是年初发布的预算仍有未完成的业务活动；其二是对年初发布预算中未包含部分（含新增业务）进行调整。各单位业务部门针对需要调整的业务活动预估业务量，并与省电网管理部门进行确认，形成本单位的预算调整清单。

公司通过预算推动各单位主动将经营活动与价值贡献相结合，考虑到资金的投入与产出的配比性，将预算安排尽量向效益更大的业务活动倾斜。各单位以分解目标来编制单位或部门业务预算，以目标来对比预算执行情况，按月开展对各单位目标完成情况和价值贡献状况评价，以此安排资金投入的进度，保证预算执行的合理性和科学性。

### 四、完善前瞻的预算数智体系

预算数智体系是大数据信息和交流的平台，它将不同的信息系统连接在一起，并将不同系统的数据存储并整合为资源库，这既可以使数据高效、实时地衔接与传递，也能保障预算执行的实时性与监控的动态性。

#### （一）数智财务转型

企业以预算管理为抓手，利用预算管理一体化、大数据平台等管理信息系统建立预算数智体系，通过一个系统对多个业务活动进行统一管理，并事先对其逻辑关系进行设计。预算管理的顶层设计从预算目标开始，根据预算目标建立预算模块包括预算模块功能、报表编制模块、数据计算与汇总模块、项目之间逻辑审核、预算与非预算信息关联、预算与收入成本对比、预算执行差异评价、执行结果分析以及预算数据与决算数据的对接与预警分析模块等都可以通过数智体系实现，通过共享财务数据的收集、加工、整理，完成按要求信息输出，技术上解决了预算的重复性、机械化填报，减少了低附加值工作，使预算编制更加智能化。

在执行过程中，通过预算智能体系，结合企业的发展战略，加强预算动态管理，年度预算对日常活动预算可采用零基预算，对于专项业务采用增量预算的方式，在预算执行过程中可以实行滚动预算或弹性预算，将实际执行数据与预算控制数对比分析使预算执行的偏差实时显现，将预算脱离实际部分做出预警并及时调整。这样系统既具有可操作性，又提高了预算管理的主动性。预算智能体系使用大数据分析技术挖掘数据背后的信息关联，结合信息脱节的关键点进行风险管理，促进企业内部控制的完善，如图11-7所示。

**图11-7　总体年度滚动目标可与年度预算目标做对比**

#### （二）信息赋能业务管理

通过预算智能体系，可将不同的业务环节统一在预算管理下运行。在采购环节，业务部门在预算控制额度内全方位筛选合适的物资或劳务供应商，对于信息资料较为公开的供应商，管理层可以利用构建的预算智能化决策模型，在系统中输入相应的供应商及物资标准，系统自动检索供应商相关数据，提供并推荐符合预算控制的供应商名单。智能系统会实时更新数据库，对已选择的供应商信用及物资价格更新并进行随时监控。在生产环节，预算智能体系只有利用智能化技术来动态分析产品的成本以及各类因素的变化过程，才能清晰地掌握企业成本发展变化规律。运用智能体系了解企业产品成本的构成，建立企业成本控制的长效机制。通过外部市场以及内部数据的交互进行数据获取，融合预算专业理论构建合理的、动态化以及相对准确的成本数据模型，让企业产品成本的构成更加科学。同时结合预算进行成本控制，对超标准红线的事项进行预警提示。在费用管理环节，根据各平台系统的共享机制，做到无预算不开支，事先设定费用标准，形成"事前预算—事中控制—事后分析"的全程费用控制。

此外，智能化全面预算绩效管理系统，把企业的财务活动、业务信息、成本管理和绩效考核进行融合并相互促进，从业务端流程管理至数据源头治理，按需求进行结构设计，为企业管理层决策以及管理活动提供信息支持。

智能预算体系如图 11-8 所示。

**图 11-8　智能预算体系**

### （三）信息提高决策质量

通过构建大数据平台，从源头获取数据，通过整理、加工生成预算基础数据以及形成最终决算报表。将通过系统生成的各项指标、报表以及各种可视化的图表和分析报告给治理层、管理层或相关决策者，能更直观地为企业高质量发展提供决策信息和数据支撑。

预算智能系统主要包括预算报表、预算执行偏差表、决算报表等，通过业务和财务系统交互稽核，实现数据可视化且每个数据都可以追踪到根源。智能预算体系不但能够反映预算完成情况、预算编制的合理性和各部门对预算的执行能力，而且能够从企业外部收集行业中同类型电网企业实时的预算数据，为横向数据对比提供信息支持。另外，智能预算体系还可以根据预算执行过程中的偏差实现自动预警，为预算执行危机处理提供数据，同时，可结合平衡计分卡或沃尔评分法等多维评价指标体系，广泛地收集财务、生产、外部和自身学习能力的相关数据，从预算的角度为电网公司进行战略规划的决策制衡、固定资产投资项目的决策以及业务辅助决策等多方面提供科学合理的高质量信息支持。

### 五、完善系统科学的预算评价体系

企业预算管理想实现持续长期有效，必须有合理的预算绩效考核机制，使相关责任人有压力和动力完成预算目标。预算绩效考核不仅能够激发部门及员工的主观能动性，将整体与局部、个人与企业利益相联系，而且能够促使企业高质量的发展。

（一）评价指标构建

由于预算管理中需要兼顾财务指标与非财务指标，因此预算的完成情况能够作为单位、部门、项目及员工业绩考评的依据，预算评价指标体系构建是绩效考核的关键。根据公司管理需要，借鉴沃尔评分法思路，构建两类指标体系分别进行评价：公司各成员单位年度预算指标情况及预算管理运行评价指标体系（表11-1、表11-2），企业根据管理需要也可以继续细化至责任中心进行预算指标评价。

表 11-1　公司各成员单位年度预算指标情况表

| 基本指标（60%） | 指标 | 分值 | 修正指标（40%） | 指标 | 分值 |
|---|---|---|---|---|---|
| 关键指标（50%） | 营业收入 | 30 | 关键指标（60%） | 毛利率 | 20 |
| | 营业利润 | 15 | | 净利润 | 20 |
| | 经营现金净流量 | 15 | | 现金净流量 | 20 |
| | 应收账款 | 10 | | 研发费用 | 10 |
| | 存货 | 10 | | 专利申请 | 10 |
| | 带息负债规模 | 5 | | 新产品投放 | 5 |
| | 固定资产投资 | 5 | | 市场占有率 | 5 |
| | 降本增效 | 5 | | 人才引进 | 5 |
| | 低效资产 | 5 | | 培训费用 | 5 |
| 约束指标（30%） | 资产负债率 | 45 | 约束指标（20%） | 流动资产周转率 | 50 |
| | 总资产周转率 | 55 | | 现金流动负债比 | 50 |
| 补充指标（20%） | EVA | 40 | 补充指标（20%） | 劳动生产率 | 40 |
| | 季度预算达成率 | 30 | | 固定资产利用率 | 30 |
| | 预算准确率 | 30 | | 成本降低完成率 | 30 |
| 否决指标 | 重大工伤事故 | 100 | 否决指标 | — | — |

表 11-2　预算管理运行评价指标体系

| 一级指标 | 二级指标 | 权重 | 备注 |
|---|---|---|---|
| 预算编制（14%） | 预算编制依据 | 4 | 与政策相符程度 |
| | 预算编制数据 | 4 | 与上年比较结果 |
| | 编制申请预算 | 3 | 是否遵守流程 |
| | 预算执行态度 | 3 | 态度 |
| 预算执行行为（15%） | 执行人员培训 | 5 | 时长 |
| | 预算执行进度 | 4 | 时间进度 |
| | 预算执行标准 | 6 | 与标准偏差程度 |

表11-2(续)

| 一级指标 | 二级指标 | 权重 | 备注 |
|---|---|---|---|
| 预算执行结果<br>（14%） | 财务业绩指标 | 8 | 历年平均值或行业数据 |
|  | 非财务业绩指标 | 6 | 问卷调查或专家打分 |
| 预算调整<br>（12%） | 预算调整理由 | 3 | 合理性、特殊性 |
|  | 预算调整方案 | 4 | 完整性 |
|  | 预算调整结果 | 5 | 与预期相符程度 |
| 预算分析<br>（15%） | 差异分析时间 | 4 | 及时性、反应时间 |
|  | 差异分析质量 | 6 | 内容完整性 |
|  | 差异处理意见 | 5 | 与制度、规定相符 |
| 预算监控<br>（18%） | 执行与监控权 | 6 | 持续性、连续性 |
|  | 监控过程 | 6 | 发现问题次数 |
|  | 监控结果 | 6 | 改正次数 |
| 持续改进<br>（12%） | 持续改进程度 | 6 | 持续性 |
|  | 持续改进结果 | 6 | 与规定相符 |
| 总得分 | | 100 | — |

通过预算目标将各环节对相应的指标设立目标值以及相应的权重，总权重为100%，每类指标的总分均为100分，从而使在计算全面预算管理指标的基准分时，对分数的上限进行了限制，导致最高分不超过100分。各单位年度预算指标完成情况占60%，预算管理运行指标情况占40%，公司根据实际完成情况对照标准计算各单位或部门得分，其中90（不含）~100为优秀，80（不含）~90为良好，80分以下为一般，公司根据评价结果可以对优秀和良好的单位进行不同程度的奖励。

（二）评价结果应用

预算绩效评价结果具有现实意义，它运用在激励政策上能促进企业预算持续优化而并非单纯为了考核某部门完成预算情况或以惩罚为目的。评价结果不仅能让部门或员工遵守预算的相关内部控制，还能有效引导部门或员工的行为。

本书通过建立一个简单的数据模型来确定薪酬发放数额。假设 $Y$ 是实际薪酬，$Y_0$ 为固定薪酬，$X_i$ 是预算目标，预算目标因业务部门性质及要求不同而取值不同，可以是销售额，也可以是成本降低额，$X$ 是实际发生数，$\alpha$、$\beta$、$\gamma$ 为三个正参数，$\alpha$、$\beta$ 是奖励系数，$\gamma$ 是惩罚系数，系数的确定既可以通过科学模型推导，也可以通过专家问卷调查推演。

薪酬模型可以建立如下：$Y=$

$Y_0 + \beta X_i + \alpha (X - X_i)$ 当 $X \geq X_i$ 时；

$Y_0 + \beta X_i - \gamma (X_i - X)$ 当 $X < X_i$ 时

在上述式子中，各单位、部门及员工工资包括固定工资、按一定比例提取的奖金和从预算中获得的奖金或处罚。首先，预算管理委员会公布预算目标 $X_i$，增加 $\beta X_i$ 奖金。如果实际发生数高于预算目标数据（$X \geq X_i$），那么向管理者支付奖金 $\alpha$

（$X-X_i$）。奖金的构成将激励管理者在制定预算后超越预算绩效，但 $\alpha$ 必须小于 $\beta$。如果实际发生数据低于预算（$X<X_i$），则从薪酬中扣除 $\gamma$（$X_i-X$）作为罚款。在这种情况下，$\gamma$ 应该大于 $\beta$，这样管理者不会得到任何好处而夸大预算，该模型保证激励作用的主要因素是 $0<\alpha<\beta<\gamma$。以上模型作为一种思路，能有效解决预算管理激励与约束之间的矛盾，使企业或单位及部门尽可能保证预算与实际数据的一致性。

## 五、小结

预算管理是一个动态的过程，公司需要根据内外部环境变化适时调整资源配置，预算编制是信息相互博弈相互协调的过程，预算管理是管理理念与信息工具相互适应有效结合的过程，预算评价则是激励政策与业务活动相互融合相互促进的过程。预算管理的未来发展方向在建立共享财务中心的基础上，即对预算数据进行收集、整理、加工并按要求输出提供信息，通过大数据挖掘与决策支持，实现战略导向的可比数据信息分析为决策支持服务，同时也对不同层级的风险进行管理与控制。

# 第十二章 四川省电力公司预算与内部控制耦合机制研究

四川省电力公司是国家电网有限公司在四川设立的全资子公司，是四川境内最主要的电网建设、运营和电力供应企业。公司本部现共有职能部门24个，全资二级单位40个、控股单位1个、省合资公司3家、上市公司3家，管辖县供电企业152家。由此可见，公司规模非常大、职能部门较多，管理起来较为复杂。由于内部控制是公司进行管控、实现公司经营目标的重要手段，因此对于四川省电力公司来说，建立和实施内部控制非常必要，公司目前已经建立了相对完善的内部控制制度。同时，公司为了有效地防范风险、优化资源配置，有效实现制约和激励，设置了预算控制制度。内部控制和预算控制制度的设计和实施为四川省电力公司实现年度经营目标和防范风险提供了有力的支持和保障。但是目前公司的预算与内部控制在耦合方面还存在一些问题，如：仅有预算的相关性文件，但是下属单位及个人对预算的认识空泛，预算未有效与公司发展战略结合起来，预算实施环境不良等，制约了四川省电力公司的进一步发展，因此，研究四川省电力公司预算与内部控制耦合机制有着重要的现实意义。

## 一、预算与内部控制的关系

### （一）内部控制是预算的基础

预算管理需要通过内部控制实现管理制度化、制度化、制度流程化、流程标准化、标准表单化及表单信息化（唐大鹏 等，2022），因此良好的内部控制有助于预算管理的实施。

#### 1. 内部环境是预算管理的基石

良好的内部控制环境有助于预算的开展，提高预算管理的质量。同时企业进行预算管理是将企业有限的资源进行合理分配，因此，此项工作的开展必须要有良好的内部控制环境作为基础。首先，预算管理的开展和实施需要管理层的支持和配合，管理层的预算意识强有助于推动预算的有效开展。其次，发展战略的确定和实施有助于预算的有效制定，公司预算是基于公司的发展战略制定的，然后再层层分解下达到各具体部门和个人。因此，发展战略制定得是否恰当影响预算制定得是否合理。再次，良好的人力资源政策能够吸引和留住人才，为预算管理提供充足的人力资源。最后，良好的内部环境还表现为公司组织结构合理，企业上下级职责清晰，企业文化积极健康，这样的内部环境有助于预算有效分解和实施。

### 2. 风险评估有助于降低预算管理过程中的风险

预算按其流程可以分为预算编制、预算执行和预算考核。在预算的每个流程都存在一定的风险，如在预算编制环节存在着不同部门对预算的认识不到位，预算编制不认真；预算编制目标与公司实际情况不符；预算目标设置空泛，模糊不清，不具备操作性；预算编制方法不科学；预算未经严格的审批程序等。预算执行环节主要的风险有预算执行缺乏刚性，随意调整；预算日常分析不准确，不及时；对预算指标的分解过于随意，不够细致具体等。在预算考核环节存在的风险主要有预算考核不严格，考核方法不科学，使预算管理流于形式。而风险评估过程能够根据企业的战略目标，对预算编制、预算执行和预算考核中的风险及时进行识别，并对识别出的风险进行分析，从而采取有效的应对措施，将预算管理过程中的风险降低至可接受的水平。

### 3. 控制活动是预算管理的手段

控制活动包括不相容职务分离控制、绩效考评控制、授权审批控制、会计系统控制等。预算的实施需要一系列的控制活动，在预算编制过程中，需要通过不相容职务分离控制来实现预算的编制和审批；在预算的执行过程中，需要层层分解资源，需要设置不同的等级岗位负责资源的管理和使用，控制活动中的授权审批活动能够有效地促进预算管理的执行；预算调整需要通过授权审批控制和不相容职务分离控制来实现；预算的考核需要通过绩效考评控制来实现；由此可见，控制活动是预算管理的手段。

### 4. 信息与沟通有助于预算信息管理中信息的准确性

良好的信息与沟通既是企业有序运行的基础，也是预算有效管理的基础条件。预算在编制时，预算管理委员会与各职能部门进行沟通，能够缩短获取信息的时间，提高信息的准确性，以使预算的编制更加恰当；预算审批时，公司的董事会需要沟通讨论；预算下达时，需要与各部门沟通其预算目标及预算管理的要求；预算执行时，需要将预算指标进行分解落实，与各职能部门的沟通有助于信息传递的准确性和及时性；进行预算执行过程的控制，可以将预算的执行情况及时沟通反馈，使预算管理中的信息更加及时、准确。

### 5. 内部监督是预算管理有效实施的保证

内部监督可以对预算的制定、实施和考核情况进行监督，及时发现预算管理过程中存在的问题，促进预算管理得到有效实施。在预算制定过程中，内部监督可以发现预算制定中存在的不足，使预算的制定更加合理；在预算执行过程中，内部监督可以发现预算执行的不足，及时纠正偏差；在预算考核过程中，内部监督可以促进预算考核严格执行，促进预算管理目标的实现。

（二）预算管理有助于促进内部控制的完善

（1）预算管理有助于量化内部控制管理信息。预算管理可以将企业的财务信息和非财务信息进行量化，然后将资源进行分配考核，调动企业员工的工作积极性；同时，由于有预算管理的数据作为支撑，内部控制可以通过数据比较分析企业的运行情况，找出企业发展的不足和优势，是否能够实现企业的发展战略等，从而促进内部控制的完善。

（2）由于预算包括预算编制、预算执行、预算考核三个环节，企业预算的编制需要各个基层部门参与收集整理基础信息，编制过程中各个部门之间的沟通协调有助于内部控制沟通的完善；同时预算编制管理的规范有助于促进控制活动（如不相容职务分析控制、授权审批控制）的有效实施。预算的执行一方面需要将企业的资源在各个部门之间进行协调分配，规范地把企业的资源根据项目的重要程度及项目规模大小和时间紧张度进行分配，合理地分配企业的资源，因此有助于改善内部环境，提高信息与沟通的质量；另一方面，预算执行过程中的预算执行控制和预算分析，是对预算的执行情况进行监督，有助于促进内部监督的完善。预算的考核是对预算的执行情况进行考核，有助于完善控制活动（绩效考评控制），提高人力资源管理水平，进而完善内部环境。加强预算管理每个阶段、每个环节的有效实施，可以将各个业务部门紧密联系起来，从而使内部控制活动更加规范、有效。

（3）预算管理包括经营预算、财务预算和资本预算，涉及企业生产经营的各个方面及各个部门，预算管理能够加强企业不同部门之间的信息共享，帮助管理层了解企业在经营中存在的问题，从而促使内部控制工作方面更加明确。

（三）预算管理与内部控制的目标一致

1. 二者都有助于实现公司战略目标

根据我国《企业内部控制基本规范》的规定，内部控制的最终目标是实现企业的发展战略。企业进行预算管理的起点是预算编制，预算的编制是以公司的发展战略为依据的，而预算的实施和考核是依据编制的预算进行的，因此，预算管理也有助于实现公司的发展战略。

2. 二者都可以降低企业风险

企业的最终目标是企业采取管理与控制手段来实现对企业风险的有效控制并达成企业目标（方红星 等，2019）。我国《企业内部控制基本规范》从性质和作用看，相当于COSO[①]的《企业风险管理——整合框架》，我国《企业内部控制基本规范》中界定的内部控制实际上就是风险管理（李维安 等，2013）。内部控制中的风险评估包括目标设定、风险识别、风险分析和风险应对，其可以及时发现企业经营

---

[①] COSO是美国反虚假财务报告委员会下属的发起人委员会（The Comittee of Sponsoring Organizations of the Treadway Commission）的英文缩写。

过程中的风险并采取有效的应对措施，从而促进企业目标的实现。内部控制就是控制风险，控制风险就是风险管理（谢志华，2007）。预算的制定和实施过程就是企业不断用量化的工具，使自身所处的经营环境与拥有的资源和企业的发展目标保持动态平衡的过程，也就是企业在此过程中对所面临的各种风险的识别、预测、评估和控制过程（方红星 等，2019），预算管理是为了将预算编制、预算执行和预算考核过程中的风险进行管理，找出关键控制点，促进预算目标的实现。因此，二者都可以降低企业经营过程中的风险，促进企业健康发展。

## 二、四川省电力公司预算与内部控制耦合的必要性

### （一）有助于规范四川省电力公司内部模拟市场管理体系

为实现四川省电力公司经营机制变革，持续优化经营管理模式，引导各单位进一步树立成本效益意识，注重投入产出率等，四川省电力公司构建了内部模拟市场管理体系。该管理体系包括：三级市场［省、市（州）、县］、四类要素（交易主体、交易对象、交易价格、交易规则）、三个环节（预算编制、执行分析、考核评价）、两项保障（制度保障、信息技术保障），既包括内部控制也包括预算管理，三个环节保证预算得到合理编制、有效执行及评价，两项保障保证内部控制得到合理制定及有效实施。将三个环节和两项保障有机耦合起来，既能够使预算管理流程内容更加规范，内部控制内容更加完善，也能够保证该体系在不同市场、不同的交易主体和不同的交易对象中得到有效实施，交易价格和交易规则更加合理，从而促进该管理体系更加规范。

### （二）有助于四川省电力公司内部模拟市场设置更加规范

根据内部控制的要求，企业内部需要设置合理的组织结构并明确职责分工，实行不相容职务分离控制等。首先，在四川省电力公司内部模拟市场，按照公司现行组织架构的设置，将内部模拟市场标准制度管理、价格管理、交易结算、评价考核职责融入其中，逐级落实管理职能。将内部控制的制度管理与预算中的考核评价结合在一起，充分体现了内部控制与预算的耦合，实现了从省公司到基层的经营压力传导和经营目标分解，推动了各单位的主动经营意识。

其次，四川省电力公司内部模拟市场工作组织体系包括：内部模拟市场管理委员会、内部模拟市场管理办公室、内部模拟市场责任部门。内部模拟市场管理委员会是内部模拟市场的决策机构，由公司党委会（总经理办公会）组成，主要职责包括：制定公司经营战略、审定预算编制原则、审定预算编制草案、审定预算调整方案等；内部模拟市场管理办公室是内部模拟市场的日常管理机构，由财务部和人力资源部门组成，主要职责包括制定模拟市场的相关实施方案，分析预算执行情况等；内部模拟市场责任部门由各职能部门组成。整个工作组织体系设置合理规范，既体现了内部控制组织机构的设置及职责安排，也体现了预算管理的内容（包括预算的编制、审定、调整、审核、考核等），且将二者有机地耦合起来，有助于各工作体

系职责的履行，进而推动四川省电力公司内部模拟市场设置更加规范。

（三）有助于提升四川省电力公司经营效率

受宏观经济影响，四川省电力公司售电量增速在低位徘徊，电价下降压力很大，电网投资边际效益不断降低，折旧及运营维护成本不断攀升，电网运营效益、投资效率下滑问题日益显现，2014—2016年，公司利润整体呈逐步下滑状态，近几年，公司整体利润虽然有所提高，但是还处于亏损状态。通过将预算与内部控制耦合，一方面既可以使预算内部的流程更加规范合理，也可以使预算的精准度得到提高，从而使公司的经营策略优化，优化公司的投资结构，将有限的资金用到更有益于公司业绩提高的业务上，提高公司的经营效率。另一方面使预算通过月度考核、季度考核，有助于充分调动员工的工作积极性，主动提升支撑服务能力和服务水平，降低公司的运营成本，进而提升公司整体的经营效率。

## 三、预算管理与内部控制现状与问题

目前四川省电力公司在预算与内部控制耦合方面还存在一些问题，不利于公司的发展，这些问题主要体现在以下几个方面：

（一）预算未与公司战略结合

企业的战略目标是公司的最高目标，既是公司的行动指南，也是内部环境的重要内容，对公司的发展至关重要。战略的失败是企业最彻底的失败，它甚至会导致企业的消亡（方红星 等，2019）。战略一般是由公司的战略委员会在分析评价影响公司战略的内外部因素之后制定实施的。四川省电力公司预算的编制要求是：各供电企业、子公司，以年度经营目标为预算编制工作的起点，根据业务预算编制规则，编制业务预算。虽然年度经营目标是由公司的战略目标分解而来的，但是在制定预算时，仅以年度经营目标为起点，就很难将本公司的特点、市场容量以及市场的发展方向融入预算中，这会导致预算目标的制定及预算的完成短视化，如一些部门为了实现本年度预算考核目标，会以损害公司的长远发展为代价，不利于公司的长远发展。

（二）预算实施环境薄弱

良好的内部控制环境是预算实施的基础，虽然四川省电力公司本身对于内部控制和预算都十分重视，尤其是在制度方面制定了完善的预算管理流程、预算要求等，但是在实施过程中却出现了"重制度、轻实施"的情况。也就是说虽然制度制定得比较完善，但是在实际操作过程中会出现一些细节问题，预算与内部环境的耦合度不高。比如：按照公司规定，每年9月下旬各支撑单位根据省公司对口专业要求和业务目标，梳理确定本单位下一年度内部支撑业务提供的产品和服务的数量、价格，由业务部门发起包含业务活动和业务量的预算编制，上报归口部门审核，确定具体经营目标业务量计划。但是在实际执行过程中，业务部门参与的积极性并不高，一部分员工仍将预算看作财务部门的工作，没有树立起全员参与预算、全员实施内部控制的意识，不利于预算的制定。

（三）预算的考核不健全

四川省电力公司建立了完善的预算管理制度，为确保预算的有效执行，按月度、季度对预算的执行信息进行收集、整理分析，并把预算的执行情况纳入考核中，编制月度执行报告并通报。在预算考核时，把预算的执行情况按季度测算结果提交四川省人力资源和社会保障部，由其进行考核评价。这有助于激发员工工作的积极性，但是这种考核机制也存在一定的问题。首先，在考核制度设计方面，其主要是人力资源部门设计的，人力资源部部分员工大都缺乏一些专业知识，加上与各部门的沟通不畅，很容易导致制度的设计与实际脱轨，增加其他员工的工作压力和工作难度。其次，在考核内容方面，对预算的考核仅局限于财务方面，考核指标过于单一，对员工的成长、工作技能提升等方面未进行考虑。这种情况下，实现预算与绩效考评控制的有效耦合，完善绩效考评机制，能够有效地改善预算管理效果，增强企业的长期竞争力。

## 四、四川省电力公司预算与内部控制耦合机制构建

以上分析可以看出，四川省电力公司构建预算与内部控制耦合机制非常必要，为了更好地构建其耦合机制，本书将从内部控制的五要素分别分析构建其与预算的耦合机制。

（一）内部环境与预算的耦合机制分析

1. 预算要紧密联系公司战略

公司战略是预算的编制起点，四川省电力公司应首先明确公司的发展战略，应当结合整个电力行业企业的发展情况、市场环境、政府政策等，同时根据企业自身的情况制定。然后在编制预算时应紧密结合公司的发展战略：首先根据公司战略确定不同职能部门的阶段性目标，其次根据该目标制定各项预算，接着财务部门在收到各职能部门的预算方案后，应当对预算目标进行分析研究，进而进行科学合理的预测，最后将公司的发展战略以预算的形式细化落实到每个职能部门甚至每个员工身上，以促进公司的发展战略逐步实现。

2. 强化预算文化建设，使预算与公司企业文化耦合

员工对预算文化的接受程度，直接影响预算的制定情况和实施效果。因此应加强预算文化的建设，形成员工认可的预算价值观，从而使其自觉主动地参与到预算管理中，实现预算的管理效果。具体可通过以下方式实施：在预算实施前四川省电力公司应对全体员工进行预算的培训，并通过多种方式如公司新闻、短视频、海报宣传等宣传预算相关理论，加强员工的认知，使员工从根本上认识和接受预算，意识到预算与其每个人都相关并对公司的发展至关重要。在预算实施过程中，要及时了解员工预算执行过程中遇到的问题，帮助其解决问题，提高其解决预算问题的积极性，增强实施预算工作的决心。在预算的后续环节要加强预算的考核和预算执行

的监督，做到有奖有惩，加强预算的执行效果。

（二）风险评估与预算的耦合机制分析

风险评估与预算的耦合能够降低预算在制定、执行、考核中的风险，促进预算目标的实现。在目标设定环节，首先四川省电力公司根据企业的发展战略设定发展目标，然后在此基础上制定预算；在风险识别环节，公司需要有预算风险识别意识，建立健全预算的风险评估机制，能够及时准确地识别影响预算的内外部风险；在风险分析环节，公司要采用定性与定量相结合的方法，对预算风险发生的可能性和影响程度进行分析，并对预算风险进行持续的追踪监控；在风险应对环节，根据预算风险分析的结果以及不同部门的实际经营状况，采取相应的应对措施，并持续地收集预算风险的变动信息，及时调整风险应对策略。

（三）控制活动与预算的耦合机制分析

目前四川省电力公司已经将控制活动中的不相容职务分离控制、授权审批控制与预算管理耦合了起来，但还需要完善绩效考评控制与预算的耦合。首先，关于预算绩效考评制度的设计，人力资源部门在制定制度时需要多方面了解各职能部门的情况，必要时可以让各职能部门委派一名人员参与制度的制定；同时绩效考评制度不是一成不变的，需要根据宏观环境的变化、公司发展情况的变化、公司战略的变化、各职能部门内容情况的变化每年度做出适度调整；其次，预算绩效考评制度可以引入平衡积分卡法，具体包括四个方面：财务方面、内部流程方面、顾客方面和学习成长方面，这样可以使考评不仅仅局限于财务方面，还增加了非财务方面，如员工培训、员工教育等，有助于促进员工工作技能的提升和员工的成长，与公司的发展形成良性互动。最后，需要上一级部门增加对绩效考评部门（人力资源部门）工作的考核，以保证其严格按照制度落实预算考核工作，防止出现预算考核不严格问题。

（四）信息与沟通与预算耦合机制分析

信息与沟通与预算的耦合能够使预算的制定更加合理，及时解决预算执行过程中出现的问题，促进预算的考核更加有效。首先，四川省电力公司内部可以设置自身的信息交流沟通平台，使每个员工都有机会针对预算发表意见，公司定期针对发表的意见进行讨论，并对一些有建设性意义的预算意见给予奖励；其次，定期组织销售、生产、财务、人力资源等部门进行会议座谈，将预算编制、执行、考核中遇到的问题一一指出来，并提出解决方案，以避免出现问题时相互推卸责任，促进预算的有效开展；最后，对各职能部门预算信息传递的时间节点要有时间限制，确保信息传递的及时性和有效性，对于未及时传递信息的根据信息的重要程度及影响大小做出相应处罚。

（五）内部监督与预算耦合机制分析

内部监督与预算的耦合能够使预算的制定更加合理并得到有效执行。目前四川省电力公司已经成立了预算监督部门，首先该部门需要对预算的全过程进行监督评价，及时发现预算制定及执行过程中出现的问题，并针对发现的问题监督改正；其次，对各职能部门进行不定期的监督，以发现各职能部门在执行过程中存在的问题，对于发现的问题及时责令整改，严重者可以按照规定给予处罚；最后，定期出具预算内部控制评价报告，建立健全预算管理评价制度。

## 五、小结

预算管理是四川省电力公司管理的重要内容，完善的内部控制是实现预算目标的重要保障，因此实现四川省电力公司预算与内部控制的耦合对公司发展意义重大。基于此，本书对四川省电力公司预算与内部控制的耦合机制进行了分析，首先分析了预算与内部控制的关系；其次在有助于四川省电力公司内部模拟市场管理体系规范、有助于四川省电力公司内部模拟市场设置更加规范、有助于提升四川省电力公司经营效率以及目前预算与内部控制耦合方面还存在一些问题，需要构建预算与内部控制耦合机制解决；最后结合内部控制五要素分别提出了与预算的耦合机制，以期促进四川省电力公司的长远发展。

# 第十三章　基于高质量发展下四川省电力公司成本控制研究

改革开放以来，我国经济发展虽然取得了长足进步，但是整体发展质量不高，诸多核心技术或者产业被西方"卡脖子"，产业核心利润率较低。伴随着我国中低端制造业不断地向东南亚、印度等国家转移，我国未来究竟靠什么在全球产业链竞争中获取一席之地，并以此为基础来稳就业、稳民生，是党和国家在现阶段面临的巨大挑战。因此，党的十九大创造性地提出了高质量发展理念，这为保障我国经济的可持续发展和维持中国产业在世界范围内的持久竞争优势，指明了战略性方向。然而，作为微观企业主体，如何践行党和国家所倡导的高质量发展理念并落地到企业具体经营实践中，是值得探讨的话题。宏观层面的高质量发展理念与微观企业的成本管理密不可分。企业战略成本管理的核心就是以市场需求为导向，通过优化企业内部流程和强化研发，并充分考虑企业的社会责任，来构建企业的市场壁垒和技术壁垒，以此获取持久竞争优势。国网四川省电力公司（以下简称四川电力）在践行国家高质量发展理念的过程中，探索出了一条较为有效的道路，因此，本书以四川电力为研究对象，考察四川电力如何将国家宏观层面的高质量发展理念贯彻和落地于其成本管理实践。

## 一、电力公司成本控制的现状及背景

在宏观政策层面，经济高质量发展的重要举措就是打破市场垄断，增强要素市场的流动性和竞争性，以此释放经济增长的活力。因此，国家针对自然垄断企业实施了一系列供给侧改革。这对传统自然垄断企业的发展形成了一定的挑战。作为自然垄断企业的典型代表——国家电网在新一轮售电侧体制改革中受到了一定的冲击。这轮电力改革放开了售电端的市场准入限制，允许多个主体在售电端展开充分竞争，打破了国家电网在售电端的市场垄断地位。与此同时，能源需求与国家经济增速之间存在着密切的联系。我国经济发展进入"新常态"后，我国用电需求总量虽然继续增长，但是增速逐步放缓（国网能源研究院，2018）。垄断地位的打破和电力需求增长的放缓，将对电网行业的收入带来不利影响。2014—2016 年，四川电力面临着单位资产售电量下降、资产使用效率不高和利润处于下滑态势的问题，如图 13-1 所示。

图 13-1　电量及利润趋势图

另外，电网行业具有高固定成本特性。在收入增速放缓的前提下，高固定成本将借助于经营杠杆的传导效应，使得电网行业面临着较高的业绩压力和经营风险，截至 2020 年 12 月 31 日，四川电力资产规模达到 1 667 亿元，其中固定资产净额 1 432 亿元，占总资产比重为 85.9%，经营杠杆和经营风险尤为突出。

为了有效应对市场变化和践行高质量发展理念，四川电力积极从加强内部管理着手，由传统"向外部市场要利润"转变为"向内部管理要利润"，主动采取了一系列有效的战略成本管理措施。同时，四川电力积极关注环境问题，履行环境责任。本书主要通过考察四川电力如何将国家高质量发展理念落地为企业战略成本管理思维与制度，剖析其值得借鉴的经验，以供同行业参考。

**二、宏观经济高质量发展与微观企业成本控制关系**

党的十九大首次提出高质量发展理念。这是对我国经济传统发展模式的一种改变。自改革开放以来，我国经济发展虽然取得了举世瞩目的成就和高速增长，但这是以过度资源消耗、过低人力成本和一定的环境破坏为代价的。这种发展模式映射到微观企业，体现为微观企业重市场规模增速和生产，轻研发和内部管理。所以，我国企业虽然收入规模庞大，但是产品毛利和净利率较低，在全球产业链中缺乏足够的话语权，诸多产业发展的核心技术被西方国家"卡脖子"。在一定程度上，我国企业就是靠"低成本战略"在世界产业链中获取竞争优势的。但是"低成本战略"的竞争优势难以持久。其主要原因有二：第一，随着我国经济规模的扩大，资本边际报酬必然会下降，这必然会带来资本和产业向东南亚和印度半岛国家转移；第二，随着资本总量的增加，人工成本必然会上升，进而使得制造业产品成本的优势逐渐丧失。另外，以过度资源消耗、员工权益和环境保护不到位构建起来的低成本产品竞争优势，实际上是以损害我国人民权益、环境和资源为代价，服务于西方市场的消费者。

所以，国家在宏观层面所倡导的高质量发展理念，既是对当前我国经济发展态势的一种正确的战略研判与定位，也是保障我国国民经济持久健康发展的关键。那么，作为微观企业应当如何响应国家的高质量发展理念呢？

宏观层面高质量发展理念的实践主体必然是微观企业。如果没有微观企业践行高质量发展理念，那么，高质量发展理念就是"空中楼阁"，笔者认为，高质量发展理念可以从下面三个视角切入企业微观发展过程之中。

第一，高质量发展理念意味着微观企业应该改变其产品竞争战略，从"低成本、低质量"的产品竞争战略转变为"高质量、高附加值"的产品竞争战略。这也是西方主要资本主义国家在经济转型过程中普遍采取的产品战略。构建"高质量、高附加值"产品战略的关键就是"重研发"和"重内部管理"，通过增加研发投入，提高研发效率，来增加研发的有效产出，借助于研发产出构建企业的"技术壁垒"，技术壁垒可以有效提升企业的毛利率。通过采购管理、生产管理和营销品牌管理，降低企业内部的事故率、次品率和废品率，最终提升产品质量的稳定性和客户满意度，进而赢得市场口碑和客户黏性。

第二，高质量发展理念意味着微观企业不能仅仅关注市场的外延式增长，而要关注企业的内延式发展。根据世界范围内的产业发展规律，任何产业面临的市场最终都将走向饱和，产业收入的增长空间会越来越小。随着我国产品低成本优势的逐渐丧失，仅仅通过市场外延式增长去创造利润的难度会越来越大。那么，微观企业加强内部成本管理，是企业利润增长的另外一条重要途径。企业内延式发展的关键举措之一，就是加强企业内部成本管理，向成本费用端求利润。向成本费用端求利润的主要途径有二：①加强采购、生产和销售的协调能力，从财务视角来看，就是加强公司资产的周转能力和减少不必要的资金占用。当采购、生产和销售不能够有效协调时，将体现为公司在存货、应收款项和固定资产上大量的资金被占用，或者低效率使用。只有以销售定生产，以生产定采购，才能够有效提升企业资金的使用效率。这要求企业管理层应当具有良好的战略预判能力，公司具有良好的预算、协调能力。②提升企业在内部价值链上每一环节的产出效率。对于内部价值链，在给定投入的情况下，如何激励员工更多地产出，主要从员工绩效考核和薪酬角度来着手，以提升员工的内在驱动力。

第三，高质量发展理念意味着要注重环境保护和不可再生资源的有效利用。我国早期的产业发展模式，在一定程度上忽视了环境问题和不可再生资源的利用问题，从长期来看，这会影响我国经济的可持续发展。所以，在微观企业层面，应当贯彻环境保护理念和不可再生资源有效利用的理念。高质量发展理念意味着对于环境问题和不可再生资源问题，应当按照市场化手段进行，将企业发展过程中对环境的污染或不可再生资源的过度使用，内化为企业生产成本，通过生产成本传导至产品价格，引导社会消费者合理消耗资源。国家对碳资源交易市场的构建，就是其高质量发展理念的重要实践。

上述分析意味着，宏观层面的高质量发展理念，在微观层面，并非只是对公司成本费用做"减法"，以减少公司成本费用为目的，而是以公司战略定位为前提，通过加强市场与企业的协调能力，提升企业资产周转率；加强企业研发能力和技术投入，构建企业技术壁垒；降低作业环节的资源单耗水平和将环境成本等内化为企业成本，来践行高质量发展理念，是战略性成本管理思维，而非单纯的战术性成本管理措施。

### 三、高质量发展理念下四川电力的成本控制路径

四川电力积极贯彻国家倡导的高质量发展理念，并将其与公司的成本管理制度深度融合。在成本管理领域，采取战略成本管理理念，积极关注市场变化，将市场压力通过一定机制转化为基础组织的动力；在战略创新领域，积极将前沿技术与企业流程深度融合，改造企业流程，降本增效；在战略执行层面，积极梳理、完善公司的标准流程和标准成本制度，提高作业环节效率，以此降低公司在营运成本的开支；在业绩考核层面，积极引入内部模拟市场建设，通过内部模拟市场建设提升公司内部单位的驱动力，降低内部协调成本；在环境与资源保护方面，积极建设完善相关的信息系统建设，履行其社会责任。具体而言，四川电力基于高质量发展理念，采取了以下一些战略成本管控措施。

（一）以市场需求为导向，积极改进公司的内部成本管理

现代成本管理的关键是在给定产品质量的前提下，尽可能降低产品单位成本或在给定产品成本前提下，尽可能提升产品效能。无论如何，成本管理都不能够脱离外部市场，需要以客户需求为核心。四川电力在外部市场压力上，主要面临着两大问题：①随着售电侧改革的深入，四川电力的区域垄断市场逐渐被打破，并且公司具有高固定成本特征，面临着较高的经营风险，如何将外部市场压力借助于一定管理措施传递至基层单位，使得基层单位具备较高的内在驱动力去降低其成本或费用的消耗？②水电消纳矛盾，四川省是我国水电资源最为丰富的地区之一，但是受制于现实中的储能技术，存在水电消纳矛盾。这体现为：在水电丰沛季节，弃水量较高，电力资产使用效率不高；反之，在水电不足季节，需要通过火力发电等手段来增加电力供应，增加电力行业整体运行成本和环境污染水平。

对于售电侧改革带来的市场压力，四川电力从 2017 年开始逐步引入内部模拟市场制度，形成一系列内部模拟市场制度规范和配套措施。通过内部模拟市场，四川电力将各供电单位、内部支撑单位和市场化子公司转变为独立的内部交易主体，在内部单位之间建立产品或服务交易价格标准、产品或服务交易量计算标准和内部利润计算标准，积极地将传统的成本费用中心转变为利润中心，进而使得内部单位不仅要对其模拟收入负责，还需要对其消耗的成本负责，极大地减少了业务单位对内部支撑单位的"过度资源需求"，也有效地调动了内部支撑单位努力降低成本的积极性。

四川省水电消纳目前定位的主要客户群体是：我国中东部地区客户群体、四川省内客户群体和潜在用电客户群体。针对这些客户群体，四川电力构建了水电消纳"3+3"业务和管理战略，即"强化业务三通道"的业务战略和"落实管理三机制"

的管理战略。四川电力的业务战略主要是针对不同客户群体尽量挖掘他们的潜在电力需求，扩大电力市场规模：①对于我国中东部地区客户群体，四川电力主要是在现有交易机制和外送通道的基础上，进一步完善电力输配通道和跨地区的电力市场交易机制，降低电力外送的输配成本和交易成本，进而提高我国中东部地区对四川水电的消费水平。"十三五"期间，四川电力保持年均外送绿色电能1 300多亿千瓦时的水平。②对于四川省内的客户群体，四川电力主要是通过强化水电消纳的示范作用，完善水电消纳交易机制等，提高四川省内客户群体的消纳水平。③对于潜在用电客户群体，四川电力积极挖掘他们的潜在水电需求，推进潜在客户群体采用电能替代其他能源消耗方式。

在管理战略上，四川电力从前端、中端和后端三个维度加强建立四川电力与相关利益主体的信息沟通和交流机制。具体言之，包括：①在前端，建立四川电力与相关利益主体间的水情共享机制。四川省流域内水情数据和来水变化对四川电力及其相关利益主体进行水电消纳决策异常重要。四川电力通过构建水情共享机制和平台，及时地搜集流域内水情数据，并向利益相关主体传递，有利于提高水电消纳水平。②在中端，即在日常的输配电过程中，建立利益相关主体的多方沟通协调机制。四川电力积极建设和完善省内和省外、发电和用电、政府和企业的信息沟通平台，及时发现、传递、解决水电消纳时面临的问题和矛盾，以此提升各利益主体的满意度，提高四川电力的服务水平。③在后端，建立高效的水电消纳项目管理机制。前端和中端机制主要是为了解决利益相关主体关于水电消纳的信息不对称，但是要提升四川电力的盈利能力，还需要在前述基础之上，将水电消纳工作落实到具体的项目中去。因此，四川电力根据不同项目的资源需求特性、工作方式差异和项目特性，构建了标准化的项目管理模式，提高了项目管理效率。

借助于上述内部管理制度和协调机制，四川电力有效地将市场需求和压力传导至基层组织，并且提供了更精准的电力服务，提高了公司固定资产和水资源的使用效率。截至2020年年底，四川省内水能利用率超过了95%，弃水量连续4年下降。

**（二）以前沿技术为切入点，优化业务流程、提质增效**

不同于传统成本管理对企业成本的渐进式改进，技术变革将对企业成本产生裂变式的影响。四川电力以前沿的5G技术为切入点，改变了电网企业的传统运行模式和管理模式，优化了业务流程，极大地提高了企业成本管理效率。随着5G浪潮的来临，四川电力充分意识到5G技术具有广连接、低时延和大带宽的特性，能够更好地适配于"发电、输电、变电、配电和用电"各阶段的不同速度需求和容量需求，并且相对于4G而言，5G能够有效地降低电力成本，因此，四川电力积极推进其智慧电网工程与前沿5G技术的融合：①积极借助于5G技术将传统电网升级为能源互联网；②积极借助于5G技术推动公司电网技术和流程创新；③积极借助于5G技术保证电网系统平稳且安全的运行。2019年12月，四川电力就在眉山运行全国首套5G配网差动保护，在10千伏配电网络中首次实现百毫秒级故障精准定位和快速切除。5G 技术在四川电力的应用，极大地提高了四川电网运行的稳定性和经营效率，变相降低了四川电力的营运成本，有助于四川电力提质增效。

（三）以作业流程为起点，构建基于作业流程的现代标准成本体系

传统标准成本管理以材料、人工和共同性制造费用为重心，并以此建立标准成本体系。然而这种模式在公司内部流程较为复杂、共同性制造费用较多的情形下，过于粗放，难以提供优化内部作业链的信息。企业价值链体现为一系列作业环节，以作业流程为起点构建的标准成本体系有助于企业更好地发现无效和低效率作业环节，为总部决策提供信息支撑。四川电力基于内部作业流程的梳理，创造性地将现代作业成本管理的思维融入标准成本建设体系之中，构建了 35kV 及以上变电检修标准成本、35kV 及以上输电线路检修标准成本、10kV 以下配网检修标准成本、通信检修标准成本、35kV 及以上变电运行标准成本、发电检修运维标准成本和其他营运管理标准成本。

具体言之，四川电力以会计准则体系和国网财务集约化管理文件为制度前提，以电网检修运维的生产技术规程和日常营运过程中的统计数据和财务数据为基础，将其电网检修运维标准成本分为三个层次：①作业成本定额；②项目成本定额；③单位资产成本标准。其中，作业成本定额是根据单个作业所耗费的材料、人工和机械台班制定消耗量标准和根据市场情况、采购数据、专家意见等制定单价定额，并以此建立作业的标准成本体系。作业成本定额是其他层次成本定额制定的基础。项目成本定额是在作业成本定额的基础上，考察检修运维项目所包含的作业数量来予以制定。单位资产成本标准是在前述作业成本定额和项目成本定额的基础上，建立单位输电和配电资产的年均标准成本。

四川电力根据上述标准，将作业流程划分为 35kV 及以上变电检修流程、35kV 及以上输电线路检修流程、10kV 以下配网检修流程、通信检修流程、35kV 及以上变电运行流程、发电检修运维流程，并分别制定了上述流程的标准成本。同时，四川电力在制定标准成本的过程中，考虑了资产新旧程度和地域环境差异等因素对标准成本的影响，在前述标准成本的基础上引入了调整系数，主要调整系数包括：根据单位资产电量和单位资产收入确定综合乘数，单位资产电量和收入越高，调整系数越高；基于资产成新率确定资产新旧程度调整系数，资产成新率越高，调整系数越高；基于输电线路长度确定调整系数，输电线路越长，调整系数越高；基于测算点和测算单位距离，确定地理环境系数，测算距离越长，调整系数越高。其计算方法为：

电网输配电检修运维最终标准成本＝（变电检修标准成本总额+架空输电线路标准成本总额+电缆输电线路标准成本总额+配网检修标准成本总额+通信检修标准成本总额+变电运行标准成本总额+外包费用）×综合乘数系数×资产新旧程度系数×输电线路长度分档调整系数×地域环境系数

对于除输配电检修运维标准成本之外的其他营运成本，采用动因分析法，根据

人员动因、资产动因、营业规模动因、行为动因、政策动因建立了 36 项其他营运标准成本。基于作业流程的标准成本建设，将有助于企业管理层更有效地判断各个作业流程的效率和不足，并针对作业流程的无效或者低效率提出改进措施。

（四）以内部模拟市场建设为契机，激发内部单位降本增效的内驱力

针对公司管理资产体量庞大、内部支撑单位较多、管理对象复杂的特点，为了平衡四川电力内部各个部门的权责利关系，公司积极引入内部模拟市场建设，通过内部模拟市场建设，将外部市场压力传递至基础组织，将成本费用中心积极改造为利润中心，增加了内部成员单位在"开源"和"节流"上的自主性，尤其是对内部支撑单位，借助于内部模拟市场建设，激发他们降本增效的内驱力。

具体言之，四川电力最终根据电网资产的区域分布特征、技术特征和管理上的要求，在省级层面将交易主体划分为三类：①面向外部用电客户的"供电单位"，共计 22 家供电单位；②面向供电单位和外部客户的支撑单位，共计 15 个支撑单位；③独立化、市场化运作的子公司，共计 3 个子公司。

在确定交易主体后，四川电力进一步地梳理每个供给主体可能提供的业务类型，并将交易对象分为两大类：对外业务和内部业务。其中的重点是内部业务的梳理。该公司按照单位和职能两条线梳理内部业务，根据管理模式和业务属性归纳内部业务类别，并根据业务的可计量性，将内部业务分为三大类，同时确定了各自的计量单位：第一类是重复操作类业务，该类业务以操作次数来计量业务量；第二类是检测、测试类业务，该类业务以业务作用对象个数来计量业务量；第三类是按既定金额提成的业务，该类业务提成基数为业务量。对于业务量难以识别的业务，以完成百分比确认实际工作量。四川电力一共梳理了 119 项业务大类和 660 项业务，并在此基础上，确定业务受益对象和内部业务成本对象。

对于内部模拟交易价格，四川电力尽可能对内外部业务采用外部市场价格。四川电力在《内部模拟市场实施方案》中规定：向外部市场销售的产品或服务，直接采用外部市场交易价格；向公司内部提供的业务，如果有可以参考的外部市场价格，直接参考外部市场价格核定。对于难以获取外部市场价格的业务，四川电力采用市场化成本定价方式，在这一方式下，四川电力要求以"合规"和"合理"的成本为基础来确定内部交易价格。根据上述原则，四川电力对 660 项业务全部核定交易价格，并以此为基础来核定各交易主体的贡献。

同时，四川电力充分意识到内部模拟利润考核的重要性，因此在对供电单位、支撑单位和子公司进行业务考核时，与内部模拟利润相关的考核指标占据较高的权重。具体而言，四川电力在对交易主体进行业务考核时，考核总分值为 30 分，考核指标分为三类：模拟利润、人均模拟利润和新增投入产出比。其中，模拟利润分值为 18 分，模拟利润下面又包括模拟利润总额和模拟利润增长两个指标；人均模拟利润分值为 4 分；新增投入产出比分值为 8 分，新增投入产出比等于新增模拟利润/上年新增固定资产原值。四川电力上述考核指标设定的逻辑主要在于：在模拟利润考

核指标中引入模拟利润总额和模拟利润增长，主要试图激励内部交易主体挖掘内外部利润增长潜力，降本增效；引入人均模拟利润有助于激励内部交易主体适当控制其雇员冗余规模；引入新增投入产出比有助于激励内部交易主体控制其无效和低效率固定资产投资。

（五）充分利用大数据技术，践行企业社会责任

宏观层面高质量发展理念在微观企业层面的另一重要体现就是积极关注环境问题和社会责任问题。经济发展不能以牺牲整体环境为代价来为个别主体谋取利益。对于党中央所倡导的高质量发展理念，四川电力积极响应，并充分采用现在的大数据技术，服务于国家的双碳战略和节能减排。

实现碳中和的路径包括计算碳足迹、减少碳排放和实现碳中和。而这三者都需要碳排放监测数据的支撑。四川电力充分利用其海量的能源大数据，构建了产业、行业和企业三个维度的碳排放监测模型和"电碳"指数，并以此为基础展开相关"双碳"研究工作。其"电碳"指数监测平台在 2021 年已经正式上线。该指数涵盖了四川省省市两级的"源网荷"三个方面的"电碳"指数，并且汇聚了电能生产、电能输配、电能使用的全产业链数据，对四川省内 35 座风力电站、242 座火电站、1 871 座光伏电站和 3 184 座水电站的相关数据进行实时感知。相关数据可用于监测电力行业的碳排放水平，并进一步支撑替代电能减排分析、用户能耗评估等减碳分析工作。

同时，四川电力积极利用电力大数据辅助地方政府开展污染治理工作。由于环境执法部门自动监测手段不完善，四川省相关企业违规生产、偷排放现象屡禁不止。四川电力联合成都市生态环境局建立了"智慧环保用电监测平台"，通过构建污染源生产模式识别、违规生产概率等分析模型，有助于识别企业违规生产、违规排放等情形，为环境执法部门精准监察排污企业提供了有力的证据。

## 四、小结

高质量发展理念主要从两个维度入手：第一，企业应当增强内功，通过增加自身实力来推动企业发展和维持产品竞争优势；第二，企业应当积极关注环境问题，践行环境责任，以推动经济可持续发展。四川电力从这两个维度入手，积极践行国家层面倡导的高质量发展理念，运用战略管理思维完善企业内部成本控制。对内，四川电力以市场需求为导向，密切关注外部市场变化；以前沿技术应用为切入点，积极使用 5G 技术对公司进行流程再造；以作业流程为起点，构建基于作业流程的现代标准成本体系；以内部模拟市场建设为契机，激发内部单位降本增效的内驱力。通过这一系列战略成本管理手段，四川电力夯实了其内在竞争优势。对外，四川电力积极采用大数据等技术手段服务于国家双碳战略和节能减排需求。总而言之，四川电力的战略成本管理举措，为其他公司践行高质量发展理念提供了宝贵的经验。

# 第十四章 省级电网企业内部模拟市场研究
## ——基于业务和价值双驱动

近年来，电网企业内外部形势发生重大变化，国家一方面希望企业担当尽责，在稳定增长、降减电价、保住投资、释放红利等方面起到带头作用，另一方面又希望企业不断提高利润贡献，积极在企业经营中控制负债、减少亏损、创造效益、提升质量。由于四川电源送出服务的资产比重大，受丰、枯水季节影响电源送出输电资产利用效率低，供电区域半径大，用电密度相对较小，输配电资产利用效率不高并且难以提升，公司电网资产运营效率相对较低，成本单耗水平高。鉴于此，为全面落实提质增效、稳健经营的工作部署，国网四川省电力公司在严峻复杂的经营形势下，计划用2~3年时间，引入市场机制构建内部模拟市场，其内部模拟市场的构建以市场要素为核心，以高效的组织体系、科学的内部定价、细致分明的交易主体、透明及时的考核评价等为手段，独立核算各主体单位的价值贡献及经营效果，优化经营管理模式，实现业务和价值两个目标的"双驱动"，完善考核激励机制，奉行考核能斗硬、收入据贡献，引导全员树立成本效益意识，考核所有单位投入和产出，以持续推进降本降损、增收增效。

## 一、内部模拟市场的理论分析

### （一）内部模拟市场的理论基础

依照价值链理论，企业包括内部价值链和外部价值链，这两者的融合是内部模拟市场的价值链。内部模拟市场是通过市场机制将企业内部资源进行有效配置。它通过在企业内部引入市场化运行机制，以市场为导向，划分各个内部责任单位为独立经营主体，并且充分利用市场作用，通过衡量具体表现形式为内部模拟利润的效益大小，使各主体在模拟市场环境中自由竞争，从而达到自主引导的效果。此外，内部模拟市场还通过模拟市场交易方式，运用价格与竞争机制，准确核算各单位经营成效和价值贡献，将经营目标和经营压力传导到经营末端，引导各市场主体主动优化资源配置、改善经营活动、积极参与竞争，从而促进企业全面扩大效益空间、提高投入产出比、提升运营效率。

（二）内部模拟市场——业务与价值驱动

国网四川省电力公司的内部模拟市场，将市场化运行机制引入企业内部，模拟市场化运作方式，使市场引导的作用得以发挥，在严峻复杂的新经济形势下，推动企业管理模式创新，促使企业内部各个主体深刻认识自身的价值责任以及价值贡献，进而以主动代替被动，以创造代替约束，强化企业内部管理，创造企业效益，提升企业的整体管理水平和盈利水平。

在内部模拟市场管理方式下，公司内部各单位均被视为独立的经营主体进行管理。在外部收支的基础上，企业内部各单位之间相互提供的产品和服务，均根据内部模拟市场机制，进行收入和成本的确认。将公司内部业务支撑关系从无偿服务转变为有偿服务。公司以内部模拟市场为载体，持续提升全业务链价值创造能力，以合理投资支撑电网发展，以发展提质支撑经营增效，以效益增长支撑电网投资，传递经营压力，强化价值意识，转变管理行为，实现公司可持续发展。

## 二、国网四川省电力公司内部模拟市场应用现状分析

（一）企业基本情况

国网四川省电力公司，是国家电网有限公司在川设立的全资子公司，是四川境内最主要的电网建设、运营和电力供应企业。公司管辖县供电企业 152 家，全口径用工人数 9.05 万人；供电面积 44.99 万平方千米，占四川国土面积的 92.57%；供电人口 7 967.3 万人，占四川全省人口的 95.22%。

公司在两年的内部模拟建设中，效果良好。降低成本方面，2018 年管培中心等培训机构年度成本预算较去年同期分别下降 64%、29%，非生产线成本得到有效控制和降低。业务部门明晰了各项工作和任务的内部交易价格及投入产出情况，使得公司的业财融合进一步强化，同时也加强了公司内部纵向沟通与横向协调，成本预算编制、调整更加及时。创收方面，公司主动将有效的资金投入盈利的业务中，在 2018 年二季度考核中已经实现 10 家支撑单位的同比增长，占比 71%。预算方面，公司以基期实际内部模拟收入为基础，在落实各单位变化原因后，完成本期预算编制，2018 年预算内部模拟收入与 2017 年实际内部模拟收入差异率大多控制在 10% 以内，各单位预算编制质量得以有效提升。

（二）业务与价值驱动现状

1. 内部模拟市场的基本思路

公司内部模拟市场的基本思路分为"三步走"：首先，以四大市场要素为核心设计业务，包括交易主体、交易对象、交易价格和交易规则。其次，以预算引领市场运行。应用市场要素量化电网全业务价值链，将价值管理纵向延伸到经营末端。优化预算管理模式，通过年度预算编制、月度执行、经营评价等方式支持市场运行全过程。最后，以考核实现激励约束。通过配套的考核评价机制、奖惩兑现机制来

创新内部模拟市场激励约束管理机制，并结合预算与实际情况，明确公司运营方向与未来计划。市场要素、预算编制和考核评价三力齐发，三个环节环环相扣，并力推行，紧扣业务与价值"双驱动"，激发基层单位经营活力，进而促进整体经济效益的提升。

内部模拟市场设计思路图如图 14-1 所示。

**图 14-1　内部模拟市场设计思路图**

根据组织架构，内部模拟市场分为省、市、县三级，其中一级市场包括省公司本部及各地市供电公司、直属支撑单位及子公司；二级市场包括市公司本部、市属县级供电公司、市属支撑单位；三级市场包括县公司本部、县属供电所及支撑班组等。其现阶段主要推动一级内部模拟市场体系运行。

三级内部模拟市场示意图如图 14-2 所示。

**图 14-2　三级内部模拟市场示意图**

## 2. 内部模拟市场设计原则

内部模拟市场设计坚持"全覆盖、全分解、全考核"三个原则。"全覆盖"公司所有地市供电企业、支撑单位和子公司,按照外部市场规则构建内部模拟市场,完全按照外部市场交易方式处理各单位所有业务,完全按照市场化手段进行激励约束。"全分解"各单位所有业务,对其投入产出全部进行价值量化,将各项成本和费用在交易主体间全分解,全口径反映收入、成本和利润。"全考核"各单位的价值和业务两个目标,选取内部模拟市场考核指标,对各单位的价值和业务两个目标同步考核,加大差异化考核力度,引导各单位在良性发展策略的前提下努力增加供应扩大销售,积极拓展外部市场,引导各单位压降成本、节省开支,努力提升服务质量。

**图 14-3  内部模拟市场设计原则图**

## 3. 内部模拟市场框架体系

内部模拟市场框架体系包括:一个市场(三级内部市场)、四类要素(交易主体、交易对象、交易价格、交易规则)、三大环节(预算编制、执行分析、考核评价)、两项保障(制度规范保障、信息系统保障)。国网四川省电力公司内部模拟市场以市场为核心,划分三级内部市场三个市场主体,确定交易主体、交易客体、交易价格及交易规则,依托此构建公司预算编制、经营分析及考核评价三大运行环节,并构建两大制度和系统对整个内部模拟市场的运行提供保障。

内部模拟市场整体架构图如图 14-4 所示。

**图 14-4  内部模拟市场整体架构图**

公司内部模拟市场建设，首先是按市场规则设计交易主体，即明确企业内部的供方与需方。在确认交易主体时，将所有单位置于市场环境考虑，通过分析国网四川省电力公司内部模拟市场价值链，明确各单位主体在其中的定位，并依此分别确认各单位主体价值链前端和后端的供方和需方。公司依据"可交易""可量化""可定价""可结算"原则，确定内部交易对象。其中，一级市场共确定120类、676项交易对象，涵盖公司发电、工程建设、后勤、培训、医疗等服务。公司内部模拟市场交易价格核定采用直接取用外部市场价格、直接参考外部或协议价格、比照成本定价方式测算核定三种方式，实际内外部业务收入与成本的确认、内部模拟市场预算编制以及价值贡献值的测算都会运用交易价格。公司在制定交易规则时，首先确定交易对象业务量计量规则，其次根据交易对象业务量全价值计量其价值投入和产出，反应各项业务资源消耗和价值贡献，再次根据业务类型及服务对象，按照受益原则细化出17个成本分摊动因，最后制定内部模拟市场价值传导规则，计算支撑单位包含内部模拟收益的利润贡献，以及供电企业剔除内部模拟成本后的实际利润。

其次，公司的内部模拟市场机制分为预算的编制和经营分析评价以及绩效考核这三大环节。其中，支撑业务单位预算编制是以业务计划为始，同时依托此业务计划来量化其内部业务量及业务收入，还根据公司公共成本分摊规则及内部业务成本结算，对各基层单位成本、收入、模拟利润的目标予以量化，将公司整体目标细致分解并传递至各基层单位，建立二者目标之间的钩稽。公司对内对外同步开展经营分析评价，对外进行收入和支出的分析，对内进行年初的目标和内部支撑工作运行成效的对比性分析。考核方面，公司奉行价值和业务双目标导向，着重于对"模拟利润"与"投入产出"的考核，把价值贡献、效益增量、人均产出、产出效率作为考核经营效益指标的重点。

最后，公司分别有管理制度和运行规范、信息化系统两项保障体系。其中，在制度体系建设方面，公司办法发布与行动执行并行，颁布多条内部模拟市场建设管理办法，成立领导小组和专项工作组，明确了各部门、各单位的职责分工、管理流程，确保一级内部模拟市场建设工作有序开展。在信息系统建设方面，公司构建预算编制管理、月度执行管理、预算调整管理、预算考核管理以及基础信息管理五大信息系统模块，把相关业务、数据逻辑、分摊规则等固化至系统，实现基础数据及核心算法的迭代应用与更新，实现基础信息的线上管理；以年初内部模拟市场预算编制为起点，以月度执行情况为监控手段，以年中调整实现企业运营与财务数据的动态匹配，管理预算全生命周期；通过对业务数据的集成与整合，搭建内部模拟市场执行情况辅助分析平台，按时间进度、单位、业务等多维度抽取数据进行内部模拟市场执行情况分析，找差距、找对策，实现数据辅助决策分析。

### 三、企业内部模拟市场现状分析

#### （一）体系运行内容

公司内部模拟市场包括省、市、县三级，每个层级又分别明确其价值链后端的需求方和价值链前端的供应方，区分出供电、支撑服务、子公司三类，其中供电主体 22 家，支撑服务主体 15 家，子公司 8 家，这三类主体恰好构成内部模拟市场的交易主体。

交易主体示意图如图 14-5 所示。

**图 14-5　交易主体示意图**

公司的交易主体按产品供给和需求拆分，在线性组织架构基础上分解为 45 个主体，使经营权力释放到每个交易主体，这也就要求各主体具备独立性，包括经营能力和经营责任。此外，独立面向外部市场业务的子公司作为单一的交易主体，是需要被独立评价和独立考核的，这样就可以将各级主体经营目标传递至最小经营单元。国网四川省电力公司的交易主体划分就是依照上述原则分类，其中供电单位服务于外部用电客户，向内、外部发电单位采购电量，支撑服务由内部支撑单位提供，各类物资及服务由外部供应商提供；支撑单位主要服务于内部供电单位，但也有部分支撑单位同时向外部供应商采购各类物资与服务；子公司全部为独立运营，其内外部业务按市场规则开展。

1. 预算编制

进行预算编制时，由支撑单位各专业部门明确预期业务活动工作量，根据量价法的原则计算内部模拟业务活动及直接成本预算，财务部门重点补充其他业务收入、标准固定成本明细预算、专项成本费用明细预算和成本费用明细预算，改变了以往以人员、规模、资产等动因测算的业务总成本，确保预算与业务活动紧密契合。

公司预算管理由年度预算编制管理、年中预算调整管理和月度预算执行管理组成。每年9月上旬，公司会根据国家电网公司下达的预算总控目标、预算编制大纲、预算管理要求等启动年度预算编制工作。省公司财务部结合总控目标要求及各单位以前年度内部模拟市场执行情况，分解各专业部门、直属单位次年含内部模拟业务的预算编制目标、要求及要点，同时制定各部门和单位编制预算的相关模板，经主管领导审批确认后下发各部门、各单位开展年度预算编制工作。

年度预算编制图如图14-6所示。

图 14-6　年度预算编制图

年中根据公司年度预算总体安排，启动公司年中预算调整工作。省公司各专业管理部门结合年初下达预算及实际执行情况，编制本专业需要调整的计划及要求下发各单位，并指导各单位按时间及工作要求进行年中预算调整编制工作。

每个月各单位按照公司月度执行填报要求及时间节点，启动内部模拟市场月度执行填报工作，进行月度业务活动收入、成本等数据的填报，以此形成内部模拟市场的月度收入与业务量明细表、模拟收入汇总、模拟预算执行情况和模拟利润测算表，为省公司、支撑单位、供电单位内部模拟市场运营提供作证分析材料。

月度预算执行图如图14-7所示。

图 14-7　月度预算执行图

　　三个节点的预算编制、调整与执行，形成一套完整的循环链，更加注重与业务计划之间的钩稽，对各单位业务部门在预算编制中的参与方式与参与心态的转变也起到了巨大的推动作用，极大地改变了业务部门重计划、轻预算的现状。由于经营成果可以由业务安排直接推算形成，各单位负责人均可简单、直观地理解本单位业务计划对企业整体的价值贡献，进而促使亏损单位的负责人积极寻找扭亏为盈或者提高效益的业务调整方案。省公司在收集各供电单位、子公司、支撑单位的年度收入、成本预算后开展公司整体利润测算，其中支撑单位的年度预算模拟收入及月度内部模拟实际收入分别按 17 个分摊动因向供电单位分摊成本。

　　内部经营目标的确认与业务计划、预算确认同时完成，可以避免由于业务计划更新未能及时通知财务部门而导致的计划与预算脱钩现象，从而提高了预算管理的完整性与及时性。

　　2. 经营分析评价

　　在进行经营分析评价时，由支撑单位、供电单位和子公司根据当期业务情况，编制其内部模拟市场经营情况报告；而后各基层单位以内部模拟市场利润目标的实现程度作为经营分析的核心，由各基层单位财务部门统一组织各业务条线开展经营分析工作，解释执行差异，探讨价值提升方式和提升空间。月度经营分析报告编制完成后，统一提交本部财务部门汇总，按季度通报内部模拟运行情况。基于各基层单位对内部模拟市场月度执行情况的分析，由本部财务部门汇总按季度汇总并编制公司整体内部模拟市场经营分析报告。并将各单位执行情况在季度例会总通报，促进各单位主动分析进度差异，积极研究应对策略，提高自主经营意识。此外，不定期召开专题会议，集中组织模拟利润亏损单位针对减亏增效进行深入讨论，并将发现的问题层层抽丝剥茧反映落实到具体责任人，寻求有效的未来提升方式。

3. 考核指标

公司考核方案采取价值目标和业务目标双导向，考虑各类单位对于自身收入、成本与模拟利润的控制与调节方式不同，差异化各类单位考核方式。考核时，首先确定各基层单位内部模拟市场相关考核重点，主要考核各单位新增投入产出效率水平，设新增"投入产出比"指标，从"比效率"维度进行考核，鼓励各单位提升新增单位资产（成本）的收益，提高投入产出效率。

表 14-1　考核指标计算方式及分值

| 单位类别 | 指标名称 | 指标分值 | 计算公式 |
|---|---|---|---|
| 供电企业 | 模拟利润 | 18 | ①模拟利润=报表利润-分摊网供电费-分摊的模拟成本<br>②模拟利润增长=本年模拟利润-上年模拟利润 |
| | 人均模拟利润 | 7 | ①人均模拟利润=模拟利润/平均在岗职工人数<br>②人均成本费用=（营业总成本-固定资产折旧费-自购电成本）/平均在岗职工人数 |
| | 新增投入产出比 | 8 | 新增模拟利润/上年新增固定资产原值（上年新增固定资产原值指省公司出资部分） |
| 业务支撑单位 | 模拟利润 | 18 | ①模拟利润=报表利润+模拟收入<br>②模拟利润增长=本年模拟利润-上年模拟利润 |
| | 人均模拟利润 | 7 | ①人均模拟利润=模拟利润/平均在岗职工人数<br>②人均成本费用=（营业总成本-固定资产折旧费）/平均在岗职工人数 |
| | 新增投入产出比 | 8 | 新增模拟利润/（新增营业总成本-新增固定资产折旧费） |
| 子公司 | 模拟利润 | 18 | ①模拟利润=报表利润+模拟收入<br>②模拟利润增长=本年模拟利润-上年模拟利润 |
| | 人均模拟利润 | 8 | ①人均模拟利润=模拟利润/平均在岗职工人数<br>②人均成本费用=（营业总成本-固定资产折旧费）/平均在岗职工人数 |
| | 新增投入产出比 | 8 | 新增模拟利润/上年新增固定资产原值（上年新增固定资产原值指子公司自有资金及省公司出资部分） |

其次，确定各基层单位内部模拟市场考核指标目标值。以公司的发展目标和国网公司下达公司的业绩考核指标目标值为基础，分解测算各基层单位内部收入、成本和模拟利润的目标，由公司总经理办公会审定后与年度预算方案同步下达。

最后，通报各基层单位考核结果并测算兑现考核挂钩工资。根据各基层单位内部模拟市场经营结果，人力资源部门测算内部模拟市场考核挂钩工资，并按相关规定兑现。考核结果经公司领导批准后，定期在公司绩效看板中公布通报。"新增投入产出比"这一统一衡量指标的应用，既直接反映各单位整体市场化经营成果的利润指标，又使得各类单位在经济效益或经营成果上横向对比，全过程监控各单位经营绩效和目标完成情况，有利于无外部收入的支撑单位改变"管用不管进"的意识，公司经营业绩压力和提质增效要求难以通过考核评价有效传递。

（二）内部交易价格

交易价格的确定依托市场模式，即所有业务的价格都是遵循市场规律进行核算并确定的。主要定价方式包括以下几类：参考外部市场价格、成本补偿（固定成本+比率系数）、费用结余、成本直接补偿、比照成本定价方式核定测算、直接取市场价等。

交易价格制定示意图如图14-8所示。

**图14-8　交易价格制定示意图**

定价时，对于外部市场业务，由于其有外部标准定价，因此可以直接取该服务或产品外部市场的价格；对于能够参考外部价格或行业标准的服务或产品，直接参考外部市场价格核算并确定其价格；对于无法参考外部价格或行业标准的服务或产品，按照成本定价的市场规律核定业务活动价格，通过核定业务的人工成本及与该业务活动有关的直接发生成本，作为内部定价依据。在公司运行过程中，交易价格难免会有所变动，此时，外部业务的价格根据实际市场销售价格的变化同步调整，而内部业务价格保持一定时期的稳定性。

（三）价值贡献计量

价值贡献计量方式依据市场规则设计，外部市场业务收入、内部模拟市场收入、外部市场采购成本、内部模拟市场采购成本全部纳入各市场主体价值贡献测算。此外，收入、成本和利润也贯穿于内部模拟市场运行的预算编制、经营评价和考核三个环节中。其中，外部市场收入以各主体的财务系统原始数据记录。内部模拟市场收入根据各主体的业务量和业务价格计算得到。对于内部模拟市场采购成本，如果内部业务服务于单家供电单位，基于实际业务接受的业务量和业务价格计算确认，若内部业务支撑全川生产环节，服务于所有供电单位，按各供电单位的资源消耗动因量确认。外部采购成本已经在各市场主体的已有财务系统中记录，但仍存在部分业务成本的核算支付与实际消耗不配比的情况，调整时，购电成本需按各供电单位实际售电量还原，上级电网输电费用，以各供电单位售电量为资源消耗动因确认至供电单位。

价值量贡献计算图如图 14-9 所示。

**图 14-9　价值量贡献计算图**

## 四、运行的效率及效果

1. 从财务的角度

（1）压降成本方面

内部模拟市场机制改变原有支撑单位成本管理模式，模拟利润的计算激发各单位从市场找差距，深入业务前端开展原因分析，提升服务水平、服务质量。建立健全成本预算与效益增长挂钩机制，抑制一般性和非生产性成本增长需求，切实推进成本型单位降本增效。合理制定年度经营目标，严格控制项目投入规模及成本费用增长，强化经营管控，实现高效管理。

以管培中心、技培中心为例，2018 年管培中心、技培中心等培训机构内部通过加强经营管理、从严从紧控制各类成本开支，缩减非必要的其他成本开支，拓展培训机构收入来源，年度成本预算较去年同期分别下降 64%、29%，非生产线成本得到有效控制和压降。

此外，公司通过明细业务部门各项工作和任务的内部交易价格及投入产出情况，进一步加强了业财融合，同时深化公司内部纵向沟通与横向协调，使得成本预算的编制和调整更加及时，进而有利于公司从业务前端至末端多措并举压降成本，业务部门作为前端紧缩业务费用，财务部门作为末端严控成本规模。

（2）增收创益方面

公司内部模拟市场模拟收入和模拟利润，依托交易价格和业务量计算，交易价格的准确计量以及按"谁收益、谁承担"的成本分摊原则，使得各单位的价值贡献更加合理、准确地体现。在此机制下，公司一方面持续提升业务量，另一方面持续优化内部服务质量和效能，以提高内部交易价格，进而创造增量利润。此外，由于资源的有限性，公司通过内部模拟市场各项指标反映资源利用和配置情况，充分利用既有资源，提高固定资产的使用效率，通过开展诸如电动汽车充电、节能咨询服务等增值业务，拓展了收入来源，确保了公司经营效益的稳步增长。例如，在内部模拟市场的加持下，公司主动将有效的资金投入评价中盈利的业务中去，在 2018 年第二季度考核中，已经有 10 家支撑单位实现了同比增长，占 71%。

同时，由于历史政策等原因，个别供电企业执行电价大幅度低于市场标准水平，公司内部模拟市场运行通过价格全对比，达成压力精准传达，定向增加低电价供区供电公司的经营压力，促使其加大与地方政府沟通力度，进而实现了电价合理化调整，解决了不合理电价的问题，提高了公司整体售电收入。

（3）预算管理方面

公司内部模拟市场以业务计划作为预算编制工作的起点，首先明确下一年度预期每项业务条线可能发生的支撑工作量，结合内部模拟市场已经测算的业务活动单价，直接利用内置计算公式得出下一年度预期的内部收入。预算模板同时支持业务直接成本预算的编制。业务直接成本指由业务驱动的成本，业务发生时发生，而业务不发生时不发生。根据各支撑单位的业务特征，将每条业务活动相关的直接成本项列举出来，各单位在申报收入预算时各支撑单位根据四川公司已有的规范标准测算相关业务活动的直接成本，并在预算编制模板中填写，建立收入与成本的钩稽关系。内部模拟预算编制方式更加注重与业务计划之间的钩稽，在实际执行中，对于财务人员对业务的理解程度提出了更高的要求。同时也对各单位业务部门在预算编制中的参与方式与参与心态的转变也起到了巨大的推动作用，极大地转变了业务部门重计划、轻预算的现状。

以 2018 年预算为例，2018 年预算内部模拟收入与 2017 年实际内部模拟收入差异率波动绝大多数控制在 10% 以内，仅有电力医院和综合服务中心两家单位差异比例超过 50%，且其差异变动都予以了说明。

支撑单位预算编制分析图如图 14-10 所示。

| 单位 | 差异比例 |
|------|----------|
| 电科院 | -2.33% |
| 物资公司 | 6.80% |
| 电源技术中心 | 0.00% |
| 管培中心 | 7.55% |
| 计量中心 | -9.18% |
| 技培中心 | -0.99% |
| 检修公司 | 4.6% |
| 建管中心 | 4.70% |
| 经研院 | 2.14% |
| 客服中心 | 1.25% |
| 电力医院 | 54.78% |
| 应急中心 | -4.10% |
| 映秀湾电厂 | 14.47% |
| 综合服务中心 | 58.24% |

预计共60项业务活动业务量减少，内部模拟收入影响-2 360.56万元，变动影响较大的业务活动包含：自动化新技术应用、电网新技术研发及应用等。

预计共18项业务活动业务量减少，内部模拟收入影响-1 841.50万元，变动影响较大的业务活动包含：计量器具装卸配送工作等。

预计发生"高原运输、检修医疗保健"业务活动（17年未发生），影响金额721.19万元。

咨询中心业务活动"省公司专项业务"预计不发生，影响金额-562.00万元。

映秀湾电厂发电量预计减少3.41亿千瓦时，影响金额-5 692.25万元。

预计总成本增长2 072.53万元，为审计中心预计发生费用。

**图 14-10　支撑单位预算编制分析图**

此外，公司将企业经营目标向下属单位进行分解，各单位以此为目标编制内部模拟业务预算，将经营指标与内部模拟业务执行相结合，对年度、季度、月度执行情况与预算情况进行对比，有效监督各供电单位、支撑单位预算执行进度，按月对各单位目标完成情况及价值贡献状况进行分析，合理安排资金投入，使资本运用更科学和高效。合理制定年度经营目标，严格控制项目投入规模及成本费用增长，强化经营管控，实现高效管理。

2. 从管理的角度

（1）业务全分解方面

业务分解全面、细致且准确，对内业务和对外业务分开梳理。梳理对内业务时，各业务支撑单位的业务职能是起始点，在各业务支撑单位进行双线条业务活动梳理，并根据管理模式及业务属性归纳内部业务大类和内部业务子类，确保内部业务清单不重不漏，覆盖所有业务支撑单位业务和发电单位业务。同时，在业务梳理过程中，通过识别与挖掘业务活动的驱动因素，确定可按业务量计量的业务，并逐项确定每条业务的业务量计量方式，以确保可计量后续业务收入以及可衡量边际产出效益。

此外，基于梳理结果，分析单位业务活动资源投入类别及资源投入量，识别资源投入中的可变成本并准确计量，以确保后续基于业务量的边际资源投入计量的可实现性，从而量化反映各单位边际资源投入带来的效益。确定内部业务成本时，秉持"谁受益，谁承担"原则，确定内部业务成本的承担对象；并分析内部业务的业务属性，确定内部业务成本的确认方式。

最后，根据梳理结果形成业务清单，共计梳理 119 项业务类，660 项内外部业务。业务梳理完成后形成十六套业务清单，供电单位一套、每个支撑单位各一套。每套中均包括各单位梳理的业务活动清单，每项业务活动对应的相关属性信息、开展部门信息、管理部门信息、计量信息、资源投入信息、受益方信息、受益成本传导方式等。业务清单以每条业务为记录单位，明确记录各条业务的属性。规范细化的业务清单，有利于公司沿着业务流程，将价值贡献评价指标落实到部门，制定合理的内部模拟利润评价指标，实现了"量、价、费、损、成本"等效益要素的层层传递。将各级单位、业务支撑机构置于市场环境中重新定位，使电网企业经营责任更加明确，经营压力更易传递。通过实施内部模拟市场，调动了各部门挖潜增效的积极性，提升了整体工作质效。

业务清单形成步骤示意图如图 14-11 所示。

**图 14-11　业务清单形成步骤示意图**

（2）价格传导方面

公司内部模拟市场价值传导，通过内部收支进行传导，计算出支撑单位包含内部模拟收益的利润贡献，不同业务活动也按照其对应的分摊动因向各主体单位传导成本。此准确的价格传导机制有效反映了各主体的真实利润贡献，使企业负责人进一步明晰本单位各项业务成本占比、企业利润增长点等经营要素，促使其逐步调整业务结构，不断优化投资结构，将有限资金用于更有利于经营业绩增长的业务上，促进成本使用刚性和使用效益提升，增量效益和投入产出效率提升。

（3）提升考核方面

2018 年度考核体系的指标设置更精简、考核权重加大。内部模拟市场指标（30分）占经营效益板块指标（总分40分）的75%，占负责人考核总分的30%，其中模拟利润（18分）、人均模拟利润（4分，人均利润和人均成本各2分）、新增投入产出长（8分），比 2017 年企业负责人利润总额指标（20分）占经营效益板块指标（总分30分）的比重均有所提高。

考核指标明细表如表 14-2 所示。

表 14-2　考核指标明细表

| 2018 年 | | | | 2017 年 | | | | |
|---|---|---|---|---|---|---|---|---|
| 指标 | 分值 | 指标 | 分值 | 指标 | 分值 | 子指标 | 分值 | 备注 |
| 供电公司 | 35 | | | | 26 | | | |
| 内部模拟市场指标 | 30 | 模拟利润 | 18 | 利润总额 | 20 | 目标利润 | 10 | +1 分 |
| | | 人均模拟利润 | 4 | | | 财务实时监督问题整改完成率 | 2 | |
| | | 新增投入产出比 | 8 | | | 账卡物一致率 | 1 | |
| | | | | | | 资产设备对应率 | 1 | |
| | | | | | | 资产评估备案业务准确性 | 1 | |
| | | | | | | 租赁业务规范执行情况 | 1 | |
| | | | | | | 产权信息准确性 | 1 | |
| | | | | | | 资产处置合规率 | 1 | |
| | | | | | | 暂估转资完成率 | 0.5 | |
| | | | | | | 暂估转资准确率 | 0.5 | |
| | | | | | | 银行承兑汇票收取贴现息情况 | 2 | |
| | | | | | | 新增投入产出比 | 1 | |
| 其他财务指标 | 5 | 模拟输配电价 | 1.5 | | | 售电均价同比增长 | 2 | |
| | | 流动资产余额 | 2 | 流动资产余额 | 5 | | | |
| | | 工程决算完成率 | 1.5 | 工程竣工决算完成率 | 1 | | | |

提高内部模拟市场指标占经营效益板块指标、负责人考核总分的比重，凸显出内部模拟市场指标考核的重要性。内部模拟市场指标占经营效益板块指标的 75%，内部模拟市场效益与公司经营效益目标高度重合，占负责人考核的 30%，使责任聚焦更明晰，提高企业负责人对其重视程度，更加精准地衡量供电公司的价值贡献，明晰各单位经营产出和价值贡献，实现以业务预算引导资源配置，以产出提升确定资源投入，推动各单位准确把握和合理平衡自身资源配置，提高了考核的导向性。

此外，公司将内部模拟市场考核结果与基层单位工资总额和基层单位负责人工资年薪双挂钩，真正实现了价值贡献有奖励，有效解决了价值创造驱动力问题。激发基层经营活力，激励各单位持续地降损降本、增收增效来提高全员收入水平。

**四、完善内部模拟市场的方向**

1. 风险预估

国网四川省电力公司内部模拟市场的运行是依托市场建设的，其基本原理和框架搭建都是以市场原理为基础。因此，公司应当重视在内部模拟市场运行过程中的风险。内部模拟市场运行时主要存在以下几个风险点：

关于市场风险。内部模拟市场依托市场建立，受市场的影响，内部模拟市场也会产生变化，而省电力公司和供电企业的日常经营会受内部模拟市场变化的影响。因此，电力市场的变化会直接影响企业内部模拟市场的运行与核算，造成市场风险。关于政策风险。电力企业存在一定的公益性，会在一定程度上受政策的调控，即会造成政策风险。关于自然灾害风险。四川地处盆地，各处地貌各不相同，夏季多暴雨，地震频发，国网四川电力公司在一定程度上面临自然灾害风险。

因此，为了有效规避风险，国网四川省电力公司应当建立风险分担原则，合理规划风险分担内容。公司应该建立风险分解承担机制，不确定性极大的市场风险、影响较大的政策风险以及后果较为严重的自然灾害风险在很大程度上应当由省电力公司分担，市场物价风险等由供电企业承担。此外，对于供电企业内部来说，其自身应当主动承担企业外部的风险、一般自然灾害风险以及一定的政策性调价风险。电力企业分厂则承担由于自身责任形成损失的风险和因为内部员工的各种原因造成的风险损失。

### 2. 预算有效融合

全面预算管理是企业管理的核心内容之一，在内部模拟市场的运行中起到了至关重要的作用。它不仅能够帮助企业在日常经营活动中，在一定程度上防止各单位主体滥用预算，虚报数额，从而减少企业不必要的开支，起到减成降本的作用，还能够帮助企业进行合理的资源配置，提升组织管理效率和公司效益。但在内部模拟市场的运行中，由于实际与理论的差异，还是可能出现资金支出严重超支、预算不切实际等预算失控问题。此外，内部模拟市场的建立依托于市场要素，其中内部交易价格的确定对内部模拟市场运行、控制及评价，起到决定性作用。而预算管理中的预算执行环节可以调动各级预算责任人的积极性、创造性，强化责任意识，并调动各项经济资源，通过人的主动性努力完成预算目标。因此，企业在进行内部模拟市场建设时，可以考虑在确定内部交易价格环节渗透预算执行理念，以价格的支点、预算执行为导向，充分发挥内部模拟市场的价值模式，将预算更加有效地融合到内部模拟市场的建设体系中去。

### 3. 质量评价

当前公司的考核指标突出"模拟利润"与"比效率"，强调价值贡献与基层单位工资总额、基层单位负责人年薪挂钩，有效解决了价值创造驱动力问题，但在一定程度上忽略了员工个人的有效激励和质量与产出的平衡。因此，为了完善考核体系，可以将绩效考核与员工个人工资分配挂钩，以员工的不同类别为区分，运用不同的绩效考核方法，并且将考核与其所在部门、班组内部模拟市场的建设成果直接挂钩，以"抢单拼单"等制度提高员工工作热情，且更加有效传递经营压力，引导员工关注经营效益、价值创造；增加质量类考核指标，将重视增加效益、减降成本的效益类指标与强调安全生产和生产质量的质量类指标相结合，达到效益质量双加成，多元反映基层价值贡献，有效促进公司可持续发展；构建部门层、班组层、员工层考核指标库，将考核指标具体落实到更小层级，更小单位，责任链层层传递且层层落实，将"多劳多得"理念深植公司体系，渗透员工心中，进而促进全员降低成本、增加效益。

## 五、小结

国网四川省电力公司通过内部模拟市场的建立，向公司各单位、各员工有效传递了经营意识和价值观念，从单位到部门，从部门到班组，再从班组直达员工。此外，考核是确保单位运营效率的重要手段，公司全面贯彻考核的透明以及公正公开，被考核单位可以及时了解到自身考核情况以及效益成果，促进了各级单位管理以主动代替被动、价值以创造代替约束，进而实现了业务和价值双目标驱动，进一步深刻地优化了公司内部的管理流程，全面有效地提升了公司运行的效能和效率。

# 第十五章 输配电成本监管模式下的电网企业健康可持续发展研究

在生产力发展过程中，经济、社会和环境这三者之间的矛盾逐步显现，以综合方式解决这三者之间矛盾的可持续发展目标被广泛关注。该理念自提出以来就被运用到各个方面，随着"十四五"深化价格机制改革行动方案的提出，国家发改委自2013年以来颁布了各项管理办法，电网企业输配电成本监审进一步强化。一方面，电网的企业属性要求其坚决落实国家关于降低用能成本的相关要求，不断提高效益、创造利润；另一方面，电网企业属于公共能源资源型企业，由于电力产品的特殊性，是关乎国计民生的基础领域，因此需要履行社会责任，实现社会和环境价值创造。因此，本书梳理现行输配电成本监管模式，包括内部的成本管理机制和外部的输配电定价成本监审，结合电网企业的特点，通过ESG和三重底线理论进行内部、自然和社会环境分析，研究现行模式在实践中的适配性，最后借鉴现有理论和文献，构建可持续发展指标评价体系，对政策的完善有较强的现实意义和理论价值。

## 一、政策背景与理论基础

### （一）政策背景

我国正处于社会发展新的历史起点，各项改革不断深化，从我国的基本国情出发，目前发展不平衡不充分的问题仍然突出。因此，实现企业的平衡充分发展是经济建设中的重要一环。国家发改委在印发"十四五"时期深化价格机制改革行动方案中提出：成本监审是政府机构制定和调整价格的重要组成部分，必须根据各个行业的特点制定完善成本监审办法和操作指南，完善标准成本制度框架体系，组织开展自然垄断等重点领域的支出结构管控，强化成本监审的限制作用。

为了强化输配电成本监管，严格管控输配电成本结构以及电价制定，履行电价监管义务，保护电网企业各相关利益者的合法权益，国家发改委、能源局于2019年5月24日制定并印发了新的《输配电定价成本监审办法》。国网四川省电力公司结合成本管理办法，印发了《生产运营成本管理指导意见》等进一步细化成本分类监管，强化成本监审约束。

（二）理论基础

1. ESG理论

随着经济和社会的发展，温室效应等环境问题、贫富差距等社会问题日益凸显，越来越多的国家开始关注企业的可持续发展能力，社会价值创造和公司治理开始纳入企业评价投资体系。ESG主要包括环境（environmental）、社会（social）、公司治理（governance）三个维度，投资者可以根据公司对这三个维度的信息披露来了解企业在促进经济可持续发展、创造环境社会价值等方面的贡献。ESG理念自2005年提出以来在全球的影响力较大，各国积极推动构建ESG指数产品和指标体系，自中国提出"碳达峰、碳中和"目标以来，越来越多的管理人在投资决策中将环境、社会和公司治理等因素纳入考量体系。ESG投资能够将各类可持续发展指标量化和标准化，激励公司承担更多的企业社会责任，构建良性市场竞争秩序。

2. 三重底线理论

英国学者约翰·埃尔金顿于1997年率先提出"三重底线"理论，包括经济底线、社会底线和环境底线。该理论认为，企业能否可持续发展与这三重底线密切相关，经济底线是指企业具有资本增值的能力，通常体现为货币形式的利润；社会底线是指企业以有利于组织和社区的方式运作，履行社会责任关心公益；环境底线是指企业必须以社会责任感为基础有效利用资源，把对环境的不良效应缩至最小。传统财务管理视角只关注利润创造，这种视角较为局限，不符合绿色协调可持续的企业发展观，不能全面评价企业价值。"三重底线"理论极大扩展了价值创造的范畴，如图15-1所示，有利于缓解过度重视经济价值所造成的发展不平衡不充分的问题。

图15-1 财务管理视角与三重底线视角下的不同价值创造范畴

## 二、电网企业成本监管现状

电网企业属于公共能源资源型企业，由于电力产品的独特性，以及电网企业公益性、基础性、自然垄断性和环境性的特点，电网企业的安全生产和供电质量影响着社会稳定和国计民生。因此，随着市场经济的不断发展，各利益相关者对电网企业的发展提出了更严格的要求，而成本监管是企业内部管理和外部监管的主要组成部分，其合理性和全面性是衡量企业发展的重要因素。

目前，电网企业输配电成本监管的主体是国家各层级电监部门，层级主体数量多。如四川电网下属供电主体 22 家，支撑服务主体 15 家，子公司 8 家。服务对象遍布省市县村户，不同层级主体预算标准不同，合并财务报表难度大，集团内部成本管理复杂。由于不同地方之间的自然条件、人口状况、发展情况都不相同，因此电网企业不同单位之间的电网建设、设备结构、损耗率、用电量都存在很大差异，在对成本预算的汇编中往往采取各单位和职能部门的相加汇总，这容易导致成本与预算脱节、成本标准被架空、基础数据较为局限等情况，如何科学合理制定成本标准并在企业中充分实施是现阶段成本管理的难点。因此，进一步实现成本管理的标准化，提升成本管理绩效是现阶段电网企业成本监管的重点。

由于电网企业是典型的技术资金密集型企业，购电成本、折旧费等占总成本比重大，且由上级部门决策，成本可控空间小。因此，为了全面控制成本增长，现阶段成本监管的内容主要是可控成本，并且在可控成本的更大范围内实行成本监管。

针对电网企业在成本监管中存在的"成本管控意识相对薄弱""成本管控缺乏合理性""成本管控没有动态化"等问题，电网企业正结合多项举措来解决，如：提升成本管控意识、合理设置机构、明晰职责分工、优化企业成本编制、重视企业预算管理机制、做好成本管控动态化管理等。自 2006 年 1 月 1 日《输配电成本核算办法》实施以来，电网企业不断完善输配电成本范围和对象规范，出台《输配电成本监管暂行办法》等一系列政策，致力于使输配电成本核算内容更科学，核算行为更规范，输配电定价更加合理贴切。电网输配电成本监管的主要内容有：审核制定输配电价的组成标准；完善输配电价各组成部分的核算办法；监管成本信息。当前，我国市场经济正处于新旧动能的转化期，随着电力体制改革，特别是输配电价改革的不断推进，成本监管日趋严格，电网企业需要不断提高成本管理和价值创造能力，从而实现在复杂变革过程中的健康可持续发展。

## 三、四川电网输配电成本监管分析

### （一）四川电网基本情况

2021 年年底，四川电网总资产达到 1 797 亿元，当年销售电量达 2 760 亿千瓦时，在省级电网中名列前茅。四川电网的输配电业务遍及各市县区村，并通过特有的电网构架与全国各地线路相连。四川电网通过不断的技术升级提高外送能力，截至 2021 年年底，已超过 3 600 万千瓦时。基于目前四川电网的发展情况，预计再过十年，四川电网将完成超特高压交直流混联网架布局，成为电网连接东西部的最关键要道。

"厂网分开"后，四川电网的主要经营活动包括输电、变电以及配电三个环节，如图 15-2 所示，核心业务为电网建设、电网运行和维护、购售电以及其他业务。

图 15-2　四川电网经营活动及业务

（二）电网企业成本构成

1. 按经营活动分类

电网企业的成本是指电网建设和提供服务所必须耗费的各项资源，由资本性支出和费用化支出这两大类构成。根据经营活动，可将电网成本分为购电成本和输配电成本两部分，具体构成如图 15-3 所示。

图 15-3　按经营活动分类的成本结构

购电成本指电网企业为销售而向发电厂等上游企业购电所发生的成本，购电价格与购电量目前以执行国家计划为主，由政府主管部门核定，并且输配电价改革后，购电成本高低与电网企业收益无直接关系，电网企业的自主性很弱。在输配电成本中，主要由资产运营阶段的成本消耗构成。2021 年四川电网上述各项成本结构比例如图 15-4 所示。

图 15-4　2021 年四川电网各项成本结构比例

资产形成阶段的成本消耗主要是资本性支出，而运营阶段的成本消耗种类繁多，因此，四川电网根据成本管理办法进一步细化，制定了《生产运营成本管理指导意见》。生产运营成本是电网企业从事生产经营活动所发生的各项计入费用的支出。生产运营成本由自控运营成本、国网专项成本、省公司专项成本构成，具体结构如图 15-5 所示。

**图 15-5　四川电网生产运营成本构成**

自控运营成本是指为了满足各单位日常运营所需，以公司级典型作业耗费为基础测算、分配的成本，包含检修运维、营销服务、信息系统运维、数据资产运营、政治保电、反恐维稳和其他运营成本。检修运维：输变配电资产检修、变电资产运维，及调度通信资产检修运维等。营销服务：智能电表、采集终端及通信模块新增及轮换、营业厅设备维护、省级计量中心检定检测装置、计量调度平台及采集系统运维、充换电设施等检修运维。信息系统运维：各项软硬件的检修和维护。数据资产运营：数据管理、数据应用及主题展示等，不含数据监测设计和挖掘分析，数据监测设计和挖掘分析纳入信息化项目预算。政治保电：特级、一级政治保电，特级保电指党中央、国务院、全国人大、全国政协组织的具有十分重大国际国内影响的活动和会议；一级保电指有中央政治局常委出席的具有重要国际影响的活动和会议。反恐维稳：常规反恐和非常规反恐所采取的防范措施。在其他运营费用的成本标准制定中，按照职工数量和种类、资产性质、经营活动、管理活动、政策办法等动因参数进行分配。

国网专项成本包括国网分摊成本和综合计划，国网分摊成本在总部下达预算范围内组织实施，综合计划严格区别分公司和子公司进行申报、分解。

省公司专项成本主要用于支撑公司重大战略落地，完成年度重点任务部署，各单位支撑省公司管理性工作，以及满足各单位特殊电网运营业务需要。

2. 按业务层次分类

电网企业按照业务层次的不同，将经营活动成本落实到各个项目，包括安全生产、电网规划与建设、履行社会责任、服务民生四个方面，分别从化风险保生产、强基础提质效、履行社会责任、服务保障民生四个角度来评价工作情况。2021 年供电公司项目成本比例如图 15-6 所示。

**图 15-6　2021 年供电公司项目成本比例**

安全生产包括安全工具维护、安全隐患整治、线路检修、检测升级服务等项目，保证输配电的稳定安全运行。电网规划与建设包括基础设施维护、业务委托、网架完善等项目，服务于电网战略规划。服务民生包括新农村电气化建设、服务三农等项目。社会责任包括森林防火、设备购置、保障供电等项目。由项目成本比例可以看出：履行社会责任成本超过总成本的一半。

3. 成本特点

（1）投资规模大和超前性。一方面，城镇化进程、电子设备和网络科技发展产生了极大的电力需求；另一方面，电力系统和电源结构也发生着翻天覆地的改变，我国电网投资规模大且具有超前性。"十四五"时期，我国电网计划投资规模达 30 000 亿元，比"十三五"时期的投资规模高 5 000 亿元，随着技术的升级转型，电网投资规模将进一步扩大。成本的超前性指成本需要适应国家战略和经济发展，也就意味着不同年份的投资波动可能较大，常常存在间歇性的投资高峰。电力供应关乎国计民生，因此，需要确立"电力先行"的投资发展战略。

（2）固定成本占比大。电网企业是典型的重资产企业，固定成本占比大，可控成本空间小。电网企业的购电费、折旧费、人工成本占总成本的比例大，随着国家鼓励和企业积极推动，电网建设发展迅速，固定资产投入也不断增加，因此每年的折旧费也呈刚性增加。随着国家成本管理和电价成本监审进一步严格，购电成本优化和控制空间较小。

（3）检修运维和管理成本高。电网企业相对其他企业而言，资产众多且分散，这进一步增加了电网检修运维的难度，从而加大了成本。此外，随着现代电力系统的升级转型以及构建智能电网总体战略的提出，大量软硬件等基础设施不断被投入使用，在提高安全、智能交互的同时也使得电网建设更加纷繁复杂，管理成本进一步增加。

（4）履行社会责任成本大。随着工业改革的进一步深化、电力体制改革的推进、乡村电力网络变革升级的进一步巩固，作为中国企业社会责任发展的先锋，国家电网率先提出了"双向驱动、示范引领"的理念，贯彻落实全面社会责任管理，电网企业所承担的时代责任更加重大。一方面，电力供应关系着社会经济基础建设；

另一方面，电网企业的自然垄断性让社会公众对电网在社会责任方面有更高的要求和期待。

（三）输配电成本监管模式

由于购电价格由政府价格主管部门核定，购电量由政府经信部门审核，电网企业对购电成本的自主性很差，因此对成本的监管主要集中在输配电成本上。输配电成本监管模式由内部成本管理机制和外部输配电定价成本监审构成，如图15-7所示。

图 15-7　输配电成本监管模式

1. 成本监管原则

（1）全面覆盖，闭环监管。成本监管需要落实全员、全方位、全过程的职责，活动前制定预决算成本、活动中严格执行并全程监督、活动后进行绩效考评再反馈到预决算制定中，由此实现闭环成本监管机制，不断推进成本监管制度的完善以及维护良性循环秩序。

（2）价值导向，精准投入。成本监管需要聚焦公司战略目标，既要减少输配电成本又要实现电网企业的可持续发展；既要不断提高经济效益又要防范各项风险隐患，以综合方式精准解决各项矛盾，保障经营发展重点及安全投入，注重投入产出效率，实现成本价值最大化。

（3）适应改革，分类管理。成本监管需要积极适应输配电价改革等要求，将业务成本分为监管业务成本和非监管业务成本，针对这两者的特点采取不同的管理模式，构建差异化成本管理体系。牢固树立"边界管控"理念，科学界定各级单位成本管理权责范围，持续提升成本管理质量和效率。

（4）依法合规，精益管控。成本监管是以国家各项政策法规为整体框架，扩充公司内部控制制度，保障各项成本项目的合理科学性。对成本消耗动因及过程管控，可以消除和减少经营管理中的无价值活动，持续实现挖潜增效。

2. 成本管理机制

电网运营是社会经济建设的基础领域，具有投资规模大和超前性的行业特点，其成本结构中固定资本占比大，具有技术资金密集、资产众多且分散的特点。因此，电网企业需要通过成本管理规划保障电网资产的合理运用、资源配置结构的合理优化、经营业务的正常运行、电能的安全稳定输配。根据《国家电网成本管理办法》和电网企业成本管理实际，本书将全面成本管理机制归纳、整合如图15-8所示。

图 15-8　全面成本管理机制

电网企业各级单位成本预算目标、重大建设项目和大额资金支持等事项，由本级单位预算决策机构审议决策；各级财务部门直接负责成本管理制度的实施；各级业务部门间接负责成本管控的落实，对成本发生的真实性、合规性负责，各级业务部门包括发展、调度、营销、互联网管理、后勤等13个部门，以此将成本管理职责落实到各职能部门。电网企业全面应用标准成本机制，并建立电网企业收入成本联动机制。输配电监管业务成本管理强化资产全寿命周期管理，包括资产投入前、资产投入中、资产运营过程以及资产退出过程中支出的监管。输配电非监管业务成本管理按市场化导向配置资源，根据不同性质业务实施差异化管理。最后建立成本管理分析评价体系和监督机制，不断完善成本管理机制。

3. 输配电定价成本监审

随着电力体制改革的持续推进，成本监审是政府机构制定和调整价格的重要组成部分。成本监审，是指政府主管部门在价格制定或调整过程中，通过考察、稽核、测定等方式监督成本支出，并科学合理确定价格的过程，成本监审行业主要集中在输配电、铁路客运等具有垄断性质的行业。国家发改委于2019年5月24日制定并印发了新的《输配电定价成本监审办法》，以3年为一个监管周期，进一步细分成本分类监管，成本约束更加严格，本书结合《省级电网输配电价定价办法（2020）》将输配电定价成本监审机制归纳、整合如图15-9所示。

**图 15-9　输配电定价成本监审机制**

国家通过对输配电定价的审定，重点关注电网企业准许成本的正当性、科学性和恰当性，以成本加成为主，附加上限管控、标杆对比等激励约束举措。《省级电网输配电价定价办法（2020）》沿用 2016 版"准许成本+准许收益+税金"的基本定价模式，在确定新增输配电固定资产原值、材料和修理费、政策性资产、确定有效资产、权益资本收益率、综合线损率等方面有明显变化，成本约束更为严格，主要变化如表 15-1 所示。

**表 15-1　输配电定价成本监审办法主要变化**

| 定价成本监审主要变化 | 2016 版定价成本监审办法 | 2020 版定价成本监审办法 |
| --- | --- | --- |
| 确定新增输配电固定资产原值 | 新增投资计入固定资产比率原则上参考电网企业输配电固定资产的历史转资情况，并考虑今后经济发展需求，输配电线路设备投资进度及实际利用效率等因素统筹核定 | 预计新增单位电量固定资产不高于历史单位电量固定资产原值 |
| | 首个监管周期，新增投资计入固定资产比率按不超过 75%计算 | 预计新增投资计入固定资产比率不超过上一监管周期新增投资额计入固定资产的比例，最高不超过 75% |
| 确定新增材料费和修理费 | 材料费≤监管周期新增固定资产原值的 1%修理费≤监管周期新增固定资产原值的 1.5% | 材料费+修理费+人工费≤监管周期新增固定资产原值的 2% |
| 政府补助形成的政策性资产 | 按照 1%给予权益资本收益率 | 不作为有效资产，不给予准许收益 |
| 确定基期有效资产 | 固定资产净值和无形资产净值通过成本监审核定 | 固定资产净值和无形资产净值根据监审期间最末一年可计提折旧、可摊销计入定价成本的固定资产和无形资产原值所对应的账面净值，通过成本监审核定 |
| | 营运资本≤监管周期前一年电力主营业务收入的 10% | 营运资本≤上一监管周期运行维护费的 1/12+月购电费的 1/6 |
| 权益资本收益率 | 按本监管周期初始年前一年 1 月 1 日-6 月 30 日国家 10 年期国债平均收益率加不超过 4 个百分点核定 | 原则上按不超过同期国资委对电网企业经营业绩考核确定的资产回报率，并参考上一监管周期省级电网企业实际平均净资产收益率核定 |
| 综合线损率 | 实际运行中线损率超过核定值的风险由电网企业承担，低于核定值的收益由电网企业和电力用户各分享 50% | 最高不得超过上一监管周期核定线损率 |

## 四、输配电成本管理实践环境分析

### (一) 内部环境

1. 业务活动对成本的要求高

四川电网业务涵盖输配电、设计监理、检修运行等多个活动，如表 15-2 所示。各个业务活动性质有较大的差异，很难"一刀切"。而目前电网企业的成本管控缺乏动态性，只要预决算的成本标准已经确定，那么在相应的成本监管周期内都不会改变，如果改变也只是进行微幅调整。而在电网企业实际经营过程中成本会受到生产活动等多方面因素的影响，可能与期初的成本标准存在较大差异。

**表 15-2　四川电网业务活动分类**

| 检修 | 运行 | 营销 | 运营支持 | 企业管理 |
|---|---|---|---|---|
| * 输电运检<br>* 变电运维<br>* 变电检修<br>* 配电运检<br>* 通信运检<br>* 运检综合管理 | * 调度运行 | * 电能计量<br>* 供电服务<br>* 用电营业<br>* 智能用电<br>* 市场与能效<br>* 营销综合管理 | * 运营支持 | * 企业管理 |

如《省级电网输配电价定价办法》第八条规定，其他运营费用具有双重上限，一是不高于成本监审核定的上一监管周期电网经营企业费率水平的 70%，二是不高于监管周期内新增输配电固定资产原值的 2.5%。其中，电网经营企业费率等于其他运营费用占输配电固定资产原值的比重。其他运营费用主要是电网企业的办公管理费、物业费、水电费等。如果成本监审核定的上一监管周期的电网经营企业费率为 10%，那么本期新增其他运营费用不超过 7%。依次计算，新增运营费用将保持在越来越低的水平。而一方面，随着经济发展，物价水平会逐年提高；另一方面电网企业不断开拓电力精细化的服务，将伴随办公物业等运营费用项目的增多。因此，如果限制新增运营费用在较低的水平，将给电网服务带来巨大的成本压力。

2. 刚性成本控制的自主性低

电网企业成本结构中的职工薪酬比较固定，因为工资计提计划通常是由上级部门决策制定。同样，电网企业虽然投资规模大，但是投资计划和资产投入的决策权也在上级机构，本级成本管控部门在成本优化过程中受到限制。因此工资的计提以及折旧都属于刚性成本，成本管控部门很难控制。《省级电网输配电定价办法》第八条规定，预计新增投资计入固定资产比率，原则上不超过上一监管周期新增投资计入固定资产比率，最高不超过 75%。其中，预计新增投资计入固定资产比率指预计新增输配电资产投资额可计入当期预计新增输配电固定资产原值的比率。也就意味着新增输配电资产投资除了受投资计划影响外，还受到上一监管期间新增投资额的限制。随着增值税税率的调整，固定资产的原值也会发生改变。根据《企业会计准则第4号——固定资产》条例规定：固定资产按照发生的成本进行初始计量。外购固定资产时，除了可抵扣的增值税外，其他所有的为使该项资产达到预订可使用状态所消耗的支出计入资产原值，即计入固定资产成本。2016年增值税税率为17%，经过2年的税率改革，电网企业2020年所对应的增值税税率通常为13%，转资率由83%提高至87%，其中4%的差额是可抵扣增值税的调整，是需要计入输配电固定资产原值中的，这在一定程度上增加了折旧年限内的成本。

### 3. 生产性与管理性成本的范畴差异

输配电成本监管模式由内部成本管理机制和外部输配电定价成本监审构成，两种机制存在成本归集口径差异，体现为生产性成本与管理性成本的范畴和反馈结果不同。

在外部输配电定价成本监审办法中，准许成本只反映了各项成本要素构成的合理性，但不能完整反映管理人工成本、管理部门的折旧摊销费，即便通过管理性成本计入其他运营费用管理，也会受到比例限制。而在内部成本管理机制中，不受额度限制，能够根据成本性态、活动性质进行核算，体现为各种成本。监审办法规定：剔除生产经营类、安全保护类费用后的其他运营费用，不得超过本监审期间核定的运行维护费的20%，而研究开发费也包含在其他运营费用中，受到20%的比例限制。企业为了让其他运营费用在准许成本监审范围内，可能不会投入过多资金进行研究开发，这与国家"创新驱动发展""科技引领发展"战略相背，不利于电网的建设与规划。

### （二）自然环境

### 1. 地理环境

四川省各地地势特点、自然环境、社会治理情况、电能来源、电网建设规划都相差很大。同时，四川省主网架承担着省内西电东送和支撑跨省西电东送的双重任务，为了保障双重任务的顺利进行，电网设备的健康运转和供电质量的持续稳定显得尤为重要，因此，需要定期检查修理。维护过程中所发生的材料费、修理费水平与设备故障率呈正相关，受制于所处环境的气温湿度、自然灾害、现行技术工艺等因素。《省级电网输配电价定价办法》第八条规定，材料费、修理费和人工费三项合计按不高于监管周期新增输配电固定资产原值的2%核定。核价时设定的费率上限过低将造成部分区域电网建设缺乏合理的成本支出，电网基础设施运维状况达不到规定要求，电网安全隐患大。

### 2. 环境维护

一方面，四川省能源供给较为充沛，是全国重要的水力发电和火力发电省份。2021年年底四川省水电装机超过8 000万千瓦，占比78%，其次是火电占比16%，如图15-10所示。水电是水流通过涡流发电机发电，对水电地址环境要求高，制造周期长；火电通过燃烧煤炭发电，产生温室气体效应。上游发电企业对环境的维护成本通过价值链传递到电网企业，体现为购电成本。

图 15-10　2021 年四川装机类型占比

另一方面，"碳中和、碳达峰"理念被包含进"五位一体"总体布局，随着新能源的广泛提倡，构建新型电力系统的步伐也逐步加快。电网企业需要进一步提高在重点领域技术的升级改造，如防范水土流失、环保技术革新、超强网络建设，以减少变电站噪声、电气设备绝缘介质的温室效应、废弃污染物对环境的影响，从而将对环境的不利影响控制在最低。因此，若对环境维护所消耗的成本太低将影响电网企业的可持续发展。

（三）社会环境

1. 电量与电价

自 2019 年以来，四川省的社会用电量逐年增长，并且增长幅度也越来越大。到 2021 年年底，全省耗电量已超过 3 200 亿千瓦时，如图 15-11 所示，占全国各地区用电量之和的 4%。就用电量增长速度而言，四川省 2020 年和 2021 年均超过当年全国用电量的增长速度。

图 15-11　2019—2021 年四川用电趋势

而输配电成本监管中成本与售电量缺乏相关性，主要取决于资产规模及职工规模，工资政策和投资决策、折旧政策均由上级部门决定，与售电直接挂钩的业务部门自主性很弱。而随着用电量的增加，输配电所投入的成本也将随之增大，与预期成本产生了较大的差异。

2. 企业社会责任

由于存在不同电压等级的用电客户，电网成本在不同领域中差异较大。用户电压等级越低，电压等级转换次数越多，电能输配送过程越长。例如，500kV 超高压电能要输送给居民低压用户，则需要经过 220kV、110kV 等多次降压转换，占用的电能设施越多，承担的折旧损耗越大，消耗的成本也就越高。四川省 2019—2021 年全社会用电结构如表 15-3 所示，2021 年各行业用电量占比如图 15-12 所示。

**表 15-3　四川省 2019—2021 年全社会用电结构**　　　　单位：亿千瓦时

| 结构 | 2019 | | 2020 | | 2021 | |
|---|---|---|---|---|---|---|
| | 用电量 | 占比 | 用电量 | 占比 | 用电量 | 占比 |
| 第一产业 | 13.14 | 0.50% | 16.26 | 0.57% | 23.87 | 0.73% |
| 第二产业 | 1 677.40 | 63.64% | 1 806.57 | 63.05% | 2 079.51 | 63.50% |
| 第三产业 | 461.57 | 17.51% | 506.41 | 17.67% | 610.70 | 18.65% |
| 居　　民 | 483.72 | 18.35% | 535.96 | 18.71% | 560.73 | 17.12% |

**图 15-12　2021 年四川省全社会用电结构**

第一产业和居民用户属于低压用户，四川省地理环境复杂、人口基数大，输配电成本往往高于收取的电价，其不足部分由第二、三产业输配电利润承担。保障居民生活和农业发展是电网企业履行社会责任的重要任务之一，其用电量属于优先保障电量，若其成本受到严格限制将大大降低电网企业履行社会责任的积极性。

电力供应本身是一种服务社会的产品，除了对用电客户承担社会责任外，还包括对企业员工、合作伙伴、环境、政府规制等方面的责任履行。电网企业履行社会责任是证明自身价值的途径，因此需要立足社会形势、兼顾长远，将社会责任履行纳入合理成本范围内。

3. 社会经济发展

随着市场经济的发展，消费者和市场有更高的需求，互联网时代用户对现代电力提供智能、便捷服务的需求更大，电网企业在保障输配电的基础业务的同时，还应持续研究新产品、开发新业务。除此之外，"十四五"期间新能源大量投产，增加了电网接入系统的投资压力，然而由于风力等新能源发电持续性不强，会受到自然条件的限制，其产生的电能不稳定，如果简单接入电网会影响网络的稳定安全。电网企业需要多项措施并行来弥补目前工艺技术在产能方面的缺陷，以防范新能源的隐患风险。因此，必须充分考虑电网调度控制能力、储能系统投资、传统煤电等能源系统备用成本，既要绿色低碳，又要稳定电力供应，还要优质低价，绿色低碳发展和电力系统备用成本大幅度提高的矛盾尤为突出。

## 五、电网企业可持续发展

### （一）持续发展方向——效益与公益

三重底线理论认为，企业的可持续发展与经济、社会和环境价值创造有关，在转型发展的关键期，传统意义上的关注经济价值已经不能满足绿色高质量发展理念。首先，保障电力供应是电网企业的首要任务，在输配电中需要统筹社会用能成本与可持续发展，实现输出价值最大化。其次，为社会提供各种公益服务、增加社会福祉、履行社会责任是电网企业的重要任务，服务新能源发展和走低碳绿色发展道路是可持续发展必尽义务。因此，电网企业可持续发展的方向是兼顾效益与公益。

### （二）可持续发展评价内容

由于电网企业属于资产技术密集型企业，电力供应又关乎国计民生，社会对电网企业的要求和期望更高，体现为核心能力，并且结合三重底线理论经济、社会、环境的三个维度反应电网企业的综合绩效，如图 15-13 所示。

**图 15-13 电网企业可持续发展评价内容**

### （三）可持续发展评价指标

在成本管理和输配电定价成本监审办法中，重点关注各成本构成的科学性、合理性、全面性，属于财务管理视角，而忽略了电网企业对社会和环境的隐性价值创造。本书以国家电网《社会责任报告》、国家电网公司内部文件、电力行业对标数据以及相关文献，构建可持续发展指标评价体系，如表 15-4 所示。根据评价指标体系，在输配电成本监管模式下，电网企业实现健康可持续发展还需要从以下几个方面加强：①持续加强电网资源优化配置能力建设；②实现降能与增效的平衡，提高公司的经济效益，这是企业的立足之本；③各个业务协调平衡发展，走效益与公益同步的可持续发展道路；④不断深化变革，补短板防风险；⑤在稳中前进，不断提高供电服务能力、资源运作能力、创新发展能力、社会环境价值创造能力。

**表 15-4　电网企业可持续发展指标体系**

| 一级评价维度 | 一级维度权重 | 二级评价维度 | 二级维度权重 | 具体评价指标 | 指标权重 |
|---|---|---|---|---|---|
| 核心能力 | 0.5 | 电网资源配置能力 | 0.2412 | 国家电力市场交易量 | 0.4507 |
| | | | | 跨区跨省交易电量 | 0.4901 |
| | | | | 500kV及以上输电线路长度 | 0.0592 |
| | | 供电服务能力 | 0.3664 | 电网建设投资 | 0.4930 |
| | | | | 110(66)kV及以上输电线路长度 | 0.0440 |
| | | | | 110(66)kV及以上变电设备容量 | 0.0187 |
| | | | | 农网用户供电可靠率 | 0.0977 |
| | | | | 农网用户电压合格率 | 0.0681 |
| | | | | 城市用户供电可靠率 | 0.1609 |
| | | | | 城市用户电压合格率 | 0.1176 |
| | | 业务运营能力 | 0.0569 | 人均售电量 | 0.1016 |
| | | | | 人均运营资产 | 0.1328 |
| | | | | 总资产周转率 | 0.2482 |
| | | | | 全员劳动生产率 | 0.4250 |
| | | | | 电费回收率 | 0.0551 |
| | | | | 线损率 | 0.0373 |
| | | 资源运作能力 | 0.1088 | 人力资源集约化管理水平 | 0.4054 |
| | | | | 财务资源集约化管理水平 | 0.4806 |
| | | | | 物力资源集约化管理水平 | 0.1140 |
| | | 基础管理能力 | 0.0551 | 信息化支撑水平 | 0.1659 |
| | | | | 标准化建设水平 | 0.1025 |
| | | | | 制度的完备性与适用性 | 0.0987 |
| | | | | 流程顺畅程度 | 0.0388 |
| | | | | 安全管理水平 | 0.4743 |
| | | | | 企业文化建设情况 | 0.1198 |
| | | 市场拓展能力 | 0.0489 | 非电网业务利润占比 | 0.7223 |
| | | | | 国际业务利润占比 | 0.0727 |
| | | | | 市场占有率 | 0.2050 |
| | | 创新发展能力 | 0.1225 | 研发经费投入 | 0.1354 |
| | | | | 科技创新体系建设情况 | 0.2004 |
| | | | | 新增专利拥有量 | 0.1397 |
| | | | | 新增国家科学技术奖 | 0.2810 |
| | | | | 新技术推广应用情况 | 0.1557 |
| | | | | 人才当量密度 | 0.0558 |
| | | | | 全员培训率 | 0.0320 |
| 企业绩效 | 0.5 | 经济绩效 | 0.5816 | EVA(经济增加值) | 0.4839 |
| | | | | 净资产收益率 | 0.2432 |
| | | | | 资产报酬率 | 0.1069 |
| | | | | 资产负债率 | 0.0498 |
| | | | | 营业收入增长率 | 0.0285 |
| | | | | 人均营业收入 | 0.0208 |
| | | | | 销售利润率 | 0.0667 |
| | | 社会绩效 | 0.3090 | 实现利税总额 | 0.4109 |
| | | | | 保电救灾完成情况 | 0.3449 |
| | | | | 调度交易信息发布次数 | 0.0803 |
| | | | | 企业对外捐赠 | 0.0394 |
| | | | | 解决无电人口用电情况 | 0.1244 |
| | | 环境绩效 | 0.1095 | 清洁能源机组并网容量 | 0.2834 |
| | | | | 清洁能源机组上网电量 | 0.2945 |
| | | | | 发电权交易电量 | 0.1482 |
| | | | | 累计建成电动汽车充换电站 | 0.0892 |
| | | | | 累计建成电动汽车充换电桩 | 0.0722 |
| | | | | 降低线损带来的二氧化碳减排量 | 0.0494 |
| | | | | 特高压线路节地率 | 0.0391 |
| | | | | 应用变电站典型设计节地率 | 0.0240 |

## 六、小结

输配电成本监管是可持续发展的重要环节，但是为了降低成本实现可观的经济绩效而忽视对环境和社会价值创造是不符合可持续发展理念的。输配电价格改革主要目的是梳理电网成本构成，改革原则是保证成本支出的正当性、科学性和恰当性，即在电网企业正常运行并有良好经济效益的基础上合理监审，制定科学恰当的价格确定模式。政策具有发展导向性，所以科学合理的规则办法非常重要，否则将把企业引入进退两难的困境中。电网企业输配供应的电力是其他行业发展的基础性元素，关乎经济发展与社会的和谐稳定，关系到生产力和生产方式的改变，因此，改革要立足本国、本区域的基本情况，坚持以人为本的经营服务态度，走科学合理、绿色协调的可持续发展道路，综合解决电改道路上的问题，推动电力工业的安全稳定、绿色高效发展。

# 参考文献

[1] 陈武, 钱婷. 电网企业管理创新成效评价理论、方法与实证研究: 可持续发展指数评价模型及其应用 [J]. 管理现代化, 2013 (6): 102-104.

[2] 方红星, 池国华. 内部控制 [M]. 大连: 东北财经大学出版社, 2019.

[3] 高骞, 徐超, 杨俊义, 等. 新常态下电网企业可持续发展能力评价指标体系研究 [J]. 商业会计, 2018 (18): 61-64.

[4] 郭玮, 庆蕾, 陈舒, 等. 新时期中国电力企业社会责任发展现状与展望 [J]. WTO 经济导刊, 2018 (12): 42-43.

[5] 国网能源研究院. 中国电力中长期发展趋势六大判断 [J]. 新能源经贸观察, 2018 (12): 49.

[6] 胡成群. 供电企业全面社会责任管理的探析 [J]. 中国电业, 2020 (04): 84-85.

[7] 黄世忠. ESG 视角下价值创造的三大变革 [J]. 财务研究, 2021 (6): 3-14.

[8] 黄瑜爽. 能源变革背景下国有企业履行社会责任研究 [D]. 南宁: 广西大学, 2020.

[9] 李巧斌. 管制企业内部市场化管理体系探析 [J]. 科技风, 2017 (8): 256, 258.

[10] 李滕飞. 国外电网企业成本管理的启示 [J]. 合作经济与科技, 2012 (4): 38-40.

[11] 李维安, 戴文涛. 公司治理、内部控制、风险管理的关系框架: 基于战略管理视角 [J]. 审计与经济研究, 2013 (4): 3-12.

[12] 李悦. 基于 ESG 的我国上市发电企业社会责任指标体系构建研究 [D]. 北京: 华北电力大学, 2020.

[13] 林汉银, 夏媛媛. 提质增效导向的省级电网企业内部模拟市场建设探索与实践 [J]. 中国总会计师, 2020 (12): 96-97.

[14] 林世友. 国网福建电力价值贡献评价模型的探索与应用 [J]. 财务与会计, 2020 (13): 30-35.

[15] 刘立华, 李杨. 基于创新价值管理的内模市场体系构建研究 [J]. 管理会计研究, 2021 (4): 54-60, 88.

[16] 刘泽华. 基于内部模拟市场的业绩考核管理体系及其构建 [J]. 企业改革与管理，2018（23）：95，97.

[17] 石惠敏. 打造良性内循环经济，实现提质增效：A 供电公司推行内部模拟市场综合评价体系的案例研究 [J]. 中国总会计师，2022（3）：166-168.

[18] 谭洪恩. 推动国家电网战略落地和服务区域经济协调发展相融合的实施策略研究 [J]. 经营管理者，2021（11）：58-59.

[19] 谭薇. 深化内部模拟市场应用 全力推进提质增效 [J]. 财经界，2021（8）：23-24.

[20] 唐大鹏，支瑾瑶，刘翌晨.《预算法实施条例》落地于内部控制的制度分析 [J]. 财会通讯，2022（4）：13-21.

[21] 拓希宁. WA 公司全面预算管理体系构建研究 [D]. 西安：西安科技大学，2020.

[22] 王刚，吴磊，王琳璘. 基于价值链视角的央企内部市场化管理体系构建 [J]. 财务与会计，2017（21）：52-54.

[23] 王诺，郝福锦. 高校数智化财务转型策略研究 [J]. 教育财会研究，2022.

[24] 王晓芸，刘淑宾，邬良军. 输配电成本监管模式下电网企业成本归集的思考 [J]. 电力与能源，2020，41（5）：645-646，653.

[25] 翁爽，郑志忠，林丽平，等. 内部模拟市场：提质增效"新引擎" [J]. 中国电力企业管理，2020（25）：65-67.

[26] 谢敏. 电力行业成本管控研究 [J]. 质量与市场，2022（05）：70-72.

[27] 谢志华. 内部控制、公司治理、风险管理：关系与整合 [J]. 会计研究，2007（10）：37-45.

[28] 杨静雅. 基于 EVA 的 ZJ 企业全面预算管理体系改进研究 [D]. 西安：西安理工大学，2021.

[29] 叶强，胥威汀，等."碳中和"愿景下的四川电力减碳路径构想 [J]. 四川电力技术，2021，44（2）：28-32.

[30] 叶子萌. 基于良性内循环的企业内部模拟市场建设架构与思路 [J]. 企业改革与管理，2020（21）：9-12.

[31] 于洪，张莉."数智"时代背景下中小企业全面预算管理的问题与对策 [J]. 中国农业会计，2022.

[32] 张宏亮. 十三五期间四川电力发展面临的问题和几点思考 [J]. 四川水利，2017（38）：71-74.

[33] 赵静. 新电改下的电网企业成本控制研究 [D]. 成都：电子科技大学，2021.

[34] 朱琳. 基于战略导向的 X 公司全面预算管理体系改进研究 [D]. 西安：西安理工大学，2021.

[35] 朱永娟，陈茜，李有华，等. 全面预算标准成本的应用研究：以输电企业为例 [J]. 会计之友，2019（20）：15-19.